♪

음악가를 위한
심리학

♪

음악가를 위한
심리학

Andreas C. Lehmann, John A. Sloboda, Robert H. Woody 지음
고선미 옮김

Σ 시그마프레스

음악가를 위한 심리학

발행일 | 2014년 4월 10일 1쇄 발행

저자 | Andreas C. Lehmann, John A. Sloboda, Robert H. Woody
역자 | 고선미
발행인 | 강학경
발행처 | ㈜시그마프레스
편집 | 홍선희
교정 · 교열 | 류미숙

등록번호 | 제10-2642호
주소 | 서울특별시 영등포구 양평로 22길 21 선유도코오롱디지털타워 A401~403호
전자우편 | sigma@spress.co.kr
홈페이지 | http://www.sigmapress.co.kr
전화 | (02)323-4845, (02)2062-5184~8
팩스 | (02)323-4197

ISBN | 978-89-6866-098-6

Psychology for Musicians: Understanding and Acquiring the Skills, First Edition

＊ 책값은 책 뒤표지에 있습니다.

이 도서의 국립중앙도서관 출판시도서목록(CIP)은 서지정보유통지원시스템 홈페이지(http://seoji.nl.go.kr)와 국가자료공동목록시스템(http://www.nl.go.kr/kolisnet)에서 이용하실 수 있습니다.(CIP제어번호 : CIP2014010303)

역자 서문

음악 연주기술은 매우 정교하고 민감한 근정신(psychomotor) 조절능력을 요구한다. 그렇기 때문에 높은 연주 수준에 도달하려면 매우 오랜 기간 동안의 정통학습과정을 거쳐야 할 뿐만 아니라 음악도로서, 그리고 전문 음악가가 되어도 꾸준하고 정기적인 연습을 유지해야 한다. 목표하는 연주 수준에 도달한다 해도 집중력의 부족과 같은 여러 다른 변인으로 인해 연주의 실패를 경험할 크고 작은 위험들이 음악가의 일생에서 항상 존재한다. 하지만 이러한 본질에도 불구하고 전문 음악가들의 연주는 마치 저절로 연주가 되는 듯이 보인다. 특히 성악 연주의 경우는 그 성악가가 그 연주 수준에 도달하기까지의 과정은 간과되고 그저 '타고난 목소리가 좋다'라고까지 생각하는 사람들이 많다. 이러한 특성은 음악을 지도할 때에도 마찬가지로 존재한다. 연주기술에 있어서 말로는 표현하기 어려운 미묘한 변화가 전혀 다른 소리를 만들어낸다. 그렇기 때문에 음악 지도에서는 추상적인 표현들이 많이 사용될 뿐만 아니라 음악 교사가 동일한 지도 접근을 해도 음악도들마다 다른 반응이 나타난다. 요약하자면 음악기술이 근(筋)기술 같지만 그 기저에는 상당히 복잡한 정신기술이 중요한 역할을 하고 있다고 하겠다. 이와 같은 근정신 기술을 연마하거나 지도하는 데에는 음악가 ― 대부분의 음악가들이 연주활동과 교육활동을 함께한다는 실정을 고려하여 ― 의 연주 및 음악 지도, 그리고 음악 그 자체에 관련된 음악 전반에 대한 포괄적이고 명쾌한 이해

v

가 요구된다.

음악인들이 지식을 얻는 가장 주된 방법은 자신의 과거 학습전기에 의존할 텐데 클래식 음악교육이 일반적으로 일대일 레슨으로 이루어진다는 점을 고려할 때, 레슨을 통해 얻을 수 있는 지식은 극히 제한적이다.

음악교육 경력이 34년이 되는 역자는 그동안 다양한 음악 성취 목표와 음악능력을 가진 이들을 지도했고 지도 대상 각각에게 적합한 지도법을 찾고자 문헌에 크게 의존했었다. 연주자로서도 연주 경력이 30년을 넘으니 — 공식적인 데뷔의 개념이 모호하므로 공인된 공연장에서 가진 대학 3학년 때의 독창회가 시작이라고 하겠다 — 음악의 전반적 이해를 위해서는 다양한 문헌을 탐구하는 것은 필수적 조건이었다. 그런데 문제는 연주 실기와 관련된 문헌의 부족이었다. 예를 들어 성악 교수법 문헌은 발성 메커니즘을 생리학적 측면에서 설명할 뿐 성악가 스스로 어떤 요령으로 어떻게 연습해야 하는지 또는 어떻게 지도해야 하는지의 실용적 정보를 포함하는 경우가 거의 없다. 연주가 근정신 과정임을 고려해서 접근한 음악심리학 역시 뇌신경계의 지각과정을 주로 논할 뿐 음악가에게 유효한 정보를 제공하는 경우는 드물다.

우리말로 된 음악 관련 문헌이 많지 않다 보니 역자는 아마존 닷컴을 즐겨 찾는다. 그러다 찾아낸 보물이 바로 이 음악가를 위한 심리학(*Psychology for Musicians*)이다. 이 책은 Lehmann과 Sloboda, 그리고 Woody 공저인데 Sloboda는 이미 세계적으로 인정받는 음악심리학자이며 Lehmann 역시 그에 못지않은 훌륭한 체계음악학 교수이다. Woody 역시 활발한 연구활동으로 두각을 나타내기 시작한 음악교육학자이다. 역자가 이들의 저서를 보물이라고 한 이유는 일반적인 음악심리학 문헌과는 달리 이 책은 음악가에게 매우 실용적인 정보를 제공하기 때문이다. 또한 이들은 음악가들이 심리학적 지식 기반이 깊지 않다는 것을 염두에 둔 것 같다. 음악심리학의 최근의 연구들을 소개하지만 매우 쉽게 풀어서 설명하기 때문에 이해하기 쉽다. 더욱이 주제와 관련된 다양한 사례들은 이 책을 읽으면서 느낄 수 있는 지루함이나 일종의 의무감을 흥미로움으로 바꿔준다. 계속 같은 음악을 들려줘도 들을 때마다 새로운 음악으로 인식하는 이가 그 음악에 대한 선호 여부를 판단할 수 있다는 것은 흥미롭지 않은가? 음악을 귀로만 들을 때와 눈으로 연주 모습을 볼 때, 그리고 눈과 귀로 음악을 감상할 때, 동일한 연주라도 그 선호가 바뀐다는 사실이며 리스트의 과장된 피아노 연주 모습의 캐리커처, 그리고 그것에 대한 연주 효과에 대한 설명 등은 재미있을 뿐만 아니라 음악가들에게 매우 유효한 정보들을 제공한다. 하지만 역자가 이 책에 대해 가장 주목하는 것은 이들이 음악을 보편적 문화로 보고 비교 문화적 관점으로 접근한다는 것이다. 사실 클래식 음악가들은 타(他)음악문화에 매우 배타적이다. 물론 그렇기에 클래식 음악의 전통이 아직까지 잘 유지되어 오는 것일 테다. 하지만 음악을 손쉽게 들을 수 있는 다양한 전자기기들의 발달로, 그리고 클래식과는 다른 유형의 음악들의 대중에 대한 접근 용이성으로 인해 클래식 음악이 위협을 받고 점차 쇠퇴해 가고 있다는 현실도 실감할 것이다. 저자들의 비교 문화적 시각은 음악인들에게 클래식 음악이 아닌 음악 자체의 본질에 대한 포괄적 이해의 기회를 마련해 준다.

음악가를 위한 심리학은 음악가들에게 음악기술 학습과정이나 곡해석에 있어서의 뉘앙스, 또는 다양한 연습 전략과 같은 뛰어난 실용 정보와 함께 음악 자체에 대한 철학적 이해의 기반을 마련한다. 이와 동시에 이 책은 전문 음악가가 아닌 음악도와 음악애호가, 심리학자나 단순한 호기심을 가진 이들에게조차도 풍부하고 흥미로운 정보를 주는, 진정으로 훌륭한 음악 관련 문헌으로서 역자는 음악가와 음악도, 그리고 음악심리학자들은 반드시 읽어야 할, 그리고 음악 애호가들도 편안한 마음으로 접근하면 좋을 책이라고 감히 장담한다.

처음 이 책을 손에 들었을 때에는 번역 작업은 염두에 없었다. 그저 이 책의 세 저자가 전하는 흥미롭고 유용한 정보에 취해 전문용어사전을 뒤져가며 열심히 공부했는데 지적 만족감이 커지면서 이 귀한 문헌을 다른 이들과 나눠야겠다는 기특한 생각을 하게 되었다. 하지만 동시에 독자층이 결코 두텁지 않을 이 책의 번역에 응할 출판사가 있을까 하는 우려도 있었다. 그러나 (주)시그마프레스의 강학경 대표는 흔쾌히 번역 작업을 지지하고 격려를 아끼지 않았다. 주로 인문학 서적을 다루는 (주)시그마프레스를 통해 몇 년 전에는 **음악교육심리학**이 그리고 이번에는 **음악가를 위한 심리학**이 빛을 보게 되었다. 과연 음악 관련 서적이 어떤 사업적 이득이 있을까 하는 송구스러움과 함께 강학경 대표께 깊은 감사를 전한다. 역자의 건강에 관심과 세심한 배려를 아끼지 않는, 진정한 의료인의 모습을 보여주는 동신병원의 강용준 박사께도 감사를 드린다. 아울러 이 책의 번역을 시작하던 초기에 찾아온 큰 시련을 이길 수 있도록 의지가 되어 준 딸아이 우진이에게도 고맙다는 말을 전하고 싶다. 엄마가 잠자리에 들 때마다 다리를 주물러 주던 내 딸, 우진아, 사랑의 힘이란, 가족의 힘이란 참 대단한 것 같아. 고맙다.

저자 서문

이 책에 대한 아이디어는 우리가 지도하던 음악가, 심리학자, 그리고 교육자들을 위한 다양한 강의에 대해 논의를 하던 수년 전으로 거슬러 올라간다. 우리 각자는 우리 학생들의 사전지식과 흥미에 부합될 수 있는 자료들을 찾기가 어렵다는 사실을 발견했다. 우리의 모든 학생은 음악 감상자로서의 경험을 갖고 있었으며 수준의 차이는 있지만 상당수가 악기를 연주하거나 성악을 해왔다. 그러나 그들이 제기하는 음악심리학적 의문은 상당히 유사했다. 이 책은 그러한 질문에 대한 명확한 답변을 목적으로 한다.

여기서 다루는 주제들은 음악을 연주하거나 지도하는 음악가들, 음악과 심리에 대해 보다 많은 것을 알고자 하는 심리학도들, 그리고 개인적 성장과 성취를 구하는 음악적으로 고무된 사람들을 위한 관련 정보를 담고 있다. 우리가 음악가들에게 어떻게 해야 할지에 대한 방안을 제공하는 것(결국 지도교사와 전문가들의 책무이다)은 피하려고 하지만 그럼에도 불구하고 우리는 무엇이 왜, 그리고 어떻게 유효한지 또는 아닌지에 대한 현명한 판단을 하도록 할 근거를 제공하고자 한다. 거리에서 사람들이나 학생들과 이야기를 나눌 때, 우리는 음악에 대한 강력한 신념이나 근거 없는 믿음과 맞닥뜨리게 된다. 그들 중 어떤 사람들은 소리에 대한 과학적 근거를 갖고 있지 않기 때문에 그러한 생각은 실제로 역효과를 불러일으킬 수 있다. 예를 들어, 절대음감이 선천적 음악능력의 지표라든지, 음악은 대뇌의 우측반구에서만 처리된다든지, 모차르트의 음악을 자주 들으면 좀 더 총명해질 수 있다든지, 또는 외워서 연주하는 법을 배우는 것은 오직 한 가지뿐이라는 것은 사실이 아니다. 이러한 믿음뿐만이 아니라 다른 확고하게 믿어져 온 신념들은 적절한 장(chapter)에서 다루어질 것이다.

연주와 감상에 대한 밀접함을 유지하기 위해 우리의 주요 초점의 경계에 있는 상당한 양의 대단히 흥미로운 정보들을 배제시켜야 했다. 우리는 음악음향학과 인지과정(심리음향학)의 초기단계, 음악과 컴퓨터 기술 (음악과 인공지능), 음악이론, 음악치료, 음악의학, 그리고 음악 인지신경과학(cognitive neuroscience)과 같은 주제들은 언급을 하는 정도로만 다룬다. 이러한 새로운 분야를 다루는 전문화된 출판물들이 있다. 그들의 발견을 좀 포함하기는 했지만 좀 더 상세한 정보를 위해 우리는 관심 있는 독자들에게는 그 분야의 대표적인 자료를 참조하게 한다.

음악심리학 분야에는 일반론적인 것(예 : Deutsch, 1999; Hodges, 1996)부터 특화된 주제를 다루는 것(예 : Peretz & Zatorre, 2003, 인지신경과학; Juslin & Sloboda, 2001, 감정 관련; Butler, 1992, and McAdams & Bigand, 1993, 지각 관련; Parncutt & McPherson, 2001, Williamon, 2004, and Davidson, 2004, 수행 관련; Hargreaves & North, 1997, 사회심리학 관련; Deliège & Sloboda, 1996, Colwell, 1992, and Colwell & Richardson, 2002, 발달심리학과 음악교육 관련)까지 뛰어난 출판물들이 많이 있다. 그러나 음악의 발생에 대한 문화적 맥락과 연관된 인지이론에 근거하여 연주와 감상의 전반적 관점을 보여주는 출판물은 없다. 아마도 이에 가장 근접한 문헌은 이 책이 속편이 될 수 있는 John Sloboda's (1985b)의 논술서 *The Musical Mind*[음악적 사고(思考)]일 것이다.

전문학자로서 우리 각자는 서로 다른 전문분야와 음악적 능력을 갖고 있다. 학제간(interdisciplinary) 연구팀으로서 우리는 각자의 전문분야인 심리학과 고등교육 행정(JAS), 교육과 음악교육(RHW), 음악학과 심리학(ACL)을 끌어왔다. 우리 모두는 다양한 조건과 '문화'에서 음악을 감상하고 연주를 즐기는 열렬한 음악 애호가들이다. 음악 전공 또는 음악교육 전공이었던 이전 세월 이후로 우리는 연구와 저술의 초점을 심리학, 사회학, 음악학, 그리고 교육적 관점으로부터 음악적 주제에 관한 연구와 저술로 옮겼다. 우리는 이 책의 전반적 계획뿐만 아니라 각 장의 내용을 함께 결정했다. 각 장에 대한 책임은 우리들 중의 한 사람이지만 우리 모두 각 장에 대해 관여를 하였다. 따라서 이 출판물은 진정 세 저자에 의한 책이 된다.

이 책은 다양하게 사용될 수 있다. 처음에는 강의실 상황을 염두에 두고 썼으며, 이 책의 12개 장은 일반적인 학기에 사용될 수 있다. 우리가 기본적 아이디어와 개념을 소개한 도입부(제1장)에 이어 나머지 11개 장들은 음악학습, 음악기술, 그리고 음악 역할, 이렇게 세 부분으로 나누어져 있다.

- 음악학습을 다룬 첫 부분은 음악발달, 동기, 그리고 연습에 대한 장들을 포함한다. 제2장은 음악발달을 조성하는 환경과 재능을 둘러싼 논란에 대한 논의를 다루고 제3장은 음악에 있어서의 동기와 관련된 주제를 다루며 제4장에서는 기술적 성취의 핵심적 활동으로서의 연습을 논의한다.
- 음악기술을 다룬 두 번째 부분은 표현이나 곡해석(제5장), 독보와 암기(제6장), 즉흥음악과 창작(제7장), 연주 불안 조절(제8장)과 같은 음악 연주의 부분이 근간이 되는 기술들을 열거한다.
- 음악의 역할을 다룬 마지막 장에서, 우리는 연주자(제9장), 음악교사(제10장), 감상자(제11장), 그리고 음악 사용자/소비자(제12장)라고 추정할 수 있는 음악적 행위자들의 다양한 역할에 대해 상세히 설명한다.

모든 장은 유사한 구조로 되어 있으며 간략한 개요를 포함한 주 본문이 시작된다. 각 장에서 사용된 참고문헌의 수는 의도적으로 제한되었다. 관심이 있는 독자들은 관련된 데이터베이스에서 적절한 검색어를 사용하거나 '추가 참고도서 목록'에 언급된 참고문헌을 찾아본다면 더 많은 정보를 얻을 수 있을 것이다. 우리의 교육 경험을 바탕으로 하여, 우리는 독자들이 각 장의 중심이 되는 개념을 경험할 수 있도록(그리고 글을 쓸수 있도록), 신뢰성이 증명된 자기학습 연습이나 논증들을 어느 정도 모았다. 또한 우리의 독자들이 서양 예술 음악 전통에 가장 친숙하리라고 생각하기 때문에, 우리는 '비교 문화적 관점'(제12장은 제외)이라는 상자글을 만들어서 시각을 넓히고자 하였다. 그이유는 시간과 공간을 거친 문화적 실제가 어떻게 다른가를 보여주기 위한 것이다. 공간적 제한으로 인해 우리는 각 장마다 몇 가지 세부적 사항들이 보고되는, 방법론적으로 대표적인 하나의 중요한 학습 요점을 선택했다. 마지막으로 우리는 토론이나 학기말 과제를 위한 출발점으로서의 학습문제를 몇 개 첨부하였다.

우리의 많은 학생이 과학적 지식이 부족하며 전문용어와 이론적인 과학적 글을 편하게 생각하지 않는다. 그러므로 우리는 다른 많은 동료와 마찬가지로, 음악가들이 이해하고 연관성을 찾을 수 있는 방법을 통해 과학적 발견들을 설명할 수 있는 방법을 개발했다. 이 책은 음악에 관심이 있는 모든 사람이 이해할 수 있는 그러한 방식으로 쓰였다.

우리는 사람들의 어떠한 도움 없이 현재의 모습에 도달할 수 없었을 것이다. 우리 모두에게 영감을 준 Anders Ericsson에게 감사하며 각 장의 초고에 대해 유용한 논평을 해 준 Aaron Williamon, Wolfgang Auhagen, Lucy Green, 두 익명의 논평가, 그리고 여러 다른 이들에게 감사한다. 2003년 가을, 생산적인 한 주일을 보낼 수 있도록 우리를 대해 준 University of Nebraska-Lincoln의 음악대학에 감사한다. 우리는 또한 이 프로젝트에 도움을 주고 인내를 해 준 Oxford University Press의 사람들, 특히 Linda Donnelly에게 감사한다. 무엇보다도 우리는 Maria S. Lehmann의 감수와 도움에 감사한다.

차례

제2부 음악기술

제**3**부 음악의 역할

제**1**부

음악학습

01

과학과 음악기술

심리학은 음악가들이 음악교사나 연주자로서의 활동을 할 때, 집에서 일상적인 연습을 할 때, 리허설을 하거나 또는 그들 자신이 즐기기 위해 연주를 할 때 상황 이해에 참고가 되는 것들을 제공하여야 한다. 음악발달, 연습, 연주 불안, 그리고 음악심리학의 다양한 양상에 대한 주제를 탐구하기에 앞서 우리는 이러한 주제들에 대한 접근의 기반이 되는 기본적 아이디어와 개념을 분명히 해야 한다. 우리는 연주와 감상이, 음악이 사용되는 환경과 강력하게 연관된 다양한 기술 및 하위 기술들과 관련된다고 추정하므로, 모든 음악적 활동을 고유의 문화적 시간과 장소에 연관시킨다. 예를 들어, 록밴드에서 노래를 부르는 것은 서양에서 20세기에나 가능했으며 인디아에서는 여전히 시타르(sitar)를 연주하고, 이투리(Ituri) 다우림(多雨林)의 피그미족은 음악비평을 필요로 하지 않는다.

전술한 예들에서 요구되는 기술들이 매우 이질적으로 보일 수 있겠지만, 심리학적 관점에서 기술을 통합하는 것은, 대부분 교육과정에서 발달되는 메커니즘에 의해 가능하게 되는 기술의 원활한 기능이다. 가수, 시타르 연주자. 그리고 음악 평론가들은 그들이 경험했던 음악에 대해 기억하고 연주하고 비교하며 이야기할 수 있는 심적 표상(mental representation)을 습득해 왔다. 이러한 입문 예제들은 음악가들이 특정 요구에 대한 응답으로 어느 정도의 정보를 기술적으로 조작한다는 것을 의미한다. 이 책에서 우리는 음악가들이 그러한 과제들을 어떻게 수행하는지, 왜 어떤 연주자들은 다른 연주자들보다 더 나은 연주를 하는지, 그리고 어떻게 그들의 역량을 발전시켜 왔는지에 대한 답을 구한다.

이 장에서 우리는 다음의 요점들을 강조할 것이다.

1. 음악심리학과 음악교육에는 중요한 문제점들에 대해 배우고 논의하는 다양한 방법들이 있다. 우리는 전통적인 접근법들을 보완하는 과학적 접근을 제안한다.
2. 정신기술은 상당한 문화적 구체성을 갖고 있다. 그것들은 시간과 공간에 따라 다르다. 그리고 게임이나 과학, 그리고 스포츠와 같은 다양한 인간행동 영역들에서 기술과 동반되는 중요한 특성을 공유한다.
3. 연주와 감상기술은 우리가 음악학습으로 알고 있는 과정인 심적 표상(mental representation)의 발달과 이를 지원하는 인지적응을 필요로 한다. 이것은 연구자들과 교육자들에 의해 연구 주제로 많이 다루어졌다.

연주와 감상에 대한 핵심적 질문

사람은 창작, 재창조 또는 단순히 듣는 것을 통해 음악을 접한다. 그러나 서로 다른 활동을 하는 데 사용되는 강도는 상당히 다르다. 모든 사람은 무엇보다도 먼저 감상자이지만 그렇다고 모든 사람이 음악을 창조하거나 재창조하지는 않는다. 오늘날의 클래식 음악 전통에서 음악의 창조와 재창조는 두 가지로 분리된 전문 특성화 분야인 반면, 록이나 재즈와 같은 음악에서는 연주자가 곧 작곡가이기도 한 경우가 많다. 다양한 음악 활동들과 그것들이 내포하는 중요한 심리학적 의문점들을 잠시 생각해 보는 것은 가치가 있다.

우리는 우리의 귀를 닫을 수가 없기 때문에 우리를 둘러싼 음향 자극에 대해 청자(listener)로서의 자비심을 가져야 한다(제11장 참조). 가끔 음악이 유해한 자극으로 경험되기도 하지만 일반적으로 음악은 긍정적인 감정을 야기하며 가끔은 완전한 감동을 받고 콘서트장를 떠나게도 한다. 음악은 우리에게 깊은 감동을 주기도 하여 그 이후에도 그 감동으로 충만하게 할 수 있을 것이다(제5장 참조). 어떻게 음악이나 연주가 우리에게 이러한 효과를 줄 수가 있는 것인가? 어떻게 부드럽고 느린 음악이 활기를 줄 수 있는가? 모든 이들에게 동일한 효과가 있는 것일까? 왜 어떤 이들은 연주에서 숨이 막힐 듯한 감동을 받는 반면 다른 이들은 같은 연주에 대해 실망을 할 수 있는가? 모든 사람이 한 작품에서 같은 것을 듣는가?

연주자들은 연주 상황과 연주에 연관된 기술들에 대한 다양한 의문점들을 가질 것이다. 그들은 악보를 보거나 듣는 것을 통해 음악을 익히고 연습하여 연주를 향상시키고 암기를 해야 한다(제4장과 6장 참조). 더 나아가 연주를 할 때에는, 청중들은 물론이고 다른 음악가들과 교류하는 가운데 긴장감에 대처해야 한다(제8장 참조). 이러한 모든 연주 관련 행위들은 각 연주자마다 다르게 발달되며, 음악가들은 자신의 개인적 장·단점들을 받아들이려고 애써야 한다. 어떤 연주가는 한 작품을 거의 자동적으로 외울 수 있는 반면 다른 음악가는 애를 먹을 수도 있다. 가끔 클래식 음악가들은 재즈 연주자들이 어떻게 신속하게 음악을 만들어내는지를 궁금해한다. 얼마나 많은, 그리고 어떤 형태의 연습과 교육이 악기를 능수능란하게 연주할 수 있도록 할까? 왜 어떤 연주들은 다른 연주들보다 나으며, 왜 청중들의 반응은 서로 다를까?

즉흥 음악가와 작곡가는 가장 창조적인 음악가들로 간주된다(제7장 참조). 많은 클래식 음악가들이 이러한 활동을 위한 준비가 되어 있지 않다고 느끼지만 대부분의 다른 사람들(특히 어린이들)은 음악을 만드는 것이 정상이라고 느낀다(제2장 참조). 우선 당신은 어떻게 작곡가나 즉흥 음악가가 되는가? 작곡가와 즉흥 음악가들은 어떻게 새로운 음악적 아이디어를 끊임없이 생산해내는가? 즉흥음악은 항상 완벽하게 다른가 아니면 반복 연주가 되는 일반적 부분이 있는가? 즉흥 음악가들은 무대 위의 다른 음악가들과 어떻게 소통하는가(제9장 참조)?

마지막으로 음악교사들이 항상 완전하게 신뢰되지는 않겠지만 그들이 음악기술의 발달에 중요하다는 것은 확실하다. 가르침을 통해, 그러니까 민요를 노래하고 다음 세대에 전달하는 것을 통해, 또는 음악가에게 악기의 상위기법을 정식으로 지도하는 것을 통해 우리는 음악의 역사적 연속성을 유지하도록 한다(제9장). 우리는 가끔 어떤 교사는 상당히 성공적인 학생들을 배출하는 반면 어떤 교사는 그렇지 못한 점에 대한 의문을 갖는다. 음악교사들은 가르치기 위해 어떻게 자기 스스로 동기부여를 하며 학생들이 연습을 하도록 하는 것일까?(제3장과 4장 참조) 재능은 문제가 되는가?(제2장 참조) 지도 자료의 올바른 시퀀스는 무엇이며 이 시퀀스는 모든 학생에게 같아야 하는가? 성인들도 여전히 악기 연주를 배울 수 있는가?

음악가를 위한 심리학이 이러한 모든 의문점에 대한 분명한 답을 줄 수는 없지만 우리의 현재 지식에 근거한 잠정적인 답을 제공할 수 있다. 연관된 질문들에 답을 하는 세 가지의 다른 접근방법의 개요를 여기에서 설명한다.

음악과 관련된 질문에 답을 할 수 있는 가능한 접근방법

우리 삶의 모든 측면에서 우리는 의문점들에 대면한다. 우리는 그것에 대한 답을 거부할 수도 있지만(예 : 우리는 원자력 발전소가 어떻게 가동되는지 알고자 하지 않기 때문에) 답을 찾을 수도 있다. 후자의 경우 직관적 접근(intuitive approach), 반영적 접근(reflective approach) 그리고 마지막으로 과학적 접근(scientific approach)과 같이 우리가 사용할 수 있는 다양한 접근방법이 있다. 각 접근방법은 그 나름의 특정한 장·단점이 있으며 삶의 모든 상황을 만족시키는 단일한 접근방법은 없을 것이다. 그러나 우리가 선호하는 시각은 과학적 접근인데 그 이유는 그것이 전문가와 비전문가에게조차 매우 효과적인 방법으로 정보를 주기 때문이다.

상식과 직관적 접근방법

우리의 삶에서 의문과 문제점은 기술, 건강, 문화, 행정, 그리고 다른 많은 영역과 연관되어 발생한다. 우리는 대부분의 경우 **영역**이라고도 부르는 어떤 분야에서 비전문인이며, 우리는 직관, 느낌, 그리고 습관에 따라 반응한다. 어떤 때에는 이러한 문제들에 대해 상당히 강한 느낌을 가지며, 우리의 반응은 더 이상의 생각 없이 자연스럽게 나타난다. 예를 들어 대부분의 사람들은 어린이들에게 이야기를 할 때에는 어른에게 하는 것보다 좀 더 선율적이고 단순하게 이야기한다. 우리의 어떤 직관적 행동들은 생물학적으로 프로그램되어 있고 순응적이며 유용할 가능성이 있다. 반면 어떤 사람들이 경험하는 약물이나 술에 대한 강력한 갈망과 같은 다른 일들은 생물학적으로, 그리고 심리학적으로 손상을 주는 것으로 알려져 있다. 예를 들어 프라이팬에 불이 붙었을 때 물을 붓는 우리의 첫 반응과 같은 어떤 행동들은 기존 지식에 대한 단순한 전이 오류이다. 우리가 어떤 특정한 일을 할 의도가 있다 해도 그것이 옳거나 바람직한 일임을 의미하지는 않는다. 그러나 우리의 직관을 따르는 것의 상당한 이점은, 우리가 매일 직면하는 많은 일들을 결정하게 하며 반복적인 문제점들에 대한 임시변통의 반응을 제공한다는 것이다.

　문제점들에 대해 반응하는 또 다른 방법은 공동체와 가족에 의해 전승된 일련의 믿음과 관례인 '상식'으로 나타난다. 유아나 어린이들과 관계된 건강문제는 간혹 이러한 관습에 지배된다. 예를 들어 무엇을 먹은 후에 수영을 하면 안 된다는 충고를 자주 듣는 것과 같다. 이러한 충고가 의학적으로는 근거 없는 믿음으로 간주되지만 진실의 일면도 있다(이러한 주제에 대한 활발한 토론을 인터넷상에서 찾아보라). 식후에는 영양분을 흡수하기 위해 위와 장으로 흐르는 혈액이 증가된다. 그래서 식후의 강도 높은 운동은 소화기관과 다른 근육들 사이에서 혈류의 경쟁이 발생하게 하며 이로 인해 근육경련이나 근육 부상이 발생할 수 있다. 대부분의 부모들이 수영과 식사의 연관성을 설명하지는 않지만 단순히 그들의 부모로부터 들어왔던 것을 되풀이하는 것이다. 그 유용성에도 불구하고 상식은 그것이 이로운지 해로운지에 대한 명료한 이해 없이 그대로 보존된다. 예부터 내려오는 민중의 지혜는, 어떤 이유들로 인해 이미 써봤기 때문에 믿을 수 있다는 단순한 권고를 제공하지만 많은 분야에서 주요한 발전을 가져오는 원동은 아니다.

　음악적 직관과 예부터 내려오는 지혜도 있다. 예를 들어 어떤 사람들은 자신이 클래식 음악을 배우고 이해하거나 연주를 할 만큼 음악적이지 않다고 생각하고, 어떤 부모들은 트럼펫이 여학생들에게는 적합한 악기가 아니며 플루트가 남학생에게 적합하지 않다고 생각하고, 어떤 사람들은 절대음감을 선천적 재능이라고 생각한다. 이러한 민중적 지혜가 옳은지 아닌지는 음악 전문가만이 답을 할 수 있다.

전문가에게 자문하기

지식이 빠르게 확산되는 세계에서 한 개인이 모든 영역에 대한 좋은 정보를 얻는 것은 거의 불가능하다. 이러한 문제점에 대해 대부분의 사회는 개인이 전문분야의 전문가가 되기를 장려한다. 그러나 요즈음에는 전문가들조차도 그들의 영역을 좀 더 세분화된 전문화를 하기 위해 고투하고 있다. 이것은 의사나 연구자들과 마찬가지로 음악가들에게도 같은 실정이다. 음악가들은 모든 악기를 배우는 것이 아니라 선택된 악기만을 배우며 클래식 교육을 받은 많은 음악가들이 그들의 실기영역에서 작곡이나 즉흥음악을 제외한다. 따라서 전문 음악가들은 그들 각자의 영역에서만 전문가이다.

　전문가가 되고자 하는 사람은 자격을(예 : 학위) 얻고자 하며, 그러한 전문가 집단은 그 자질을 보장하는 수단으로 서로를 모니터한다. 어떤 분야에서는 정규 교육이나 공인 기관은 없지만 다른 선발 장치가 있다(예 : 경연대회나 분명히 드러나는 성과). 의사, 엔지니어, 그리고 교사들은 직무 수행을 위한 학위를 받지만 운동선수, 예술가, 그리고 시인들은 각각의 분야에서 명성을 얻는다. 어떤 이들은 음악교사로 시작하지만 어떤 이들은 연주가로 시작해서 공식적 자격 없이 교사가 되기 때문에 음악지도는 흥미롭다.

전문가들은 형성기 동안 배운 것들과 그들의 분야에서 종사하면서 얻은 경험의 축적에 의지한다. 단순한 경험이 일상적 과제의 수행을 반드시 향상시키지는 않는다는 것이 잘 확립되어 있지만, 특히 그들이 의도적으로 향상하고자 할 때 대부분의 전문가들은 드물고 복잡한 문제점들을 다루는 시간을 거치면서 좀 더 나아진다(Ericsson, 2004; Ericsson & Lehmann, 1997). 그렇기 때문에 전문가들이 직접적으로 또는 글을 통해 제공하는 조언은 음악을 포함한 많은 영역의 정보를 얻는 가장 중요한 원천이다. 그러나 전문가들조차도 의견이 다를 수 있거나 미심쩍은 결론을 짓기도 한다. 예를 들자면, 두 의사가 서로 다른 진단을 내린다거나 두 전문 성악교사가 음악원 입학 오디션에서 한 학생을 두고 서로 일치하지 않는 평가를 하는 것과 같은 경우이다.

어떤 경우에는 필요로 하는 관련 지식이 주어진 시간 내에 존재하지 않을 수 있기 때문에 전문가들조차 오류가 있을 수 있는 지식 기반을 사용할 수밖에 없다. 예를 들자면, 오디션 동안의 선택된 연주에만 기반을 하여 음악가의 성공을 예측한다는 것은 어려우며, 심사위원들의 평가는 서로 다른 개념에 기초할 수 있다. 어떤 경우에는 유망한 학생이 호의적인 평가에도 불구하고 교육은 충분히 받지 못했을 수도 있다. 낙심한 학생이 심사위원들의 결정을 의심하는 것이 오만함으로 일축될 수도 있지만, 잘 통제된 조건하에서 그들의 전문성이 다시 되풀이되지 않는 많은 전문가들이 신봉하는 이론과 실제에 대한 과학적 근거가 거의 없는 것이 사실이다. 그러나 대부분의 전문가들은 잘못이 없다. 그들은 단순히 유효한 평가나 예측을 허용하는 정보에 접근할 수 없는 것이다.

지식과 실제의 역사적인 변화는 평가의 변동에 대한 좋은 예를 제공한다. 예를 들어, 80년에서 100년 전의 의사들은 천연두나 폐렴을 성공적으로 치료할 수 없었을 것이지만 오늘날에는 쉽게 치료된다. 대신 오늘날 우리는 다양한 암과 에이즈로 인해 고투하고 있다. 전문가들 중에서 변화에 대해 비논리적으로 저항하는 경우도 있다. 예컨대, 오랜 세월 동안 미국 대부분의 어린이들은 수두 예방주사를 맞아 왔다. 이제 와서야 독일의 의사들은 예전에는 불필요하고 위험하기조차 하다고 간주했던 이 백신을 광범위하게 사용해야 한다고 고려하고 있다. 지식과 이론들이 허용되면서, 가끔은 이 지식이 어디에서 비롯되었는지에 대한 정확한 조회 없이 그것을 사용할 수 있는 전문가들에게로 흘러들어간다. 결국 이것은 간단하게 (좋든 나쁘든) 그 분야의 상식이 된다.

우리는 가끔 그 조언의 질(우리는 이를 평가할 방법이 없다)에 많은 것을 근거하기보다는 개인들이 고려하는 분명한 신뢰성이나 설득력 또는 우리가 존경하는 다른 사람들이 의존하는 그들의 명성과 같은, 상황과는 무관한 요소들에 근거하여 그 조언을 따른다. 가끔은 조언을 하는 사람을 우리가 좋아하는가 아닌가에 따라 그 조언을 따르는 경우도 있다! 그런 상황은 음악도가 단지 음악교사를 기쁘게 하기 위해 자신이 좋아하지 않는 작품을 연주할 때 발생한다.

음악 전문가나 생각이 깊은 전문가들은 철학자나 미학자, 비평가, 연주자, 작곡가, 그리고 음악교사들의 글에 분명하게 존재한다. 사실 연주 실제와 음악학에서 쓰이는 대부분의 자료 정보들은 그러한 저술들로 이루어져 있다. 특별한 배경을 가진 개인들의 경험을 반영하는 그것들은 다른 사람들, 다른 시간들, 그리고 다른 장소들에 적용할 수도 있고 못할 수도 있는 유용한 정보를 준다. 개인적인 선택은 저자에 의해 고정 불변의 진리로 승격된다. 그들로부터 오늘날 우리가 얻을 수 있는 연주, 교육, 그리고 감상을 위한 도움은 저자들과 그들의 저술을 읽고 그것들을 우리의 상황에 적용할 수 있는 우리의 능력에 달려 있다.

개인적 저술(예 : 자서전)은 간혹 특정한 목적을 위해 쓰여지며 그것은 어떤 사실들을 강조하거나 축소하는 것에 의해 그 메시지가 왜곡될 수도 있다. 가령, 어떤 연주자가 학생으로서의 동기 부족이나 약점을 고백할 이유가 무엇이 있겠는가? 그것은 그들의 이미지를 손상시킬 수 있는 것이다.

어떤 경우에는 연주에 대한 기억이, 기억의 자연스러운 왜곡이 있을 만한 시기의 연주에 관한 것일 수 있다. 예를 들면, 노령의 Carl Czerny가 베토벤의 학생이었던 그의 어린 시절에 베토벤이 그의 피아노 소나타를 연주하던 것에 관해 기억을 하는 것과 같은 경우다. 그의 묘사는 얼마나 정확할 수 있을까? 이러한 역사적이고 당대의 현상학적인 서술의 불충분한 점에도 불구하고, 그것들 대부분은 음악계를 변화시키고 독자적인 통찰력과 영감을 준다.

연구자로서의 역할을 주로 한 Francesco Geminiani, Leopold Mozart, C.P.E. Bach,

J. J. Quantz 또는 그들과 필적할 만한 현대의 사람들과 같은 유명한 음악교사들의 저술들은 다소 다르기는 하지만, 답을 찾을 수 있는 좀 더 체계적인 길로 인도한다. Auer(1921/1980, p. vii)는 그의 유명한 저서의 서문에서 다음과 같이 설명한다.

> 나는 예술가로서 그리고 교사로서의 60여 년간의 경험에서 얻은 바이올린 연주 예술관에 대해 단순하고 솔직하게 설명하고자 노력했다. 나의 조언, 나의 결론들은 모두 나의 경험에서 나온 것들이다. 그것들 모두 수년간의 실험과 관찰에 의해 증명되었다.

기악 음악교육은 세대를 거쳐 다듬어지고 전수된 기술들에 의한, 극히 높은 수준의 연주를 전하는 오래되고 성공적인 전통을 갖고 있다. 음악교사의 조언은 이해하기 쉬운 규칙과 기본 수행 원리의 형태로 사용된다. 그것들이 모든 이들에게 효과적이지는 않겠지만 조언을 주는 이들에게 유효했던 것처럼 우리에게도 효과적일 수 있다. 교사들은 그들의 삶에서 상당히 많은 학생을 접하게 되며 그들의 개인적 이론을 다듬고 시험해 볼 수 있다. 그러나 위대한 교사들은 때로는 융통성이 있어서, 학생의 개인적 필요에 맞추기 위해 그들 자신의 규칙으로부터 벗어나기도 할 것이다.

음악에 관한 답을 얻기 위한 과학적 접근방법

오늘날까지 문명의 역사에서 가장 최근에 발달된 접근방법은 과학적 접근이며 그것은 전통적인 것에 추가적인 유용한 것을 보여주고자 한다. 충분히 발달된, 구분된 지적 활동 분야로서의 과학은 19세기까지는 신뢰를 완전히 수립하지는 못했다. 우리 삶의 많은 영역에서, 과학적 증거들은 평가될 수 있는 모든 지식에 대한 초석을 제공한다. 예를 들어 소방수들을 위한 새로운 보호 복장, 새롭고 흥미로운 맛의 음료, 암 치료제 등은 모두 과학적 방법에 의해 개발된 것들이다. 우리의 선조들은 많은 자연 현상들이 초자연적인 존재에 의해 발생된다고 믿었다. 마디 그라(Mardi Gras)[1]나 사육제(Carnival)[2]처럼 예식들은 유령을 겁을 주어 쫓아버리거나 도움을 청하는 의식을 행해 왔다. 과학은 그러한 초자연적 현상의 많은 것들의 신비성을 제거하고 강력한 설명을 제공하며

---

1 참회 화요일(사순절이 시작되기 하루 전)
2 사육제(사순절에 앞서서 3일 또는 일주일 동안 즐기는 명절)

어떤 현상(예 : 악천후)을 예견하거나 예측할 수 있도록 한다.

우리 삶의 다른 영역들이 그렇듯이 과학적 방법을 통해 연주, 감상, 그리고 교육에 접근할 수 있으며 지난 150년간 음악에 관한 많은 연구가 이루어져 왔다. 과학적 접근은 실용적이며 다른 접근들에 비해 어떤 문제점을 해결하는 데에 보다 나은 근거와 대안을 제공할 수 있다. 그것의 원인에 대한 우리의 지식에도 불구하고 마디 그라 또는 천둥의 경험을 즐기듯이, 전문적인 음악 감상자는 한 작품에서 의식적으로 화성의 진행과 연주자의 정체, 또는 복잡한 소리로부터 각각의 악기를 찾아낼 수 있으며 그와 동시에 여전히 감상의 즐거움을 느낄 수 있다. 우리는 지식과 이해가 경탄과 놀라움, 그리고 감동을 방해하지 않는다고 믿는다(제12장 참조).

최소한 세 개의 중요한 특징 — 이름 하여 객관성, 일반화, 설명 또는 예측 — 은 다른 지식 창출의 접근으로부터 과학을 구분하게 한다. 그러한 원칙들을 두고 많은 철학적 논의가 있지만 일반적으로 그것들은 과학적 과정의 근거로 받아들여진다. 세 가지 특징은 음악 연구에 영향을 미칠 것이기 때문에 우리는 이제 그 특징에 대해 좀 더 자세히 설명하기로 한다.

진정한 객관성이 요구되겠지만 다양한 이유로 인해 그것은 불가능하다. 그러므로 과학자들은 개인에 의한 관찰이나 데이터 수집에 가능한 한 적게 의존하며 정보를 찾고자 노력한다. 다른 사람들이 같은 관찰이나 같은 결론을 맺을지 우리는 알 수 없기 때문에 Auer의 역사적 관찰의 경우와 그의 가정된 객관성은 이러한 원칙에 위배된다. 사람들은 때때로 객관성을 찾는다. 예를 들어, 많은 학생이 개인 연습실이나 무대 위에서 자신들의 연주를 녹음하고 그 후에 그것을 들음으로써 자신을 사상(事象), 흥분, 그리고 개인적 연관성으로부터 멀어지게 한다. 이 예는 과학과 기술의 발달이 때로는 서로 제휴하며 간다는 것도 보여준다(즉, 현미경, 녹음기자재, 측정도구). 그러나 특히 심리학에서 많은 과학적 관찰은, 복잡한 장비가 아주 적게 또는 전혀 사용되지 않으면서 이루어질 수 있다. 인터뷰나 설문조사는 새롭고 수준 높은 질적 연구방법에 의해 높은 수준의 객관성을 이룰 수 있다. 최소한 연구자는 읽는 사람들을 위해, 편견의 가능성이 있는 근원을 밝혀서 연구과정을 투명하게 할 수 있다(p. 12 상자글 '비교 문화적 관점 : 과학문화 입문' 참조).

비교 문화적 관점 : 과학문화 입문

일상에서 우리가 음악을 과학적 연구의 주제로 생각하는 경우는 드물다. 하지만 우리는 어떤 음악작품에 대한 우리의 생각이나 느낌을 인지하고, 일기나 친구들 및 교사들과의 대화에서 그것을 언어로 표현하기도 할 것이다. 음악연구는 우리의 관찰과 직관으로부터 가설과 이론을 이끌어냄으로써, 그리고 그것을 시험해 보는 것을 통해 한 발 앞으로 나아가고 있다. 이 과정은 어떤 필요조건들을 갖고 있다(앞으로 좀 더 상세한 사항이 다루어질 이 책을 참고한다).

우리는 설문양식과 질의응답에 응하거나 실험적 상황에서 연주를 하거나 또는 감상을 해주는 것과 같이 우리에게 협조해 줄 사람들이 필요하다. 이로 인해 연주와 감상이 발생하는 자연스러운 맥락에서 그들을 분리하지만 우리는 이러한 변화된 조건에서조차 우리가 따르는 개념의 대부분이 안정적일 것(즉, 감상자가 여전히 랩을 좋아할 것이고 기타 연주자는 여전히 특정 음악을 연주할 것이라고)이라고 가정한다. 그러나 연구자들은 또한 '그들의 자연스러운 습관'에서의 사람들을 기록하고 인터뷰하며 관찰을 하기 위한 영역으로 나아가기도 할 것이다.

우리가 조사하고자 하는 사람들로부터 동의를 얻는 것은 절대적으로 필요하며 우리가 그들을 속이는 것은 허용되지 않는다('몰래 카메라'라는 TV 프로그램처럼 사후에 그들에게 알리지 않는 한). 연구가 개인에게 해를 주거나 위협적이지 않더라도 윤리적 배려는 극히 중요하다. 이와 마찬가지로 사람들이 응답을 하지 않거나 참여하지 않는 것을 선택할 수 있다는 것도 받아들여야만 한다(American Psychological Association, 2002).

연구는 특정 기술을 필요로 한다. 적절한 연구방법을 찾아내고 적용하는 것은 의미 있는 결과를 얻는 유일한 방법이며 이에 대한 주제로 많은 책이 출간되었다. 마지막으로 과학계의 담론에 들어가기 위해서는 데이터를 어떻게 얻고 분석하는지(Huron, 1999)와 적절한 연구 작성을 배워야 할 필요가 있다(American Psychological Association, 2001).

우리는 사람과 음악과의 관계를 좀 더 잘 이해하기 위한 우리의 탐구에 독자들이 함께하기를 독려한다. 우리가 현재 리허설을 하고 있는 작품과 작곡가에 대해 좀 더 많은 것들을 발견하는 것은 이 음악에 대한 즐거움을 더할 수 있게 하며, 음악과 사람 간의 상호작용을 발견하는 것은 연주와 감상에 관여된 기술들을 위한 우리의 이해를 강화할 수 있다.

심리학자들은 사람의 생각과 행동에서 공통성을 찾는다. 이것은 가끔 집계에 의해 이루어지기 때문에 보편적 접근이라고 불리기도 한다. 과학은 한 장소와 시간에서 진실인 것뿐만이 아니라 일반적으로 진실인 것을 기정사실화하는 것에 열중한다. 이것은 과학을 특정한 사건이나 장소, 또는 시간에 대한 특별한 사실을 묘사(표의적 방법)하는 역사와 음악과 같은 학문과 현저하게 구분되게 한다. 그것은 또한 과학을 우리의 대부분의 일상적 활동과 구분되게도 한다. 보편성은 다양한 상황의 적절한 범위 안에서 유사한 관측의 충분할 만큼 큰 숫자를 만들어야만 성립될 수 있다. 과학적 과정이 가끔은 느리고 비용이 요구되며, 바로 그 본성 때문에 항상 문제점을 남기지만, 실무자들은 해결책과 답을 매우 신속하게 생산해낼 수 있다. 이러한 이유로 연구는 진정으로 중요한 의문점들을 다루려고 해야 하며(예 : 얼마만큼의 연습이 요구되고 효용성이 있는가?), 그래야만 그 답이 하찮은 것(예 : 음악이 어려워지면 학생들은 더뎌지는가?)이 아니게 되는 것이다. 과학이 일반화된 진술을 만들 수 있지만, 개별적 문제점에 대한 구체적인 답은 과학의 범위를 벗어난다. 전형적인 예는 대부분 의약품의 복용량이다. 복용 설명서에는 대부분 신장, 체중, 성별, 또는 다른 개별적 특성을 무시하고 연령별 구분에 대한 복용량을 나열한다. 각 개인을 위한 권유를 만드는 것은 개별적 실험을 요구하기 때문에 과학자들은 가끔 그들 연구로부터의 확고한 결론을 짓는 것을 꺼린다. 여기에서 실무자들이 필요한 것이다.

예측과 설명은 심리학의 하나의 목표이다. 과학자들은 그들이 관찰하는 사실을 이해하고 설명하기 위해서 '왜'라는 질문을 한다. 궁극적으로 그들은 미래 행위와 연주를 예측할 수 있게 되고자 한다. 그들은 이것을, 가설들을 제기하고 실험하는 것을 통해 이행한다. 어떤 가설은 그것이 예상되는 대로 작동된다면 관찰된 결과가 필연적으로 생산되는 근원적 메커니즘에 대한 추측인 경우도 가끔 있다. 예를 들어, 의학 분야에서 가장 중요한 진전 중의 하나는 수술이나 출산 후에 많은 사람들이 사망하는 원인을 이해하고자 시도했던 파스퇴르(Louis Pasteur, 1822~1895)와 다른 이들에 의해 이루어졌다. 그들은 보이지 않는 개체가 공기를 통해 열린 상처로 이동되어 감염이 발생되었을 것이라고 추측하였다. 이 추정은 상처를 보호하고 손을 세척하는 것을 통해 성공적으로 입증되었지만 그들에게는 여전히 그 현상을 결정적으로 설명할 수 있는 방법들이 없었다. 물론 현미경의 발명 이후 그들의 이론은 입증되고 박테리아는 관찰될 수 있었다. 이와 유사하게, 오늘날 대체의학의 어떤 옹호자들은 그들의 치료의 유효성에 대한 증거가 있다고 주장하지만 그들은 과학적으로 유효한 설명을 제공하지 못하며 그들의 현재 증거는 이따금 의심의 여지가 있다. 그들의 주장이 입증되거나 틀렸음이 드러나는 것이 남아 있다.

현대 심리학은 19세기 후반에 음향학과 기초 지각(화음, 공명, 청각적 지각 등)의 현상에 대한 조사를 통해 음악에 대한 연구를 시작했다. 실험실 설정 환경에서 음악을 녹음하고 다시 재생할 수 있는 왁스 실린더와 축음기의 출현으로 20세기에는 좀 더 복잡한 행위에 대한 연구가 실행되었다(동일한 장치는 민족 음악학에도 도움이 된다). 연주와 연습의 역학에 대해, 최근에 새로이 만들어진 기술들을 사용한 응용연구가 1920년경에 실행되었다(즉, 비브라토, 음악 적성, 연습, 피아노 연주). 1930년대에는 마케팅과 라디오 연구(질문서, 설문조사, 관찰 등)로부터의 연구방법들이 음악 선호, 감정적 경험, 그리고 연주 불안증을 조사하기 위해 사용되었다. 제2차 세계대전 이후, 음악심리학의 연구는 음악과 관련된 사람(또는 기계)을 다루는 모든 가능한 주제들을 포함하여 연구되었으며 최근에는 관심이 증가되고 있다.

음악심리학 연구는 연주홀 및 악기를 디자인하고, 라디오와 TV 방송국을 운영하며, 음악을 산업이나 치료에 적용하는 것을 발견하고 최적화하며, 어린이들의 음악학습에 대한 우리의 이해를 발전시키며, 학습과 연습, 그리고 연주를 위한 더 나은 방법에 대해 교사와 연주자에게 정보를 주는 등의 유용한 분야가 되었다. 우리가 오늘날 알고 있는 많은 것들은 과거의 사려 깊은 실무자들과 연구자들에 의해 발견된 것들이며 서서히 우리의 '상식'으로 자리를 내주었다.

과학은 사람의 연주와 거의 구별할 수 없는 음악 연주를 합성해낼 수 있으며 그렇게 함으로써, 우리가 연주자의 표현적 도구를 이해하는 것을 보여준다(제5장 참조). 과학은 또한 교육 데이터를 통해 연주자의 성공을 대략 예측할 수 있다. 그러나 과학은 일류 연주자나 작곡가, 또는 교사나 완벽한 감상자를 '배출'하거나 배출하려는 시도는 결코 하지 않을 것이다. 과학은 정보를 주고 설명을 하며 제안을 하지만 모든 개인은 예측할 수 없으며 자유의사가 있고 달라지기 쉽다.

기술로서의 연주와 감상

이 책에서 우리는 감상과 연주를 학습된 행위와 기술로 간주한다. 우리의 목표는 이러한 활동들에 수반되는 메커니즘을 이해하고 이러한 기술들과 관련된 사람들 중의 개인차의 가능성을 설명하는 것이다. 예를 들자면 무엇이 학생들을 효과적으로 연습할 수 있도록 하며 효과적인 학습자는 무엇을 하는가를 아는 것은 좋을 것이다. 이것은 어떤 사람들이 다른 사람들에 비해 좀 더 성공을 하는 이유를 설명하는 데에 도움이 될 수 있다. 우리가 사회과학의 다른 분야들(즉, 사회학, 인류학)에서 알듯이, 사람의 생각과 행동을 이해하는 것은 그것이 발생하는 문화적 맥락에 대한 고찰을 요구한다.

우리는 언제 어디서 살거나 성장하는가에 따라 다르게 발전한다. 우리의 생리현상과 심리상태는 우리의 주위 환경에 의해 영향을 받는다. 생리현상과 관련된 충격적인 증거는 신장(身長)의 발달이다. 지난 수백 년 동안 사람들의 평균 신장은 몇 인치 정도 늘어났지만, 이러한 결과는 미국과 유럽이 다르다. 이전에는 미국인들이 더 컸었지만 제2차 세계대전 이후 유럽인들의 신장이 미국인들의 신장을 따라잡았다. 연구자들은 신장의 차이를 건강관리와 식품의 유용성의 결과로 본다(Komlos & Bauer, 2004). 심리상태는 또한 지리학적 위치와 역사적 시기에 영향을 받는다. 예를 들어, 우리는 세계의 다른 지역에 있는 사람들이 다른 문화적 생활양식과 사고방식을 갖고 있다는 것을 알고 있다. 사실 임상심리학자들은 서로 다른 문화 안에서의 다양한 증상들과 치료법들에 직면한다(Scupin, 1999).

음악가들은 그들의 연주를 자전거 타기나 외국어 회화능력과 같은 기술로서 생각하지는 않으며, 오히려 어느 수준 정도의 평범한 기술의 법칙을 거부하는 예술로서 연주를 생각한다. 그러나 연구자들의 발견이 계속됨으로써 모든 기술은 어떤 특성을 공유하며, 인간의 노력에 관련된 다양한 영역의 전문가들도 그렇게 한다. 이것은 예술이 오직 어떤 기술의 숙련을 통해서만 이루어진다고 시사한 Auer와 다른 음악가들의 저술에서 확인된다. 즉흥 음악가는 극도의 **예술적**이고 **기술적인** 기교의 실행 없이 어떻게 그나 그녀의 훌륭한 상상력을 보여줄 수 있겠는가? 우리의 취지는 예술의 철학적 담론을 하고자 함이 아니라 기술이 그것에 어떻게 기여하는가를 보여주고자 함이다.

사회 안에서의 음악기술의 분포

사람마다 숙련의 수준이 다르겠지만 우리가 어떤 사람을 숙련된 음악가라고 할 때 실제로 그 사람이 어느 정도의 연주수준을 보여준다는 것을 의미한다. 따라서 사회 안에서의 음악적 기술의 분포에 대해 논의를 하는 것은 유용하다(그림 1.1 참조). 소수의 사람만이 보다 높은 연주수준에 도달한다. 연주수준의 차이는 개인의 과거 음악교육 내력, 결과로 초래된 음악적 정체성, 그리고 사회 안에서의 전문적 역할에서의 변화와도 일치한다. 우리는 편의상 간단하게 4개의 단계로 추정한다.

우리가 익살스럽게 '생일축하' 단계라고 부르는 숙련도의 가장 첫 단계이자 가장 낮은 단계는, 특별한 교육을 받지 않은 일반적인 사람들에게서 나타난다. 이 단계의 사람들은 친숙한 노래들(예 : 생일축하 노래나 애국가, 집단의 노래)이라는 제한적 레퍼토리를 노래하거나 박자에 맞춰 가볍게 두드리는 것, 또는 그들 문화의 음악을 듣고 기본

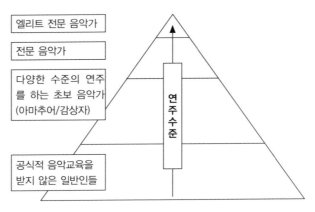

그림 1.1 사회 안에서의 음악기술 분포를 나타내는 피라미드 모형. 보다 적은 사람들이 보다 높은 음악 연주의 단계에 도달한다. 레벨 안에서의 개인차는 상당하다.

적인 메시지들을 이해할 수 있다. 수동적인 문화적 적응이나 모두에게 허용되는 공교육의 중재에 의해 전해지는 음악적 기술이 이 카테고리의 중심이 된다.

두 번째 단계는 초보자나 아마추어로서 현악기를 배우기 시작한 학생뿐만이 아니라 준-전문적인 록 기타 연주자나 10년이 넘은 교회 성가대를 포함한다. 그들 모두는 공식적이든 비공식적이든 어떤 형태의 교육을 받았지만 음악으로 생계를 꾸려나가지는 않는다. 많은 아마추어들이 전문가 수준의 연주를 하기 때문에 이 단계와 다음 단계인 전문가 단계를 명확하게 구분짓는 것은 어렵다. 그러므로 성취된 연주수준뿐만이 아니라 개인이 선택하는 준거집단(예 : "나는 전문가가 아닌 아마추어 피아니스트이다.")을 주로 고려하여 구분할 수는 없다.

세 번째 단계는 전문가들을 포함한다. 그들은 음악교사나 연주자, 작곡가 등으로서의 전문인이라는 음악활동의 목표를 설정하고 광범위한 교육을 추구하고 받아 왔다. 다른 유형의 음악가들은 전문화를 위해 비제도적 과정을 성공적으로 마치는 반면 클래식 음악가들은 전형적으로 공식적 교육과 시험과정을 거친다. 음악대학 학생들은 전문화 과정에 있는 것이 분명하기 때문에 우리는 그들을 이 단계에 포함할 수도 있을 것이다.

연주에 더해서 우리는 감상의 기술도 고려해야 할 것이다. 악기를 배우는 과정에서, 또는 심화된 감상을 통해서 우리는 좀 더 안목이 높아진다(제11장 참조). 간혹 우리가 다른 음악문화의 음악을 감정적으로 공감하거나 이해하기가 어렵다는 단순한 사실은 음악감상이 기술이라는 개념을 뒷받침한다. 어떤 사람들은 전문 감상가(즉, 음악 비평가, 녹음 기술자, 사운드 디자이너)로 생계를 이어간다. 이 세 번째 단계의 전문가에 이어 나타나는 것이 엘리트 전문가이다.

엘리트 전문가들은 그 분야에서 탁월함에 대해 다른 전문가들이 인정하는 전문가들이다. 음악에서 엘리트 전문가들은 음반을 통해 알게 되는 국제적인 일류 연주자들, 또는 백과사전에 포함되어 있는 연주자와 작곡가(즉, 클라라 슈만, 레비 쉥커, 비틀즈, 디지 길레스피, 데이빗 보위)들이다. 그들은 예술을 완성(모차르트가 고전주의 음악 스타일을 완성했듯이)하거나 새로운 기준을 설정(피아니스트 프란츠 리스트가 그 당시까지 알려지지 않은 기교를 달성), 또는 새로운 영역을 발명하는 것(디지 길레스피가 '인벤팅' 비밥을 했듯이)에 의해 그들의 영역에 영향을 준다.

우리의 피라미드의 한 부분 안에서, 유사한 문화적 적응이나 교육을 받았더라도 연주의 개인차(즉, 14세의 브라스밴드 멤버들이 다른 이들보다 연주를 잘하는 경우)가 있을 것이라고 우리는 예상한다. 통계자료는 그러한 차이들이 종형 곡선(bell curve)으로 잘 알려진 조직적 체계 안에서 분포된다는 것을 우리에게 알려준다. 주어진 인구의 대략 2/3 정도는 정규 분포의 중간 부분을, 1/3은 곡선의 남은 좌부와 우부를 차지한다. 이 1/3을 차지하는 이들 중에서 2%가 극좌부로 나뉜다. 한 예로, 지능지수(인구 평균은 100)가 있다. 모든 인구 중 2/3는 85와 115 사이에 분포하며, 이것은 100의 오차범위 15 안팎이다(이것은 평균에서 1 표준편차이다). 나머지 1/3은 75 이하와 115 이상으로 고르게 분포하는데 대략 각각의 2%는 70 이하와 130 이상에 분포한다. 음악에는 지능지수와 유사한 지표가 없지만, 만일 우리가 갖고 있다면, 상위 2%에는 흔치 않은 음악적 기술과 음악성을 갖고 있는 이들이 포함될 것이며(제2장 참조), 반면에 하위 2%는 음악학습장애를 갖고 있는 사람들이 포함될 것이다(제11장 참조).

음악기술과 문화

사회 안에서 기술은 다양하다고 주장함에 있어서, 우리는 이제 기술이 시간과 장소에 따라 어떻게 다른가를 보여줄 수 있다(제12장 참조). 인류학자들과 민족학자들은 우리의 서양적 경험과 구별되는 음악 행위의 상당한 설명들을 제공해 왔다. 예를 들어 남아프리카와 독일 성인의 연주의 평균적 수준을 비교해 보자. 많은 노래(다성 노래들조차도)를 알고 있을 아프리카의 성인들은 꽤 복잡한 리듬의 노래를 하거나 춤을 출 수 있으며 공개적인 음악 행사에 참여하는 것을 꺼리지 않는다(p. 44, 상자글 '비교 문화적

관점 : 어린이들의 표준적 음악 성취' 참조). 이와는 대조적으로 평균적인 독일 성인은 초등학교에서 리코더로 단순한 선율을 연주하는 것을 배웠을 것이며, 극히 적은 수의 노래를 알 것이고, 음악에 구애받지 않고 1박과 3박을 손뼉 칠 수 있을 것이며, 사람들 앞에서 연주하는 것을 죽을 만큼 두려워할 것이다. 공립학교에서 코다이 교수법이 광범위하게 사용되는 헝가리에서는, 아마추어 합창단의 평균적 숙련도는 상당한 합창 전통을 갖고 있는 동유럽이나 스칸디나비아 국가들의 합창단보다 수준이 높다.

또한 연주기술의 발현과 수준은 주변에 의해 영향을 받으며 시간이 지나면서 변화한다. 스포츠에서 우리는 경기력의 수준이 얼마나 바뀌는지를 상당히 분명하게 본다. 100미터 자유형 수영을 예로 들자면, 1924년에 죠니 와이즈뮬러(Johnny Weissmuller, 이후에 '타잔'을 연기했음)가 60초 기록을 깸으로 해서 미디어의 상당한 관심을 끌었다. 40년 후 여성 최초로 던 프레이저(Dawn Fraser)가 이 대단한 한계점을 넘어섰다. 80년 후인 오늘 날, 60초는 고등학생이나 대학생 아마추어에게나 적정한 기록이다(그림 1.2 참조). 이와 유사하게, 연구자들은 요구조건이 변화하고 어떤 악기들의 경쟁이 증가함에 따라 수세기 동안 어린 기악 연주자의 숙련도가 급상승했다는 것을 보여줬다(Lehmann & Ericsson, 1998a). 예를 들자면, 처음에는 어렵게 여겨졌던 클래식 관악기 연주자들의 순환호흡(circular breathing) 연주 테크닉이 최근에는 중요해졌다. 오직 하인즈 홀링어(Heinz Hollinger, 오보에)나 윈튼 마사리스(Wynton Marsalis, 트럼펫)와 같은 높은 수준의 독주자들만이 이것을 사용했었다. 오늘날 이것은 많은 젊은 연주자들에 의해 구사된다. 더욱이 거의 모든 악기의 경우에서, 베토벤의 Hammerklavier 소나타[3]와 같이, 그 작품이 작곡되었을 당시에는 연주가 거의 불가능하다고 여겨졌던 작품들이 오늘날에는 기본 레퍼토리의 한 부분이 되었다. 새로운 악기가 출현할 때(예 : 전자기타) 특별한 기술 개발은 분명히 실재한다. 사회에서 그 기술이 요구되는가에 따라 시간이 지나면서 기술은 늘어나기도 하고 줄어들기도 한다.

기술은 특정 문화의 맥락 안에 깊숙이 박혀 있다. 음악과 문화에 대한 광범위한 논의(예 : Bohlman, 2002; Cook, 1998; Frith, 1996; Rogoff, 2003)를 요약하고자 하는 시도 없이, 간단하게 들린다는 위험을 무릅쓰고, 우리는 지배적인 것과 지배적이지 않은, 다양한 음악문화를 이야기할 수 있으며 문화사회학자들에 의해 광범위하게 다뤄지는 하

---

3 Piano Sonata No. 29, Hammerklavier

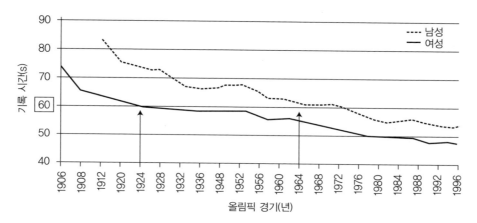

그림 1.2 100미터 자유형의 수영기록의 역사적 진전. 선들은 여성과 남성의 금메달 기록 시간을 나타낸다.
출처 : Oxford University Press.

나의 주제인 고급문화와 대중문화 간의 문제성 있는 구분을 소개할 수 있다. 특정 배경에서는 가치 있고 유용한 행위로서의 기술이 다른 문화에서는 전혀 필요하지 않을 수 있다(제12장 참조). 가령, 힙합 음악 디스크자키(disk jockey)는 서양 클래식 음악가에게 요구되는 기술과는 완전히 다른 기술의 조합이 요구되며, 전통적인 인도 음악가에게는 또 다른 기술의 조합이 요구된다. 기술들에 대한 연구와 논의를 통해, 연구자들과 학자들은 그들의 가치와 문화의 맥락화에 대한 보다 큰 사회적 담론에 함께한다.

개인이 나타내는 기술의 개인적 특성 역시 중요하다. 어떤 문화에서는 적어도 공공장소에서 여성이 연주하는 것을 금하는 특정 악기들이 있다는 것을 인류학과 민족음악학의 문헌은 우리에게 말해 준다. 오늘날에는 호주 음악을 가리키는 상투적 용어인 디제리두(didgeridoo)[4] 음악은 사실 몇몇의 선택된 부족의 음악이었으며 종교적인 예식을 위해 남성만이 연주하였다.

불행하게도 서양의 클래식 예술음악이 아닌 다른 유형의 음악들은 심리학 연구자들에게 많은 관심을 받지 못했기 때문에 이 책은 대중음악이나 비서양 음악보다는 전통적인 서양 예술음악을 주로 다룬다. 최근의 연구들이 이러한 공백을 메우기 위한 노력을 이미 시작했지만, 클래식 음악이 아닌 경우는 다른 분야의 연구자들에 의해 연구되

---

4 아주 긴 피리같이 생긴 오스트레일리아 원주민의 목관악기

어 왔다. 그러나 우리가 앞에서 설명한 바대로, 다양한 영역에서의 정신적 기술들 간에서 발견된 유사성은 한 음악적 영역에서 발견된 결과를 다른 영역에도 적용하는 것보다 더 많은 가능성을 만든다.

기술의 본질로서의 심적 표상

어떤 음악 문화의 음악가들이나 음악교사들이든, 연주가 신체적 행위가 주된 것이 아니라 손이나 손가락, 호흡 기관 등등이 상위계층으로부터의 명령을 단순히 따르는 정신적 기술이라는 점에 동의할 것이다. 전문적인 음악 감상은 전적으로 정신적 행위이다. 그러므로 우리는 기술의 실행을 조정하는 평범한 메커니즘이 내적인 심적 표상이며 그러한 표상들에 작용을 하는 보조적 과정이라는 것을 제시한다(제4장부터 제8장 참조).

심적 표상이란 정확하게 무엇인가? 심적 표상의 개념은 심리학에서는 흔히 볼 수 있는 것으로서 외부 세계의 내적 재구성이라고 본다. 여기에 간단한 일상의 예가 있다. 우리는 가구가 갖춰진 방의 한 끝에 서서 그 방의 반대편 끝에 있는 문에 다다르고자 한다. 이를 위해 우리는 우리의 길에 있는 방해물들을 피해서 둘러가야만 한다. 이제 만일 우리가 이것을 어두운 방이나 두 눈을 감고 시도한다면 방 안의 물건들의 적절한 위치를 우리의 머릿속에 재창조해야 하며 돌아다니면서 우리 자신의 위치를 가늠해야 한다. 우리가 만들어내는 내적 이미지는 컬러 사진과는 달리, 외적 이미지의 좀 더 축소되고 간소화된 형태이다. 즉, 천장이나 천의자 커버의 정확한 패턴은 묘사되지 않는다. 상상하고 문제를 해결하며 예측을 하고 지도를 하며 기억을 하고 배우고 연습하며 창조하기 위해 우리는 외부 세계를 묘사할 뿐만이 아니라 그 정보를 유용한 방법으로 처리해야 한다. 연주와 감상에서 만들어지고 처리되는 그러한 표상들은 음악가의 관점에서뿐만이 아니라 심리학자(Weisberg, 1992)의 관점에서도 논란의 여지가 없다. 유명한 피아노 교사 Neuhaus(1967)는 그것을 '예술적 이미지(artistic image)'라고 부르며, 음악교육자 Gordon(1987)은 '오디에이션'이라고 하고, 어떤 사람들은 '내청(inner hearing)'이나 이와 유사한 용어를 사용하여 지칭한다.

자기학습 : 감상에서의 심적 표상

콜 앤드 리스폰스(call-and-response)⁵ 연습처럼, 매우 짧은 선율(5~10개 음정)을 연주하거나 노래를 해보고 다른 학생에게 그것을 기억해서 노래로 부르거나 악기로 연주하도록 요구한다. 일반적으로 이것은 별 문제가 없다. 파트너는 그 정보를 작업기억(working memory)⁶에 보유할 수 있어야 하며 그것을 다시 재생할 수 있어야 한다. 이제 좀 더 길고 복잡한 선율로 해본다. 선율을 더 이상 정확하게 기억하지 못하는 실수들이 나타나기 시작하지만 심적 표상을 사용한 재구성이 있어야만 한다. 이 재구성 과정은 리듬이나 하모니, 음높이의 변화, 또는 다른 음악적 구조들과 같은 가장 핵심적인 특징들을 읽고 추론하고 구체화하는 것이 포함된다(Sloboda & Parker, 1985 참조). 좀 더 친숙하고 구조적인 선율들은 덜 구조적인 선율들보다 기억하는 것이 쉽다. 이 과정이 얼마나 광범위하게 훈련될 수 있는지에 대한 아이디어를 얻기 위해 14세의 볼프강 아마데우스 모차르트가 로마에서 (그의 아버지의 도움을 받아) 몇 번 듣지도 않고 기보했다고 전해지는 그레고리오 알레그리(Gregorio Allegri)의 **미제레레(Miserere)**를 들어본다.

여기에 내적 표상의 간단한 음악적 시범이 있다. '생일축하' 노래에서 가장 높은 음정의 가사를 찾아내려고 해보라. 당신은 그 노래에서 축하하는 사람의 이름이 나오기 직전에 도달할 때까지 스스로 그 노래를 허밍할 것이다. 그리고 그 답이 옳은지 확신을 갖기 위해 그 노래를 끝까지 계속할 것이다. 당신은 그리 어렵지 않은 이러한 방법으로 가장 높은 음을 찾기 위해 그 노래를 나타내고자 한다. 어린이들은 이렇게 하는 것이 가능하지 않을 수도 있다.

신경심리학자들은 음악을 듣고 연상하는 것이 두뇌의 동일한 영역을 활성화시킨다는 것을 발견했다(Halpern, 2003). 그래서 외부 세계의 것을 내적으로 묘사할 때 우리는 그것의 지각에 연관된 메커니즘에 부분적으로 의존한다. 그러나 음악적 표상이 오로지 청각적 특성일 필요는 없다. 우리는 그것을 음악 이론, 감정, 그리고 근감각의 관점과 다른 시각으로 생각할 수 있다(제6장 참조).

내적 표상은 우리가 연주를 할 때 좀 더 복잡해진다. 우리는 우리가 무엇을 연주하거나 노래하려는지뿐만 아니라 그것이 어떻게 악기에서 실행되고 현재 연주되고 있는 것이 무엇인지를 나타내야 한다. 이 마지막 과정은 연주를 모니터하고 향상시키기

5　상호 연주, 즉 연주에 서로 주고받으면서 호응하는 형태로 연주하는 것을 가리킨다.

6　기억의 정보처리모형에서 현재 주의를 기울이고 의식하고 있는 기억으로 정보를 가공할 때 일시적으로 저장되는 기억이다.

위해서 음악가들에게 필요하다. 우리는 현재 연주의 표상, 목표 표상, 그리고 근육 표상(Lehmann & Ericsson, 1997a; 1997b; Woody, 2003)이 포함된 이러한 표상들을 삼각형의 모델을 사용하여 나타낸다(그림 1.3 참조). 연주자들은 그들 자신에게 물을 수도 있다. 나는 지금 어떤 소리를 내고 있는가? 나는 어떤 소리를 내고 싶은가? 악기에서 어떤 느낌을 느끼는가? 이러한 표상들의 각각은 이론적으로 평가될 수 있고 독립적으로 교육될 수 있다. 우리의 모델은 일반 심리학적 이론들과 일치한다. 표상을 형성하거나 사용하지 못하는 것은 다음과 같은 전형적인 예와 같은 문제들로 이어질 수 있다. 교사는 학생에게 어떤 것을 하라고 요구한다(예 : '점점 크게' 연주하라고 요구한다.) 학생은 '점점 크게'가 없는 음량을 유지하면서, 교사가 원하는 것을 했다고 주장한다. 이러한 상황은 학생의 결과에 대한 의도 착각에 의해 그 또는 그녀의 표상의 방해가 일어날 수 있다는 것을 보여준다.

심적 표상은 음악을 기억하는 것에서부터 재생하고 창조하는 것까지의 음악기술의 모든 영역에 기저하기 때문에 그것을 강조하는 것은 중요하다. 이 대담한 주장을 위한 설득력 있는 과학적 증거는 McPherson과 그의 동료들의 연구에서 얻을 수 있다(McPherson & Gabrielsson, 2002 참조). 100여 명의 기악 전공생들에 대한 3년간의 종적 연구에서 그들은 청음, 독보, 연습곡 연주, 그리고 즉흥연주를 포함한 음악적 하위

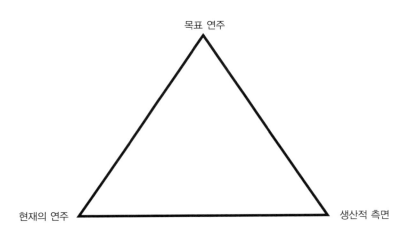

그림 1.3 연주를 위한 세 개의 필수 심적 표상의 삼각형 모델
출처 : "Research on Expert Performance and Deliberate Practice: Implications for the Education of Amateur Musicians and Music Students," by A. C. Lehmann and K. A. Ericsson, 1997, *Psychomusicology*, 16, p. 51. Copyright ⓒ 1998 by *Psychomusicology*.

기술의 수행을 평가하였다. 연구자들은 학생들의 음악적 발전과 음악교육에 대한 인터뷰도 실행했다. 그림 1.4는 이러한 체계적인 방법에 의한 결과를 보여준다. 굵은 선은 한 변수가 다른 변수에 보다 강한 영향을 미치는 것을 나타낸다. 가는 선의 화살표는 약한 것들을 나타낸다. 모든 하위 음악기술들 간의 관계는 긍정적인데 이것은 들은 음악을 잘 연주한 학생들이 독보와 즉흥연주 등을 좀 더 잘한다는 것에 주목하도록 한다. 무엇이 이러한 긍정적인 제휴로 이끄는 공통요소가 될 수 있는가? 이것은 음악적으로 연관된 정보를 부호화하고 다룰 수 있는 개인의 능력, 본질적으로는 심적 표상을 구성하고 다룰 수 있는 개인의 능력이라고 우리는 말하고 싶다.

Palmer와 Meyer(2000)는 개념적이고 근운동적인 학습이 새로운 과제의 학습을 용이하게 하는지를 연구한 두 실험에서 이 숨겨진 능력을 밝혀냈다. 긍정적 전이라고 불리는 이것은 일반적으로 성공적인 학습의 징후로서 간주된다. 첫 실험에는 16명의 성인 피아니스트들이 참여했으며 두 번째 실험에는 16명의 피아노를 연주하는 어린이들이 참여했다. 두 실험에서 참여자들은 교육과정에서 우선 12음으로 구성된 선율선을 배웠

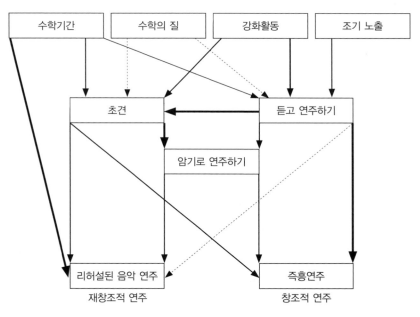

그림 1.4 교육/환경 요소들과의 음악적 기술들의 상호관계에 실증적으로 근거한 McPherson의 모델
출처 : *The Science and Psychology of Music Performance*, edited by Parncutt & G. McPherson, 2002, p. 108.
Copyright ⓒ 2002 by Oxford University Press, Inc.

고, 그다음에 그들은 다른 선율을 연주할 것을 요구받았다. 그들은 같은 손이거나 다른 손(다른 운지법을 사용할 것을 요청받았다)으로, 동일하거나 약간 변형된 선율선을 연주했다. 교육 시범은 전이 시범과 마찬가지로 전자 피아노로 연주되었으므로 연구자들은 모든 각각의 건반치기를 분석할 수 있었다. 가설은 전이 선율이 원래의 선율과 유사할수록 전이는 더 클 것이라는 것이었다. 바뀌지 않은 선율을 다른 손으로 연주하는 긍정적 전이도 예상되었다. 어려운 것을 연주하는 것은 연주의 속도를 늦출 것이므로 선행 교육으로부터의 혜택은 연주를 용이하게 할 것이라는 아이디어였다. 따라서 대부분의 관심의 측정은 참여자들이 전이 시범을 연주하는 데 드는 시간이었으며, 좀 더 긍정적인 전이는 마지막 교육 시범에 상대적으로 가까운 연주시간이 결과라는 것을 실험에서 예측할 수 있었다. 선율이 동일한 경우 손과는 무관하게 그들은 잘 수행하였다. 그러나 어린이들은 손(근육)과 선율(개념)의 양상이 변화하지 않았을 때 가장 잘했다. 여기에서 근(筋) 연주에서 강요된 변화는 수행 시간을 증가시켰다. 흥미롭게도 좀 더 경험이 있는 피아니스트 집단(5~7년)은 상대적으로 경험이 적은 집단(3~4년)에 비해 좀 더 나은 전이를 보여줬다. 두 집단의 어린이들은 연령이 유사했다는 것에 주목한다(평균 11.2세와 11.9세). 저자들은 다음과 같이 결론을 내렸다.

> 기술이 향상되면서 연주를 위한 심적 표상은 음악적 시퀀스를 생산하기 위해 요구되는 움직임으로부터 분리된다. 수준 높은 연주자들의 정신적 계획은 추상적이고 개념적인 음정 관계에 기초한다. 기술을 갖춘 성인들로부터의 결과와는 반대로 초보 어린이들로부터의 결과가 보여주는 것은 추상적인 음정관계만큼이나 움직임도 반영하는 학습 전이였다(p. 67).

피아노 연주를 배우는 것은 건반을 누르는 것을 위한 학습이 우선적으로 구성되는 것이 아니라 좀 더 기술적 문제의 상대적으로 독립적인 음악을 개념적으로 이해하는 것을 습득하는 것이라는 것을 분명하게 보여준다.

이 장에서 우리는 창조와 재창조, 그리고 음악 감상과 연관된, 음악의 중요한 질문들에 대한 답을 과학적으로 접근하여 논의하였다. 이 특별하고 비교적 최근의 사고방법은 연주를 이해하고 학습하는 것에 대한 통찰력의 강력한 자료를 제공하며 일상에서 연주자, 음악교사, 감상자들을 도울 수 있다. 과학적 접근의 핵심은 음악을 기술로서 보는 시각이다. 결과적으로 정보에 대한 효과적 행동을 위해 외부 세계를 재구성할 수 있는 개인의 능력이라고 이름할 수 있는 심적 표상은 전문가가 되는 핵심이라는 개념을 우리는 수용할 수 있다. 이 이론은 음악 전문 교사들의 글과 양립한다. 앞으로의 장에서 보여주듯, 이 인지 메커니즘들은 장기간의 교육과정에서 얻어지며 우리가 최상의 지도와 학습의 중요성을 강조하는 이유가 된다(제2, 3, 4, 10장 참조).

▌ 학습문제

1. 다양한 음악 장르와 관련해서 우리 사회 어떤 집단의 사람들(그림 1.1 참조)이 음악적 실력의 다양한 레벨(예 : 재즈, 록, 클래식 음악)을 갖고 있는가?
2. 심적 표상의 문제는 유명한 음악 교육자와 음악가의 글에서 어떤 방법으로 나타나는가? 예를 찾고 그것들을 좀 더 과학적인 표현으로 다시 서술한다.
3. 초보자와 좀 더 고급 수준의 학생을 지도하는 것과 관련해서 Palmer와 Meyer(2000)의 발견은 음악교사에게 어떤 의미가 있는지를 논의한다.

▌ 더 읽을거리

Ericsson, K. A. (Ed). (1994). *The Road to Excellence*. 기술 접근방법을 소개하는 전문 연구 분야의 핵심적 논설들, 특히 제1장과 제4장.

Proctor, W., & Dutta, A. (1995). *Skill Acquisition and Human Performance*. 음악에 대한 특별한 강조가 없는 기술에 대한 일반 심리학에 대한 우수한 입문서.

Chaffin, R., & Lemieux, A. F. (2004). *General perspectives on achieving musical excellence*. 광범위한 심리학적 맥락에 근거를 둔 음악 연주.

02

발달

거의 모든 음악가들이 의견을 갖고 있을 것으로 예측되는 중요한 의문점들이 많이 있다. 우리는 출생 전이나 출생 직후의 음악적 능력에 대해 알 수 있을까? 대부분의 어린이들이 따라가는 음악발달의 표준과정이 있을까? 어린이들 간의 음악능력의 차이들을 우리는 어떻게 설명하는가? 절대음감은 특별한 음악능력의 징표인가? 어떤 종류의 활동과 환경이 어린이들의 음악발달을 가장 잘 지원하는가? 공식적 음악교육을 시작하는 최적의 연령이 있는가? 음악을 지도하는 음악가들(대부분의 음악가들이 그렇듯이)은 이러한 의문점들에 대한 그들의 견해에 근거해서 지도형태를 결정하며 부모들에게 조언을 한다. 과학적 증거가 모두 뒷받침되지는 않지만 사람들이 상당히 강한 견해를 갖고 있는 의문점들도 있다. 이 장은 만연된 근거 없는 믿음들을 최근의 과학적 지식에 근거하여 일소할 수 있도록 도울 수 있을 것이다 (Runfola & Swanwick, 2002; Gembris, 2002).

흔히 갖고 있는 견해는, 음악능력이 사람들에게 다소 흔치 않은 '재능'이라는 것이다. 이 견해에 의하면 재능이 있는 적은 수의 사람들만이 음악가가 될 수 있으며, 음악 전문성을 위한 중요한 과제는 재능을 적절하게 장려하고 육성할 수 있도록 하는 조기의 확인 또는 발견이라는 것이다.

과학적 증거에 대한 우리의 평가는 재능을 고려하는 이러한 방법의 가치에 대한 의

문을 갖게 한다. 우리가 여기서 평가하는 증거들이 제시하는 바는 아래와 같다.

1. 모든 정상적인 아기들은 분명히 '무력한' 모습 저변에 음악과 연관된 놀라운 기술들과 적성들을 보여준다.
2. 이러한 기술들은 어떤 영역에서는 교육이나 훈련에서 독립적인, 아동기로부터의 전형적인 발달과정을 보여준다.
3. 부모들이나 아기를 돌보는 사람들은 음악기술의 습득을 상당히 가속화할 수 있는 환경을 제공할 수 있다.
4. '적성 검사'나 '재능의 조기 징후'에 근거하여 이후의 음악적 성과를 예측한다는 것은 상당히 어렵다. 뚜렷한 조기 징후를 보여주지 않았던 음악가들이 많이 있다.
5. 절대음감과 같은 이른바 '특별한' 재능은 부모의 후원과 참여, 지속되는 연습과 같은 평범한 요소들에 비해 음악발달에 적은 영향을 미친다. 성취도가 높은 음악가들이 낮은 성취도의 음악가들과 유전적으로 다르다는 확고한 증거는 매우 적다.

만일 우리가 제시하는 증거가 이러한 결론들을 지지한다면 그것이 의미하는 바는 무엇인가? 하나의 의미는 음악교육이 '재능이 있는' 소수들만이 아니라 모든 어린이들에게 주어지는 생득권(수학이나 읽고 쓰기 교육과 같이)이라는 것이다. 또 다른 의미는 만일 그들이 적절하게 동기부여가 되고 지도되며 장려된다면 대부분의 어린이들이 높은 수준의 음악적 성취를 이룰 수 있다는 가능성을 우리는 기대해야 한다는 것이다. 그러나 과학적 연구가 모든 어린이들이 모차르트나 베토벤, 또는 그와 같은 사람들과 같이 된다는 것을 의미하지는 않는다. 천재성은 생물학적, 인지적, 동기적, 문화적, 그리고 역사적 요소들의 복잡한 조합이며(Eysenck, 1995; Simonton, 1999), 천재성에 대한 과학적 설명은 한계가 있다. 우리는 대부분의 사람들(예외적인 것은 나중에 설명한다)이, 전문 연주자들이 보여주는 음악적 능력에 견줄 수 있는 수준에 도달하는 것을 방해하는 선천적 조건을 갖고 있지는 않다고 믿는다. 그들이 이 가능성을 성취하는지의 여부는 생물학적 능력이나 제한보다는 동기, 기회, 그리고 자원의 문제이다.

전(前)언어기 유아

지도를 따르거나 말을 할 수 없는 영·유아의 지식을 테스트하기 위한 실험적 방법들의 발달로 인해 음악발달에 대한 이해에 혁신이 일어났다. 예를 들어 연구자들은 아기들의 인식변화를 보여주는 내적 과정(심박)이나 신체의 움직임(머리나 눈 돌림, 젖을 빠는 속도)의 미세한 변화를 측정할 수 있다. 이제 유아들의 음악에 대한 지각은 공공연하게 추측된 것보다 훨씬 더 수준이 높다는 것을 보여주는 증거들이 많다. 가장 관찰력이 있는 부모들조차도 알아차릴 수 없을 이러한 지각능력들의 전체 영역은 주의 깊게 구성된 실험들만이 이끌어낼 수 있다.

혁신적인 기술은 출생 전에 음악적 감수성과 학습이 있다는 것을 확립할 수 있었다. 예를 들어 신생아들은 참신한 선율보다는 출생 전에 그들의 어머니가 반복적으로 들려줬던 음악에 상당한 주의집중 반응을 한다(Hepper, 1991). 이것이 의미하는 바는 아기들은 출생 전에 그들 주위의 음악을 이미 습득하고 상당히 특정한 정보를 저장해 왔다는 것이다. 임신 4개월 말에 청각 시스템은 완전하게 발달하기 때문에 이는 가능한 말이다(Lecanuet, 1996).

생후 5개월이 된 아기가 이미 음의 높이보다는 선율 패턴이나 선율 윤곽에 좀 더 민감하다는 사실을 연구자들은 보여줬다(Trehub & Trainor, 1993). 아기가 익숙해졌던 선율 패턴을 세 개 반음 아래 또는 위로 이조했을 때 반응은 상대적으로 적었다. 그러나 패턴 자체의 변화는 강력한 반응을 유발했다. 생후 5개월의 아기는 선율을 듣는 데에 있어서 절대음정에 대해 상대적으로 적은 중요성을 갖는다. 좀 더 중요한 것은 한 선율을 다른 것과 구분하는, 변함없는 음높이의 진행들이나 음정들이다. 이 관점에서 아기들은 아동들이나 성인들이 보여주는 음악적 '지성'을 보여준다.

아기들은 또한 음악 구조의 특정 관점에 대해 민감한 것으로 나타났다. Jusczyk와 Krumhansl(1993)은 아기들이 동일한 선율에서 쉼표가 다른 곳에 나타나는 것보다는 프레이즈의 마지막에 나타나는 것을 선호한다는 것을 보여줬다. Trainor와 Trehub(1993)은 생후 9개월 된 아기들이 반복되는 선율 부분의 시리즈에서 강도의 변화에 반응을 하도록 훈련했다. 강도가 증가할 때 아기들이 그들의 머리를 최소한 45도 왼쪽으로 돌리면 보상을 주었다. 그 보상은 네 개 전구에 짧게 불이 들어오는 것과 기계적인 장난감 한 세트였다. 선행연구에서 보여준 것은 같은 연령대의 아기들에게 흥

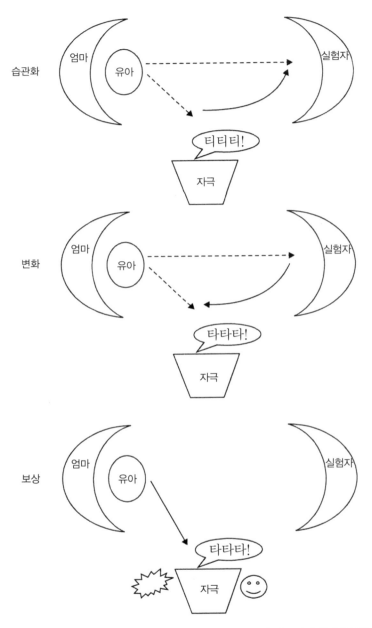

그림 2.1 유아의 지각능력 테스트를 위한 전형적인 실험 환경의 개략도. 유아(C)는 어머니(M)의 무릎에 앉아서 스피커 소리의 자극(S)을 듣는다. 실험자(E)는 어린이를 관찰한다. 유아가 새로운 자극에 익숙해져서 흥미를 잃을 때(윗부분) 자극을 바꾼다(중간 부분). 바뀐 자극에서 흥미가 갱신되면 불빛이나 장난감의 보상(아랫부분)이 주어지고, 새로운 시도가 시작된다.

미롭게 움직이는 물체를 볼 수 있는 기회를 주는 것을 보상으로 한 것이다. 그림 2.1은 유아의 지각을 테스트하기 위한 전형적인 실험적 환경의 예를 보여준다.

테스트 과정은 반복되는 5개음 패턴을 사용했다. (1) 장 3화음(예 : CEGEC)이거나 (2) 증 3화음(예 : CEG#EC)일 수 있다. 이 패턴의 각각의 반복은 아기에게 오직 상대적인 음높이 정보만 허용되는 다른 음높이에서 시작됐다. '변경 시도'는 패턴의 3음이 반음 낮춰지는 것으로 실행되었다. 즉 (1)은 CEF#EC가 되고 (2)는 CEGEC가 된다. 실험은 아기와 성인(성인들은 손을 드는 것으로 변경 시도를 알렸다) 모두를 대상으로 수행되었다. 참여자들이 변화를 정확하게 찾아낸 시도들의 비율이 기록되었다. 그림 2.2는 성인과 유아가 매우 유사하게 수행한 백분위를 보여준다. 두 집단 모두 장 3화음에서는 잘했지만 증 3화음에서는 그보다 못했다.

저자들은 아기들(그리고 성인들)이 장 3화음을 더 효율적으로 처리하고 저장할 수 있는 특징이 있다는 결론을 내렸다. 장 5도는 증 5도보다 좀 더 조화롭다(좀 더 단순한

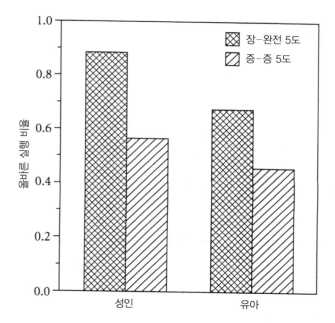

그림 2.2 Traimor와 Trehub(1993)의 실험에서 유아와 성인의 올바른 실행에 대한 비율. 막대들은 장 3화음과 증 3화음의 실행을 보여준다.

출처 : "What Mediates Infants' and Adults' Superior Processing of the Major over the Augmented Triad?" by L. J. Trainor & S. E. Trehub, 1993, *Music Perception, 11*, p. 190, Figure 1. Copyright ⓒ 1993 by the Regents of the University of California.

진동수 비율을 갖고 있다). 이것은 음악에서 좀 더 자주 나타난다. 놀랍게도 이러한 특성을 사용하게 하는 성인의 수용력을 9개월 된 아기도 갖고 있다. 이것들과 유사한 연구들은 여러 각도에서, 인간의 아기들이 음악을 구성하는 복잡한 선율과 리듬 시퀀스를 지각하고 기억하는 데 필요한 중요한 정보를 추출할 수 있도록 '전(前)조율'이 되어 있다는 것을 보여준다.

아기들이 음악적 정보를 단순히 수동적으로 받아들이는 것은 아니다. 목소리의 초기 사용은 그들의 음악적 능력을 보여준다. 인식 가능한 단어들이나 음률을 소리낼 수 있기 한참 전부터, 아기들은 이후에 말을 하거나 노래를 부를 때 사용하게 될 그들의 목소리를 여러 가지 요소로 실험한다. 이러한 행위를 옹알이(babbling)라고 하는데 여기에는 쿠잉(cooing), 글라이딩(gliding), 그리고 특정한 음높이나 모음-자음 패턴('다-다-다')의 반복이 포함된다. 이러한 실험의 대부분은 영아와 영아를 보살피는 사람(일반적으로 어머니) 간의 상호작용의 맥락에서 실행된다. 아기와 상호작용을 하는 성인들은 매우 특별한 방법으로 그들의 발성을 변화시킨다. '영아 지향적 발화(infant-directed speech)'는 평범한 말하기보다는 좀 더 리드미컬하고 노래 같으며 감성적 전형(affective archetype)을 사용하고, 영아의 주의를 끌기 위해서 영아가 소리를 내는 특성을 모방하는 것이다(Papousek, 1996). 모방은 쌍방향적이다. 영아도 그들이 듣는 성인 발화의 선율적 윤곽과 음높이를 모방한다(Kessen, Levine, & Wendrich, 1979). 이러한 기술들은 생후 6개월 이전에 분명하게 드러난다. 아기들은 어머니가 같은 문장을 말로 하는 것보다는 노래로 하는 것에 훨씬 많은 주의를 집중한다(Trehub, 2003). 어머니가 그들의 아기에게 노래를 불러줄 때에는, 음높이를 약간 높이고 빠르기를 감소시키며 좀 더 감성적인 음질의 목소리를 사용한다. 그렇기 때문에 음악은 아기의 삶의 시작에서부터 아기들의 행동과 상호작용의 중요한 부분이 된다.

우리는 아기가 음악적으로 상당히 수준 높은 것들을 할 수 있다는 모든 증거를 보여주었다. 이것은 음악적 능력이 모든 사람에게 선천적으로 부여된 능력이라는 결론을 매우 강력하게 지지한다. 이것은 사람이게 하는 한 부분이다. 여기서 설명된 능력들은 '슈퍼 베이비(superbabies)'의 능력이 아니라 모든 평균적 아기의 능력이다. 사실 영아의 능력에 관한 문헌들에서 아기들의 음악적 능력에 대한 개인 간의 다양성을 보여주는 대규모의 체계적인 연구들이 없다는 것은 주목할 만하다. 어린 음악가들 간의 능력의 정도를 보여주는 조기 징후에 대한 특별한 연구들조차도 음악적으로 높은 수준의 성취자가 예외적인 아기였는지를 보여주는 일관된 증거를 찾는 데에 실패하였다(Howe, Davidson, Moore, & Sloboda, 1995). 물론 어떤 연구에서든 아기의 반응은 다양하지만, 이러한 다양성의 많은 부분이 아기들에게 내재된 능력의 다양성보다는 주의 집중과 각성 상태의 다양성에서 기인했을 가능성이 있다. 우리가 알고 있는 아기들의 음악적 능력 또는 성취의 개인적 다양성에 대한 연구는 없다.

만일 음악이 인간 두뇌의 보편적인 능력이라면, 음악적 처리를 불가능하게 하는 어떤 일이 두뇌에 일어날 수 있는지에 대한 질문은 중요하다. 심지어 난청이 높은 수준의 음악적 성취를 자동적으로 막지는 않는다는 놀라운 삶의 역사(예 : Evelyn Glennie)를 우리는 알고 있다. 두뇌장애 상태의 주된 후보는 선천적 실음악증(amusia)이다(Peretz & Hyde, 2003, 제11장 참조). 인구의 약 4%가 이러한 상태(가끔 자신을 '음치'로 판단하는)로 괴로워한다(Kalmus & Fry, 1980). 선천적 실음악증을 갖고 있는 사람들은 그들의 말하거나 듣는 능력은 정상일지라도 리듬과 음높이의 변화를 찾아내는 데에는 장기간의 어려움을 겪는다. 이것이 의미하는 바는, 음악교육을 받지 않은 성인조차도 완벽하게 수행할 수 있는 단순한 음악 과제(두 선율을 구분하는 것과 같은)의 수행에 실패한다는 것이다. 실음악적 장애의 본질을 밝혀내고 정확히 설명할 수 있는 정신측정 테스트가 이제는 존재하지만, 여전히 우리는 이러한 상태를 야기하는 정확한 신경학적 근거를 이해하지 못하며 선천적 실음악 장애가 있는 아기를 식별해낸 사람도 아직 없다. 이것은 선천적으로 결정된 장애라기보다는 유아기 동안이나 그 후에 얻은 실음악증일 가능성이 있다고 여전히 간주되고 있다. 선천적 실음악증에 대한 연구의 최종적 결과가 무엇이든 간에 우리는 이미 일반 인구의 최소한 96% 정도가 선천적으로 음악 능력을 갖고 있다는 사실을 상당히 신뢰할 수 있다.

정상적 발달 : 언어의 시작부터 취학연령까지

음악교육에서 많은 사람들이 개인별 다양성에 대한 편견을 갖고 있지만 그래도 지난 세기 동안 아동발달에 대한 광범위한 연구 추세는 아동발달의 기본적 진행이 서로 간에 얼마나 유사한지를 강조해 왔다. 유사성은 세 개의 중요한 조건으로부터 기인한다. (1) 모든 사람은 공통적으로 유전적 유산을 갖는다. 모든 사람은 인간이 아닌 다른 어떤 동물보다 유전적으로 좀 더 유사하다. (2) 모든 사람은 공통된 환경을 갖는다. 우리는 유사한 환경으로 둘러싸인 동일한 행성의 표면에 산다. (3) 환경이 우리의 몸과 두 뇌에 신체적이고 생리적인 변화를 유발하도록 영향을 주는 방법은 우리의 유전적 형질 과 우리가 나누는 환경의 특성에 결합되어 결정된다. 발달의 큰 차이는 **사회적 환경**에 서의 극도의 비정상성이 원인이 되어 나타나는 경우가 간혹 있다(즉, 사람과의 접촉이 심각하게 박탈되고 사회적 지체나 언어능력이 떨어지는 어린이들, 또는 조기 환경에서 비정상적인 자극을 받고 신동의 특성을 보여주는 '과보호' 어린이들).

공통 발달 패턴의 과학적 연구에 관한 가장 중요한 기여자는 스위스의 심리학자인 장 피아제(Jean Piaget)이다. 그는 대부분의 정상 어린이들이 연령대에 해당하는 동일 한 순서를 지나는 고정 연속 구조(또는 단계)의 관점에서 어린이들의 지능과 도덕적 발 달을 처음으로 체계적으로 설명했다(Piaget, 1958). 그의 연구 전략은 동일한 연령의 대 부분의 어린이들이 반드시 잘못 판단하거나 생각나는 대로 답을 하겠지만 몇 달 후에 는 거의 반드시 옳게 판단할 수 있는 게임이나 퍼즐로서 어린이들에게 제시될 과제의 세트를 고안하기 위한 것이었다.

그런 과제의 하나는 동전이나 사탕과 같은 동일한 작은 물건들을 두 줄로 배치하는 것이 포함된다(그림 2.3). A열은 B열에 비해 좀 더 많은 물건들이 있다. 그러나 B열은 사물들이 서로 떨어지게 배열되어 그 열의 끝은 좀 더 멀리 떨어져 있다. 어린이들에게 "어떤 줄에 더 많은 물건들이 있는가?"라고 질문했다.

약 7세 이하의 어린이들은 이 과제를 어려워한다. 그들은 일관되지 않은 답을 하거 나 길이에 의한 시각적 단서에 당황해서 B를 선택한다. 7세 이상의 대부분의 어린이들 은 다른 모든 단서들과 무관하게 각 열을 세어 보고 계산한 결과에 근거하여 올바르게 답한다. 이 실행의 변화에 근간이 된 명확한 인지적 전환이 무엇인지에 대해 심리학자 들은 격렬하게 논쟁을 해왔지만, 전환이 있다는 사실은 의심할 바 없다. 이 연령대의 이러한 유형의 전환이 광범위한 문화와 사회적 배경의 어린이들을 대상으로 관찰되어 왔다. 피아제는 7세 어린이들이 그들이 대면한 과제에 규칙과 타당한 논리를 적용하는 경향을 가진 '구체적 조작기'의 단계에 들어간다고 설명한다. 그들이 이 문제에 대한

A. * * * * * * * *
B. * * * * * * * * *

그림 2.3 전형적인 피아제의 비교 과제의 도식적 표상

답을 얻기 위한 모든 수단에서 계산에 우선순위를 주기 전, 그들은 이미 정확하게 계산할 수 있는 능력을 가졌다는 것을 유의한다. 그 연령의 성공은 계산기술의 갑작스러운 터득에 기인한 것이 아니다. 오히려 계산이 왜 이러한 것과 같은 문제를 위한 가장 적합한 전략(가능한 전략들 중에서)이었는지를 그들이 지속적으로 가늠하는 광범위한 인지적 재정리를 가리킨다. 피아제는 음악과 관련해서는 거의 언급이 없지만 그를 따르는 연구자들은 광범위한 문화와 상황에 있어서 어떻게 음악적 발달이 보편적 단계에 의해 유사하게 제한될 수 있는지를 밝히고 싶어 했다.

현재 존재하는 데이터의 상당 부분이 의미하는 것은 음악적 발달이 보편적 단계의 연속과 특정 능력을 보여주는 일반적 연령을 실제로 보여주는 것이다. 이 단계들은 지각기술(Dowling, 1999), 노래 부르기(Davidson, McKernon, & Gardner, 1981), 기보(Bamberger, 1991; Davidson & Scripp, 1988), 그리고 감정과 미적 판단(Gardner, 1973; Kratus, 1993)을 보여주었다.

가장 포괄적인 단계 모델들 중의 하나는 '나선형' 모델이다(Swanwick & Tillman, 1986, Runfola & Swanwick, 2002 인용; 그림 2.4 참조) 이 모델은 교실수업의 맥락에서 어린이들이 창작을 실행하는 것의 변화를 관찰하기 위해서 개발된 것이다(제7장 참조). 데이터는 3세에서 15세 사이의 어린이들로부터 수집되었는데 이것을 근거로 수행의 주요 4단계가 제안되었다(어린이의 음악에 대한 내적 동기와 좀 더 외적인 문화적 특징을 각각 반영하는 각각의 레벨에 두 연속적 모드가 있는).

1단계, 물질 단계 : 4세까지. 첫 번째 '감각' 모드에서 어린이들은 자발적으로 발성을 하거나 또는 악기나 다른 사물로 소리를 내는 것을 통해 소리의 즐거움을 탐구한다. 실험은 특히 음색과 음량에 집중된다. 그다음의 '조작' 모드에서는, 어린이들이 악기를 조작할 수 있는 좀 더 나은 능력을 습득하면서 악기와 관련된 특정 테크닉의 깨달음을 보여준다. 그들의 연주는 반복된 리듬이나 선율 패턴과 같은 음악의 단순한 관례와 규칙적인 박동을 반영할 것이다.

2단계, 표현 단계 : 5세부터 9세. 이것은 어린이들이 자발적인 음악, 특히 노래 부르기를 통해 이야기와 감정을 싣는 '개인적 표현' 모드로 시작된다. 표현은 템포와 다이내믹의 변화에 집중된다. 뒤따르는 '고유의' 모드에서, 어린이들은 음악적 관례를 성립하는 상당한 순응을 보여준다. 그들의 연주는 선율과 리듬의 패턴, 규칙적인 박자, 그리고 표준적인 프레이즈 길이가 있음으로 인해 그 특성을 이룬다.

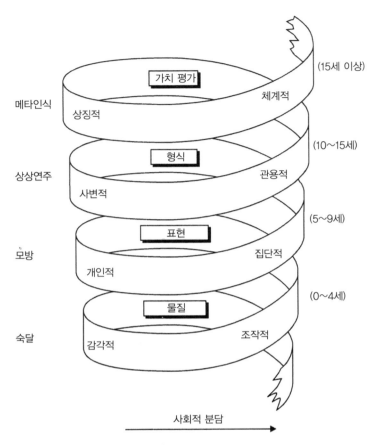

그림 2.4 Swanwick과 Tillman의 나선형 음악발달.
출처 : "The Sequence of Musical Development," by K. Swanwick and J. Tillman, 1986, *British Journal of Music Education*, 3(3), p. 306.

　3단계, 형식 단계 : 10세부터 15세. 첫 번째 '사변적(思辨的)' 모드에서 어린 음악가들은 이전의 모드에서 발견된 음악적 관례로부터 벗어나는 것에 관심이 증가되는 것을 보인다. 그들은 그들의 음악 패턴을 변화시키거나 대조되는 것을 추가하는 방법으로 실험을 하며 가끔은 좀 더 큰 규모의 구조적 결합을 한다. 이에 이어지는 '관용적' 모드에서 그들은 인식 가능한 스타일에 그들의 상상의 아이디어를 융합하는 좀 더 나은 능력을 보여준다. 테크닉적 면모나 표현적, 그리고 구조적 조절과 마찬가지로 음악적 신뢰성이 매우 중요해진다. 이미 존재하는 음악적 스타일들, 때로는 대중음악들을 모방하는 것에 상당한 주안점을 둔다.

4단계, 가치 평가 단계 : 15세 이상. 어떤 사람들은 결코 이 단계에 도달하지 못할 수도 있다. '상징적' 모드에서 음악가들은 언어와 같은 음악의 감정적 기능에 대해 인식하게 된다. 더 큰 규모의 작곡의 특성, 예를 들어 음색이나 화성적 진행의 그룹에 좀 더 큰 주의를 집중한다. 마지막 '체계적' 모드에서는 수준 높은 음악가들은 독창적이고 수준 높은 방법으로 음악에 접근한다. 이것은 새로운 작곡 시스템의 사용이나 다양한 지적 관점에서의 음악에 대한 연구나 논의를 의미할 수 있다(즉, 철학적, 심리학적).

이 특정한 모델로 이끈 최초의 관찰들은 문화적 특성이 있다. 그것은 어린이들이 창작을 하고 보여주는 것을 고무하고 후원하는 교육 프로그램의 한 부분으로서, 영국의 정부 재정 지원 학교에서 이루어졌다. 사용된 분류상의 방법들 중 어떤 것들은 과학적 정확성의 부족으로 비난을 받았다(Lamont, 1995). 그럼에도 불구하고 Swanwick(1991)은 다른 나라들에서의 유사한 패턴들을 증거로 제시했다. 요약하자면, 오직 작은 부분을 체계화하는 이 모델의 모든 사용 가능한 데이터에서 정상적인 음악발달을 특징짓는 다수의 광범위한 패턴들이 나타나는 것을 보는 것은 가능하다.

1. 수용기술(지각과 청각)은 표현기술(연주와 작곡)에 선행한다. 어린이들은 그러한 기술들을 안정적으로 보여줄 수 있게 되기 이전에 그들이 중요하게 듣는 것을 식별하고 구분할 수 있다. 여기에서 음악은 대부분의 다른 상징기술(언어와 같은)과 극히 유사하다.

2. 어린이들은 자유롭고 다소 제약을 받지 않은 시도로 시작하며, 그런 다음 자연스럽게 좀 더 규칙적으로 조절된 요소들의 사용으로 이어진다.

3. 구체적 조작은 추상적인 것에 선행한다. 초기의 개념화는 통합적이다. 어린이들이 음악적 소재들을 그들의 구성 부분으로 해체하고 변형하며 재결합하는 능력은 그 이후에만 습득될 수 있다. 예를 들어서, 음악적 소재들을 상상하는 능력은 발달 시퀀스에서 상당히 후기에 나타난다.

4. 중요한 발달적 변화는 문화적응을 통해서 발생한다(제1장 참조). 이것은 모든 어린이들이 특정한 전문가 교육을 제외한 문화 안에서 얻게 되는 보편적 노출이다. 특별한 음악교육(예 : 특정한 악기의 레슨)을 받아온 어린이들은 그런 교육을 받지 못한 어린이들에 비해 일반적인 지각과 표현 과제의 영역에서는 별로 나을 것이 없다는 상당한 증거가 있다. 그들의 우월성은 주로 교육을 받아온 특정 과제에

서 발견된다.

5. 보다 높은 수준의 성취와 발달의 후기 단계는 문화적응이 제공할 수 있는 것보다 많은 지원을 요구하며, 일반적으로 사람들의 상당수가 일관된 연령에서 도달하는 것은 아니다(제1장 참조).

어린이에게 음악활동을 소개하고 악기를 배우도록 하는 적정 연령은 언제인가? 이것은 전문 음악가에게 가장 자주 묻는 질문들 중의 하나이다. 이에 대한 간단한 답은 없다. 생산적 학습으로 이끌 어떤 형태의 음악적 참여에 지나치게 어린 연령이란 없다. 그러나 그러한 참여는 어린이의 발달 단계와 능력에 적합해야만 한다. 이것의 명확한 예는 음악 기보의 교육(상당히 추상적인 능력인)과 연관된다. 어린이들이 음악적 소리를 '귀로' 충분히 경험하기 전에는 기보에 대한 정식 교육에서 어린이들이 얻을 것이 없다는 상당히 강력한 증거가 있다(McPherson & Gabrielsson, 2002).

문화수용의 과정은 격식에 얽매이지 않는다는 특성이 있다. 비공식적 학습의 극히 중요한 특징은 개인이 참여를 할지 말지에 대한 자유와, 자신의 페이스에 따라 활동한다는 것이다. 공식적 평가는 없다(참여자에 대한 피드백이 가능할 수는 있지만). 그렇기 때문에 문화수용을 통한 학습은 대부분의 경우 놀이의 특성을 지니고 있다 (Hargreaves, 1986). 성공적인 조기교육은 그것을 바꾸기보다는 비공식적인 게임형식의 구조에 의존한다(즉, 부모-자녀 노래 게임, 응답노래 등).

발달과 관련된 문헌은 대부분의 어린이들이 4세가 될 때까지는 악기 특유의 테크닉에 체계적으로 집중할 수 있는 능력이 없다는 것을 분명히 하고 있다. 그 연령 이전에는 악기들을 소리를 생산하는 물건의 일반적인 특성을 보여주거나 그 물건과 사람의 상호작용을 용이하게 하는 것으로 사용될 수 있다. 노래 부르기, 춤, 그리고 몸동작이 포함된 음악 게임들은 어린이가 주의를 기울이고 조절된 반응을 어느 정도 보일 수 있게 될 때 성공적으로 소개될 수 있다. 모든 조기교육은 생산적이지만 게임 같은 환경을 유지하기 위한 높은 수준의 기술을 가진 성인의 후원과 상호작용을 요구한다. 일반적으로 6세 이하의 어린이들은 악기를 혼자 스스로 배울 수 없다. 이것은 스즈키 교육방법과 같은 사회적으로 풍요로운 시스템이 조기 기악활동에서 필수적이라고 보이는 이유이다. 그런 시스템들은 프로그램의 모든 견지에서 부모의 강력한 협조와 상당한 집단학습을 포함한다.

구조화된 연주 목표, 그리고 조절력과 정확성의 신중한 향상에 초점을 둔 레슨들은 아마도 어린이가 자연스럽게 외적 기준과 구조의 정확성에 초점을 둘 수 있는 Swanwick과 Tillman(1986)의 표현 단계(고유 모드)의 후기에 다다르기 전까지는 정상적인 어린이의 능력에 들어맞지는 않을 것이다. 일반적으로 이것은 6세에서 8세 사이에 발생한다. 이것이 전문 음악가들이 공식적인 악기 레슨을 시작한다고 연구가 보여준 시기이다(Sloboda, Davidson, Howe, & Moore, 1996 참조). 그러나 여기에서도 상당한 정도의 융통성이 있다. 하나의 극단은 클래식 레퍼토리가 대부분인 바이올린이나 피아노와 같은 악기들로서 비범할 정도의 손재주와 신체적 조화를 필요로 한다. 이러한 악기들의 경우, 최고의 수준에 도달하기 위해서는 대부분의 경우 8세 이전인, 조기 시작 연령이 요구된다. 그 반대의 극단으로, 악기의 크기나 레퍼토리, 또는 신체적인 특성이 덜 요구되는 악기는 상당히 늦은 나이에 시작하는 것이 성공적일 수 있다. 이것들은 더블 베이스, 튜바, 그리고 금·관악기들과 같은 큰 사이즈의 악기들을 포함한다(Linzenkirchner & Eger-Harsch, 1995).

재능과 소질

10세 이전에, 많은 어린이들이 음악적으로 무엇을 할 수 있는지에 대해 서로 간에 상당히 달라질 것이다. 선행 부분에서 약술했던 내재적 유사성에도 불구하고 이것은 발생한다. 어떤 어린이는 찬송가의 화성을 건반으로 초견 연주를 할 수 있을 것이다. 또 다른 어린이는 플루트로 효과적인 즉흥연주를 할 수 있을 것이다. 그리고 또 다른 어린이는 이 두 가지 모두 할 수 없을 것이다. 이러한 차이들은 이 어린이들이 갖고 있는 다양한 재능(또는 능력)을 나타낸다.

음악가들, 그들의 가족들, 그리고 그들을 교육한 사람들은 이러한 재능의 다양성이 어떻게 나타나는지 그리고 교육과 훈련에서 어떤 의미를 갖는지에 대해 올바르게 이해해 왔다(제7, 9, 10장 참조). 하나의 가능한 설명은 능력의 다양성이 이미 존재하고 있는 다양한 소질들로부터 기인한다는 것이다. 예를 들어, 바이올린을 연주하는 어떤 사람은 손가락의 움직임과 음정 판별력에 특별한 소질을 보이는 반면 즉흥음악에서 탁월한 어떤 사람은 청각적 기억에 특별한 소질이 있을 것이다. 두뇌 연구가 이러한 설명을 뒷받침하는 것으로 보인다. 예를 들어, 손가락으로부터 감각적 유입을 받는 두뇌

영역은 바이올린 연주자가 아닌 사람보다 바이올린 연주자가 더 크다(Elbert, Pantev, Weinbruch, Rockstroh, & Taub, 1995). 그러나 이러한 발견 자체로는 상대적으로 큰 두뇌가 높은 수준의 바이올린 기술을 갖도록 한다는 것을 입증하지는 않는다. 바이올린 연습이 두뇌 영역의 확장을 야기한다는 것 역시 가능하다. 두뇌 연구로부터의 증거의 비중은 사실상 두 번째 해석을 선호한다. 경험으로 인해 두뇌 영역이 긍정적이든 부정적이든 급격히 변화할 수 있다는 것을 보여주는 연구들이 많이 있다(Altenmüller & Gruhn, 2002, 제4장 참조).

어떤 연구자들은 두뇌의 내부를 보고자 하기보다는 이후의 특별한 능력을 예견하게 할 어떤 행동적 표시가 있는지 여부를 찾고자 시도해 왔다. 가장 자주 사용되는 방법은 연령을 기초로 한 음악적 재능 테스트를 통해 기초적 음악기술을 평가하는 것이다. 이것들은 간혹 적성검사라고 불리는데 그것은 아마도 특정 악기나 개념의 교육에 의존하지 않기 때문일 것이다. 그것들은 연주보다는 지각을 테스트하는 경향이 있으며 테스트의 가장 일반적인 유형은 두 개의 짧은 음악적 시퀀스를 듣고 음정과 리듬이 서로 다른지 같은지를 판단하는 것이 포함된다. 다양한 정도의 재능은 테스트되는 치수에 크거나 작은 변화를 만드는 것에 의해 평가될 수 있다. 이러한 테스트의 예로는 Seashore Measures of Musical Talent(Seashore, Lewis, Saetvit, 1960)와 Gordon의 Primary Measures of Music Audiation(PMMA, Gordon, 1979)이 포함된다.

우리는 발달과 관련된 문헌으로부터 지각적 능력이 연주능력에 선행한다는 것을 알며 따라서 우리는 어린이들이 의미 있는 연주기술을 보여주기 전에 그러한 지각 테스트에서 능력을 보여줄 것을 기대한다. 이것은 또한 그들 연령의 평균수준을 초월하는 지각적 기술들을 가진 어린이들이 그 또래들보다 좀 더 빨리 연주기술을 습득하는 경향이 있다는 것이 뒤를 잇는다. 반면에 연령의 평균적 기술에서 뒤처지는 어린이들은 동일한 기술을 습득하는 데 어려움을 경험할 것이다. 그 결과 몇 가지 연구들에서, 이러한 유형의 테스트 수행이 다음 발달 단계에서 음악적 성취의 완만한 전조가 되는 것을 보여준다(Gordon, 1967). 그러나 또한 많은 연구들이 적성 테스트에서의 초기 점수와 이후의 음악적 연주와의 명확한 연관성을 찾는 데 실패했으며(O'Neill, 1997), 이러한 이유로 많은 교육자들은 음악교육에 대한 중요하고 불가역의 결정을 위해 적성 테스트를 사용하는 것에 극히 주의를 기울인다(균형 잡힌 검토를 위해 Kemp & Mills, 2002, 제3장 참조).

사람들이 음악적 적성 테스트의 결과를 과대해석 하고자 하는 이유는, 그러한 테스트가 문제의 특정한 기술(이 경우에서는 음악)을 위한 유전적으로 예정된 혜택으로 정의되는 재능인 선천적 음악적 재능을 측정한다고 믿기 때문이다. 사실 적성 테스트는 공식적 음악교육 영역 외에서 도달할 수 있는 종류의 성취만을 측정한다. 특히 성취의 최상위 어린이들(amusics[1]로 판명된 이들을 제외하고) 간의 상당히 구분되는 차이를 선천적 재능으로 설명할 수 있다는 매우 빈약한 증거가 있다.

음악적 우월성의 유전적 기반에 기여하는 최고의 경우는 매우 어린 나이에 계획적인 공식적 교육이 없이도 상당히 특출난 기술을 보여주는 극히 소수의 비범한 '서번트'들에 의해 제공된다. 일반적인 후원이 없이 높은 수준으로 발달된 그러한 성취는 틀림없이 선천적 재능이 작용한 것으로 다수를 납득시킨다. 이따금 이러한 서번트들은 지성과 감정의 심각한 결함(자폐와 같은)을 갖고 있으며 정상적인 사회적 통제의 부족으로 인해 강박적으로 높은 수준으로 발달시킨 예외적 특출함을 한 가지 보유한 것으로 보인다(Miller, 1989; Winner, 1996). 예를 들면 N.P.와 같은 서번트는 복잡한 화성을 가진 그리그의 피아노 작품을 그의 생애 처음으로 들은 지 7분 후에 기억에 의존하여 몇몇의 실수가 있을 뿐인 연주를 했다(Sloboda, Hernelin, & O'Connor, 1985). 강박적으로 음악을 암기하는 것을 일상의 주된 활동으로 해온 15년의 기간 후에 이러한 기술은 완벽해졌으며 이 기간에 다른 대부분의 활동들은 하지 않았다.

그러나 일반적으로, 음악적 발달 표준을 확연하게 능가하는 어린이들은 상당히 이례적이며, 조기 환경이 매우 후원적이었다는 것이 드러난다. 17세기부터 20세기까지의 유명한 피아노 신동들에 대한 철저한 분석에서 Lehmann(1996)은, 극도로 풍부한 조기교육의 기회(학비를 제공하고 아마도 매일의 연습을 감독할 상당히 전문적인 부모 또는 장기간 가정교사에 의해 제공되는)를 받지 않았던 어린이는 발견할 수 없었다.

인간유전학은 많은 진보를 이루었으며, 사람들 간의 많은 다양성(신체적인 특징들, 특정한 의학적 조건들, 질병적 요인)들은 실제로 유전적인 영향을 받았다는 것을 우리는 안다. 그러나 행동과 심리적 다양성에 대한 유전적 기여를 규명한다는 것은 극히 어려운데, 대부분의 경우 그러한 다양성들은 유전적 통로뿐만 아니라 사회와 환경에 의해 쉽게 전이될 수 있기 때문이다.

---

1 음의 고저를 구분하지 못하는 사람들을 일컬음

유전적 기여와 환경을 분리하는 것은 간단하지 않으며 완벽하게 만족스러운 방법은 고안되지 않았다. 하나의 방법은 쌍둥이(함께 또는 따로 성장한 일란성)의 연구와 연관된다. 그들이 따로 양육되었어도 일란성 쌍둥이들은 일치하는 유전적 특질을 갖고 있다. 만일 이러한 쌍둥이들이 이란성 쌍둥이보다 심리적으로 서로 좀 더 유사하다면 이것은 그들의 유사성을 야기하는 것이 유전적 영향이라는 것을 명백하게 보여준다. 그러나 이란성 쌍둥이의 환경에 대한 논쟁도 있어 왔다(Ceci, 1990). 만일 그러한 경우라면 환경적 설명은 배제될 수 없다. 어떤 경우든 연구자들에게 허용되는 따로 양육된 일란성 쌍둥이들의 수는 극히 적으며, 이와 같은 소수로 원하는 모든 연구를 실행한다는 것은 불가능하다. 극히 소수의 일란성 쌍둥이만이 높은 수준의 가능성이 있는 음악가였다. 쌍둥이의 음악적 능력에 대한 연구가 발표된 것이 거의 없으며 발표된 것들(Coon & Carey, 1989)은 의심스러운 능력측정도구를 자주 사용해 왔다. 그것은 객관적인 정신측정도구가 적용되지 않은 비공식적인 전기적 데이터에 근거한 능력의 측정이었다.

능력의 테스트 결과에 대한 지나친 해석에 대한 경고의 다른 이유로는, 테스트 수행이 실제 능력의 수준과는 무관한 동기와 감정적 요소에 상당히 의존할 수 있기 때문이다. 테스트 수행은 테스트 환경의 친숙함, 검사자의 행동, 피검사자의 불안감의 수준, 그리고 실패에 대한 민감함과 같은, 보다 섬세한 동기적 요소에 의존적일 수 있다. 한 테스트(O'Neill & Sloboda, 1997)에서, 테스트 결과는 동일한 테스트에서 성공인지 실패인지의 경험을 어린이들에게 제공하도록 조작되었다. 자신감이 적은 어린이는 앞선 테스트 수행이 자신감이 있는 어린이와 같았음에도 불구하고 후속 음악 테스트의 수행에 있어서 상당한 하락을 보여줬다. 의미하는 바는 명백하다. 그들의 음악적 능력에 대해 의심과 불안감으로 고통받는 어린이는 테스트 상황에서 기량을 발휘하지 못할 것이며 따라서 기대와 자신감, 그리고 수행 감소의 자기실현적 예측을 제공한다. 그러한 수행은 우리에게 내재적 능력에 대해 알려준다. 내재적 능력이 있다고 생각하고 그것을 발견하고 촉진시키는 것이 그들의 책무라고 생각하는 많은 현명한 교육자들은 긍정적 전략의 도입을 선호할 것이다.

선천적 음악 소질이나 재능의 표시라고 일반적으로 간주되는 하나의 특별한 기술은 절대음감(AP)인데, 이 기술의 완전한 형태는 10,000명 중의 한 명에게서 발견된다고 보고된다. 완전한 절대음감은 어떤 소리의 음정(즉, C, C#, B♭)이든 곧바로 가장 근접한 음높이-분류를 밝혀낼 수 있다. 이따금 절대음감 소유자들은 시행착오과정에 의지하지 않고 이름 된 음정을 노래하거나 연주할 수 있는 역기술을 갖고 있기도 하다. 그러나 이 주제에 대한 한 권위 있는 리뷰에서 Ward(1999)는 절대음감이 유전된다는 것을 뒷받침하는 신뢰할 수 있는 과학적 증거가 부족하다고 결론짓는다. 절대음감은 어린 시절에 집중적 음악훈련을 시작한 사람들에게서 일반적으로 나타난다. 훈련의 시작이 이를수록 절대음감을 소유할 가능성이 더 많다(Sergeant, 1969). 최근의 증거는 또한 절대음감의 중요한 측면이 완전한 징후로서가 아니라는 것을 시사한다. 예를 들어 8개월 정도의 유아는 그들의 절대음감에 근거하여 음조 자극을 인식하는 것을 배울 수 있다(Saffran, 2003). 대부분의 훈련받지 않은 성인들은 늘 방송되는 친숙한 대중적 음률의 음정을 이름할 수 없으나 그 음률의 원래의 음정이나 그에 근접한 음정으로 노래할 수 있다(Levitin, 1994). 마지막으로, 절대음감은 다른 음악적 기술과 연관성이 있는 것으로 나타나지는 않으며 음악적 성공을 예측하게 하지도 않는다. 대부분이 아니라면 많은 전문적 음악가들이 절대음감을 소유하고 있지 않으며 어떤 이들은 그것이 불편하다고 생각한다(Parncutt & Levitin, 2000). 몇 명의 절대음감 소유자는 "나는 선율을 듣지 않는다. 나는 지나가는 음높이들의 이름을 듣는다."라고 불평했다.

조기 경험과 성인의 성취 간의 관계

클래식 음악 연주에서 교육은 제한된 기간에 국한된다. 전문 음악가들은 그들의 20대 초기에 완전하게 교육된다고 생각한다. 이것은 높은 수준의 성취를 위한 전문 교육기관(전문 음악학교나 음악원과 같은)에 들어가기 위해 사춘기 이전에 요구되는 성취수준을 의미한다. 우리가 보았듯이 성인 클래식 음악가들은 전형적으로 8세에 어떤 형태의 악기교육을 받기 시작했다. 제4장(연습)에서 우리는 음악 성취수준의 최고의 예측변수는 일생을 거쳐 누적되는 정식 연습의 양이라는 것을 보여준다. 다양한 연령의 어린이들에게 가능한 매일의 연습량을 감안할 때, 요구되는 연습량을 10년 미만의 기간에 축적하는 것은 어렵다. 좀 더 자주, 그리고 좀 더 긴 시간이 요구될 것이다. 이것은 피아노와 같이 상당히 경쟁적인 악기들의 경우, 훈련을 시작하는 일반적 나이가 8세 이전이라는 것을 의미한다.

　그러나 음악적 문화(어떤 경우에는 낮은 수준의 기술적 요구 및 상당한 개인적 경험과 표현력이 요구되는 록 음악에서는 클래식 음악보다 상당히 늦은 시기에 시작될 수 있다)뿐만 아니라 악기(목소리는 늦게 발달한다. 바이올린은 어려운 악기로서 가장 이른 시기의 시작이 요구된다)에 따라 차이가 있다. 음악과 관련된 많은 것들과 마찬가지로 여기에서 문화와 사회적 조건이 매우 중요한 역할을 한다. 서양문화에서는 음악원에 16~19세에 입학하는 것을 정상적인 연령이라고 당연시한다. 이것은 어떤 불변의 법칙은 아니며, 다른 교육적 구조를 가진 문화에서는 기회가 그렇게 나이에 제한적이지는 않을 것이다.

반면, 조기 음악학습과 개발이 본질적으로 비정상적일 것은 없다. 비교 문화적 데이터는 거의 정반대의 양상을 보여준다. 많은 전통적 사회에서 어린이들은 이른 나이에 광범위한 목록의 노래와 춤을 익히는데 그것은 간혹 서양 표준을 뛰어넘는 기술과 복잡성의 수준이기도 하다(Blacking, 1973). '폐쇄적인' 음악학교보다는 '거리에서' 대부분의 사람들과 나눌 수 있는 이러한 노래와 춤들을 사회 안에서 자유롭게 배우고 참여할 수 있는 기회의 정도는 성취수준에 직접적으로 관련이 있는 것으로 보인다. 서양 사회에서 세대 간에 걸친 유사한 효과를 관찰하는 것은 가능하다. 우리의 대부분은 실질적인 음악 연주가 일상의 중심이었던 시절을 기억하는 부모와 조부모를 두고 있다. 모든 집에는 피아노, 바이올린, 또는 다른 악기들이 있고 사람들은 노래하기 위해 동그랗게 모여 앉았었다(라디오나 TV 이전의 시절에). 모든 사람들은 교회에 갔고 찬송가를 불렀다. 민속음악은 일상의 한 부분이었으며 사람들은 녹음되거나 인쇄된 음악의 도움 없이 노래와 춤을 위해 마을회관과 선술집에 모였을 것이다. 서양 사회의 어떤 지역에서는 여전히 강한 민속음악 전통을 유지하고 있다. 영국을 예로 들면, 민속음악전통은 아일랜드와 스코틀랜드, 웨일스 지역에서 비교적 강하고 영국에서는 상대적으로 약하다.

비교 문화적 관점 : 어린이들의 '표준적' 음악 성취

어떤 비서양문화에서 음악적 성취는 우리의 것보다 좀 더 보편적이다. Messenger(1958, p. 21)는 나이지리아의 Anang Ibibo족의 연구에서 다음의 설명을 제시한다.

우리는 이들이 보여주는 음악적 능력에 대해 끊임없이 놀랐으며 특히 5세가 안 된 어린이들이 개인적으로 그리고 모둠으로 수백 곡의 노래를 부를 수 있으며, 이에 더해서 여러 타악기를 연주할 수 있고 믿을 수 없는 근육의 조절을 요구하는 수십 가지의 복잡한 춤동작을 익혔다는 사실에 놀랐다. 우리는 '비음악적' 사람을 찾으려는 헛된 노력을 했음을 알았으며, Anang 언어에는 유사한 개념을 갖고 있는 말이 없었기 때문에 음치에 관한 조사를 하는 것이 어렵다는 것을 발견했다. 요구되는 능력이 부족한 사람을 찾으려고 우리가 그렇게 어렵게 시도했다는 것을 그들은 받아들이지 않을 것이다. 이와 같은 태도는 다른 미적 영역에도 적용된다. 어떤 무용수, 가수, 그리고 직공들은 대부분의 사람들보다 좀 더 기술적이라고 고려되지만 모든 사람이 춤을 잘 추고 노래를 잘할 수 있다.

Lucy Green(personal communication, June 19, 2004)은 아프리카와 서양문화들이 아주 작은 아기에게 조차도 어떻게 영향을 미칠 수 있는지의 한 예를 제공한다. 6~12개월의 아기가 가늘고 긴 물체(예 : 숟가락)를 잡을 때마다 그 또는 그녀의 자연적인 충동은 테이블과 같은 가까이 있는 표면을 어느 정도는 리드미컬하게 두들기기 시작하게 한다. 서양 성인의 전형적인 반응은 그 숟가락을 단호하게 치우는 것이다. 아프리카 가족 내에서의 전형적인 반응은, 가족의 다른 일원이 숟가락을 집어 들고 이에 합류를 할 것이며 아기의 노력을 좀 더 세련된 리듬으로 장식할 것이다. 이렇게 함으로써 아기의 선천적 음악성을 인식하고 리듬적 발달이 발생할 수 있는 맥락을 제공한다.

일상생활에서 음악활동에 참여할 수 있는 기회가 있었던 어린이들은, 주요 경험이 수동적인 소비의 하나였던 아이들보다 더 빠르게 음악적 기술과 능력을 개발하는 것으로 보인다. 일상의 최초이며 가장 보편적인 양상은 가정이기 때문에, 가정에서의 음악 활동의 수준과 특히 부모의 호응과 참여는 음악적 발달의 주된 영향이 될 수 있다. 이후의 음악적 성취에 대해 신뢰할 수 있는 조기 예견들 중의 하나는 어린이가 알아들을 수 있는 노래를 처음으로 시작하는 연령이다(Howe et al., 1995). 노래를 배우기 위해서는 어린이가 들을 수 있도록 누군가가 노래를 불러주는 것이 요구된다. 많은 문화에서 자연스러운 것이지만 부모가 아기들과 함께 시작하는 노래와 음악 게임들은 무엇을 하는지를 부모에게 보여주기 위해 특별한 노력이 요구되는 미디어 지배적 문화에서 상당한 위협을 받는다. 그러므로 중앙아프리카의 Venda족의 어린이와 부모들의 단순한 '일과'는 서양 도시의 부모들과 그들의 어린이들에게 '조기 강화 프로그램'(미국과 그 외의 지역에서 대중적인 KinderMusik 프로그램과 같은)을 통해 적극적으로 재소개되어야 한다. 조기 강화가 기술 습득의 가속화로 이끈다는 증거는 확고하다. 대부분의 연구들이 학교에서의 성공을 위한 언어와 다른 기술들에 집중되어 있지만(예 : Fowler, 1990) 부모의 이른 음악적 참여와 자극은 이후의 음악적 성취와 강한 연관성이 있다는 명백한 증거가 있다(Davidson, Howe, Moore, & Sloboda, 1996).

우리가 검토한 연구들은 음악적 기술발달에 관련한 일관성 있고 명백한 사실을 지지한다. 실제로 모든 어린이들은 음악을 할 수 있는 완전히 중립적인 수용능력을 갖고 태어난다. 이러한 능력들은 일반적인 서양 가정에서의 음악활동의 수준이 중요한 연주 기술을 획득할 수 있도록 하지는 못할지라도 그 활동을 통해 발달하고 촉진된다(제1장 참조). 오히려 어린이들은 감상하고 춤추고 함께 노래하는 것으로 음악을 즐길 수 있다. 특별한 악기 연주기술은 교사에 의해 제공되는 좀 더 공식적인 교육이라는 맥락 안에서 발달하는 경향이 있다. 어린이들은 약 6세 정도에 공식적이며 자발적인 클래식 음악학습을 할 수 있는 수용능력을 가지며, 부모나 교사가 장기간의 클래식 연주의 참여의 가능성에 대해 신뢰할 만한 판단을 할 수 있는 그러한 학습은 3, 4세 이전에는 발생하지 않는다(Sosniak, 1985). 10년이 넘도록 지속되는 연습은 높은 수준의 클래식 연주 성취를 얻기 위한 일반적인 전제조건이다(제9장 참조).

그러나 우수한 수준의 연주기술이 발달된 것으로 보이는 어린이들 중에서조차, 그들 모두가 성인 연주자가 될 것이라고 가정할 수 없다.

자기학습 : 자신의 어린 시절의 음악적 전기에 있어서의 중요한 사건들

다음의 질문에 간략하게 답을 쓴다. 각각의 질문에 '1=이것은 정확하거나 완전한지 전혀 확신할 수 없다', '2=나의 답변에 다소나마 확신이 있다', '3=나의 답변에 상당히 확신이 있다', '4=나의 답변에 완전한 확신이 있다'의 4점 만점으로 평가한다.

1. 처음으로 완전하고 정확하게 노래한 곡(동요나 팝송)을 부른 것은 몇 살 때인가?
2. 당신이 5세 이전에, 당신의 부모들이 당신과 함께 또는 그들끼리 한 음악활동은 어떤 종류인가?
3. 처음으로 공식적인 악기 레슨을 받은 것은 몇 살 때인가?
4. 절대음감을 갖고 있는가? 만일 그렇다면 그것을 갖고 있다는 것을 처음으로 인식한 나이를 기억할 수 있는가?
5. 자신이 작곡한 곡을 연주한 적이 있는가? 만일 그렇다면 언제 시작되었고 어떻게 그것을 발전시켰는가? 녹음된 것을 갖고 있는가?
6. 몇 살 때 음악에 특별한 적성이나 능력이 있다는 말을 들었거나 스스로 느꼈는가? 이것은 어떤 영향을 미쳤는가?

동일한 질문을 부모에게 묻고 그들의 답변을 자신의 것과 비교하는 것은 유익할 수 있다. 그들의 기억이 왜 당신의 것과 다를 수 있을까? 이 장에서 약술한 연구들에 맞는 자신의 경험들을 어느 정도 생각해 보거나 논의하는 시간을 갖는다. 자신의 답변들에서 무엇이 확실성이나 신뢰성의 다양한 정도를 설명할 수 있는가? 연령 또는 어떤 다른 조건들은?

특히 사춘기 이전과 사춘기 시절에서 젊은이들이 음악활동을 지속할지 여부를 결정하는 동기부여적 사안은 점차적으로 중요해진다(제3장 참조). 매일의 연습을 지속하겠다는 강한 의지가 없다면(제4장 참조) 어린 시절의 성취는 이후의 삶에서 허사가 된다. 음악적인 낙오는 서양 교육 시스템의 주요 현상이며 음악교육 전문가들에게 심각한 두통거리이다. 그리고 항상 그렇듯이 기회는 미래의 성공에 영향을 미치는 요소이다.

▌ 학습문제

1. 전문교육의 도움이 없이 사람에게 자연스럽게 나타나는 음악적 능력들은 무엇인가?
2. 뛰어난 음악적 성취는 선천적 재능에 기인한다는 아이디어에 대립되는 증거와 주장들을 검토한다.
3. 8세 미만의 어린이의 음악적 발달을 돕고자 하는 부모와 교사들에게 어떤 연구 기반의 충고를 제공하겠는가?

▌ 더 읽을거리

Deliège, I., & Sloboda, J.A. (Eds) (1996). *Musical Beginnings*. 음악활동의 조기발달에 초점을 둔 의뢰된 장들의 편집본.

Deutsch, D. (Ed.) (1999). *The Psychology of Music* (2nd ed.). 제15장은 음악적 지각과 인지발달에 대해 논의하며 제16장은 음악적 재능을 다룬다.

Gembris, H. (2002). The development of musical abilities. In R. Colwell & C. Richardson (Eds.), *The New Handbook of Research on Music Teaching and Learning* (pp. 487–508). 이것은 전생애적 발달의 리뷰이다.

Howe (1990). *The Origins of Exceptional Abilities*.

Winner, E. (1996) *Gifted Children: Myths and Realities*.

03

동기

다음은 사실이지만 특이하지는 않을 이야기이다.

로라는 그녀를 위한 모든 것을 했다. 6세 때부터 매주 뛰어난 교사들로부터 바이올린 레슨을 받았다. 부모는 그녀를 위해 어떤 비용도 아끼지 않았다. 그녀는 어린 나이에 경연대회에서 입상을 하기 시작했으며 12세에는 모두가 탐내는 일류 음악학교의 예비 프로그램에 들어갔다. 그러나 고등학교를 졸업한 후 그녀는 음악공부를 포기하고 바이올린을 팔아버렸으며 대학에서 과학을 전공했다.

로라가 음악적으로 그렇게 성취할 수 있도록 기여한 것, 그리고 그녀의 삶을 그토록 급격하게 변화시킨 것에 대한 명확한 설명을 제공하기 위해 우리는 동기와 관련된 심리학을 참조한다. 이것은 자신의 음악성을 향상시키고자 하는 이들이나 또는 젊은 음악가들의 부모와 교사들에게 중요한 고찰이다. 장차 음악가가 되려는 사람으로서 자신의 기술을 발전시키기 위해 무엇을 하는 것이 필요한지 알아야 하겠지만 그것을 실제로 이행하는 것은 완전히 다른 것이다. 이와 비슷하게, 연습할 연습법의 리스트를 만드는 것은 교사에게 쉬운 일이지만 학생으로 하여금 그것을 실행하도록 하는 것은 훨씬 더 어려운 일이다. 간혹 음악가들과 교사들이 내적 욕구나 느낌으로서의 동기에 대해 이야기한다. 그러나 우리가 동기를 연구하기 위해서는, 어린이가 트럼펫을 배우고 싶다고 말하거나 어느 청소년이 다른 친구들은 포기할 때 자신은 학교에서의 음악공부를 지속하고자 하거나 또는 자신의 연습시간을 최대화하기 위한 특별한 전략을 마련하는 음악 대학생들과 같은 행동의 표출들을 고려해 봐야 한다(Maehr, Pintrich, & Linnenbrink, 2002).

동기에 대한 복합 원인들이 음악가들의 삶에 존재한다. 이러한 많은 원인들을 이해하는 하나의 간단한 방법은 그것들을 내적 대 외적으로 분류하는 것이다. 내적 동기는 행위 자체와 그것을 행함으로써 얻는 즐거움의 경험으로부터 온다. 일반적으로 사람들은 그것을 함으로써 얻는 즐거움과 만족감 때문에 음악을 한다. 그러나 음악적 기술을 습득하는 것은 많은 시간과 노력이 필요하기 때문에 발전하고 있는 음악가들은 외적 동기, 또는 음악적 참여와 동반되는 부차적인 비음악적 보상에도 의지한다. 이것은 어린 음악가가 부모나 교사들, 그리고 동료들을 포함한 밀접한 관계에 있는 사람들의 격려와 후원에 반응을 할 때 나타난다. 음악가들은 그들의 발전과정 중에서 어느 때든 내적과 외적 원인에 동시에 의지하기도 할 것이다. 어떤 연주 경험은 내적 요소와 외적 요소를 모두 포함한다. 그룹 연주의 즐거움은 내적인 보상이며 추가적인 외적 동기는 청중의 박수갈채를 통해 얻게 된다. 가끔은 외적 동기와 내적 동기를 구분하는 것이 어렵다(p. 60, '믿음과 가치' 참조).

상당히 많은 사람들이 어린 시절에 음악에 끌려서(내적 또는 외적으로 부모의 강제에 의해서) 악기를 배우게 될지라도 그들 중의 상당히 적은 수만이 전문적 수준에 도달한다. 어떤 종류의 기술을 연마하더라도 노력이 필수적으로 수반된다. 음악 분야에서의 노력은 내적으로 즐길 수 없는 음악적 훈련을 반복적으로 이행해야 하는 상당히 집중된 시간을 포함할 수 있다. 클래식 전통의 많은 음악가들이 ─극히 성공한 사람들일지라도─ 연습을 좋아하지 않는다는 데에 동의한다(Hallam, 1997). 하지만 연습이 즐겁지 않아야 하는가? 대중 음악가들은 그들의 개인연습이나 그룹연습을 상당히 긍정적인 시각으로 이야기하곤 한다. 동기에 대한 더 나은 이해는 음악가들이 연습과정을 좀 더 개인적으로 보상이 있는 것으로 변화시키고 불가피한 유쾌하지 않은 활동들에 필요한 노력을 지속하도록 하는 방법을 찾을 수 있도록 할 것이다.

동기와 음악적 성취를 조사한 연구에 근거하여 이 장은 다음의 원칙들을 설명한다.

1. 음악은 본질적으로 동기를 부여한다. 음악에 의한 조기의 즐거운 경험은 어린이

들로 하여금 공식적 음악교육을 포함한 상당한 참여를 추구하게 한다. 음악에 대한 내적 사랑을 유지하는 것은 음악가가 얼마나 오래 열성적으로 음악활동을 유지하고 얼마나 보상을 얻을지를 궁극적으로 결정할 수 있다.

2. 부모와 교사의 후원은 어린 학생이 음악교육으로부터 혜택을 얻는 것과 모든 것을 포기하는 것들 간의 차이가 될 수 있다(제2장 참조). 기술발달에 필요한 연습을 하도록 어린 음악가에게 동기부여를 하기 위해서는 부모의 감독과 존경받는 교사의 격려가 필요하다.

3. 그들의 음악 동료들 사이에서의 사회적 위치는 많은 청소년들과 청년들의 음악에 대한 전념의 강화를 촉발한다. '음악원 문화'의 사회적 구조는 음악도들의 동기부여에 강한 영향을 준다.

4. 학습활동에서 음악가들이 보여주는 끈기는 음악과 그들 자신에 대한 믿음에 의해 상당 부분 결정된다. 학생 자신의 능력에 대한 생각과 성공(또는 실패)에 대한 예측은 성취의 강력한 지표가 된다.

5. 동기는 또한 음악가들이 도전을 받아들이는 정도와 관련된다. 숙달지향적인 사람들은 성취를 위해 요구되는 노력을 할 의지가 있으며 연습활동이 좀 더 효율적이고 생산적이며 보상이 있도록 하는 특별한 목표들을 그들 자신을 위해 세우는 경향이 있다.

음악을 위한 내적 동기

사람은 음악에 대한 '열정'이 있다. 실제로 모든 사람들은 최소한 어떤 종류의 음악을 좋아한다고 주장하며 대부분의 사람들이 음악을 **사랑한다**고 말할 것이다. 일반적으로 말하자면 연주를 하고 음악을 좋아하는 것은 본질적으로 동기부여활동이다. 활동 그 자체가 보람 있는 경험이기 때문에 사람들은 자연스럽게 그것에 끌린다. 유아를 대상으로 한 연구는 음악에 끌리는 것이 습득되는 것이 아니라(어떤 스타일의 음악에 대한 테스트들은 분명히 그렇지만) 사람에게 선천적으로 부여된 어떤 것이라고 주장한다.

아동기의 경험

학령이 되기까지 음악공부를 시작하지 않았을 수 있겠지만 이후의 음악활동 참여를 위한 동기는 매우 이른 시기에 형성되었을 것이다. 음악적 발견과 실험의 기회에 있어서 어린이들의 가정환경은 상당히 다를 수 있다. 음악가가 될 사람들은 어린 시절의 음악 경험을 즐겁고 만족스러우며 신나는 것으로 묘사한다(Bloom, 1985; Sloboda, 1990). 간혹, 부모와 형제자매들을 통해 음악이 그들 가정환경의 일상적인 부분이었다고 그들은 설명한다(Howe & Sloboda, 1991). 유아들의 첫 음악 연주 경험은 즐겁게 노래를 부르는 것과 악기로 실험을 해 보는 것이 포함된다(Sloboda & Howe, 1991). 음악가들의 소싯적 기억은 비음악가들의 좀 더 수동적인 경험(감상, 관람)과 비교해서 좀 더 능동적인 참여(노래하기, 연주)로 자주 묘사된다. 예를 들어 지휘자이며 작곡가인 Michael Tilson Thomas는 그의 어린 시절을 다음과 같이 묘사하였다.

> 나의 부모님이 말씀하길, 나는 피아노를 건드리지 않고는 그것을 지나칠 수 없었다고 한다. 그분들은 내가 오고 가는 것을 항상 알았다. 왜냐하면 집 안의 거실과 다른 방을 오고 갈 때마다 피아노로 다가가 연주를 했기 때문이다(Jacobson, 1974, p. 262).

어린이의 매일의 놀이활동에 음악을 포함하는 것이 지속되는 긍정적 연관성을 형성할 수 있겠지만 인생에서 음악적 흥미를 갖게 되는 좀 더 예외적인 음악적 사건이 될 수도 있다. 많은 음악가들은 경탄을 하고 경외심을 느끼며 빠져드는 느낌으로 특징지어지는, 감정적으로 극히 만족스러운 '지고(至高)체험'을 경험했던 것을 기억한다(Sloboda, 1990). 위대한 클래식 기타리스트인 Andrés Segovia는 어린 시절, 유랑 플라밍고 기타 연주자가 그의 동네에 왔을 때 그 악기에 처음으로 어떻게 매료되었는지 이야기를 한 적이 있다.

> 첫인상은, 현으로부터 음악이 터져 나오는 것보다 더 떠들썩했고, 이 폭발음에 대한 나의 놀라움은 마치 어제 일어났던 것처럼 생생하다. 충격으로 벌떡 일어나 뒤로 넘어졌다. 그러나 현을 긁어 그가 'soleare'라고 말한 그 변주곡들을 연주하기 시작했을 때, 나는 마치 그 음들이 내 몸의 모든 숨구멍을 통해 내 안에 침투하는 것 같은 느낌을 받았다(Segovia, 1976, p. 3).

Sloboda의 연구(1990)는 실제 음악 연주를 통해 강력한 경험을 한 어린이들이 그렇지 않은 어린이들보다 음악활동을 계속할 가능성이 더 높다는 사실을 말해 준다. 이 연구는 또한 어린이가 강요나 위협을 느끼지 않는 환경에서도 '지고체험'을 할 가능성이 더 높다고 설명한다. 그런 상황에서 본질적으로 즐거운 음악의 본질은 어린이들에게 영향을 미칠 수 있다. 그 결과 많은 사람들이 음악가가 되고자 하거나 최소한 어린 나이에 음악교육을 받고자 결심한다.

학습하는 동안의 즐거움과 탐구

음악에 대한 기본적인 매료와 즐김 지향적 탐구방법은 아동기 이후의 강력한 동기가 될 수 있다. 많은 대중 음악가와 재즈 음악가들은 음악을 위해 상당히 오랜 시간을 투자할 수 있는 이유가 '음악을 사랑함'과 '즐김'이라고 설명한다(Green, 2002). 그들의 음악활동은 '연습'이나 '학습'이라고 부르기를 거부할 만큼 즐겁고 열중하게 하며 보상이 있다. 물론 그들의 연주가 어린이들의 경우와 같은 단순한 음악적 놀이활동은 아니다. 음악가들은 그들이 사랑하는 음악을 숙달하려는 강한 의지도 보여준다. 그들에게 있어서는 그 과정 자체가 보상이다.

물론, 공식적 교육을 받는 음악도들에게도 역시 음악에 대한 본질적 동기가 매우 중요하다. McPherson과 Renwick(2001)은 음악 레슨을 받은 첫해에 가장 큰 발전을 한 초보 기악 연주자들은 그들의 참여에 대한 본질적 이유를 그들 자신의 개인적 즐거움을 위해 연주를 원하는 것으로 표현하는 경향이 있다는 사실을 발견했다. '단지 즐기기 위해' 혼자 하는 연주(연습과는 반대로)와 음악 동료들과 함께 '잼 세션(Jam session)'의 한 파트로 참여하는 것은 매우 긍정적인 활동일 수 있다. 음악가들의 발전에 기여하는 요소들에 대한 연구에서 Sloboda, Davidson, Howe, 그리고 Moore(1996)는 8세에서 18세 사이의 기악 전공 학생들에게 그들의 매일의 음악활동에 대해 인터뷰를 했고 많은 학생에게 1년 과정 동안의 연습일지를 기록할 것을 요청했다. 그 결과들을 통해서 Sloboda와 동료들(1996)은 비공식적인 연습—개인적 즐거움을 위해서 좋아하는 노래들을 연주하거나 친구들과 음악적으로 장난을 치는 것과 같은—과 연주 성취 간의 연관성을 발견했다. 가장 낮은 성취를 보인 학생들은 최소한의 비공식적인 연습을 했다(제4장 참조). 이러한 활동들이 섬세한 연주기술을 위해 중요하다고 할 수는 없겠지만 아마도 음악 훈련과 참여에 학생의 전념을 증가시키는 동기부여가 될 것이다.

비교 문화적 관점 : 대중 음악가들이 좋아서 하는 일

사실 모든 음악발달의 시작은 아주 어린아이들이 음악적 소리를 탐구하는 놀이에서 유래된다. 어떤 젊은이들은 이러한 즐거웠던 어린 시절의 경험을 기반으로 하여 곧 공식적인 음악교육을 받고자 하는 반면 다른 많은 사람들은 좀 더 탐구적 경로에 남는다. Green(2002)은 대중 음악가들에 대한 그녀의 연구에서 음악을 위한 본질적 동기를 이끄는 여러 개의 주요 학습 시스템을 밝혀냈다. 첫째, 그들이 작업하는 음악 — 일반적으로 듣거나 녹음된 것을 따라 하는 것을 통해서 — 은 그들의 선택이다. 그들의 연습은 거의 항상 테크닉 연습이나 에튀드와는 대조되는, 실제의 음악적 맥락에서 노래나 노래의 부분들(기타 솔로나 좀 더 짧은 릭[1])을 연습한다. 또한 그들의 기술발달의 많은 부분이 동료들과의 비공식적인 그룹 학습 세션을 통해 발생한다. 그러한 모임에서 음악가들은 대중적 노래들을 재생하고 새로운 작품을 창조해내거나 재미로 '잼'(즉흥연주)을 하기 위해 함께 작업한다. 이러한 그룹 음악 연주의 사회적인 보상에 덧붙여서 연주 그 자체는 어마어마한 만족감을 줄 수 있다. 대중 음악가들이 하는 이러한 학습활동들은 공식적 교육을 받는 학생들에게 자주 요구되는 지정된 레퍼토리와 연습곡들의 단독 테크닉 집중 연습과 여러 면에서 대조된다. 어떤 음악학자들은 클래식 음악 연주능력은 훈련을 통해 성취하지만 대중음악기술들은 어떻게 하다 보니 터득되는 것이라고 주장한다. 그렇지만 Green은 이런 영역 간의 진정한 차이는 투자된 시간과 노력이 즐거운가 아닌가의 여부라고 주장한다. 대중 음악가들은 그들의 학습과정을 자발적이고 즐거우며 그것을 하는 것을 사랑하는 것이라고 설명한다.

자유와 선택은 본질적 동기를 유지하고 강화하는 조건들이라고 연구는 주장한다. 음악도의 발전은 그들이 수행할 음악에 대한 선택권이 주어졌을 때 상당한 이익을 얻을 수 있다. 위대한 피아니스트인 Vladimir Horowitz가 언젠가 고백하였다.

> 내가 어린아이였을 때 나는 나의 교수에게 내가 연주했어야 하는 음악이 아닌, 내가 좋아하는 음악을 가져갔었다. 나의 어머니는 그에게 가서 "무엇을 하는 것인가? 그가 바흐 대신에 라흐마니노프를 연주하고 있다!"라고 말했다. 나는 상점으로 가서 새로운 음악을 샀다. 나는 그것을 집으로 가져가서 연주를 했다(Epstein, 1987, p. 8).

음악도들은 그들이 좋아하는 작품을 연습할 때에는 다른 양상을 보인다(Renwick & McPherson, 2002). 그들은 연습에 좀 더 많은 시간을 할애하고자 하며 그렇게 하는 동

---

1 릭(lick): 아티스트의 주종목이라고 할 수 있는 프레이즈, 테크닉 등을 말한다.

안 좀 더 집중을 하고 연주를 향상시키기 위한 상당히 다양한 전략들을 사용하는 것으로 보인다. 어떤 음악가들의 경우 자유와 선택의 느낌은 즉흥연주를 통해 얻어진다. Moore, Burland, 그리고 Davidson(2003)은 전문 음악가들이 그들의 발달과정에서 비전문가보다 즉흥연주를 하는 경우가 더 많다고 보고한 것을 발견했다. 그것은 음악을 위한 본질적 동기는 통제보다는 개인적 자치권이 허용된다고 느껴지는 환경에서 강화되는 것으로 보인다.

음악을 연주하는 행위 자체는 음악가들에게 극히 강력한 경험이 될 수 있다. 연주는 기본적으로 즐거운 것이다. 이것을 활용한 경험은 음악가들의 본질적 흥미를 강화할 수 있다. 비공식적 상황에서 혼자, 그리고 동료와 연주하는 것에 더해서 대중 앞에서의 연주는 동기적 요소가 될 수 있다. 실제 청중의 존재는 연주자의 고조된 감수성을 촉발할 것이다. 그래서 높은 수준의 연주의 한 부분으로서 얻는 미적 보상은 좀 더 만족스러울 수 있으며 좀 더 큰 연주 성취로 신진 음악가들을 고무시킬 것이다. 전문 음악가들은 비전문가들에 비해 학생으로서 공연에 좀 더 자주 참여한 것으로 보고한다 (Moore et al., 2003).

음악적 동기의 외적 근원

앞에서 언급한 동기의 내적 근원은 평생의 음악적 참여의 근간을 제공할 수 있다. 그러나 그것은 또한, 음악에 대한 부정적 경험에 의해 헛된 것이 될 수도 있다. 어린 시절에 '음악적'이지 않다는 이야기를 들은 사람들은 성장하는 음악가로서의 어린 시절을 거의 즐기지 않았다(p. 60, '믿음과 가치' 참조). 이 사실은 동기의 비평적인 외적 근원이 사람의 음악발달에 어떤지를 보여준다. 가장 주된 근원은 부모, 교사, 그리고 동료들이다.

부모와 가족의 후원

서양문화에서 부모는 어린이의 음악발달의 초기 단계에서 주요 동기와 후원의 근원이다(Bloom, 1985; Davidson, Sloboda, & Howe, 1996). 어린이들의 발전적 음악능력을 입증하고 음악학습에 대한 관심을 표현한다는 점에서 부모의 칭찬과 격려는 어린이들에게는 중요한 보상이다. 어린이가 공식적인 공부를 시작하면 부모의 후원은 특별히 중요하다. 레슨비를 지불하고 그들을 이곳저곳으로 차를 태워다 주는 것에 더해서, 교사와의 대화를 통해 레슨에 관여하는 것으로 어린이들의 음악적 성취를 후원할 수 있

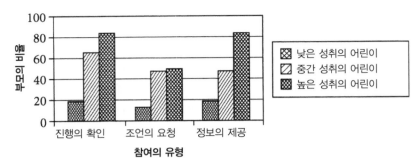

그림 3.1 레슨에 대한 부모의 참여의 다양한 유형들은 그들 자녀들의 성취와 연관된다.

출처 : Table 2.1 in "The Role of Practice in Children's Early Musical Performance Achievement," by S. A. O'Neil, 1997. In H. Jørgensen & A. C. Lehmann(Eds.), *Does Practice Make Perfect? Current Theory and Research on Instrumental Music Practice*(pp. 53-77). Copyright ⓒ 1997 by the Norwegian State Academy of Music and the author.

다(그림 3.1 참조).

추가적으로 성취수준이 가장 높은 어린 학생들은, 레슨에 참석하고 그들의 초반 연습을 감독하는 부모가 있는 경향이 대부분이다(Sloboda & Howe, 1991). 그들의 관리 감독이 도움이 되기 위해 부모 자신들이 광범위한 음악적 교육이나 경험을 가질 필요는 없다(Davidson et al., 1996; McPherson & Davidson, 2002). 지도교사에 의해 지정된 연습활동을 자녀들이 수행할 수 있도록 격려하는 것이 그들의 주된 역할이다. 바이올린 연주자인 Jascha Heifetz는 "연습을 하려고 한 기억은 없지만 뭔가 좀 더 즐거운 것을 선호했던 때가 있었을 것으로 생각한다. 이를테면 나의 아버지는 내가 연습하도록 '종용'했고, 나는 그가 그랬던 것을 고맙게 여긴다."라고 회상하였다(Axelrod, 1976, p. 138).

부모의 후원은 어린이들이 음악적 활동을 계속할 수 있도록 하는 기본적 필요조건인 것으로 보인다. 부모의 후원 부족은 어린이들이 음악교육을 포기하도록 하는 요인으로서 널리 인식된다. 그러나 부모의 참여에는 부정적인 측면도 있다. 지나치게 강압적인 부모들(혹은 자녀들을 '과보호'하는)은 그들의 자녀가 음악의 본질적 즐거움을 잃고 결국은 음악을 포기하고 싶어 하게 할 위험이 있다. 어떤 부모들은 그러나 그 경험을 부정하고 그들의 자녀가 훗날 피아노 레슨을 받도록 한 것에 대해 감사할 것이라고 믿을 것이다. 그러나 훗날 음악적 성공을 즐기는 사람들 간의 공식적인 레슨의 시작은 어린이가 원해서 또는 최소한 어린이가 동의를 한 것이었다고 연구는 보여준다.

어린이들은 악기를 연주하는 형제자매에 의해 영향을 받을 수도 있다(Howe & Sloboda, 1991). 단순히 어린이가 음악을 인식하게 하는 것에 더해서 손위 형제자매는 음악적 역할 모델이 될 수 있다. 물론 어린아이들은 손위 형제자매를 우러러보고 그들처럼 되기를 열망하며 그들이 할 수 있는 것을 배우고 싶어 하는 것은 당연하다. 이러한 현상은 음악적 시도에서도 적용되어, 어린이는 우상화된 형제자매와 동일한 악기를 배우려는 것이 촉발되고 음악 레슨을 받고 싶어 하게 된다(다른 악기일지라도). 불행하게도 이러한 형제자매 역학은 좀 더 부정적인 형태로 나타날 수도 있다. 그러나 그런 경우에도 형제자매 간의 질투심은 음악적 기술을 향상시키려는 집중력을 제공할 수 있다.

지도교사

지도교사, 특히 흥미를 갖고 있는 분야의 첫 지도교사는 학생의 삶에 자연적으로 상당한 영향을 준다. Davidson, Sloboda, Moore, 그리고 Howe(1998)는 초기 악기 지도교사가 어린 음악가에게 중요한 동기적 효과가 있음을 보여줬다. 상당한 음악적 성취를 이룬 것으로 인정되는 어린이들은 일반적으로 그들의 첫 기악 지도교사가 따뜻하고 친절하며 격려를 하고 함께하면 즐거웠던 경험이 있다. 그들은 레슨을 기대했다. 그들의 악기에서 적은 성취를 이룬 어린이들이나 연주를 포기했던 어린이들은 그들의 첫 지도교사가 비판적이고 친절하지 않으며 냉정하고 지배적이었다고 회상하는 경우가 더 많았다. 긍정적인 개인적 관계가 없는 경우 어린이들은 지도교사의 지도능력과 연주능력을 이해하고 인정하는 것이 불가능했다는 것을 증거는 보여주었다. 어린나이(10세 또는 11세까지)에는 지도교사를 좋아하지 않는 것이 악기를 좋아하지 않고 음악을 좋아하지 않는 것으로 이어진다.

그다음의 지도교사 역시 중요하다. 학생이 음악적 참여에 전념하기 시작하면 지도교사는 동기의 주요 근원이지만 다소 다른 역할을 한다. 지도교사는 음악활동의 가치를 고려하는 젊은 음악가의 성장기의 신뢰 시스템에 상당한 영향을 미칠 것이며, 성취를 위한 격려를 제공할 수도 있다. 첫 음악 지도교사가 따뜻하고 친절한 것이 중요한 만큼, 그다음의 지도교사는 영감을 주는 방식으로 학생의 음악적 전념이 이어질 수 있도록 하는 능력이 있어야 한다(Sloboda & Howe, 1991). 이 단계에서 학생의 역할 모델이 되는 것에서의 지도교사의 성공은 그 또는 그녀의 연주기술과 좀 더 연관성이 있게 된다. 사실 고급 수준의 음악도들은 연주자로서의 지도교사의 능력을 존경하는 경우

좋지 않은 성격을 감수하는 경우가 간혹 있을 것이다. 어린 학생들 — 초등학교 연령 이후 — 조차 그들의 지도교사를 인격체로, 그리고 전문가로 판단할 수 있다. 이것이 나타내는 바는 연주자와 교육자로서 교사를 존경하는 것은 지도교사의 성격이나 스타일로 인한 거리낌을 극복하는 데 도움이 될 수 있다는 것이다.

아마도 지도교사가 어린 음악가를 자극할 수 있는 주된 방법은 연습과 연관될 것이다. 지도교사들은 음악도들에게 어떻게 연습하는지를 교육할 책임이 있으며 어린 음악가들조차 이것이 좋은 지도교사의 특징임을 인식한다(Sloboda & Howe, 1991). 지도교사는 연습의 동기적 순환, 보상, 그리고 성취에 있어서 없어서는 안 될 부분이다. 더 나은 연습은 더 빠르고 더 큰 기술발전을 가져온다. 음악도들에게 있어서 향상된 연주기술은 음악적, 사회적, 그리고 그 외의 중요한 보상을 제공한다.

동료들

어린 음악가들이 청년기에 들어가면서 그들의 동료들은 상당히 중요해진다. 동료들에 의해 제공되는 외적 동기는 부모와 지도교사들에 의해 발휘되는 영향을 무색하게 할 수 있다. 그것은 청소년이 음악교육을 받는 것을 포기하거나 계속하게 할 수 있다. 동료 그룹의 멤버들이 학교 밴드가 '쿨하지 못한' 것으로 주장하는 것과 같은 사회적 압박은 직접적인 부정적 효과를 가져올 수 있다. 좀 더 간접적으로, 청소년 동료 그룹들은 그들이 좋아하는 대중음악의 종류에 의해 정체성을 갖는 경우도 있다. 이것은 젊은 음악도가 그 또는 그녀가 학교에서 연주하는 음악이 동료 그룹의 음악과 맞지 않는다는 것을 인식하게 할 수 있을 것이다.

동료 간 관계는 음악적 활동에 흥미를 유지하는 데 도움이 될 수도 있다. 많은 청소년 음악도들은 다른 음악가들로 사회적 동료 그룹을 형성한다. 고등학교에서는 '밴드단원'이나 합창단원의 굳게 단결된 그룹의 형태로 존재하는 음악적 하위구조가 일반적이다. 그러한 그룹들 내에서의 사회적 인식은 단원들 간의 음악적 능력과 연관된다. 숙련된 젊은 음악가들은 그들의 동료들 중에서 두드러진 지위를 유지하기 위해 연습을 하기도 한다. 일반적으로 음악도들은 동료들에 의해 제공되는 격려와 후원을 즐기며 공동 연주기회의 가치를 인정한다. 한 연구에서 젊은 연주자는 그의 음악 동료들에 대해 다음과 같이 설명한다. "최소한 그들은 무엇이 나로 하여금 표시를 하게 하는지 알고 있다. 나는 무엇이 나를 그렇게 하도록 하는지를 이해하지 않는 사람들과 연관되는

것이 어렵다는 것을 발견한다."(Burland & Davidson, 2002, p. 127)

음악적 사회 구조에 몰두하는 것은 학생의 음악에 대한 전념을 굳건히 할 수 있다. 그러나 그것은 또한 어떤 유해한 효과를 가져올 수 있다. 특히 이것은 동료들 간의 상당히 비판적 환경에 의해 특징지어질 수 있는 '음악원 문화'에서 그러하다(Kingsbury, 1988). 특히 자의식이 강한 음악도들의 경우 그들의 연습 노력은 사회적 평가의 절충과 관련된다. Kingsbury는 동료들 앞에서 담배를 피웠을 때의 성공을 확실히 하기 위해 거울 앞에서 연습하는 10대들에 비유했다. 음악원과 대학의 음악 프로그램에서, 성공은 필연적으로 어떤 실패를 동반한다. 경쟁적인 환경과 실패에 대한 지각된 결말은 생활 스타일의 부적응이나 정신 건강 문제, 또는 음악을 포기하는 것으로까지 이어질 수 있다.

음악은 경쟁이 치열하기 때문에 사람들은 그것이 젊은 음악가들을 위한 동기의 일반적 근원이라고 믿을 것이다. 그러나 항상 그런 것은 아니다. 경쟁은 일반적으로 다른 사람들을 이기고자 하는 욕구로서 이해된다. 그러므로 경쟁은 그들이 이길 수 있는 좋은 기회를 갖고 있거나 그렇지 않으면 끝이라고 믿는 이미 경쟁적인 음악가들에게 동기 역할을 할 수 있을 것이다. 물론 그 이면에는 덜 능숙한 음악도들 —아마 뛰어난 연주자를 제외한 모두— 은 경쟁적인 환경에 의해 오히려 용기를 잃을 수도 있을 것이다. 일반적으로 음악도들을 대상으로 한 연구는 학생들이 서로 협력하는 협조적인 학습 환경이 경쟁적인 환경보다 좋으면 좋았지 나쁘지는 않다는 것을 보여줬다(Austin, 1991). 수준 높거나 '타고난 재능'의 어린이들 간에서조차도 경쟁을 만장일치로 좋게 받아들이지는 않는다. 그것이 그들의 성취동기가 될 수 있겠지만, 긴 안목으로 본다면 상당한 대가를 치러야 할 수도 있다. 경쟁적인 조건은 젊은이들이 그들의 시간과 관심을 기술 발전에 온전히 쏟는 것을 떠나서 특별한 경쟁에서 원하는 결과를 얻고자 하는 데에 몰두하게 할 수 있다.

동기의 외적 근원은 음악에서의 학생의 활동을 유지하는 데에 중요한 역할을 한다. 예를 들어, 혼자 연습을 하지만 음악 동료들의 후원과 사회적 접촉을 즐기지는 않는 젊은 음악가들은 좀 더 '탈진'하기 쉽다(Moore et al., 2003). 그러나 외적 동기들은 본질적 동기를 대체할 수는 없다. 외적 후원은 어린이들이 음악을 포기하는 것을 지켜줄 수는 있지만 추가적인 내적 동기 없이는 그들이 음악적으로 크게 향상하기 어려운 경향이 있다(McPherson & Renwick, 2001). 최고 수준의 연주 성공에 도달하는 것은 많은

표 3.1 연주 성공의 다양한 수준을 성취하기 위해 요구되는 요소

	연주 초기	이후의 아동기
아동기의 연주의 지속	조기 시작 부모의 후원 친절한 지도교사들	
어린이로서의 성공	위의 모든 것들에 더해서: 상당한 조기의 연습 강압적이지 않은 지도교사 매우 친절한 지도교사	4년째 연주로의 높은 수준의 연습 지속 지나치게 긴장이 풀리지 않은 교사
전문 음악가로서의 성공	위의 모든 것들에 더하여: 어머니가 집 안에 있음	위의 모든 것들에 더하여: 좀 더 즉석에서 연주함 초기의 큰 분출보다는 연습의 점차적인 증가 공연과 그룹 활동에 참여 좀 더 강압적인 이후의 지도교사들

동기적 요소들의 조합을 요구하는 것으로 보인다(표 3.1 참조). 어린 음악가들은 발전하면서 동기의 외적 근원을 내면화하기 시작한다. 그것이 그들에게 중요하기 때문에 부모와 지도교사들, 그리고 동료들의 가치가 그들의 음악에서 주된 역할을 하게 된다. 그들의 연주는 그들의 정체성을 정의한다. 이러한 전이는 콘서트 피아니스트인 André Watts의 자전적 설명에서 볼 수 있다.

> 만일 나의 어머니가 나를 연습하게 하지 않았다면 오늘날 피아니스트로서의 나는 없었을 것이다. 내가 연습하고 싶은 마음이 전혀 없었던 어느 날, 어머니는 내심정을 알아채셨다. 가끔 그녀는 내가 연습하고자 하는 데에 자극이 되기를 바라면서 유명한 음악가들의 경력과 연관시키는 것을 통해 나를 피아노로 돌아가게끔 구슬렸다. 그리고 13세 때 연습의 필요성을 인식했다. 나는 여전히 연습을 항상 '좋아하는' 것은 아니지만 이제는 나의 제2의 본성이 되어버렸다(March, 1980, p. 182).

믿음과 가치

여러 해 동안 부모들과 지도교사들은 그들의 어린 음악가들에게 재능이 있다는 믿음을 주입시킨다(Howe & Sloboda, 1991). 어린이가 음악적으로 재능이 있다는 것이 식별될

때, 부모들과 지도교사들은 그 재능을 키워줘야 한다는 의무감을 느끼면서 각별히 후원적이 될 것이다(Bloom, 1985; 제2장, 10장 참조). 또한 재능이 있다고 느끼는 어린이들은 실패를 경시할 것이며, 다른 이들이 그들에게 있다고 보는 잠재력을 드러내기 위해 열심히 노력할 것이다. 믿음과 가치는 사람들이 그들이 무엇을 할 수 있고 왜 할 수 있는지에 영향을 미친다.

자기효능감 : 자신이 할 수 있다고 생각하는 것

어린 음악가들은 그들의 삶에서 음악에 관련된 신념체계를 다른 사람들에게 의존하여 형성한다. 그들은 부모와 지도교사, 그리고 동료들에게서 받은 피드백을 근거로 하여 음악을 포함한 어떤 추구에 있어서 그들이 얼마나 우수한지에 대한 아이디어를 결정하기 시작한다. 자기효능감은 특정한 영역의 성취를 위한 그들의 능력에 대한 믿음을 의미한다(Bandura, 1986). 경쟁력에 대한 믿음은 자기 달성적 예측의 형성을 통해 음악적 활동에 대한 미래 결정에 영향을 미친다.

음악에 관한 연구는, 학생의 자기효능감에 의해 측정되는 동기에 의해 연주 성취를 예측할 수 있다는 것을 보여줬다. McCormick과 McPherson(2003)은 음악 연주 시험을 마친 9세와 18세 사이의 기악 연주자들 332명을 연구했다. 자기효능감을 평가하기 위해 연구자들은 어린 음악가들에게 시험에서 연주할 음악을 얼마나 잘 숙달했는지, 예상되는 점수는 어떤지, 그리고 그들의 동료와 비교하여 일반적인 음악성에 대한 그들의 평가는 어떤지의 질문에 대한 답을 구했다. 자신의 능력에 대해 가장 높은 확신을 표현한 학생들은 최고의 연주 점수를 받은 사람들이었다.

자기효능감이 음악가의 역량과 밀접하게 연관되어 있음을 기억하는 것은 중요하다. 사실 그것은 그들이 그렇지 않을 때 그들이 음악을 잘한다고 단순하게 믿도록 하는 것으로 인해 형성되지 않는다. 자기효능감은 만족스러운 연주 성취에 요구되는 '행위를 조직하고 실행하는 과정'의 능력 역시 포함되는 것으로 이해된다(Bandura, 1986, p. 391). 따라서 강한 자기효능감은 자신을 좋은 음악가로 인식하는 것뿐만이 아니라 연주의 성공에 필요한 하위기술과 전략에 대해 이해할 수 있음으로써 자기 자신에 대해 판단하는 것이 수반된다. 이런 종류의 동기는 그들이 직면하게 될 도전을 감당할 수 있게 준비되었다는 것을 느끼게 하기 때문에 음악가들이 높은 수준의 음악 훈련을 계속하고 참여하는 확신을 갖도록 하는 결과를 가져온다.

성공과 실패에 대한 설명

학생들은 성공의 전망에 대한 그들의 믿음에 근거하여 음악을 계속할지를 결정한다. 일반적으로 말하자면 성공은 더 큰 성공을 키워낸다. 음악에서의 이른 성공은 어린이들이 더 많은 음악적 참여를 하도록 고무하겠지만 실패는 낙담을 가져올 수 있다. 그러나 귀인(歸因)이론은 학생의 동기와 성취가 이전의 성공과 실패에 의해 영향을 받을 뿐만 아니라 학생이 그 결과를 어떻게 설명하는가에 의해 영향을 받는다고 주장한다. 학생들은 자신에게 "마지막 시도에서 나는 왜 잘했는가 또는 왜 못했는가?"라고 묻는다. 성공적인 연주를 설명하는 데에 있어서 음악가들은 다음과 같은 평범한 일상적 원인에 의존할 것이다. 능력("나는 초견에 있어서 항상 잘해 왔다."), 노력("나의 연습은 결실을 맺었다."), 행운("이번엔 운이 좋았고 연주를 잘했다."), 또는 과제의 난이도("그런 쉬운 음악으로는 잘못될 것이 없었다."). 음악도들에 대한 연구들은 재능과 노력이 가장 평범한 일반적인 귀인(歸因)이라는 것을 보여준다(Asmus, 1986). 4학년에서 12학년의 음악도들에 대한 Asmus의 연구(1986)에서 흥미로운 경향이 밝혀졌다. 학년이 올라가면서 재능귀인은 증가하고 노력귀인은 감소한다. 다시 말하자면 학생이 나이가 들어가면서, 개인적 노력이 음악적 성공을 결정한다는 믿음은 점점 작아지며 그 대신 유능한 재능으로 설명하는 것으로 보였다. 왜 그럴까? 많은 공식적인 교육적 환경에서, 고등학생 나이에 이르면 상대적으로 적은 수의 성취자들이 그들 중에서 구분될 것이다. 성취의 정도가 낮은 음악도는 다른 사람의 능숙함과 성공에 대비해 그들 자신이 더 성취할 수 없었음에 대한 핑계로 재능귀인을 들 것이다. 그들은 "만일 나도 그들처럼 타고난 그 재능이 있었더라면, 그렇게 잘할 수 있었을 것이다."라고 생각할 것이다. Austin과 Vispoel(1998)은 청소년들의 음악적 자아상과 음악적 도전의 성공 및 실패에 대한 그들의 믿음 간에 강한 연관성이 있다고 보고했다. 특히 낮은 자아상을 갖고 있는 학생들은 음악적 실패의 원인이 재능의 부족에서 귀인한다고 보는 경향이 있다는 것을 발견했다.

추가적인 연구는 어떤 귀인들이 다른 것들에 비해 음악학습이나 기술 향상에 있어서 좀 더 적응성이 있거나 생산적이라고 주장한다. 성공귀인이 재능이나 능력이라기보다는 노력과 같이 그들의 통제 안에 있는 것을 기여요소로 사용하는 것이 아마도 학생들이 성공과 실패를 설명하기에 좀 더 적합할 것이다. 더구나 어떤 귀인연구는 노력의 하위요소의 결과인 '전략'에 대한 학습자의 믿음을 조사했다. 귀인의 확대된 선택을 사용해서 Austin과 Vispoel(1992)은 연습전략이 음악적 실패 경험을 설명하기 위해 가끔 초등학교나 중고등학교 학생들에 의해 선택된다는 것을 발견했다. 더욱이 전략귀인은 학생들에게 건설적인 변화를 만들지는 않는 것 같다(즉, 더 어려운 일과 더 나은 전략을 향한 새로운 동기). 재능귀인은 순응적인 학생의 반응이라는 최소한의 결과일 수 있다. 일반적으로 그것은 음악도가 음악 연주 성취를 설명하기 위해 연습(전체적인 노력과 전략)과 재능 중에서 선택하고 이러한 믿음으로부터 그들 자신의 음악적 성장을 추구하는 그들의 동기를 끌어내는 것으로 나타난다.

자신의 음악적 전망을 평가하는 것

자신의 음악적 능력(자기효능감)에 대한 학생들의 확신은 그들이 음악적 참여와 연관되어 갖는 가치와 구분된다고 연구는 주장한다(Eccles, Wigfield, Harold, & Blumenfeld, 1993). 어떤 학생들은 그들이 위대한 연주가인지, 아니면 될 것인지에 대해 믿지 않겠지만 그 활동 자체가 중요하기 때문에 음악 참여를 지속한다. 사실, 특정 활동의 중요성에 대한 어린이들의 인식은 성공에 대해 그들이 믿는 전망보다 더 중요할 수 있다. 이러한 인식은 그 활동의 참여에 대한 그들의 발전을 증진할지의 결정 여부를 정한다.

최근에 음악에 적용되고 있는 기대가치이론은 교육연구에서 발달한 동기체계이다 (O'Neill & McPherson, 2002; Wigfield, O'Neill, & Eccles, 1999). 이 모형은 노력을 고려한 개인적 가치의 중요성과 그것을 수행하는 데 수반될 수 있는 것에 대한 예측을 포함한다. 동기의 내적 근원과 외적 근원들 모두를 변수로 넣는 이 체계는 네 개의 요소들로 구성된다. 첫째, 습득가치는 음악활동을 잘 수행하고 있는지에 중요성을 두는 것을 반영한다. 이것은 사람이 믿는 것이 성공적인 음악 참여의 결과라는 것에 의존한다. 두 번째 요소는 내적 동기이다. 다시 말해서, 활동에 참여하는 자체가 즐거운 것이거나 보상이 있는지를 음악가가 예상하는 범위이다. 즐겁거나 보상이 있는 활동 자체에 음악가가 참여하기를 기대하는 경우이다. 모형의 세 번째 요소는 **외적 효용가치**로서 사람이 음악을 미래에 성취할 목표로 유용하다고 보는가의 여부와 연관된다. 이것은 분명히 음악 연주를 경력으로 하고자 하는 사람에게는 강력한 요소이지만 음악 참여가 다른 것으로 향하는 '티켓'(예 : 순회 연주단과 함께 흥미로운 지역을 여행할 기회 또는 다른 분야에서 연구를 하기 위한 장학금)이라고 보는 사람에게도 동기의 근원일 수 있다. 기대가치모형의 마지막 부분은 인지비용이다. 이것은 음악활동에 참여하기 위해 요구된다고 믿는 노력 또는 연습의 양을 반영한다.

　음악학습 연구는 이러한 요소들이 음악 참여와 연관된 학생들의 관심과 선택을 예측하는 데 유용한 기대가치 모형을 지지한다. 우리가 기대하듯이, 음악교육에 대해 낮은 관심을 표현하는 어린이들은 기회가 주어졌을 때 짧은 시간 후에 포기하는 것이 일반적이다(Wigfield et al., 1999). McPherson(2000)은 7세부터 9세까지의 초보 악기 연주자들을 인터뷰하여 음악 공부의 첫해 동안의 음악적 성취를 추적했다. 그는 그들의 가치 진술이 기대가치이론의 네 요소에 의해 세분화될 수 있다는 것을 발견했다. 대부분의 어린이들이 악기 연주를 배우는 것에 대한 내적 관심을 표현했지만 그들 중의 소수가 총체적 교육 목표(외적 효용가치)의 중요한 부분으로서 음악을 생각했다. 그들의 음악 참여가 장기적이 될 것이라고 표현한 사람들은 그 해의 음악과정 내내 상당히 연습을 더 했으며 높은 수준의 연주기술을 성취했다(그림 3.2 참조). 유사하게 Hallam(1998b)은 연습에 대한 어린 음악가들의 태도가 그들이 음악 레슨을 포기할지 계속할지를 강력하게 예측할 수 있게 한다는 것을 발견했다.

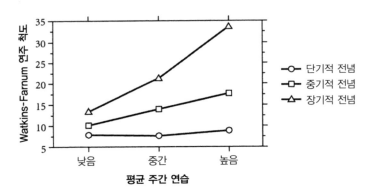

그림 3.2 표준 연주 척도로 측정해 본 바 음악에 대한 장기적인 전념(기대가치모형)을 밝힌 학생들은 좀 더 연습을 하며 좀 더 나은 연주기술을 성취했다.
출처 : "Commitment and Practice: Key Ingredients for Achievement during the Early Stages of Learning a Music Instrument," by G. E. McPherson, 2000, *Bulletin of the Council for Research in Music Education*, 147, 122 -127. Copyright 2000 by the Council of Research in Music Education.

도전과 목표의 관리

직업으로서의 음악가는 다음 공연을 바라보고 그것을 고려하여 준비하는 것이 당연하다. 사실 소수의 수준 높은 음악가들이 연습에 대해 내적으로 동기부여가 되는 것으로 보고했다는 사실을 연구들이 보여주었다. 그보다는 오히려, 임박한 공연이 그들로 하여금 연습실로 향하게 한다(Hallam, 1997). 일부는 잠재적인 사회적 결과가 동기를 제공한다(예 : 그들 동료 앞에서 나쁘게 보이는 것을 피하고자 하는 욕망). 그러나 또한 다가오는 공연은 음악가가 그 또는 그녀의 학습활동을 준비할 수 있는 구체적인 목표로 나타난다.

도전과 목표에 대한 음악가의 태도는 동기의 중요한 변인이다. 숙달지향형 사람들은 그 과정에서 직면하는 어려움에도 불구하고 무언가를 배우고자 하는 지속성을 보여준다. Bloom(1985)은 기술적인 음악가들은 어린 시절 그들의 부모로부터 이러한 직업윤리를 배운다고 주장한다. 그들은 그들 자신을 위해 성취 가능한 목표를 설정하고 그것을 이루기 위해 노력을 계속하는 경향이 있다. 반면에 **무력형**을 보여주는 사람들은 일반적으로 합리적인 목표를 식별하는 데 실패를 하며 전적으로 도전을 기피하는 경향이 있다. 이렇게 대조되는 동기 패턴들은 다양한 내재적 심리적 과정의 결과이며 학령기 어린이들에게는 상당히 안정적일 수 있다. O'Neill과 Sloboda(1997)는 공식적인 기악 음악교육의 첫해를 완료한 어린이들의 연주 성취를 설명하기 위해 숙달지향형을 적용했다. 연구자들은 어린이들이 음악공부를 시작하기 전에 문제해결 연습에 참여시켜서 숙달지향적인지 무력형인지를 설정했다. 이 검사는 어떤 시점에서, 어린이들이 문제점에 대해 옳지 않은 대답을 하면 다시 시도를 하라는 실패−피드백 조건이 주어졌다. 그 반응으로 어떤 어린이들의 실제 실행은 악화된(무력형) 반면에 다른 어린이들은 계속 유지하거나 향상되었다(숙달지향형). 1년간의 기악 레슨을 받은 후 숙달지향형을 보인 어린이들은 무력형을 보인 어린이들보다 높은 수준의 연주 성취를 보였다.

숙달지향형의 음악가들은 목표와 도전에 의해 동기부여가 된다. 이러한 유형의 목표지향성은 더 나아가 **과제관여** 또는 **자아관여**로 분류할 수 있다(Maehr et al., 2002). 과제관여 지향형의 음악도들은 자기설정 기준에 의거해 그들의 연주를 향상시키는 것에 집중한다. 예를 들면, 좋아하는 유형의 음악 연주 테크닉을 한 부분 찾아내고 그것을 연습하기 위한 시간을 배정할 것이다. 반면에 자아관여 지향형은 그들의 기술이 다른 이들에 의해 어떻게 평가될지에 관심을 기울인다. 그들은 표준적인 연주 기준에 집중하며 다른 이들의 성취를 능가하는 것을 통해 그들 자신에 대한 인정을 받고자 연습한다. 자아관여 지향성은 학기말 실기시험이나 앙상블 선발을 위한 오디션, 그리고 평가과정으로서의 공개 연주회와 같은 프로그램 안에서 어떤 벤치마크를 획득하기 위해 최선을 다해 노력할 것이며 음악학교의 경쟁 풍토에서 실력을 인정받아 나아갈 것이다. 연주 목표는 좀 더 예술적이고 자율적인 관심사를 대신하여 실수와 실패를 피하기 위한 것으로 축소될 수 있다. 어떤 형태의 완벽함이 얻어진다 해도 만족스럽지는 않을 것이다. 첼리스트 Yo-Yo Ma는 초기의 연주 상황에 대해 다음과 같이 이야기한 바 있다.

공연장에 앉아서 모든 음정을 정확하게 연주하면서도 나는 궁금해하기 시작했다. "내가 왜 여기 있지? 나는 모든 것을 계획된 대로 하고 있다. 그런데 무엇이 문제지? 아무것도 없다. 청중들이 지루해할 뿐만 아니라 나도 지루하다." 완벽함이 매우 소통적이지는 않다. 그러나 음악적 메시지에 자신의 테크닉을 종속시킬 때, 여러분은 실제로 연관되게 된다. 그러면 위험을 감수할 수 있다. 만일 실패를 하더라도 상관없다(Blum, 1998, pp. 6~7).

만일 그들이 자아지향성을 채택한다면 음악가들은 결국 그 분야에서 장기간 참여를 유지하고 지속되는 음악적 성장에 영향을 주는 것이 요구되는 연주의 내적 보상 때문에 그들 자신은 박탈당할 것이다.

음악가와 음악교사를 위한 함의

가끔 사람들은 마치 동기가 그들의 통제를 벗어나 오고 가는 감정적 힘인 것처럼, 무언가를 하기 위한 '동기부여가 된 느낌'—또는 아마도 '동기가 없는'—에 대해 이야기한다. 이 장에서 우리가 봤다시피, 동기의 어떤 근원은 다른 것들에 비해 감정에 좀 더 연관되어 있다. 그럼에도 불구하고 연주는 그들 자신의 동기에 영향을 미치고 그들이 지도하는 학생들의 음악적 노력과 그들 주변의 다른 음악가들을 지지할 수 있는 많은 것들이 있다.

아마도 연주자와 지도교사들에게 있어서 어린이들을 위한 긍정적 음악 경험에 기여하는 것보다 더 중요한 것은 없을 것이다. 특히 어린 학생들은 즐거운 참여와 탐구로 특징지어지는 음악적 환경에서 성장한다. 그들의 학습에서 증가하는 열정을 소개하고 그들의 발전을 인도하는 지도교사로서 그들은 음악에서 모든 즐거움을 없애는 것에 대항하여 보호해야 한다. 지도교사들은 또한 그들의 학생들이 어떻게 연습을 하고 음악적 자기효능감을 어떻게 형성하는지를 지도할 의무가 있다. 장차 음악가가 되고자 하는 이들은 그들 자신을 위한 적절한 연주 목표의 설정에 도움이 필요하며, 왜 그들이 연주하는지에 대해 상기할 필요가 있다. 과제관여와 자아관여 목표지향성에 대한 연구에서 보여줬듯이, 어린 음악가들의 연주에 대한 동기는 보상적 음악 경험에 영향을 미칠 수 있다.

음악가들은 또한 그들 자신의 동기를 형성하는 데에도 적극적인 역할을 할 수 있다. 연주자들은 그들 자신의 음악적 선호는 무시하고 다른 이들의 기대에 부응하는 자신을 자주 발견할 수 있다. 이를 개선하기 위해 음악가들은 예를 들면 그들의 공식적 음악 참여 없이, 그들이 좋아하는 음악적 스타일을 연주할 비공식적인 기회를 찾을 수 있다. 그들의 일상적인 음악활동에서조차 그들은 연습하고 있는 레퍼토리나 계약된 연주에서 개인적 선택을 행사할 수 있는 방법을 찾아야 할 것이다(예 : 독주보다는 공동 연주). 더 많은 경우 우리가 우리의 삶에서 음악이 중요한 부분이 되도록 우리를 인도하는 것은 음악에 대한 내재된 사랑이다. 우리는 우리의 음악활동이 적절히 도전적이며 보상이 있도록 우리 자신을 위한 목표를 세우는 데 지속적으로 노력해야 한다.

▌ 학습문제

1, 어린 음악가의 삶에서 음악적 참여에 대한 그들의 내적 동기를 위협할 수 있는 영향들은 무엇인가?
2. 음악가의 발달과정의 다양한 시점에서, 다양한 사람들에 의해서 어떻게 동기가 제공되는지 설명한다.
3. 연구에 의하면, 음악가의 기대와 목표는 그 또는 그녀의 음악 성취에 어떻게 영향을 주는가?

▌ 더 읽을거리

Maeher, M. I., Pintrich, P. R., & Linnenbrink, E. A. (2002). Motivation and achievement. In R. Colwell & C. Richardson (Eds.), *The New Handbook of Research on Music Teaching and Learning* (pp. 348–372).

O'Neill, S. A., & McPherson, G. E. (2002). Motivation. In R. Parncutt & G. E. McPherson (Eds.), *The Science and Psychology of Music Performance: Creative Strategies for Teaching and Learning* (pp. 31–46). 위의 것들은 음악교육에 적용하는 동기이론들의 포괄적 리뷰를 제공한다.

Moore, D. G., Burland, K., & Davidson, J. W. (2003). The social context of musical success: A developmental account. *British Journal of Psychology*, 94, 529–549. 동기의 내적 근원뿐만 아니라 부모, 교사, 동료들의 영향에 관한 연구.

04

연습

음악학습의 마지막 장에서 우리는 음악가들이 가장 많이 하는 활동인 연습에 대해 논의한다. "얼마나 많이, 그리고 어떻게 연습하는가?"는 우리가 유명한 음악가들에게 할 첫 질문은 아니지만 대부분 사람들이 알고 싶어 할 것이라는 것은 분명하다. "오늘 연습했는가?"는 부모나 동료들이 하는 잔소리 같은 질문이다. 음악교사들은 그들의 학생이 올바르게 연습하는 방법을 안다고 지나치게 자주 생각하지만, 연습실 경험에 의한 객관적 기록은 이 막연한 믿음을 깬다. 잘 조직화되고 목표 지향적인 것보다는 우리는 이렇다 할 목적이 없고 되는 대로의 연습연주를 자주 듣는다. 다행히도, 어떤 지도교사들은 학생들에게 연습에 대한 특별한 조언을 한다. 그렇지만 그들은 왜 어떤 충고는 어떤 학생에게 효과적이지만 다른 학생에게는 그렇지 않은지에 대해 궁금해할 것이다. 사실 연습은 지도교사들과 마찬가지로 연구자들의 상당한 관심을 끄는 다면적 행위다. 우리는 연습이 모든 음악가에게 가장 주요한 활동일 뿐 아니라 의심의 여지없이 필수적인 의무라는 것을 안다. 더욱이 연습 없이 유명해진 (혹은 간접적으로) 사람을 우리는 알지 못한다. 이 장에서 우리는 다음의 것들을 보여준다.

1. 연습에 대한 과학적 개념은 공식적인 연습과 비공식적인 연습 간의 명백한 차이

가 없는 우리의 일상의 생각보다 좀 더 상세하다.

2. 연습의 목적은 단순히 작품을 익히는 것뿐만이 아니라 그다음으로 장기적 기술 형성이 가능하게 하는 복잡한 정신과 신체적 적응을 발달시키는 것이다.

3. 놀랄 것 없이 더 많은 연습은 더 나은 연주로 이끈다. 이러한 통찰력은, 즉 음악기술 습득의 지름길은 거의 없다는, 기술발달에 대한 우리의 이해에 중요한 영향력을 갖는다.

4. 각각의 음악가가 다를지라도 전문가의 연습으로부터 부각되고 모방의 가능성이 보이는 '좋은 연습'의 어떤 일반적인 공통적 특징이 있다.

연습이란 무엇인가

거시적인 관점에서 연습의 범위를 처음으로 조사하면서, 우리는 기술형성 관점인 미시적 관점에 대해 논의하는 단계를 설정했다. 부모와 지도교사들이 일상에서 일반적으로 직면하는 것(예 : 악기를 연주하고, 주의 산만하고, 악기를 준비하고, 악보를 보고 자리를 잡는 데 드는 시간)은 거시적 관점이지만, 연구자들과 지도교사들은 미시적 관점(예 : 질적 시간, 구조, 향상, 목표 등)에 진정한 관심을 갖는다.

일상적 활동으로서의 연습(거시적 관점)

전문적 영역의 기술을 습득하기 위해서 모든 사람은 연습을 해야 한다. 음악가들은 서로 다르게 접근하지만 그들이 그것에 대해 자세한 이야기를 너무 적게 하는 것은 곤혹스러운 일이다. 음악가들은 연습에 대해 매우 감정적이어서 연습을 좋아하는 동시에 싫어할 수도 있다(Mach, 1980; Chaffin, Imreh, & Crawford, 2002, 제3장의 흥미로운 인용문들 참조). 이 상반되는 관계는 연습을 하도록 강압되었거나 무력감과 같은 부정적인 전기적 경험, 또는 보상이 있거나 연주를 하면서 즐거움을 느꼈던 긍정적인 경험에 기인한다.

음악가들이 그 또는 그녀의 연습을 어떻게 경험하는지에 대한 놀라운 증거에도 불구하고 주관적인 전기적 이야기로부터 수집된 구두 정보는 다양한 요소에 의해 편중될 수 있으며, 그러므로 조심스럽게 분석되어야 한다. 예를 들어, 어떤 연주자—마술사와 유사하게—는 어떤 사업적 비밀을 지키려고 하면서 연관된 세부사항을 모두 드러내지는 않는다. 슈퍼스타 이미지가 그들로 하여금 문제점이나 걱정, 또는 실패에 대해 자유롭게 이야기하는 것을 방해할 것이다. 그들의 답변이 모호하거나 고지식할 수도 있다. 마지막으로 그들이 분명하게 기억하기에는 초기 단계가 너무 오래전일 수 있다. 그러나 점차적으로 연주자들과 연구자들은 모두 마음을 터놓기 시작하고 우리가 이면을 볼 수 있도록 하기 시작했다(Chaffin et al., 2002; Marsalis, 1995a).

연습은 음악가의 인생에서 항상 중요한 부분을 차지해 왔으며 혼자만의 연습을 표현하는 '헛간으로 간다'가 의미하는 그 자체의 물리적인 의미를 갖고 있다. 오늘날의 가장 산업화된 국가들에서 어린 음악도들은 그들 자신의 방이나 부모의 감독하에 거실에서 연습한다. 음악원 학생들은 일반적으로 좁은 방이나 집에서 혼자 연습한다. 다양한 음향적 속성을 갖도록 특별히 디자인된 연습 공간을 비용을 들여 집이나 학교에 마련할 수도 있다. 방해요소는 제한되고 요구되는 노력과 집중을 고려한, 연습을 위한 특별한 환경이 주어진다.

그러나 연습은 그것의 음향적 부산물을 견뎌야 하는 사람들에게는 골칫거리가 될 수 있다. 어떤 클래식 피아니스트는 그들이 원하면 언제 어디서든 연습할 수 있기 위해 음소거 악기(오늘날은 전자 악기를 사용)를 사용한다. 젊은 록 음악가들은 주변에 피해를 주지 않으며 연습할 수 있는 차고를 찾아야 하는 경우도 많다. 이것은 역사적으로 항상 가능하지는 않았으며, 소음 공해에 대한 일화들이 존재한다. 예를 들면 Felix Mendelssohn은 그의 이웃 아파트에 사는 어린 소녀가 참을 수 없이 느린 템포로 매일 똑같은 실수를 하면서 로시니의 아리아를 2시간씩 연습하는 것으로 인해 고문을 당한다고 실제로 주장했다. 그 소녀는 아마도 그의 연주로 인해 더 괴로웠을 것이라고 그는 인정했다(Mendelssohn-Bartholdy, 1882, p. 25). 1800년대에 파리 음악원에 있는 큰 연주장들은 동시에 연습을 할 수 있는 많은 피아노가 있었다. 오늘날에도 많은 곳에서 (예 : 하바나 소재 쿠바 음악원), 음악도들은 우리가 자주 최적의 학습으로 연관성을 두는 단독성을 즐기지 않고 그 대신 공동 광장에서 연습한다.

연습(또는 스포츠에서 '훈련'이라고 부르는)의 구성요소는 무엇인가? 일반적으로 우리는 연습을 행동의 지속적인 변화인 학습의 결과를 가져오는 활동으로 말한다. 그러나 연습이라는 명시는 음악의 유형이나 기술수준에 따라 다양할 수 있다. 수준 높은 클래식 음악가는 혼자서 하는 것에 반하여 어린이들은 주로 성인의 참관하에 연습한다. 성악가나 기악 연주자는 이따금 음악코치와 연습할 것이다. 재즈 대중 음악가들은 다른 이들과 '잼'을 하거나 녹음된 것에 맞춰 연습할 것이다. 그리고 그 외의 유형들도 있을 것이다. 또한 젊은 지휘자가 전체 오케스트라를 대신하여 한두 대의 피아노와 함께 그 또는 그녀의 지휘 동작을 연습하는 경우도 있다. 특징적으로, 연습 세션은 실제 공연 상황에 가능한 한 근접하게 시뮬레이션하거나 그것의 특정 관점을 분리하여 시도한다.

친구들을 위해 트리오를 연주하는 것과 같은, 다가오는 공연과 유사한 유형으로 하는 연습을 우리는 쉽게 인식하지만 특정 연주 관점이 분리된 연습을 식별하는 것은 쉽지 않다. 많은 활동들이 중요하지 않게 보이므로 많은 사람들은 그것을 선뜻 연습이라고 부르기 어려울 것이다. 음악심리학 서적을 읽는 것, 알렉산더 테크닉 훈련, 악기 없이 악보를 암기하거나 분석하는 것, 다른 사람이나 자신의 녹음을 듣는 것, 연주복을 입고 무대 메이크업을 하고서 연습실에서 연주 프로그램을 끝까지 연주하는 것, 레슨을 받는 것, 거울 앞에서 제스처를 취하는 것, 근력 운동, 또는 호흡 연습, 우리는 이것들을 정당한 이유에서 연습에 포함하고자 한다. 스포츠 영역에서, 이러한 추가적 활동(예 : 구기운동에서의 전략에 대해 배우는 것, 대전을 앞두고 상대방 팀의 경기 영상을 관찰하는 것, 물리치료를 받는 것)은 경기력 향상을 위한 것으로 일반적으로 알려져 있으며 장려된다. 놀랍게도 체스 선수의 주요 훈련활동은 다음의 최선의 수를 예상하기 위해 공개된 게임을 연구하는 것이다(Charness, Krampe, & Mayr, 1996). 그래서 우리는 특정 영역에서 무엇이 연습을 구성하는지 명확하게 알기 위해 우리는 기술을 갖춘 사람들이 연주력 향상을 위해 필요하다고 판단하고 실행하는 모든 활동을 밝혀내야만 한다.

비교 문화적 관점 : 가멜란(Gamelan)을 연주하기 위한 연습과 학습

Bakan(1994)은 발리섬의 음악교육에 대한 그의 놀라운 보고에서 비서구 음악 전통을 대표하는 연습과 지도의 여러 유형에 대해 설명한다. 그는 *Gamelan Baleganjur*이라 불리는 타악기가 주된 인도네시아 음악에서 뛰어난 음악가인 교사가 드럼 연주(*kendang lanang*, 또는 남녀로 쌍을 이룬 드럼 중에서 '남성 드럼')를 학생들(Bakan 포함)에게 어떻게 지도하는지에 대한 설명을 한다. 가멜란 구성에서 모든 연주자가 일대일 교습을 받는 것은 아니지만 그들은 앙상블 리허설의 맥락에서 그들의 악기를 배운다. 드럼 지도는 주로 '타구봉으로 가르치기(*maguru panggul*)'라고 불리는 시범-모방 접근으로 구성된다. 교사는 동작을 즉시 재현하고자 하는 학생에게 연주 시범을 보여주기 위해 좀 더 큰 규모의 작품에서의 이미 작곡된 고정 소절(*pukulan*)을 1분가량 연주를 한다. 학생이 동작을 어느 정도 따라하게 될 때까지 이 세션에서 이루어지는 연주 속도에서의 셀 수 없는 반복이 요구된다. 사실 설명이나 분석, 그리고 세분화나 감속화는 교사의 시범에서 수반되지 않는다. 교사의 유일한 중재는 연주의 특정 관점에 학생의 주의를 유도하기 위한 이따금의 머리의 움직임이 있을 것이다. 어느 정도 지난 후, 재즈에서의 '릭'[1]과 유사하게, 학생의 '어정쩡한 리듬'을 벗어난 것이 일부 상투적인 소절에 나타나는데, 그것은 그 또는 그녀의 파트의 숙달을 이루기 위한 디딤돌로서 그 학생이 그 후에 사용한다. 학생이 *pukulan*의 어떤 부분을 연주할 수 있게 되면 교사는 사실 미래의 앙상블 상황을 모방하는, '여성'(*wadon*) *Kendang* 드럼의 맞물린 드럼 파트를 연주하기 시작한다. 레슨은 실외에서 하기 때문에 지나가는 사람이 합류할 수 있다. 어떤 음악가들은 완전한 앙상블 상황이 아닌 조건에서 함께하게 되겠지만, 단독(개인) 연습은 거의 들을 수 없으며 그런 연습은 다른 음악가들에 의해 놀림거리가 되거나 황당한 것으로 생각될 것이다(Bakan, 개인적 서신, 2004. 10. 1)

연습은 또한 강력한 감정적 요소를 갖고 있다. 일화적인 문헌은 연습 경험에 대한 애증관계를 유지하는 전문적 음악가들의 직접경험들로 가득 차 있다(Mach, 1980). 어떤 음악가들은 전문적 기술을 습득하는 데에 있어서의 연습의 중대한 역할을 경시하는 반면 어떤 이들은 그것의 중요성을 강조한다. 최근의 교사들은 연습하는 것을 "레슨과 레슨 사이에 기술을 향상시키고자 혼자서 전념하는 것"의 한 유형으로 설명하는 것에 반해 바이올린 교사 Auer는 그것을 '정신노동'(Auer, 1921/1980, p. 14)이라고 불렀다. 괴물과 씨름하기(*Tackling the Monster*)는 트럼펫 대가 Wynton Marsalis(1995b)에 의한 연습에 대한 교육용 비디오의 제목이다. 유명한 피아니스트들의 연습에 대한 의견들은 Chaffin 등(2002)의 최근 저서에서 얻을 수 있다. "John Browning은 연습을 설거지에 비유하는 반면 Claudio Arrau와 Janina Fialkowska는 연습하는 것이 '즐거움'이라고 주장한다. 다른 사람들, Lazar Berman과 Jorge Bolet는 연습을 싫어한다고 말한다." (p. 43). 연습은 그 과정 자체가 항상 즐길 수 있지는 않지만(제3장 참조) 그것을 하려는 스스로의 동기가 연루되며, 이러한 문제점을 성공적으로 조절하지 못한 사람은 장기적으로 볼 때 연주를 포기할 가능성이 있다.

연습에 대한 과학적 고찰(미시적 관점)

이 섹션에서는 연습을 총체적으로 보기보다는 연습의 기술형성에 집중한다. 연습에 대

---

1 재즈-릭: 즉흥연주의 한 악절

한 세부적인 분석은 연습에 대한 다음과 같은 정의를 갖고 출발해야 한다.

> 간혹 한 개인의 현재의 연주수준의 향상이라는 분명한 목표를 가지고 지도교사나 코치에 의해 계획된 (구)조화된 활동, 작업 또는 연주와는 대조적으로, 그것은 향상을 위한 특정한 목표의 산출과 연주의 다양한 관점을 모니터하는 것을 요구한다. 더욱이 진지한 연습은 이전의 제한점을 넘어서고자 하는 완전한 집중과 노력이 요구된다. 결과적으로 그것은 휴식과 회복이 요구될 때까지, 제한된 시간 동안 수행할 때만이 가능하다(Ericsson & Lehmann, 1999, p. 695).

흥미롭게도 연습은 보수가 주어지는 노동이나 놀이와는 다르다. 그러한 활동들은 정신적으로나 생리적으로 지치는 것 없이 매우 장시간 지속되거나(직업) 본질적으로 즐길 만한(놀이) 수준으로 자주 수행된다. 분명 그것은 경험에 기여하지만 두 가지 모두 결국은 우리의 기술을 지속적으로 향상시킬 가능성은 희박하다. 세차장에서 일하는 사람을 생각해 보자. 하루 종일 쉽게 지속될 수 있는 순조로운 작업과정은 일주일이면 학습된다. 이 사업에서 몇 달 몇 해를 일을 한 후에 그 고용인이 좀 더 신속하게 세차를 하거나 좀 더 깨끗하게 세차할 가능성은 적다. 작업의 주요 목적은 신뢰할 수 있고 지속될 수 있는 행위를 제공하는 것이며 놀이의 주요 목표는 웰빙을 촉진하는 것이다(신체적, 감정적 또는 인지적으로). 놀이는 한계로까지 떠밀리는 것이 아니기 때문에 본질적으로 즐길 수 있다. 레저로서 골프를 치는 사람들이나 아마추어 테니스 선수들은 여러 해를 지나도 챔피언 수준에 도달할 수 없을 것이다. 두 부류 모두 편안하게 기능적 수준에 정착했다.

반면에, 연습은 단순한 노출인 놀이나 작업과는 구분된다. 어떤 유형의 연습은 다른 유형에 비해 좀 더 즐길 만하다. 이런 유형들을 구분하기 위해서 우리는 공식적(계획적)과 비공식적 연습이라는 말로 나타낼 수 있다. 계획적 연습에서 우리는 현재의 연주수준을 뛰어넘는 목표를 세우고, 상당한 집중의 시간 동안 그에 도달하고자 시도한다. 따라서 단순히 한 작품을 세 번 연주하는 것은 특정 목표가 없고 피드백이 부족하기 때문에 이 기준을 만족시키지 않는다. 또한 클럽에서 밤새 재즈 앙상블과 연주하는 것은 이미 갖고 있는 기술을 보여주는 것(작업)에 불과하기 때문에 엄격한 기준에서는 연습이라고 할 수 없다. 예를 들어 나중에 코멘트를 할 밴드 단원들이 보는 앞에서 연주자가 새로운 솔로 파트를 시도하는 것과 같이 연습으로 볼 수 있는 그 밤의 어떤 부분은 배제하지 않는다. 반면에 계획적인 연습이라고 절대로 볼 수 없는 위트 있는 주고받는 (call-and-response) 게임을 연주하는 즐거운 활동들이 그러한 밤에 포함될 수도 있다. 악기를 가지고 단순한 시간을 보내는 것을 연습으로 간주할 필요는 없다.

계획적인 연습은 뚜렷한 목표와 피드백의 가능성이 존재할 때 분명해진다. 예를 들자면, 지도교사 또는 동료가 트롬본 연주자의 음색에 대한 코멘트를 하거나 합창단원이 옆 단원의 실수에 대해 그 단원을 팔꿈치로 살짝 찌르는 것일 수 있다. 예컨대, 자신의 녹음을 듣고 느려진 것을 알아차리고 그 때문에 프레이징의 모든 작은 결함들을 확대할 때 피드백은 좀 더 정확해진다. 뚜렷한 목표와 피드백이 없으면 우리는 다음에 무엇을 해야 하고 무엇을 들어야 할지 알 수 없다. 좋은 예는 백파이프, 관악기, 바이올린, 피아노, 그리고 아코디언과 같은 다양한 악기 연주자들 간의 상반되는 손가락 움직임(관악 연주자들은 'forks'라고 부르는)의 동기화(同期化)에 대한 연구이다(Walsh, Altenmüller, & Jabusch, 2006). 어떤 악기에서는 대체 운지로 연주해야 하는 것에 대한 정확성에 있어서 대체로 관대하다. 저자들은 가장 정확하게 대체하는 연주자들은 백파이프 연주자들이며 그다음으로 관악기 연주자들이라는 것을 보여줬다(가장 부정확한 연주자들은 비음악가들). 즉각적인 불쾌한 청각 피드백이 없이 조사됐다면 음악가들 간의 정확성에 대한 다양한 등급 목표들은 드러나지 않았을 것이다.

이전의 연습에 대한 우리의 정의에서 노력과 집중이 언급되었다. 그것들은 연습의 전형적인 순환 본질을 유지하는 데 필요하다: 연주-평가-수정하여 연주하기-평가 등(p. 88, 자기조절 참조). 연습을 할 때 우리는 목표를 유지하고 주의 깊게 들으며 다음 시도에 있어서 가능한 모든 피드백을 종합해야 한다. 예를 들자면, 목표는 교차 운지법의 시도일 수 있다. 지도교사에 의한 평가결과는, 모든 소리가 옳게 난다 하더라도 한 손가락은 너무 높게 들어 올려졌으며 이것은 다음 시도를 위한 새로운 목표로 이어지기 때문에 각각의 손가락에 대한 세심한 주의집중이 있어야 한다는 것이다. 이런 유형의 연습이 얼마나 힘든지는 우리 모두 경험을 통해 알고 있다. 조사연구에서 음악원 학생들은 음악과 관련된 다양한 활동들(예 : 레슨, 연습, 즐거움을 위한 연주, 음악이론)과 몇몇의 일상적 활동들(예 : 집안일, 쇼핑, 작업, 수면; Ericsson et al., 1993 참조)의 노력과 즐거움의 등급을 매기도록 요청되었다. 실제 공연의 경우를 제외하고, 레슨을 받는 것과 연습이 다른 모든 활동 중에서 가장 높은 노력의 등급을 받은 것으로 나타났다. 스트레스를 받는 활동들에서도 어떤 즐거움이 있을 수 있겠지만 즐거움을 위한 연주나 음악 감상은 훨씬 적은 노력을 요구하며 더 즐겁다. 이와 유사하게 다양한 연습활동을 보면, 문제점이 있는 부분을 연습하고 새로운 레퍼토리를 연습하는 것이 가장 많은 노력을 요구하며 즐거움 또한 없다는 것을 발견한다(Lehmann, 2002). 노력과 즐거움의 부정적인 상관관계는 우리가 연습을 하기 위해 끊임없이 우리 스스로에게 동기부여를 해야 한다는 것을 강조한다. 노력이 요구되는 이것의 본질은 장기적으로 심리적으로나 신체적으로 지치지 않도록 성인의 경우 4~5시간 정도의 매일 제한된 시간 동안만 유지되어야 한다는 것도 의미한다.

연습은 무엇을 성취하는가

숙달된 행위 이면의 체계

대부분 사람의 경우 연습 목표는 주어진 순간의 의미대로 작품을 적절하게 연주할 수 있기 위함이다. 그러나 관찰 가능한 행위는 내면에서 진행되거나 아니면 최소한 그래야 하는 좀 더 중추적인 것의 하나의 지표이다. 작품의 단순한 연주는 아마도 음악에 대한 실질적 이해 없이 성취될 수 있을 것이다. 예를 들자면 많은 사람이 '젓가락 행진곡'을 피아노로 연주하는 것을 배우지만 우리는 그들을 피아노 연주자로 간주하지는 않는다. 이와 유사하게 그 의미를 모르면서 러시아어의 한 문장을 말하는 법을 배울 수도 있을 것이다. 우리가 G. F. Handel의 플루트 소나타와 같은 작품에 대해 정확하게 알 때 우리는 언제든 중단할 수 있고, 우리가 현재 연주하고 있는 음정들이 무엇인지 알고, 우리가 어느 부분을 연주하고 있는지를 알며 반주부는 무엇을 연주할지 그리고 가장 중요하게, 다음에 이어지는 음정들을 안다. 본질적으로 연습은 우리로 하여금 주어진 작품을 연주할 수 있게 할 뿐만 아니라 기술을 지원하고 학습자로 하여금 음악을 적절한 방법으로 완전히 이해하고 조작하며 암기하고 회상할 수 있도록 하는(제1장 참조) 포괄적인 인지적(즉, 정신적) 표상을 형성하는 데 도움을 준다. 이보다 중요하게 이러한 표상들은 한 작품에서 정신과 신체적 기술들을 그다음의 어려운 수준으로 전이할 수 있게 한다. 이러한 메커니즘은 어떤 음정의 조합이나 표현적 도구들을 예측할 수 있게 하기 때문에 다음의 작품을 좀 더 빨리 배울 수 있도록 하며 음악에 대한 개념적 이해는 근육적 실행에서 상당히 독립적이 된다(제1장 참조, Palmer & Meyer, 2000). 요약하자면 새로운 학습경로는 이전에 습득된 체계에 의존적이다.

물론 이러한 정신적 표상은 순식간에 습득되는 것은 아니라 오히려 난이도가 증가한 몇몇 작품들의 학습을 통해서 습득된다. 유사한 난이도의 작품들을 연주하는 경향이 있는 아마추어들은 그들이 사용하는 정신적 표상이 쉽게 습득된 유사한 체계의 작품들만을 허용하는 경향이 있기 때문에 발전이 멈추게 된다. 예를 들어 클래식 음악가가 라틴 그루브의 대중적 작품을 배우려 하는 경우나 재즈 가수가 슈베르트의 가곡을 숙달하려는 시도에서 이러한 효과를 알아볼 수 있다. 습득된 표상들이 얼마나 구체적인가는 그래서 명백해진다. 짧게 말하자면, 연습은 유사한 것들의 반복을 요구할 뿐만 아니라 난이도의 증가―충족되어야 할 도전, 자극받기 위한 목표(앞에서 언급되었던 백파이프 연주자처럼)―를 요구한다.

연습은 또한 연주의 축소되고 재생 가능한 영역으로 이어진다. 예를 들자면, 능숙한 음악가들은 작품의 빠르기와 역동성에 대한 그들의 해석을 매우 정확하게 재현할 수 있다(Seachore, 1938/1967). 그들은 아마추어 음악가들에 비해 더 정확할 뿐만 아니라 더 신속하다. 어떤 연주자들은 그들의 공연에 대해 상당한 액수의 금액을 요구할 수 있는데, 그들은 청중이 거의 알아채지 못할 정도의 소소한 실수가 있지만 매회 공연마다 동일하게 높은 수준의 '생산물'을 보여준다. 평균 편차인 공연에서의 작은 변수는 그러므로 전문적 음악(또는 다른 영역의) 공연의 특징이다. 반면에, 초심자들은 공연에서 상당한 변인을 보여주면서 연주 목표를 벗어난다. 연습을 많이 하지 않았음에도 여전히 꽤 괜찮게 연주할 수 있었거나 열심히 연습을 했는데도 불구하고 보통의 성공만을 거뒀던 초기의 레슨을 기억할 수 있을 것이다.

따라서 연습의 결과는 관찰 가능한 연주 행위에 이르는 내적 메커니즘을 지원한다. 우리는 이제 연주를 유지하게 하는 몇몇의 다른 적응 우위(adaptive advantage), 이름하여 생리적, 지각원동, 그리고 인지적 적응에 대해 이야기한다(인지적 적응은 제6장과 제11장 참조).

연주자를 돕는 생리적 적응

음악활동은 우리 일상의 다른 것들 중 하나의 작업영역이므로 우리의 신체와 정신은 다른 영역에서의 습관적 요구들에 반응하는 것과 같은 방법으로 반응한다. 예를 들어, 사람의 신체 크기에 따라 음식을 좋아하는 사람임을, 누렇게 된 손가락과 치아로 심각한 흡연자임을, 거친 손으로 장인임을, 균형 잡힌 신체로 운동애호가임을 구별할 수 있다. 음악가들 또한 가끔은 그들이 연주하는 악기가 무엇인지를 알려줄 수 있는 신체 부분적 특징을 보여준다. 손가락 끝, 특히 왼손의 손가락 끝의 굳은살은 현악기 연주자임을, 좀 더 힘 있거나 돌출된 입술은 금관악기 연주자임을 드러낸다. 바이올린과 비올라 연주자들은 악기를 두는 위치인 목(왼쪽 면)에 변색된 부분이 있다.

모든 생리적 적응이 이처럼 분명한 것은 아니다. 예를 들어 한 연구에서 피아니스트들이 그들 팔뚝의 상당히 큰 범위의 내전(pronation)을 보여준다는 것과 바이올린 연주자들이 통제 참여자들보다 큰 외전(supination)을 보여준다는 것이 발견되었다. 회전의 전반적인 정도는 세 집단 모두에서 일정하게 유지되지만 각각의 악기의 습관적인 사용에 따라 그것은 바뀌었다(Lehmann, 1997 참조). 성악가들과 금관악기 연주자들은 통제집단과 비교하여 상당히 큰 폐활량과 총 폐기량을 갖고 있다는 것이 발견되었다. 이따금 우위나 변화는 음악가들이 습관적인 행위를 할 때에만 나타난다. 예를 들면, 트럼펫 연주자들의 들숨과 날숨 압력의 기능적 우월성은 몇 개의 긴 음정들을 연주한 후에나 발견된다(Fiz et al., 1993). 육상선수들에 대한 연구에서 우리는 운동선수의 대사과정이 운동을 하는 동안 최적의 수준에 도달한다는 것을 안다. 많은 생리적 적응들은 전문적 연주자들에게 도움이 된다.

추가적인 결과들이 보고될 수 있겠지만, 그러한 변화들이 훈련의 양과 강도에 일치하는지의 여부를 아는 것은 더욱 흥미로울 것이다. 이제 우리는 두뇌의 독특하게 주름 잡힌 표면인 대뇌피질에 관해 살펴보도록 한다(Münte, Altenmüller & Jäncke, 2002; and Pantev, Engelien, Candia, & Elbert, 2003). 병적이거나 노화 징후를 제외하고는 두뇌는 해부학적으로 변화되지 않고 남아 있다고 과학자들은 오랫동안 믿었다. 우리 두뇌의 섬세한 적응이 정교한 영상기술을 사용한 신경생리학자들에 의하여 최근에 밝혀졌다[예 : 기능적 자기공명영상(fMRI)]. 이 기술은 연구자로 하여금 사람이 무엇인가를 하는 동안에 그 사람의 두뇌를 비외과적으로 볼 수 있게 하였다. 광범위한 주의를 이끌었던 최초의 연구들 중의 하나는 두뇌 내의 영역들의 크기와 위치를 본 것이며, 그것은 신경활동의 국지적 증가를 특정 손가락의 움직임에 대한 반응으로 볼 수 있는 대뇌피질 표상이었다. 연구자들은 현악기 연주자의 왼손을 대표하는 영역이 오른손과 비교해 확장되었다는 것을 발견했다(Elbert et al., 1995). 또한 왼손(연주하는 손)의 개별적 손가락들로부터의 정보처리를 담당하는 대뇌피질 표면의 표상은 엄지손가락을 담당하는 영역과 비교할 때 확장되었다. 가장 중요하게, 이 대뇌피질 재구성은 좀 더 어린 시절에 음악 훈련을 시작한 사람들에게서 좀 더 두드러진다. 이후의 다른 연구들은 이 재구성 효과가 연주에만 제한된 것이 아니라 음악을 감상할 때에도 나타난다는 것을 보여줬다. 음악가들은 자신이 연주하지 않는 악기보다는 자신이 연주하는 악기의 소리를 들을 때 대뇌피질의 좀 더 큰 영역이 활성화된다. 많은 연구들이 비음악가와 음악가의 비교연구를 수행해 왔다. 다른 것들 중에서 우리는 아마추어 음악가와 비음악가에 비해 전문 음악가들(건반악기 연주자)의 두뇌영역은 운동의 회백질뿐만이 아니라 청각과 공간시각 영역의 용량이 다른 것을 발견했다. 그러나 음악가들만 특별한 것은 아니다. '신경 가소성'이라고 불리는 유사한 학습에 의한 변화는 다른 많은 사람들(예 : 운동선수와 시각장애자)에서도 찾을 수 있다.

역효과인 몇 가지 생리적 적응

짐작컨대 음악가들이 최고 수준의 연주를 하기 위해 어느 정도의 생리적 적응이 필요하지만, 이러한 양성의 표면상의 변화는 근골격계 문제점, 피부 상태, 만성적 통증, 또는 신경학적 문제점 등과 같은 악성으로도 변할 수 있다. 이러한 오용이나 부적응 징후들은 현대 연주 예술 의학의 관심의 대상(Brandfonbrener & Lederman, 2002)이지만, 그것들은 George P. Telemann과 Robert Schumann의 시대적 삶에서부터 기록되어 왔다. 오늘날 오케스트라의 3/4이 넘는 음악가들이 의학적 문제점이 있음이 보고되며 76%는 이러한 문제점 중의 최소한 하나가 그들의 연주에 영향을 미친다고 말한다 (Fishbein & Middlestadt, 1989, Brandfonbrener & Lederman, 2002에서 인용). 만연한 문제점들 중에 청력상실과 연주 불안증이 있지만, 모든 악기에서 나타나는 특정한 문제점들은 악기의 디자인이나 연주 테크닉에서 기인한다는 것을 연구는 보여준다(제8장 참조).

특성화와 습관적 요구가 극심해지면 앞에서 언급했던 신경 가소성에서 문제점들이 발전할 수도 있다. 연구자들은 원숭이로 하여금 반복적 손동작을 하도록 하여 처음에는 확장된(앞에서 논의되었던) 손가락의 피질 표상을 보여줬지만 그 뒤에 일반적으로 분명하게 분리되었던 인접한 수용적 영역과 중복되기 시작했다(Blake et al., 2003). 그 결과 한 손가락을 움직이는 것은 근접한 손가락들의 통제할 수 없는 움직임을 야기시켰다. 이러한 손가락의 표상들의 연합은 광범위한 훈련과 장기간의 연습으로 인한 원치 않는 결과로서 음악가들에게도 발생할 수 있다는 증거가 증가하고 있다. 음악가의 경련 또는 국소 이긴장증(focal dystonia)이라고 불리는 증상들은 여성들보다는 남성들에게서 자주 나타나며 악기 특성적이다(Lim & Altenmüller, 2003). 유전 가능적 요소가 음악가들의 그런 적응불량에 대한 취약성 여부와 관련이 있을 수 있다는 것을 배제할 수는 없지만 노령에도 배울 수 있기 때문에 일반적으로 축복인 그 또는 그녀의 두뇌의 평생 가소성을 일반적으로 피할 수 있는 사람은 없다.

지각과 근정신적 적응

생리적 적응은 우리가 연주의 변화와 일치할 것이라고 예상하는 그럴듯하고 분명한 인지적 변화보다 놀랍기 때문에 이에 대해 먼저 다뤘다. 그러나 지각 및 근정신적 적응 역시 발생한다. 근(筋)수행이라는 용어 대신에 근정신이라는 용어를 사용하는 것은 연주를 위한 근육의 수행은 정신적 과정에 의해 조정되기 때문이며, 이것 또한 그다음 단계의 정신활동을 촉발시키기 때문이다. 그것은 또한 근기술이 시각(악보를 읽는 것과 같은)이나 청각 시스템과 연결될 때 지각원동 기술로서 논의될 수 있다. 근육계와 지각 시스템에 연습과 관련된 변화들을 고려한 일반적 결과들에 대해 우리는 다음에 논의한다.

비음악가들과 비교하여 음악가들은 진동수와 소리의 강도에 대한 좀 더 나은 식별력을 발달시킨다(Houtsma, Durlach, & Horowitz, 1987). 그러나 음악가에 의한 음질과 음색의 향상된 식별력은 매우 특별해서 목소리로 전이되지는 않는다(Münzer, Berti, & Pechmann, 2002). 또한 연주를 하는 동안 개별적 음정에 대한 뛰어난 조율 능력이 요구되는 악기를 연주하는 음악가들은 음고에 대한 좀 더 정확한 식별력을 발달시키는 반면 타악기 연주자들은 음의 길이에 대한 향상된 지각력을 습득하게 된다(Rauscher & Hinton, 2003). 나중에 훈련을 시작한 지휘자들조차 일반적이지 않은 넓은 청각적 공간(즉, 바이올린 제1주자에서 첼로와 금관까지)에서 잘못된 음정이나 다른 부정확한 것들을 찾아낼 수 있도록 주의 깊게 모니터하는 능력을 발달시킨다(Nager et al., 2003). 더욱이 피아니스트들은 연습의 양과 연관된 촉각적 식별에 강화된 민감성을 갖고 있다는 것을 연구자들은 발견했다(Ragert et al., Nager et al., 2003에서 인용). 따라서 감각은 '날카로워질' 수 있지만 그러나 이 강화된 예민함은 특정한 자극에만 제한되어 있다.

또한 근육 연구자들은 피아니스트들이 대조 참여자들에 비해 그들의 손가락을 더 빠르고 정확하게 두들길 수 있지만 이러한 우월성이 **발꿈치**로 전이되지는 않는다는 것을 발견했다(Keele, Pokorny, Corcos, & Ivry, 1985). 앞에서 우리는 어떤 관악기 연주자들의 보다 정확한, 마주하는 손가락들의 움직임에 대해 언급했었다(Walsh et al., 2006). 일반화할 수 있는 발견들은 비자발적이며 훈련을 통해 상당히 변화할 수 있는 눈의 움직임과 관련된다(Rayner & Pollatsek, 1989, 제6장 참조). 눈의 움직임을 기록하는 것은 그 움직임이 우리의 두뇌가 외부 정보를 어디에 그리고 어떻게 얻으려고 하는가를 나타내기 때문에 우리의 인지처리과정(예 : 독보)에 대한 흥미로운 성찰을 가능하게 한다. 예를 들면 초보 텍스트 리더들은 숙련가와는 다른 눈의 움직임을 보이는데 이러한 발견은 악보를 읽는 경우에도 적용된다(제6장 참조). 생리적이고 심리적인 관점과 마찬가지로 연주의 변화는 연습의 결과로 나타나는 것으로 보이기 때문에 우리는 이제 연습의 양과 질을 다룬다.

연습의 양

우리가 음악가의 연주를 들을 때, 연주를 준비하거나 연주를 위한 수준에 도달하기 위해 얼마나 많은 시간을 들였는지 우리는 생각조차 하지 않는다. 우리는 다른 전문가들에게 같은 것을 물을 수 있다. 체스의 대가가 체스의 중요한 배치를 얼마나 많이 알고 있으며, 배치를 배우는 데에 얼마나 오랜 시간이 걸렸는가? Simon과 Gilmartin(1973; Ericsson & Smith, 1991에서 인용)은 10,000에서 100,000 사이의 중요 배치를 아는 것이 필요하며 체스 대가가 되기 위해서는 30,000시간 정도가 소요된다고 추정했다! 학습은 시간이 걸리며 기술이 근육적 요소를 포함하는 경우는 좀 더 걸리기 때문에 연습시간의 양은 매우 중요하다.

이 영역의 영향력 있는 연구는 음악가들의 연습시간과 습득된 연주수준의 연관성을 평가한 Ericsson, Krampe, 그리고 Tesch-Römer(1993)의 것이다. 그들은 첫 번째 연구에서, 베를린(독일) Music Academy의 30명의 바이올린 전공생들이 그들의 생애에서 연습을 위해 보낸 시간들을 비교하였다. 학생들은 지도교사들에 의해 '최우수' 학생이거나 '우수' 학생(각 10명, 성별과 연령에 맞는)으로 평가되었으며, 마지막 집단은 장차 음악교사가 되고자 하는 10명의 학생들로 구성되었다. 젊은 바이올린 연주자들의 평균 나이는 23.1세였다. 연습시간에 대해 '최우수' 학생들을 당시의 전문가와 비교할 수 있는지를 확실하게 하기 위해 베를린의 전문 오케스트라 단원 10명도 조사하였다. 인터뷰를 하면서 참여자들은 최근의 연습시간과 그들의 음악 전기(첫 지도교사, 레슨의 시작, 지도교사 교체)를 보고했다. 또한 그들은 훈련이 시작된 이후로 주어진 기간 동안 매주 얼마나 길게 그리고 며칠을 연습했는지 과거로 거슬러 올라가 추정했다. 그러한 추정은 매일 추정된 시간에 연습한 날짜를 곱하고 1년의 주수를 계산한 결과에 모든 해마다의 계산을 더하여 나중에 누적된 연습의 총 기간의 합계였다. 집단 간의 평생 축적된 시간을 비교했을 때 저자들은 우위의 숙련자들('최우수' 학생들)이 다른 학생들에 비해 좀 더 연습을 했다는 것을 발견했다(그림 4.1 참조). 모든 학생이 Academy에 입학한 18세 때, 그 최고의 학생들은 이미 대략 7,400시간을 연습했으며, 그다음 집단은 5,300시간, 그리고 마지막 집단은 3,400시간을 연습했다.

아마추어와 전문가가 포함된 두 번째 연구에서 Ericsson 등(1993)은 그들의 연습시간과 관련하여 피아니스트들을 인터뷰했으며 몇몇의 근육 수행 과제(가볍게 두드리기와 조합, 음악 연주)를 해볼 것을 요청했다(Krampe & Ericsson, 1996). 간략하게, 결과는 연습시간이 근육 수행과 관계된다는 것을 다시 보여줬다(단순히 가볍게 두들기는 것과 복잡한 동작의 조합). 더 많은 연습은 건반을 두드리는 시간적 간격이 더 짧고(빠른 동작) 표현적 연주에서 좀 더 일관성이 있는 결과를 낳았다. 그러한 연구들에서 더 많은 자세한 결과들이 보고되지만, 현재 우리의 목적을 위해서는 연습기간이 연주의 성취수준과 체계적으로 연관된다는 것을 기억하는 것이 중요하다.

Sloboda 등(1996)에 의한 이후의 연구는 어린 음악도들에 대한 Ericsson 등(1993)의 연구결과를 입증했다. 다섯 가지 다른 성취수준의 음악도들의 많은 표본이 Ericsson 등(1993, 두 연구의 적절한 비교를 위해 Williamon & Valentine, 2000, pp. 355~357 참조)의 것과 유사한 방법으로 조사되었다. 학생들은 최고 성취수준(그림 4.1의 1집단)에서부터 완전히 연주를 포기한 학생(그림 4.1의 5집단)까지의 범위 집단으로 나뉘었다. 좀 더 나은 학생들은 학습의 시작 단계에서조차 더 많이 연습을 한 반면 가장 덜 근면한 학생들은 레슨을 회피하는 경향이 가장 많은 학생들이었다. 더 중요한 것은 최고의 학생들이 한 레벨에서 다음 수준으로 넘어가기 위해서는 덜 숙달된 학생들과 마찬가지로 많은 시간이 필요했다는 것이다. Sloboda 등(1996)의 데이터는 성취에는 '지름길'이 없으며 어느 정도까지의 숙달수준에 도달하기 위해서는 최소한의 시간들이 필요하다는 것을 보여준다. 이 연구에서 더 나은 학생들은 그들의 악기를 좀 더 오래 만지작거리는데 이것은 그들이 연주를 즐긴다는 것을 의미한다. 연주와 연관된 연습의 양에 관한 유사한 발견들은 음악 외의 다른 분야에서도 나타난다(Ericsson & Lehmann, 1997; Ericsson, 2004).

계획적인 연습의 평가는 일반적으로 참여자들을 인터뷰하여 그들이 연습을 시작했을 때부터의 매년 연습을 소급 추정하는 것으로 이루어진다. 비평가들은 이러한 추정들이 신뢰할 수 없을 것이며 연습에만 투자된 시간은 계획적인 연습의 좋은 지표가 아닐 수 있다고 주장했다. Ericsson 등(1993)은 현재의 연습시간의 추정과 일주일의 일지

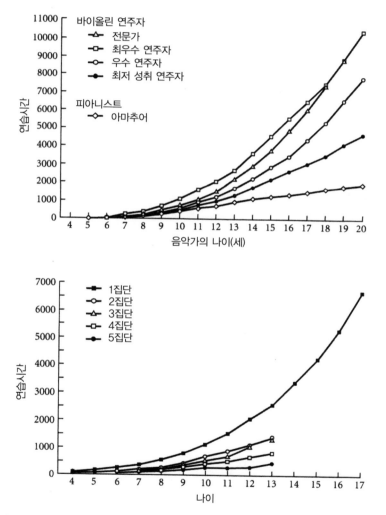

그림 4.1 평생 축적된 계획적인 연습과 기악연주의 습득 간의 연관성(윗부분은 전문가, 아랫부분은 초심자). 세부사항은 본문 참조

항목을 비교하기 위해 그들의 프로젝트에 일지 연구를 포함했다. 모든 학생은 그들의 연습을 지나치게 과대평가했다는 것이 분명해졌다. 따라서 결과의 전반적인 패턴은 남아 있다. 결국에는 더 많은 연습은 더 나은 연주로 이끌지만 응답자들에 의해 나타난 양의 절대 크기는 다소 과장됐을 것이다. 악기들 간의 연습량은 상당히 다양하기 때문에 ― 건반악기 연주자들이 가장 많이 연습을 하며 그다음이 관악기 연주자, 그리고 그 마지막에는 성악가(Jørgensen, 1997) ― 개별적인 연습의 정확한 양은 그다지 흥미롭지 않다. 이러한 차이는 어떤 연주자(또는 성악가)들의 나태함보다는 오히려 생리적 제한이나 지도전통을 반영한다.

장기적으로는 연습시간이 더 중요하지만, 이는 단기적 수행, 가령 한 작품을 익히는 수행을 나타내는 것은 아니라고 연구자들은 당당하게 주장한다(Williamon & Valentine, 2000). 저자들은 다양한 수준의 피아니스트들에게 한 작품을 연습하고 녹음기를 사용하여 그들의 연습을 녹음할 것을 요청했다. 연습의 양이 연주의 마지막 질과 연관되지는 않았지만 그 작품을 익히는 중간 단계에서의 연습 부분의 길이는 연관되었다(p. 86, '연습의 단계' 참조). 어떤 학생들은 좀 더 빨리 작품을 익히고 특정 부분에서 좀 더 적은 문제점을 보였을 가능성은 있다. 어쨌든, 바흐를 연주한 경험이 적은 이들은 경험이 많은 바로크 음악 연주자들이 겪지 않는 문제점에 직면할 수 있다. 이것은 음악가가 콘텐츠의 주관적인 양 ― 또는 연주해야 할 음정의 수 ― 을 통해 개인적으로 추정한 작품의 난이도가 그 음악을 익히기 위해 요구되는 시간을 예견하지는 않았다는 것을 발견한 다른 많은 연구들과 일치한다(Lehmann & Ericsson, 1998b). 요약해서 단기적 연습의 노력을 고려할 때 연습의 단순한 길이는 연습의 질에 대한 좀 더 세부적인 분석 없이 독립적으로 적용될 수 없다.

만일 연습시간이 장기적으로 좀 더 중요하다면 사람은 단순히 매일의 연습시간을 증가시킬 수 없을까? 정신적 노력은 효과적으로 연습될 필요가 있으며, 모든 사람들이 알고 있듯이 사람의 주의력의 용량은 한계가 있기 때문에 애석하게도 이것은 불가능하다. Ericsson 등(1993)은 매일 약 4시간 정도의 집중적인 정신적 노력이 장기적ㆍ생리적 또는 심리적 탈진을 피할 수 있는 시간이라고 추정한다. 어떤 분야의 초보자나 어린이들이 집중할 수 있는 시간은 아마도 좀 더 짧을 것이다(Williamon & Valentine, 2000). 이 사실은 경력의 시작을 앞두고 (또는 대학 시험을 앞두고) 짧은 스트레치로 시작하여 (지나치게) 오랜 시간의 연습으로 이어지는 평생에 걸친 연습량의 변화로 이어진다. 음악가들은 지금까지 여전히 기술을 연마하고 있다.

그다음 주안점은 상대적으로 적은 연습을 필요로 할 가능성이 있는, 갖고 있는 기술을 유지하는 것으로 옮겨진다. 더욱이 인생, 경력, 그리고 가족을 관리하거나 지도 책무와 같이 서로 상반되는 활동들은 연주자가 연습을 덜 하도록 강요한다. 우리의 지식으로 연주자들의 적은 또는 아예 연습을 하지 않는다는 주장은 모호한 진술에 대한 잘못된 해석임에 틀림없다. 음악가들이 연습할 필요가 없다고 주장할 때, 그것은 그들이 연습으로 생각하진 않지만, 그들의 기술을 유지할 수 있는 충분한 연주회를 하거나 다른 활동일 수 있다.

상당히 나중에는 노화의 부정적인 효과에 대면하기 때문에 연주자들은 좀 더 연습을 해야 한다. 부수적으로 연습을 지속하는 음악가들은 실제적으로 그러한 부정적인 효과를 늦출 수 있다는 것을 연구자들은 보여준다(Krampe & Ericsson, 1996). 그들의 음악적 인지-근 기술은 비음악적 인지기술보다 상대적으로 덜 쇠퇴한다는 연구결과는 모든 활동적인 음악가들에게 희망적인 전망을 제공한다. 연령 효과는 테크닉적으로 덜 어려운 작품을 선택하거나 좀 더 느리게 연주하는 등과 같은 보상적 전략으로 충족될 수 있다.

이러한 모든 연구를 통해 우리가 배울 수 있는 것은 최적의 연습의 양은 습득된 연주력과 연관된다는 것이다. 전문가적 견해는 선천적 적성에 있어서의 개인적 차이의 가능성을 배제하지 않는다. 그것은 단순히 우리가 교육자로서 영향을 줄 수 있는 기술 습득의 견지에서의 우리의 관점에 주안점을 두었다. 교육자로서 우리는 연습의 양뿐만이 아니라 연습의 질도 중요하다는 것을 알고 있으며, 우리가 이제부터 다룰 주제이다.

연습의 질 : 무엇이 유익한 연습인가

이제 우리는 어떤 유형의 연습이 다른 연습보다 질적으로 우수한가를 설명한다. 1898년, Busoni(1983)는 아내에게 보낸 편지에서 피아노 연습을 어떻게 해야 하는지에 대한 주목할 만한 12개의 원칙을 진술했으며 그 후 많은 피아노 교사들이 그와 유사한 권고를 해왔다. 많은 조언들은 안전하고 평생의 경험에 바탕을 둔다. 다른 조언들은 말도 안 되는 것으로 보인다. 가끔은 조언들이 비법의 형태로 전달되어 이를 생각 없이 수용했을 때, 적은 또는 효과가 전혀 없을 수 있다. 예를 들어 모든 종류의 문제를 위한 간단한 처방으로 찬양을 받는 '천천히 연습하기'의 아이디어를 보자. 박식한 피아노 교사인 Tobias Matthay가 과학적으로 설명하듯이 다음의 음을 머릿속으로 실제로 연상하지 않으면서 하는 '천천히 연습하기'는 '단지 쓸모없는 맹신일 뿐'이다(1926, p.12, 제6장 참조). 가끔은 관찰 가능한 행위(즉, 어떤 사람이 천천히 연습하는 것)가 옳은 것으로 보일 수 있지만, 그러나 그것은 잘못된 생각(예 : 점심식사에 대해 생각하는 것)이 동반된 것이다. 경험 있는 실무자들의 충고를 따르는 것은 현명하겠지만 왜 어떤 것은 효과가 있고 어떤 것은 아닌지에 대해 우리 자신에게 물어보는 것 역시 현명하다.

효과적으로 작업하고자 하는 우리의 최선의 의도(주어진 시간에서 이것이 무엇을 의미하든 간에)에도 불구하고 우리의 목표는 가끔 우리로부터 벗어난다. 우리는 결과를 듣는 것에 실패하고, 어떤 특정한 문제가 있는 부분을 위해 어떻게 연습해야 할지 모르고, 또는 필요한 주의집중을 끌어 모으기에 너무 지친다. 연습 효과에 영향을 미치는 다른 많은 요소들은 사람 관련, 그리고 과제 관련 관점을 포함한다. 사람 관련 관점에서 우리는 연령과 성숙의 요소들, 동기, 개인적 성향(제9장 참조), 사회 경제적 배경과 교육, 현재의 심리-생리학적 상태(즉, 피로, 배고픔, 불행, 정신적 상태), 그리고 음악적 자기 개념 등을 나열할 수 있다. 다른 관점은 연습시간의 길이, 연습의 시간적 배분(특히 장시간 동안), 연습전략의 사용, 그리고 감독과 같은 연습활동 자체에 좀 더 관련된다(Barry & Hallam, 2002, Jørgensen, 2004). 간략하게 조건이 덜 유리해지면 — 예를 들어 우리가 배가 고플 때, 작품이 너무 어려울 때, 또는 효과적인 전략의 부족 — 연습 전체가 시간 낭비가 된다. 결과적으로 보고된 적절한 연습의 양에도 불구하고 학생의 발전 부족은 연습을 하는 동안의 차선의 조건과 연관될 수 있으며, 그것은 그 또는 그녀의 연습의 미세구조이다. 연습은 상당히 많은 요소들에 의해 영향 받을 수 있기 때문에, 개개인의 연습하는 방법이 상당히 다른 것이 놀랍지 않다.

연습의 단계

숙련가와 초심자의 연습을 관찰하는 것을 통해 우리는 연습의 미세구조에 대해 많은 것을 배울 수 있다. 예를 들어, 연주를 위한 새로운 작품을 익히는 것은 구분되는 단계들에서 발생한다(Chaffin et al., 2002, 제6장 참조). 짧은 첫 단계 동안 음악가는 작품의 전체상을 얻고자 하며 긴 두 번째 단계에서는 작품을 숙달하기 위해 테크닉을 연습하며 마지막 단계에서는 연주 자체로서 연습한다. 네 번째 단계인 작품의 유지는 매우 오랜 기간 동안의 관심과 공연과 녹음 사이에서 발생한다. 단계들은 다음과 같다.

1. 첫 단계는 작품을 전체적으로 훑거나 좀 더 일반적으로 작품 전체의 청각적 표상을 얻는 것을 수반한다. 이미 이 시점에서 음악가가 선호하는 작업방법에 따라 전략은 다양해질 것이다(즉, 독보, 분석, 레코딩 듣기).

2. 이제 연습의 과정으로서 그 길이가 증가되는, 작품의 부분별 작업인 두 번째 단계가 시작된다. 최소한 숙련가와 우수한 학생들 간에는 그 작품의 작곡법과 예술적 개념에 의해 이미 첫 단계에서 그러한 부분들이 나타나고 정렬된다(Williamon & Valentine, 2000). 해석은 직관적으로 발전(즉, 작품을 익히는 과정에서 발전)되거나 분석적으로 발전(즉, 구조 분석, 해석의 비교, 음악 감상을 통해서, Hallam, 1995)된다. 이 공들여진 연습 단계 동안 작품의 첫 부수적 암기의 결과로 근육 프로그램은 상당히 자동화된다. 더 나은 연주자들은 덜 능숙한 연주자들보다 이 단계에 먼저 도달하는데, 추측하건대 그들은 음악을 더 잘 이해하거나 극복해야 할 테크닉의 어려움이 적었기 때문일 것이다.

3. 세 번째 단계에서 모든 부분을 하나로 모으고 연결을 부드럽게 하는 것을 통해 연주는 세련되어지며 좀 더 직접적으로 준비된다. 지금까지 암기는 대부분 근육기억이며 부분의 순서에 세심한 주의를 하여 작품의 내적 지도를 만든다(제6장). 연주가 가까워지면서 암기는 반복적으로 시도되고 테스트된다. 음악가들은 간혹 천천히 연주하고 상상의 또는 실제 청중(예 : 친구들)을 위해 연주를 하고, 음악 해석의 세부를 다듬고, 모든 섹션들을 올바른 템포(혹은 약간 더 빠른 빠르기로)로 연주하며, 도중에 테크닉의 어려움들을 해결한다. 가능하다면 음악가들은 암기의 맥락효과[2]를 예방하기 위해 공연의 조건(예 : 연주복이나 다양한 위치들)하에서 연습하기도 한다(Mishra, 2002). 이러한 마지막 훈련과 준비과정이 가장 길고 진정으로 끝이 없을 수도 있지만, 단계가 유지 작업이 되면서 다시 되돌아가는 것은 줄어든다.

4. 작품의 유지는 이후의 시점에서 곡해석의 다소 간의 수정과, 테크닉과 암기 관점

---

2 처음에 주어진 정보에 의하여 나중에 수용되는 정보의 맥락이 구성되고 처리방식이 결정된다. 사전에 노출되는 단서들에 의하여 인식이 편향되는 효과로서, 맥락이 과정에 영향을 미치는 하향식 처리방식이다. 세부적으로 맥락효과는 유인효과, 타협효과, 범주화효과 등을 포함하는 개념이다.

에서 일반적인 유지가 포함될 것이다. 연주자들은 수십 년간 어떤 작품들을 유지할 것이다.

자기학습 : 연습의 단계와 시간

자신이 준비했던 가장 최근의 작품을 처음 접했을 때부터 공개적 연주까지를 생각한다. 그 공연을 위해 어떤 단계들을 거쳐 준비를 했는가? 특정한 활동을 위한 소요 빈도(횟수)와 기간(날날들)을 추정해 본다.

Chaffin 등(2002)에 의해 예로써 밝혀진 단계들이 당신 자신의 준비에서도 나타날 수 있다는 것을 알아차릴 것이다. 만일 연주를 연습하는 것이 당신에게 그다지 중요하지 않다면 다시 한 번 생각해 보라. 만일 최후까지 우연히 암기된 것에 의존한다거나 작품의 부분을 쓰거나 특정한 소리를 낼 수 없다면 음악에 대해 당신이 갖고 있는 이미지는 완전하게 분명한 것은 아닐 것이다. 또한 시간과 진행과정을 고려하여 당신이 정기적 연습과 비정기적 연습이 어떤지 주목한다. 일반적으로 좀 더 정기적인 것을 권고할 수 있다.

자기조절을 통해 올바르게 연습하는 것 배우기

숙련가와 초심자는 그들의 관찰 가능 연습에서 서로 다르기 때문에(Gruson, 1988) 우리는 연습이 학습되어야 한다는 결론을 내릴 수 있다. 초보자, 특히 어린이들은 필요한 표상을 형성하고 그들의 연습을 구성하는 데 문제가 있다. Barry(1990)는 30분으로 정해진 시간 동안 작성된 절차과정에 의거해서 연습을 한 학생이 자유롭게 연습을 한 학생에 비해 더 많은 것을 학습했다는 것을 발견했다. 주의 깊은 코치의 감독하에 운동선수가 되고자 하는 이들이 작업을 하는 스포츠와는 달리, 음악도들은 스스로가 그들 자신의 코치가 되어야 한다. 세 개의 다른 연구들—하나는 미국의 콘서트 피아니스트에 관한(Sosniak, 1985), 하나는 역사적인 피아노 신동들에 관한(Lehmann, 1997), 또 다른 하나는 특성화 음악학교 출신의 성공적인 어린이들에 관한(Davidson, Sloboda, & Howe, 1996)—은 높은 성취의 성공적인 어린이들은 그들의 연습에서 지원을 받았었다는 사실을 발견했다. 지정된 시간 동안 연습하는 것을 확인하는 것에 더해서 감독을 하는 교사나 부모들은 연습 목표와 피드백을 제공한다. 이를 위해 개인 지도교사가 음악가일 필요는 없다. 모든 사람은 틀린 음정을 들을 수 있고 사랑으로 격려를 하고 시계를 볼 수 있다. 그러나 예전에 악기를 연주하는 것을 배워 본 적이 없는 부모와 어린이들은 무엇이 실행되어야 하며 얼마나 오래해야 하는지에 대한 그릇된 예상을 갖고 있을 수 있다(McPherson & Davidson, 2002). 음악가들이 좀 더 자립할 수 있게 되면서, 과제의 난이도에 따라 연습을 조절할 수 있으며 만약 필요하다면 연습 행위를 변화시킬 수도 있다.

최적의 연습은 주로 자기조절을 통해 성취된다. 이것은 사람이 직면한 어려움에 의거해서 적절한 전략, 계획, 결과의 모니터, 그리고 수정을 할 수 있다는 것을 의미한다(심도 있는 논의를 위해서는 McPherson & Zimmerman, 2002). Nielsen(1999)은 두 명의 오르간 전공 학생들로 하여금 연습을 하면서 그들의 생각을 말로 표현하는 것을 녹화하고 녹화된 연습을 보면서 말로 표현하도록 했다. 그들은 단기 및 장기 목표를 고려하면서 문제점 인식의 시퀀스, 전략의 선택, 연주, 그리고 연주의 평가를 반복적으로 순환했다는 것이 분명해졌다. 연습을 하는 가능한 방법들은 악기마다, 작품마다, 그리고 연주자마다 상당히 다르다(Jørgensen, 2004, and Hallam, 1998a, 유용한 조언들은 제7장 참조).

자기조절이 학생의 동기에 부분적으로 의존적이라는 것은 어린이들이 혼자서 연습하는 것에 대한 연구에서 나타났다(Renwick & McPherson, 2002). 자신의 작품을 좋아하지 않기 때문에 동기부여가 되지 않은 한 어린이는 그 작품을 단순히 더듬거리며 연주하면서 자기조절이 거의 되지 않는 것을 보여줬다. 동일한 어린이가 자신이 좋아하는 작품을 학습할 때에는 성공적으로 자기조절을 하면서 효과적으로 연습을 할 수 있었다. 이와 유사하게 특정 작품, 악기, 또는 난이도를 숙달하는 것이 목표일 때 성인들은 즐기거나 이완하고 싶을 때 보다 열심히 작업하고 연습전략을 좀 더 사용할 것이다(Lehmann & Papousek, 2003). 그러므로 자기조절은 단순하게 발생하지 않는다. 그것은 특정한 목표, 피드백, 그리고 동기를 필요로 한다. 십중팔구, 높은 수준의 성취자들은 그들의 연습을 최적화했고 대부분의 시간에 '옳은 것을 하기'를 위한 동기를 유지할 수 있다(제3장 참조).

정신적 리허설

연습은 노력이 필요하며 피로는 실수를 하거나 효과 없는 연습으로 이끄는 경향이 있다. 온종일 앉아서 하는 연습보다는 짧은 연습 세션들로 연습을 배분하는 것을 권고(학문적 학습의 경우에도 마찬가지)할 만하다. 그 부분적 이유는 신경학적이다. 휴식과 수면 동안 인지 재구성(통합)이 일어나며 두뇌가 학습된 것들을 소화할 수 있는 시간을 준다. 어떻게 두뇌가 자료들로 꽉 막혀버리는지의 좋은 예는 소절을 연습했음에도 향상되는 대신 쇠퇴하는 일이 발생할 때이다(심리학자들은 이것을 '선행간섭'[3]이라고 부름). 그것들은 혼란스럽게도 유사하기 때문에 두뇌는 다른 시도들을 정리할 수 없다. 소절들이 서로 현저하게 다른 것들을 작업하는 것이 이 장해를 해소한다.

자동성

기술 습득 단계의 확립된 모형(Fitts & Posner, 1967; Proctor & Dutta, 1995, 최근의 논의를 위해서는 제1장 참조)은 인지 단계, 연합 단계, 그리고 자동화 단계를 제시한다. 인지 단계에서 우리는 과제를 익히고 근육/운동 프로그램을 발달시키기 위해서 상위 정신처리과정을 사용한다. 연합 단계에서 우리는 그 기술을 연습하고 그 동작이 어떻게 느껴지는지에 집중한다. 그리고 자동화 단계에서 기술의 실행은 적은 의식적 노력을 요구하고 기술 자체보다는 다른 것들을 다루기 위한 연주자의 인지적 자원이 자유로워진다.

연습의 결과인 자동화 단계의 유창성, 지각운동기술의 연습에 근거한 자동성은 상당히 바람직한 결과이다. 예를 들어 빠른 진행과 장식음들은 그것들에 대한 생각 없이 연주되어야 한다. 모니터되지 않고 진행하는 것을 통해, 프로그램된 동작의 시퀀스들은 연주자로 하여금 연주의 모양새를 잡고 다른 연주자들과 소통을 하며 연주 불안증을 조절하는 것과 같은 좀 더 중요한 관점들에 주의를 기울일 수 있도록 한다. 연주를 하는 동안 주의집중이 이러한 자기독립과정으로 향할 때, 기술적인 연주자는 수행의 급격한 감소를 경험하는 반면 주의집중이 그것으로부터 멀어지면 수행은 향상될 것이다(Beilock, Bertenthal, McCoy, & Carr, 2004; p. 114, '명시적 표상 시스템의 개발' 참조). 반면에 초보자들은 그들의 수행을 모니터할 필요가 있으며 주의집중이 정확성을 감소시키는 것에 대한 작업을 도입한다. 이것은 수행에 대해 생각하는 것이 나쁘다는 것을 의미하는가? 대답은 '아니다'이다. 저절로 실행되도록 된 처음에는 의식적인 사고를 사용하여 연습하고 그것이 자동화되었을 때, 연주를 하는 동안 그렇게 돼야 한다는 것을 단순히 의미한다. 음악에 대한 음악가의 기초적 이해가 주어진다면, 연주 동안의 문제점은 개념적 정보에 의지하여 해결될 수 있다. 반면 연습을 하는 동안에 부수적

---

3 간섭설에 의하면 대뇌피질부에 오랫동안 기억된 것이 그 뒤의 새로운 학습을 방해하거나 새로운 학습이 일어나 이미 기억된 것의 재생을 방해하기 때문에 망각현상이 일어난다는 이론이다.

으로 자동화되거나 단순히 기계적으로 암기되어 정신적 표상에 의해 지원되지 않은 근육과정이 연주 동안에 신뢰할 수 있는 것이 될 수 있다(제6장 기억 참조). 이러한 효과는 어린이들이 학기말 리사이틀에서 연주를 할 때 재앙 같은 암기 손실을 경험하는 경우에서 이따금 관찰될 수 있다.

결론적으로 연습은 좀 더 이완되거나 즐길 만한 양상으로 향상을 위해 노력을 하며 애쓰는 것이 포함된 전체적 행위로 설명될 수 있다. 그러나 좀 더 제한적 시각도 있는데 다시 말해서 기술 형성 요소들에 주안점을 둔 것이다. 연습의 기간은 이전에 추측했던 것보다 더 중요하지만 연습의 질이 여전히 중심에 있다. 초보자가 발전하기 시작하면서 질과 양은 변화한다. 심리학자들이 제공할 수 있는 성공적이고 좋은 연습을 고려한 제안(Williamon, 2004, 제5~8장)들은 어느 정도는, 경험 있는 지도교사들과 연주자들의 적정하고 증명된 지혜와 중복된다. 가장 중요한 것은 마음과 신체가 작업을 할 만큼 건강해야 한다는 것이다. 음악가들은 연습하는 것을 배워야 한다(가끔은 감독하에). 그러므로 지도교사들은 학생들에게 어떻게 올바르게 연습하는지를 지도하는 것에 대해 큰 관심을 가져야 한다(Barry & McArthur, 1994). 전문가들의 전략들은 상당히 다양하지만 모두 효과적인 자기조절에 의해 관리되는데, 그것은 무엇이 요구되는지의 발견과 그 문제점을 대하는 올바른 도구를 갖는 것이다. 이것이 연습 방법의 폭넓은 레퍼토리가 유용한 이유이다. 연습의 목표는 음악가가 음악을 이해할 수 있도록 하는 정신적 표상을 형성하는 것이다. 이러한 깊이 있는 이해는 순조로운 연주뿐만 아니라 무대 위에서조차, 문제해결을 위해 필요한 모든 것을 가능하게 한다.

▌ 학습문제

1. 왜 연습은 학습되어야 하며 그 과정에서 정확하게 무엇을 배우게 되는가?
2. 연습기간에 대한 소급 유추가 항상 연주 성취수준의 적정한 지표인지 여부를 논의하라.
3. 연습의 거시적 관점과 미시적 관점이 설명하는 것은 무엇인지, 그리고 부모와 지도교사들은 그것들에 어떻게 영향을 미치는가?

▌ 더 읽을거리

아래의 두 리뷰는 연습을 어떻게 향상시킬지에 대한 유용한 정보를 제공한다.

Jørgensen, H. (2004). Strategies for individual practice. In A. Williamon (Ed.), *Musical Excellence* (pp. 85-104).

Barry, N., & Hallam, S. (2001). Practice. In R. Parncutt & G. E. McPherson (Eds.), *The Science and Psychology of Music Performance: Creative Strategies for Teaching and Learning* (pp. 151-166).

제 2 부

음악기술

05

표현과 곡해석

의도적인 소통으로서의 표현과 곡해석

천상의 은유는 음악과 예술문화에 깊이 새겨져 있다. 우리는 '영감을 받은' 연주를, '천사같이 연주하는' 연주자들을 이야기한다. 청자와 연주자 모두 분명하게 예측할 수 없는 어떤 연주의 힘에 감동을 경험할 수 있다. 물론 청자는 계획적인 작업의 시간과 연주자가 준비를 위해 전념할 수 있는 형태에 관여하지는 않는다. 그러나 연주자들조차 왜 어떤 연주는 판에 박힌 듯하지만 같은 작품을 연주한 그다음의 연주는 '마법'에 걸린 듯한지에 대해 그들 자신도 가끔은 놀라며 그에 대한 설명이나 예견을 하지 못한다. 왜 그런 것일까?

표현적인 연주의 핵심은 뉘앙스에 있다. 뉘앙스는 기계적이고 죽은 듯한 것이기보다는 살아 있고 인간적인 음악 소리를 만드는, 가끔은 거의 감지되지 않는, 소리의 매개변수의 교묘한 조작이며 어택, 타이밍, 음높이, 그리고 음색의 섬세함이다. 그것은 재즈와 팝 음악의 '스윙'에서부터 왈츠의 변하기 쉬운 3/4박자까지, 모든 음악 장르의 필수적 요소이다. 우리는 그것을 포착하고 기록하는, 뉘앙스를 표현하기 위한 매우 좋은 일상의 언어를 가지고 있지 않다(Raffman, 1993). 그렇기 때문에 음악 연주의 많은 관점들이 연주의 실제(예 : 시범과 모방)를 통해 지도교사로부터 학생에게로 전해지는 이유이다. 우리 행위의 미세한 차이들은 우리가 완전히 인식하지 못할 수 있는, 특별히 영향을 받기 쉬운 요소들이다. 우리의 기분, 우리의 기억과 연상뿐만이 아니라 섬세한 제스처들과 우리를 둘러싼 것들의 표현들 말이다.

뉘앙스는 표현의 부분집합이다. 표현은 음악적 시퀀스의 정체성을 실제로 변화시키지는 않는 매개변수들에서의 모든 변화를 포함한다. 표현적인 연주는 가장 깊이 있고 가장 개인적 관점을 어떻게 보여주는가이다. 그것은 음악적 창의성과 개성의 주된 표출이다. 음악작품은 다른 누군가가 썼기 때문에 클래식 연주가들은 일반적으로 그 음정들을 '소유'한 것은 아니다. 이것이 의미하는 바는 연주의 예술적 가치에 대한 판단은 거의 대부분 심미적으로 중요한 관점에서 뉘앙스를 다루는 음악가의 능력에 근거한다는 것이다. 유명 작품을 연주하는 한 방법이 독특해서 다른 연주방법과 상당히 다르다는 것이 인식될 수 있는 것은 개인적으로 상당히 중요한 일이며 재정적 생존의 일이 될 수도 있다.

이러한 이유로 어떤 연주가는 표현을 분석하고 이해하려는 과학적 시도에 대한 어려움을 표현한다. 그들에게는 과학이 마치 예술의 신비롭고 개인적인 핵심을 침해하고자 하는 것으로 느껴질 수 있으며 그것을 빼앗으려는 것으로조차 느껴질 수 있다. 이는 과학이 효과적인 표현을 위한 '공식'을 발견할 수 있다면, 표현적으로 연주할 수 있도록 컴퓨터를 프로그래밍하여 연주가들 모두를 배제할 수 있을 것이라는 두려움 때문일 수도 있다. 현존하는 연구의 균형 잡힌 평가는 이러한 두려움이 근거가 없다고 한다. 반면에 현재 과학이 결실을 거두는 분석의 종류들은 새로운 곡해석의 방향을 가능하게 하여 연주자들을 직접적으로 보조할 수 있을 것이라고 우리는 믿는다. 사람의 행동 — 가장 분명하게 '마법과 같은' 행동조차 — 은 두뇌의 구체적인 메커니즘에 근거하고 있다는 과학적 가정을 음악가들은 두려워할 필요가 없으며, 그들이 지지하는 심리적 처리과정은 체계적인 분석에 개방되어 있다. 연주 뉘앙스에 대한 연구자들로서, 우리는 뉘앙스를 분석하는 것이 훌륭한 연주에서의 경이로운 느낌을 둔화하지 않는다는 것을 증명할 수 있다. 오히려 우리의 과학적 경험들은 우리의 감상과 연주에 새로운 풍요로움을 더한다.

음악에서 표현과 곡해석은 연주자가 청중에게 무엇인가를 소통하기 위해 존재한다. 그것은 이해와 표현이 구축될 수 있는, 음악적 소통이 가능한 동일한 청취 장치를 청중과 연주자가 공유하기 때문이다. 소통은 가장 효과적이고 보편성을 가진 기본적 감정

범주이며 표현의 모드들이 생물학적으로 프로그램되어 있기 때문에 모든 문화의 사람들에게서 발견된다. 4세 어린이들은 음악 연주에서 표현적 특징들을 이미 구별해낼 수 있다(Adachi & Trehub, 1998; Gembris, 2002). 이 장에서 청자의 수용능력에 대해 어느 정도 언급되었지만, 이에 대한 주된 논의는 제11장까지 유보된다. 청자들은 반응에 집중하지 않고 직관적으로 있을 수 있는 사치를 누린다. 청자에게는 "이 음악은 신이 나는데(또는 고요하다거나 슬프다) 왜인지는 모르겠다."라고 말할 권한이 완전하게 부여되어 있다. 그러나 연주의 경우 그 표현성이 직관과 유사하게 존재한다면 대단한 기회를 잃는 것이다. 증거에서 알 수 있듯이, 연주자의 유효성은 곡해석의 세부사항들을 위한 계획과 개념적 기억을 가능하게 하는 연주를 위한 명시적 표상의 발달에 의해 상당히 강화된다. 위대한 연주는 직관이나 충동으로부터 자연발생적으로 나타나는 것이 아니다. 그것들은 언제나 연주를 하는 순간조차 상당한 세부 작업의 결과이며, 이러한 관점의 대부분은 연주자에 의해 자동적이고 수월한 것처럼 경험될 수 있으며 청중에게는 완전하게 신선하고 직관적인 것으로 나타난다.

이 장에서는 다음의 요점들을 나타내는 과학적인 연구를 요약한다.

1. 표현행위의 대부분은 다양한 연주자들과 작품들에 적용하는 상대적으로 단순한 규칙에 의해 포착될 수 있다. 표현의 그러한 관점은 구조적 정보(강세와 운율의 구조와 같은)뿐만이 아니라 기본 감정적 정보(기쁨, 슬픔, 다정함, 분노)를 신뢰할 수 있게 전달한다.

2. 음악 연주의 여러 관점은 음악 외의 표현적 경험(즉, 신체동작, 대화와 감정을 담은 발성)에 근거한다. 음악에서의 표현은 생물학적으로 근원한 직관적 두뇌 메커니즘을 동원하기 때문에 강력하다.

3. 기대와 경탄의 조절은 미학적으로 강력한 연주의 주요 요소이다. 음악적 표현은 음악적 구조가 우리의 긴장과 이완, 기대와 만족의 경험에 작용하는 방법과 상호작용하여 강화된다.

4. 신뢰할 수 있고 재현 가능한 곡해석은 계획적인 학습과 준비활동을 통해 발달될 수 있다. 청자들에게는 연주가 '마법'으로 느껴질 수 있겠지만, 현명한 연주가들은(무대 마술사처럼) '사업의 비결'을 사용하여 많은 중요한 효과들을 의식적으로 계산한다. 곡해석이 신뢰할 수 있고 재현 가능하다고 해도 그것은 또한 마지막 순

간에 변화나 향상 또는 즉흥성의 여지를 갖고 있다.

5. 작품 전체에 걸친 표현적 결정들의 선택과 조합인 곡해석은 개인의 예술적이고 심미적인 작업에 그 핵심을 둔다. 효과적인 곡해석이 어떤 일반적인 특성을 나눔에도 불구하고 곡해석의 세부사항들은 항상 연주자 특유의 학습의 역사, 개성, 그리고 동기에 의존적이다.

6. 연주에 대한 과학적 연구는 지난 20년간 번성했는데 그것은 타이밍이나 음높이와 같은 연주의 객관적인 특징들을 분석하고 기록하는, 점차적으로 정교해지는 사용자 친화적 도구들의 발전에서 기인한다. 컴퓨터는 이 연구를 바꾸어 놓았다. 20세기 초의 몇십 년간은 연주를 측정하는 것이 어렵고 오류가 나기 쉬운 과정이었다. 미디(Musical Instrument Digital Interface, MIDI)와 강력한 분석적 프로그램의 출현으로 예전에는 몇 달이 걸릴 것들이 몇 초 만에 가능해졌다[Clarke(2004)와 Kopiez(2002)의 음악 연주 분석을 위한 테크닉의 발달 관련 참조].

만일 가능하다면 이 장을 위해 자기 연습을 지금 할 것을 권고한다. 다른 사람들의 반응을 보여주는 연구에 대해서 읽기 전에 자신의 반응을 관찰하는 것은 더욱 흥미로울 수 있다.

자기학습 : 음악의 기본적 감정 전달

이 실험에서 당신은 간단한 노래나 연주를 최소한 다른 한 사람에게 연주할 것이며 당신의 연주의 특성을 청자의 반응과 비교할 것이다.

파트 A : 녹음하기

실험의 이 부분에서 당신은 (1) 조용한 방, (2) 선호하는 악기(성악 포함), (3) 연주를 녹음하기 위한 녹음기가 필요할 것이다.

곡해석에 있어서 다음의 리스트에서 두 가지의 감정을 임의로 선택한다. 행복, 슬픔, 분노, 감미로움, 두려움. 각 단어를 다른 카드 위에 쓰고 또 다른 카드에 '평범'이라고 쓴다.

또한 단순한 민속 선율이나 대중적인 선율을 선택한다. 그 선율은 (1) 상대적으로 짧고, (2) 그 어떤 반주도 필요 없는, (3) 가능하다면 본래 갖추어진 매우 강한 감정적 콘텐트가 없는 것이어야 한다. 그 작품을 적당한 빠르기로 정확하게 연주할 수 있다고 확신이 들 때까지 특정한 표현 없이 충분히 여러 번 연습한다.

카드를 뒤섞어서 테이블 위에 돌린다. 이 카드를 돌리는 순서는 녹음할 순서이다.

녹음기를 켜고 각 카드의 감정을 전달하기 위해 최선을 다하면서 연습 없이 그 노래를 세 번 연주한 것을 녹음한다. '평범'을 위해서는 그 작품이 평범하게 연주되는 것이 어떤 것일지를 생각하여 연주를 한다. 다른 것들과 구분하기 위해 각 녹음에서 당신이 음악적으로 무엇을 하는지에 대한 주요 관점들을 번호나 짤막한 서술로 표시한다.

파트 B : 녹음 평가

실험의 이 부분을 위해 친구들을 몇 명 구한다. 그들이 음악가일 필요는 없다. 각 참여자들을 위해 다른 종이에 여섯 단어 '행복, 슬픔, 분노, 감미로움, 두려움, 평범'을 쓴다. 친구들은 동일한 선율의 세 번의 연주를 들을 것이며, 그 후 그들은 매번 연주자가 의도한 감정(단어)이 무엇이었는지 추측해야 한다고 설명한다. '평범'이 무엇을 의미하는지를 설명한다. 친구들이 생각하기에 최고의 연주라고 생각하는 작품의 번호(그들이 들은 순서대로)를 단어의 옆에 쓰기를 요청한다. 그러면 당신의 연주 녹음을 한 번 처음부터 끝까지 들려준다. 친구들이 결정을 내리는 동안 당신은 그 방을 떠나 있는 것이 최선이다. 필요하다면 한 번 더 녹음을 들려준다.

친구들이 옳게 판단한 연주가 얼마나 되는지 본다. 이제 연주를 다시 들려주면서 무엇이 친구들의 결정을 이끌었는지에 대해 설명하는 것을 듣는다. 그것은 빠르기, 음높이, 음량, 리듬, 소리가 나는 방법 때문이었는가? 가능하면 자세하게 설명하기를 요청한다. 그들이 각 연주에 대해 이야기한 중요한 점들에 대해 기록한다.

그들이 말한 것과 자신이 쓴 것을 비교한다. 그들이 발견한 것이 당신이 시도한 것과 일치하는가? 이 실험을 바탕으로 연주를 통해 감정을 전달할 수 있는 신뢰성에 대해 결론지을 수 있는 그 무엇이 있는가?

표현

표현은 연주에서 타이밍과 음량, 그리고 연주자가 특정 관점에서 삽입하는 다른 매개변수들에 있어서의 작은 규모의 변경들을 의미한다. 어떤 표현적인 제스처는 가끔은 소수의 음정 시퀀스 안에 완전히 포함될 수 있다. 곡해석은 작품 전체에 걸쳐 논리적이고 심미적으로 만족스러운 경험을 생산해내기 위해서 많은 개별적 표현행동들이 선택되고 조합되는 방법을 의미한다. 그래서 표현적 도구는 곡해석에 기본적으로 필요한 것이며 우리의 설명은 이것들과 함께 시작된다.

음악 연주의 가장 중요한 특징 중의 하나는 음정 간의 변화에서 자유롭지 않으며 결코 그럴 수 없다는 것이다. 이것이 기계에 의해 각 음정이 표기된 대로의 길이와 동일한 음량으로 연주되는 것으로부터 사람의 연주를 즉각적으로 구별할 수 있게 하는 것이다. 일명 무표정한 연주는 일반적으로 청자에게 생명이 없고 매력적이지 않은 소리로 들린다. 연주에서 발견되는 변화는 몇 개의 독특한 유형이 있으며 연주에 대한 연구는 변화의 다양한 근원을 밝혀냈다. 그것들은 (1) 임의 변화, (2) 규칙 기반 변화, 그리고 (3) 특이 변화이다.

안정감과 임의 변화

Seashore(1938/1967)는 연주자들이 한 작품을 수차례 연주하면서도 표현이 매우 일관되었으며 한 연주에서 존재하는 변화는 반복된 연주에서도 마찬가지라는 것을 보여줬다. 이후의 문제는 예술적 자발성으로부터의 임의적 변화를 구분하는 것이다. 의미심장한 음악의 연주에서 임의 변화에 대한 정확한 척도를 얻는 것은 어렵다. 그 이유는 표현 없이 일관되게 연주를 하라고 요구받을 때조차도 음악가들은 무의식적으로 적은 양의 규칙 기반 표현을 존속시키고 있기 때문이다. Seashore(1938/1967)는 연주자에게 표현 없이 연주할 것을 요구한 최초의 연구자들 중의 하나이다. 그는 이러한 상황하에서 표현의 정도는 감소되지만 결코 제거되지는 않으며 음악가에게 표현적으로 연주하기를 요청했을 때 관찰되는 것과 동일한 일반적 패턴이 유지된다는 것을 발견했다(Palmer, 1992).

임의 변화는 사람의 신체의 근육조절 시스템과 타이밍의 한계 때문에 발생한다. 최고의 수준으로 훈련된 연주자라 할지라도 음표 모두를 정확하게 동일한 소리의 특성(타이밍, 음량, 음색)으로 하여 음정 시퀀스를 연주하는 것은 불가능하다. 손가락을 두들기는 것과 같은 단순한 반복 근육적 과제의 연구들은 이 변화가 부분적으로는 동작의 빠르기에 의존한다라고 주장한다[느릴수록 더 가변적인(예 : Wing & Kristofferson, 1973)]. 이것은 또한 경험에 의존적인 것으로 나타난다. 근육 과제의 반복적 연습은 임의 변화의 정도를 감소시킨다(Gerard & Rosenfeld, 1995).

Shaffer(1984)는 연주자의 일관성이 1년이라는 기간까지도 지속된다는 것을 보여줬다. 그림 5.1은 피아니스트 Penelope Blackie가 쇼팽의 에튀드를 연주한 세 개의 다른 연주로부터의 타이밍 분석표를 자세히 보여준다. 선상의 점은 각각의 연속음들의 길이를 나타내는데, 그것은 모든 세 개의 연주에서 빨라지고 느려지는 패턴이 얼마나 유사한지가 분명하게 나타난다. 이러한 유형의 발견들은 클래식 음악에 한정되지는 않는다. Ashley(2004)는 Paul McCartney의 같은 노래를 좀 더 오랜 기간 동안 반복 녹음한 것에서 나타나는 유사한 안정성을 보여줬다.

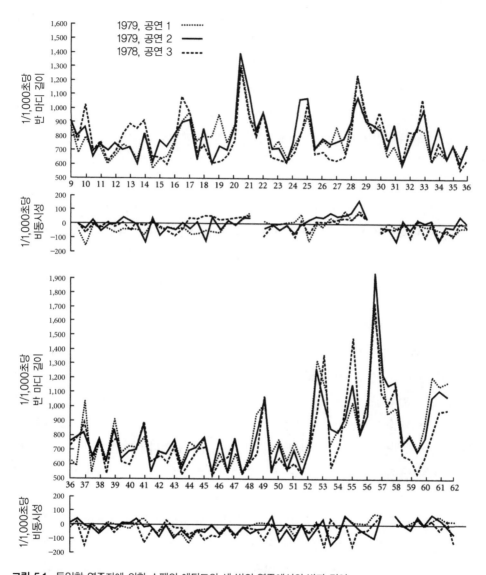

그림 5.1 동일한 연주자에 의한 쇼팽의 에튀드의 세 번의 연주에서의 박자 길이

출처 : "Timing is Solo and Duet piano performances," by L. H. Shaffer, 1984. *Quarterly Journal of Experimental Psychology, 36,* 577–595. Copyright ⓒ 1984 by *Experimental Psychology.*

규칙 기반 변화

앞에서 언급한 곡해석에 있어서의 전반적인 일관성의 증거는 과학적 설명이 필요한, 연주에 관한 중요한 퍼즐들 중의 하나를 제기한다. 어떻게 연주자들은 모든 연주에서 거의 완벽한 재생산이 가능한 수천의 섬세한 연주 변화들을 기억하는 것일까? 왜 연주자의 기억은 압도되지 않는가? 사람들이 매우 긴 전화번호를 기억하려고 하듯이 연주자도 이러한 각각의 개별값들을 암기할 필요가 실제로 있는가?

최근의 연구들은 연주 변화의 상당 부분이 오히려 간단한 규칙에 의해 설명될 수 있다는 것을 보여준다. 연주자들은 이러한 규칙들 또는 발견법[1]을 직관적으로 또는 명확한 지침에 의해 선택하고 연주에 그 규칙을 적용함으로써 각각의 소리를 새롭게 한다. 이러한 것은 연주자에게 부과될 기억 부하를 줄인다.

많은 개별적 규칙들이 있지만 그것들은 세 개의 주요 그룹으로 나뉜다[Juslin, Friberg, & Bresin(2002)가 제시한 용어에 근거하여]. 생성적 규칙, 감정적 규칙, 그리고 동적 규칙이 그것이다. 음악 구조에 의한 생성적 규칙은 청자에게 구조를 명확히 주지시킨다. 예를 들자면, 강세 규칙은 음악적 라인에서 어떤 요소들이 구조적으로 가장 중요한지를 청자들에게 알려준다. 박자표가 음표 시퀀스와 연관하여 변화되면 연주자는 동일한 선율을 다르게 연주한다는 것을 Sloboda(1983)는 보여줬다(음악 예제 5.1의 두 파트 참조). 이것은 연주자들이 생성적 규칙을 적용한 하나의 분명한 예이다. Sloboda의 연구에서 연주자들은 주요 박(main beat)을 주변 음정들에 비해 약간 느리고 크게 연주하는 경향이 있었다. 흥미롭게도 연주자들은 음악 예제 5.1의 제일 위와 제일 아래 라인이 동일한 음정을 포함한다는 것을 의식하지 못한다는 것을 보여줬다(그것들은 테스트 시퀀스에서 서로 다른, 무관한 선율에 의해 분리됐었다). 또한 연주자들에게 표현을 하면서 연주하라는 그 어떤 요구도 없었다. 그들은 시각적인 박자 정보에 따라 자동적으로 그들의 표현을 변화시켰다. 청자들은 단지 연주를 들음으로써 두 기보법(notation) 중에서 어떤 것이 연주되었는지 판단할 수 있었으며, 이러한 변화들은 청자들이 선율의 구조를 지각하는 방법에 중요한 영향을 실제로 미쳤다는 것을 증명한다.

생성적 규칙의 또 다른 예는 음정(note)을 **그룹화**하는 것(즉, 프레이즈)과 유관하다.

---

1 모든 경우를 고려하지 않고 나름대로 발견한 기준에 따라 그중 일부만을 고려하여 문제를 해결하는 방법으로, 처리 부담을 줄여주는 대신 옳은 답을 보장하지는 못한다.

음악 예제 5.1 두 개의 다른 박자 표시를 가진 동일한 음악적 시퀀스(Sloboda, 1983)

그러한 규칙들은 청자들이 한 작품에서 '함께하는' 요소들을 이해하고 선행하는 것과 그것을 뒤따르는 것이 무엇인지 구조적으로 분리하게 한다. 예를 들어, Repp(1992)은 연주자들이 음악적 프레이즈의 끝에서는 전형적인 표현적 타이밍 패턴을 사용하는 경향이 있다는 것을 보여주었다. 프레이즈 경계선의 음정들은 주변의 것들보다 현저히 느리게 연주되었다. 이것은 다른 어느 곳보다 경계선 간에 좀 더 큰 시간적 간격이 있다는 것을 의미한다. 이 간격은 음악을 지각적으로 분할한다. 간격의 한쪽에 있는 요소들은 함께 그룹화되어 있는 것으로 나타나며 그것은 다른 면의 요소들과 구분된다. Repp(1998)은 또한, 이러한 시간적 패턴들이 연주자와 청자에게 '배어 들어가' 청자들이 명확하게 알아차리지 못한다는 것을 보여줬다. 그는 청자들에게 짧은 연주의 한 부분에서 박자의 정확성의 작은 편차를 감지해 보기(그들이 명확하게 알아차리지 못하는 경향이 있는 프레이즈에서 발생하는 지연)를 요청하여 이를 테스트하였다. 청자들은 프레이즈 중간보다는 프레이즈 끝에서 발생한 지연의 감지를 더 어려워했다. 이 결과에 대한 설명은, 프레이즈 끝의 지연은 예상되지만 프레이즈 중간의 지연은 그렇지 않기 때문에 그것을 좀 더 알아챌 수 있었다는 것이다. 가장 잘 훈련된 청자조차도 이해하고 있는 음악에 가공하지 않은 입력 변환을 하는 이러한 '지능적' 정신 처리과정을 전환하는 것이 가끔은 불가능하다. 청자들은 그 구조가 전달되었던 특정한 방법을 듣는 것보다 그 결과(구조)를 훨씬 더 직접적으로 듣는 경향이 있으므로 연주 연구는 전문적 청자만의 판단에 의존할 수 없다. 오히려 우리는 연주 연구를 위한 기술적 원조가 필요하다.

감정적 규칙의 예는 Juslin(1997a)의 연구에서 제공된다. 그는 기타리스트들에게 친숙한 멜로디('O When the Saints Go Matching In'과 같은)를 서로 다른 기본 감정(행복, 슬픔, 분노, 두려움)을 전달하기 위한 다양한 방법으로 연주할 것을 요청했다. 그리고 청자들에게는 각 연주가 나타내는 감정을 판단하기를 요청했다. 연주자들은 각각의 특정 감정을 전달하기 위해 유사한 방법으로 연주를 변화시켰으며, 청자는 전달하는 감정을 정확하게 판단할 수 있었다. 예를 들어 행복은 빠른 속도, 음량, 그리고 분리된 아티큘레이션(스타카토)의 조합에 의해 가장 잘 전달된다. 슬픔은 느린 속도와 고요한 다이내믹, 그리고 레가토 아티큘레이션에 의해 가장 잘 전달된다. 그러나 그 연구에서 모든 연주자가 감정의 전달에 있어서 균등하게 효과적이지는 않았다. 연주자들은 그들의 전달 효과에 대한 피드백이 제공되는 것을 통해 그들의 감정 전달력을 향상시킬 수 있다는 것을 Juslin과 Laukka(2000)는 보여줬다. 또 다른 발견은, 어떤 감정은 다른 것들에 비해 전달하는 것이 좀 더 어렵다는 것이다(Juslin 1997b). 예를 들어 감미로움은 행복, 슬픔, 두려움, 그리고 분노와 같은 기본 감정처럼 쉽게 전달되거나 인식되지 않는다. 마지막으로, 특정 연주 단서들은 말을 하거나 목소리를 내는 것에 존재하므로 이미 감정을 전달한다고 Juslin과 Laukka(2001)는 주장했다. 또한 행복한 사람은 불행한 사람에 비해 큰 목소리로 분절음을 사용해 빠르게 말을 한다고 주장했다. 음악은 언어에 이미 존재하는 코드를 빌리는데, 그 이유는 그것이 청자들에게 매우 직접적으로 의미를 전달하기 때문일 것이다. 그것은 또한 감정적인 음악적 표현의 어떤 관점이 많은 연주자들에서 '저절로 나타나는' 것처럼 여겨지는 이유일 수도 있다. 음악적 표현은 이미 말하는 것에서 잘 알려진 코드를 음악으로 전이시킨다. 그들은 모든 것을 시작부터 배워야 하는 것은 아니다. 이와 동시에 음악적 표현은 다양한 문화의 청자들이 이해할 수 있을 만큼 그렇게 보편적이지는 않다.

동적 규칙들은 생명이 없거나(바람에 나뭇가지가 흔들리듯이) 생명이 있거나(인체의 움직임) 간에 자연스럽게 발생하는 움직임으로부터 유래하는 것들이다. 이러한 움직임들의 특성들이 연주와 혼합되었을 때, 표현적 경험은 자연스러움 또는 '인간적'인 표현이 된다. 이러한 동적 특성들이 없는 연주는 비인간적이거나 '기계적' 소리로 들릴 수 있다. 이와 함께 Friberg와 Sundberg(1987)는 경험이 많은 클래식 음악가들이 육상 선수가 정지동작에 접근하는 감속에 반영하는 방법으로 마지막 느려짐을 연주한다는 것을 보여줬다. 그렇게 느려지는 신호는 우리에게 음악이 자연스러운 정지로 다가가고 있다는 것을 알려준다. 규칙은 역사적 시간에 대한 특성이 있다. 우리는 역사적인 녹음들(20세기 초반의 녹음)을 들을 때 이것을 직관적으로 느낀다.

특이 변화

어떤 섬세한 표현적 요소들은 선행한 규칙들에 의해 담아내지지 않을 수도 있지만 이러한 규칙들(또는 그것들과 같은 다른 것들)은 연주 표현의 상당 부분을 위한 꽤 만족할 만한 방법이 될 수 있다. 음악가들은 이러한 규칙을 무시하고 새로운 것들을 창조해 내는 것들을 통해 서로를 다르게 하려는 경향이 없다. 오히려 그들은 그것들의 처리에 있어서 다양한 규칙들의 상대적인 강조와 정확한 조합에서, 또는 그 규칙들을 적용하는 정도에 의해 서로를 달리할 것이다. 어떤 연주자는 아티큘레이션을, 다른 연주자는 다이내믹을 좀 더 강조할 것이다(Sloboda, 1985a 참조). 어떤 연주자는 감정적 규칙을, 다른 연주자는 생성적 규칙을 좀 더 강조할 것이다. 이러한 규칙들 속에서도 여전히 표현적 레퍼토리의 다양성을 위한, 실질적으로 무한한 공간이 있다. 그러므로 표현 규칙을 깨닫는 것이 연주자의 창조적 자유를 제한하는 것은 절대 아니며, 문법을 깨닫는 것이 작가나 시인의 자유를 제한하는 것도 아니다. 반면에 우리는 나중에 이러한 규칙들을 정확하게 알고 이해하는 것이 연주자에게 보다 효과적이고 음악적으로 흥미로운 곡 해석을 할 수 있는 자유를 제공한다는 것에 대해 논의한다.

다른 것들보다 특정 표현 규칙에 중요성을 더 두는 것은 표현이 연주자에게 특이하거나 개인적이 될 수 있는 방법의 한 예이기 때문이다. 우리는 그러한 특이점들을 알고 있으며, Repp(1997)은 전반적으로 연주자가 개성적일수록 그 연주는 더 특이한 것이 될 수 있다는 것을 보여줬다. 그는 쇼팽의 에튀드 E major 시작부의 24개 연주의 타이밍 패턴을 분석했다. 이 연주들 중 15개는 유명한 피아니스트(Pollini, Ashkenazy, Cortot, Horowitz 등이 포함된)들의 상업적 녹음자료에서 취했고 나머지 9개는 유능한 아마추어(학생들)에 의해 제공되었다. 시간의 굴곡을 좀 더 극한으로 사용하며 서로 간에 더욱 구분이 되는 전문적 연주에 비해 학생들의 연주는 평균치에 가까웠으며 서로 간에 유사했다. 모순적이게도 평가위원들은 평균적 연주를 선호하는 경향이 있었으며, 따라서 전문적 연주보다 아마추어 연주에 좀 더 좋은 평가를 하는 경우가 많았다. Repp은 그의 결과를 설명하기 위해 다음의 추측을 제공했다.

아마도 대부분의 전문가들의 타이밍은 사실 학생들의 타이밍만큼 좋지 않았다. 무엇보다도 쇼팽의 작품은 거의 진부할 정도로 매우 잘 알려져 있으며, 경험이 많은 피아니스트들은 더 이상 그것을 통상적인 방법으로 연주하는 것을 견딜 수 없다. 그

래서 그들은 새로운 모습이 통상적인 기준(그리고 예술가는 그것을 알고 있다)에서
는 덜 아름다울지라도 그것에 '새로운' 모습을 주기 위해 음악에서 진부함을 없애고
싫증난 청자들을 자극하기 위해 의도적으로 타이밍을 변형시켰다(Repp, 1997, p.
442).

　　연주자의 동기에 대한 Repp의 추측이 옳거나 아니거나 간에 그가 연주자들이 만드
는 연주에 대한 많은 결정의 의도적인 관점과 자유를 강조하는 것은 분명히 옳았다.
　　특이성에 대한 다른 관점들은 덜 자유로울 수 있지만 그러나 미리 결정된 특성들에
의해 제한될 것이다. 예를 들어 연주자들은 손을 포함한 신체 크기나 모습이 서로 상당
히 다르다. 이것은 섬세한 방법의 영역에서 표현적 결과에 영향을 미칠 것이다. 매우
작은 손을 가진 피아니스트는 한 옥타브가 넘는 것은 아르페지오 코드로 연주할 필요
가 있지만 큰 손을 가진 피아니스트는 어려움 없이 동시에 연주할 것이다. 이러한 다른
점을 피할 길이 없기 때문에 연주자는 신체적 제한을 반영하는, 구분되는 연주 스타일
을 개발할 것이다.

표현적 규칙과 연주의 융통성

우리는 표현적인 연주가 단지 타이밍과 다이내믹 뉘앙스의 특정한 세트의 '맹목적인'
기계적 학습의 결과가 아니라 규칙에 근거한 것이라는 것을 어떻게 증명할 것인가? 연
주자가 예전에 작업을 해 본 적이 없는 작품을 표현적으로 연주(초견으로 하거나 몇 분
동안 연습을 한 후에)해 달라고 요청하는 것은 한 방법이다. 여기에서는 미리 계획된
곡해석이 가능하지 않다. 그리고 사실 능숙한 반주자들은 주어진 실시간 제한에서 어
떻게든 심미적으로 만족스러운 곡해석을 급하게 해내기 위해서는 규칙에 근거하여야
한다. 그들은 음악적 구조가 요구하는 것으로 보이는 적절한 규칙의 스타일 적용에 의
하여 그 작품의 특성과 결정적 빠르기를 근접하게 한다(제6장 참조).
　　표현적인 연주가 규칙에 기반한 것이라는 것을 보여주는 또 다른 방법은 연주자들
이 그들의 연주를 특정 관점에서 변화시킬 것을 요구받는 상황에 처하게 하는 것이
다. 능숙한 연주자들은 일반적으로 그들의 의지에 의해 연주의 표현적 관점을 다양화
할 수 있다. 예를 들어, 연주에서 표현의 정도를 최소화하거나 일반화하거나 또는 과
장되게 할 수 있다(Davidson, 1993; Palmer, 1992). 다른 연구들은 능숙한 연주자들이
감정적 특성을 감미로움에서 공격적인 것으로(Askenfelt, 1986) 또는 슬픈 것에서 기

뻔 것으로(Juslin, 1997a), 의도적으로 변화시킬 수 있다는 것을 보여줬다. 그러한 규칙들은 상당히 어린아이들의 노래 부르기에서조차 적용된다는 증거가 있다. Adachi와 Trehub(1998)은 4세에서 12세의 어린이들이 동일한 노래를 부르면서 청자에게 기쁨과 슬픔을 효과적으로 묘사하기 위한 조절을 할 수 있었다는 것을 보여줬다.

표현적 연주가 규칙에 기반하고 있다는 증거의 세 번째 근거는 연주자들에게 다른 연주자들의 연주를 듣고 그 표현을 모방하기를 요청한 연구들이다. Clarke와 Baker - Short(1897)는 루바토(rubato)를 적용함에 있어서 통상적인 규칙과 일치하는 맥락에서 루바토를 적용했을 때 음악가들은 좀 더 정확하게 그것을 모방할 수 있다는 것을 보여줬다. 루바토가 통상적이지 않은 맥락에서 발생한 경우 모방의 정확성은 감소했다. Woody(2003)는 짧은 음악 예제를 듣고 표현적 도구에 대해 말로 설명할 수 있었던 연주자들은 말로 설명하지 못했던 연주자들보다 좀 더 정확하게 재생할 수 있었다는 것을 보여줬다. 이러한 효과가 Woody가 말하는 '관용어법에 맞지 않는' 특성들(그 장르에서 전형적이지 않은 것들)에서 좀 더 강력하다 할지라도 그것은 관용적인 것에서도 존재한다. 연주자가 표현적인 변화를 언어적으로 묘사(실제 소리에 대한 규칙 같은 개념적 추상화일 필요는 없음)할 수 있을 때 이 변화는 좀 더 모방적인 연주와 결합될 수 있다는 것을 보여준다. Woody의 연구는 그것이 존재하지 않았음에도 표현적 도구를 들었다고 확신하는 몇몇 연주자들의 예를 제공하였으며, 어떤 경우에서는 반대로 가기까지 했다(즉, 실제로 연주는 강도를 감소시켰을 때 크레센도를 들었다고 그들은 보고함). 또 다른 연구는 그들이 모방하도록 요청받은 표현적 특성들이 그들 자신의 이전 연주에 포함되지 않았을 때 그러한 어려움이 가장 두드러진다는 것을 보여줬다(Woody, 2002). 그것은 마치 이미 배운 표현적 전략들이 그들이 모방하도록 요청된, 그 모델에 실제로 존재하고 있는 것을 듣는 것을 '방해하고 있는' 것으로 보인다.

이러한 연구들은 명백한 교육적 의미를 갖는다. 그것들은 명확한 개념화와 언어화 없이 모방만으로 표현적 레퍼토리를 확장하도록 학생들을 지도하는 것은 최선이 아닐 것이라는 것을 보여준다. 원하는 것을 시범을 보이고 학생들이 무엇을 들었는지를 논의하거나 표현하도록 하는 교사는 단순히 설명을 하거나 시범을 보이는 교사보다 학생들의 표현력 발전에 좀 더 큰 영향을 미칠 것이다. 이와 유사하게, 듣는 것을 말로서 특징지으려 하는 학생들은 언어화 없이 그저 모방을 하는 학생들보다 좀 더 효과적인 새로운 표현적 도구의 선택이 가능할 것이다. 당신이 의식적으로 주의를 기울이는 것만이 효과적으로 학습될 수 있으며 다른 맥락으로 전이될 수 있다.

곡해석

표현은 곡해석을 위한 구성요소들을 제공한다. 곡해석은 한 작품 전체에 적용할 수 있는 표현에 대한 일련의 논리적 선택이며 다소간의 동기부여가 된 것이다. 심리학적 연구는 이러한 심미안이 곡해석에 어떻게 적용되는가보다는 오히려 표현적 심미안에 대해 좀 더 설명하고자 한다. 그 이유는 부분적으로 많은 곡해석의 목표가 특정한 연주자, 특정한 작품, 그리고 특정한 시대에 고유할 것이기 때문이다. 그러나 연구를 통한 발견들은 효과적인 곡해석의 본질에 대한 최소한 두 가지의 상당히 확고한 일반적 결론을 지지하는데, 즉 (1) 곡해석은 대규모의 구조에 거쳐 명백한 구조와 패턴을 부여하며 (2) 그것들은 부분적일 뿐만 아니라 전체적 규모로 발생한다.

예를 들어 Langner, Kopiez, Stoffel, 그리고 Wilz(2000)는 매우 긴 클래식 악장들의 능숙한 연주들에는 다이내믹(강약) 변화를 주는 규칙적이고 균형 잡힌 구조들이 있음을 보여줬다. 그러한 구조의 하나는 '아치(arch)'로서 그것은 어떤 성질(이 경우에서는 강약)에 있어서 점차적으로 증가하고 그다음에는 대칭적 감소가 뒤따르는 것으로 특징지어진다. 그들은 동일한 작품에 대한 전문가와 비전문가의 연주 간의 중요한 상이점을 보여줬는데, 그것은 짧은 음악적 구조(프레이즈와 같은)뿐만이 아니라 긴 음악적 구조(즉, 전체 악장)의 범위에서도 단계적으로 조직화된 아치들이 있는 정도로 알 수 있다. 오랜 시간 동안 지속되는 작품 전체의 규모에서 아치를 형성하고 조절하는 것은 상대적으로 상당히 고급의 기술이다. Langner 등(2000)은, 전문 연주자들이 같은 작품 내에 다수의 아치를 넣는 분리의 계층화를 조절할 수 있다는 것을 발견했다. 예를 들면, 그 자체의 '한 단계 높은 아치(meta arch)'를 포함한 64마디 구조 안에서의 각각의 8마디 프레이즈는 동시에 다이내믹 아치를 포함할 수 있으며, 각각의 프레이즈의 평균 다이내믹은 또한 조절된 방법으로 상승과 감소를 했다. 아치는 거의 인식되지 않으며 전문가들의 곡해석에서 구조에 대한 깊이 있는 이해를 좀 더 반영한다. 이러한 이해가 연주에 어떻게 이행되는지는 현재까지는 분명하지 않다.

곡해석은 한 작품의 중요한 구조적 연결에서 표현적 수단에 대한 동기적 결정을 포함한다. Sloboda와 Lehmann(2001)은 10명의 피아니스트들에게 콘서트 연주를 위한 쇼팽의 *Prelude No. 4 in E minor*를 준비할 것을 요청하고 연주 후에는 각 피아니스트에게 주요 표현적 요소의 결정에 대해 인터뷰를 했다. 피아니스트들은 모두 특별한 표현적 결과가 의도되었던 특정 부분을 언급했다. 이것은 좀 더 전반적인 견해에 더한 연주 전체에 대한 것이다. 여기에서 두 개의 명백한 특성이 관찰되었다. 첫째, 표현적 의도는 일반적으로 연주 데이터에 객관적인 상이점으로 결과가 나타난다. 이러한 상이점은 동일한 연주에서 유사한 소재(즉, 프레이즈 1보다 프레이즈 2에서 루바토는 좀 더 나타난다.)와 연관되거나 또는 그 지점에서 다른 연주자들이 일반적으로 무엇을 했는지(즉, 대부분의 다른 연주자들이 좀 더 크게 연주한 시점에서 그 연주자는 좀 더 고요하게 연주한다.)와 연관되어 묘사될 수 있다. 둘째, 청자들은 음악에서 지각되는 감정적 효과에서 상대적으로 갑작스러운 상승을 통해 나타나는 것과 같은, 이러한 많은 순간들에서 감정적 반응이 강화되는 것을 보여줬다. 감정적 효과는 음악을 듣는 동안 청자들이 음계상의 화살표의 위치를 지속적으로 맞추는 것을 통해 모니터되었다.

표현적 경우들은 연주 전체에 거쳐 고르게 퍼져 있지 않았다. 그것들은 프레이즈와 같은 중요한 구조적 단위의 시작과 끝에 근접하여 집중되는 경향이 있었다(이미 언급된 Repp, 1992 참조). 이것은 의도적인 표현이 청자의 주의를 작곡상의 '건축적' 관점으로 이끄는 것과 연주자의 작품에 대한 개념화에 없어서는 안 될 그러한 구조적 특징의 강조의 정도에 특별히 중요하다는 강력한 증거이다. 더욱이, 표현의 경우는 음악적 구조 자체가 청자의 주의를 완전하게 흡수하지 않은(예 : 작품의 클라이맥스), 더 애매하고 덜 포용적인 곳에서 발생하는 경향이 있다. 본질적으로 연주자는 그것들을 헛되이 하지 않기 위해 두드러지는 곳에서 가장 중요한 예술적 결정을 보여준다.

중요한 곡해석의 결정은 특정한 작품의 학습과정의 초기에 만들어지며 리허설과 암기과정으로 이어진다. 레퍼토리의 새로운 작품을 익히는 경우 대부분의 연주자들에게는 여러 주와 달을 거쳐 분포된 수십, 또는 수백 시간을 요구하는 긴 과정이 요구될 수 있다. 음악을 배우는 사람들에게 널리 퍼진 믿음은 테크닉과 곡해석의 리허설은 서로 분리되어 첫 번째의 것, 그리고 그다음의 것인 시퀀스로 성취할 수 있다는 것이다. 마치 페인트의 마지막 색을 입히는 것처럼, 곡해석을 추가하기 전에 '음표 익히기'가 하나의 과정으로서 완료되거나 최소한의 상당한 진전이 이루어져야 한다고 학생들은 자주 이야기한다. 전문 연주가들의 실제 행위에 대한 세부적 분석에 대해 다른 양상을 보여줬다. 전문가들은 오히려 주요 곡해석 전략을 연습기간에서 일찍 구상하는 것으로 보인다. 많은 세계적인 연주가들은 그들의 악기를 손에 들기 전, 감상과 악보 연구, 그리고 독서를 통해 그들 자신을 음악에 집중시킨다. 그래서 그들은 세부적 리허설에 들어가기 전에 이미 음악에 대해 많은 것을 알고 있으며 어떻게 소리가 나기를 원하는지 알고 있다.

Chaffin 등(2002)은 전문 피아니스트(Gabriela Imreh)가 바하의 *Italian Concerto*의 연주를 위해 1년이라는 기간 동안 준비하는 방법을 연구했다(제4장 참조). 특정한 표현과 테크닉적 실제에 있어서 이것들의 곡해석 결정과 세부적인 이행이 전체 연습기간 동안 이행되었지만 중요한 곡해석적 특성에 대한 식별은 오히려 초기 ― 악기를 손에 든 첫 몇 시간 ― 에 발생했다.

이 연구는 연주자가 특정한 곡해석 결정을 하는 이유에 대해 명백히 하지는 않는다. 왜 연주자가 이 특정한 작품에 끌렸는지, 그리고 그녀의 아이디어가 기인한 것(혹은 다른 연주자들의 것을 모방하거나 벗어나는)은 무엇인지를 설명하려면 연주자의 총체적 학습 역사가 필요할 것이다. 클래식 음악 전통에서 수준 높은 연주자들을 위해 교육자들이 조성하는 환경은, 학생이 작업을 하고 있는 전통적 규범 안에서 인식될 수 있을 뿐만 아니라 그들의 역할 모델을 단순히 모방하는 것보다 더 나은 무엇인가를 인식할 수 있는 그들 자신의 개인적인 곡해석 스타일을 발전시킬 수 있는 적절한 일련의 아이디어와 전통, 그리고 연주의 실제에 학생들이 노출되도록 디자인된다.

많은 연주자들이 이행하는(그리고 많은 지도교사로부터 하도록 권고되는) 하나의 활동은 동일한 작품에 대한 다양한 상업적 녹음자료들을 감상하는 것이다. 그러한 녹음자료들은 청자의 지각과 판단에 직접적으로 영향을 줄 수 있다는 것을 Repp(1990)은 보여줬다. 그는 베토벤의 *Piano Sonata op. 31, no. 3* (Minuet and Trio) 3악장에 대한 19개의 연주의 타이밍 패턴을 분석했다. 연주자들은 모두 세계적으로 알려진 사람들(Claudio Arrau, Alfred Brendel, Emil Gilels, and Glenn Gould)이었다. 주요 이행 척도는 한 음정의 시작과 그다음 음정의 시작 시간을 측정하는 시작 간 간격(IOI)이었다. 요인분석이라고 불리는 통계 테크닉은 서로 간의 연주를 구분할 수 있게 하는 독립적 특성을 발견하기 위해 다른 이들의 모든 연주의 타이밍 패턴과 관련하여 사용되었다. 요인분석은 *Minuet*(Trio가 아닌)의 데이터만을 사용했으며 4분 음표보다 빠른 음정들은 무시했다. Repp(1990)은 세 개의 주요 요소들을 발견했다. 요소 1은 주요 프레이즈들의 끝부분에서 느려지는 경향을 나타냈다. 이것을 이행하는 피아니스트들의 성향은 달라서 Gould, Perahia, 그리고 Rubenstein은 이 요소를 대부분 사용했으며 Backhaus 와 Gieseking은 적게 사용했다. 요소 2는 미뉴에트의 시작을 천천히 하는 것과 후반부는 전반부보다 빠르게 하는 강한 경향으로 특징지어진다. Backhaus, Gieseking, 그리고 Ashkenazy는 이 요소에서 가장 높은 득점을 한 반면, Gould는 가장 낮았다. 요소 3은 Repp이 'V형'이라고 묘사하는, 상당히 짧은 길이의 개별적 마디들을 위한 타이밍 패턴을 피아니스트들이 사용하는 것을 나타냈다. Brendel은 이 패턴을 가장 지속적으로 보여준 반면 Gould와 Schnabel이 가장 적게(세 음표들을 균등하게 연주) 보여줬다. 그림 5.2는 이러한 각각의 요소들의 타이밍 패턴을 보여준다.

연구의 두 번째 부분에서 Repp(1990)은 이 작품을 잘 알고 있는 9명의 전문 피아니스트들에게 이 레코딩들을 모두 들려주고 20개의 양극 등급 척도(즉, 빠르고−느린, 표현적인−비표현적인, 강한−약한, 진지한−장난스러운)로 연주 등급을 줄 것을 요청했다. 이 12개 척도는 심사위원들에 의해 상당히 일관적으로 사용됐는데, 그것은 연주의 어떤 관점에서는 일치의 가능성이 있었다는 것을 보여준다. 심사위원들의 등급을 사용하여 Repp은 그 연주들을 다섯 개로 구분되는 스타일 그룹으로 나눌 수 있었다. 가장 큰 그룹은 Repp이 '중도'라고 특징지은, 이 작품을 일반적으로 일치되는 방법으로 나타낸 평균적인 연주자들을 포함한다. 10명의 피아니스트(Frank, Davidovich, Perahia, Gulda, Bishop, Haskill, Solomon, Brendel, Ashkenazy, Rubenstein)들이 이 그룹에 포함된다. 다른 그룹들은 훨씬 규모가 작으며 좀 더 개인적 스타일을 반영하는 것으로 보였다. Schnabel과 Backhaus는 Arrau, Gilels, 그리고 Kempf와 마찬가지로 그 그룹에 속했다. 이러한 그룹들이 연주의 요인분석에서 발견된 특징을 깔끔하게 반영하지 않는 것은 연주 타이밍의 한 관점에만 집중한 결과로서 설명될 수 있다.

이러한 연주들의 풍부함을 완전하게 포함하기 위해서 상당수의 추가적인 객관적 분석이 요구될 것이다. 그러나 이 연구는 분명한 것을 제시하는데, 그것은 원칙적으로 경험이 많은 청자에 의한 매우 특별한 판단은 연주의 객관적인 표현적 특징들에 의해 설명될 수 있고 기계적인 도구로 쉽게 측정될 수 있으며, 그리고 잘 이해되는 통계적 테크닉으로 수정 가능하다는 것이다.

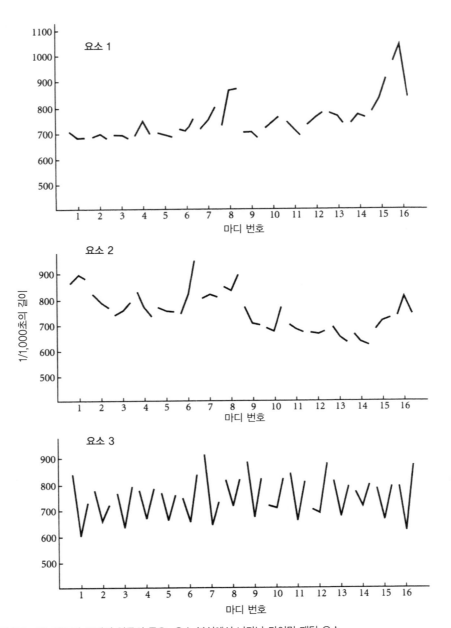

그림 5.2 미뉴에트의 19개의 연주의 주요-요소 분석에서 나타난 타이밍 패턴 요소

출처 : "Patterns of Expressive Timing in Performances of a Beethoven Minuet by Nineteen Famous Pianist."
by B. H. Repp, 1990, *Journal of the Acoustical Society of America, 88*, 622−641. Copyright ⓒ 1990 by *Acoustical Society of America.*

표현력과 곡해석을 배우고 향상시키기

관찰과 모방

뉘앙스를 완전하게 표시할 수는 없기 때문에 시범은 항상 음악기술의 핵심이 된다. 이러한 상황은 음악에서만 고유한 것은 아니다. 모든 기술의 대부분이 전문가가 하는 것을 관찰하고 모방하는 것을 통해 좀 더 잘 배울 수 있다. 그러나 클래식 교육을 받은 많은 음악가들은 다른 사람들의 연주를 듣는 것이 그들 자신의 고유한 곡해석에 '악영향'을 준다는 비합리적인 두려움을 갖고 있다. Woody(2003)의 연구로부터의 데이터(이 장의 앞부분에서 언급된)가 의미하는 것은 오히려 반대된 것으로, 즉 연주자 자신이 선호하는 곡해석은 다른 연주에 존재하는 상이성을 제대로 이해하는 것을 어렵게 할 수 있다는 것이다.

악영향에 대한 두려움은 클래식 음악원 문화에서 상당히 특별한 것으로 보인다. 광범위한 비교 문화적 증거는 모든 장르의 대가들이 일반적으로 다른 사람들의 연주를 집중적으로 연구한다는 것을 보여준다. 대중음악이나 재즈 음악가들의 발전에서 정확한 모방은 학습과정의 전반적인 주요 단계가 된다. 14명의 성공적인 대중 음악가들이 어떻게 그들의 전문적 기술을 발달시켰는가에 대한 Green(2002)의 철저한 연구에서 관찰된 것을 살펴보자.

> 초보 대중 음악가들을 위한 가장 중요한 학습의 실제는 레코딩을 듣고 모방하는 것이다. 전 세계를 거쳐 수천 명의 젊은 음악가들이 상대적으로 짧은 기간 동안—음향 녹음과 재생기술이 공식적인 통신망으로 광범위하게 확산된 지 최대한 80년을 거친—특정한 공식적인 네트워크 외에서, 일반적으로 학습 단계의 초기에서, 서로로부터 독립되어서, 성인의 감독 없이, 그리고 전 세계에 실제의 편재에 대한 매우 적은 명시적 인식을 가지고 배우는 이 접근법을 수용했다(pp. 60~61).

그러한 전략은 어떤 점에서는 분명히 매우 '자연스러운' 것이며 다른 방법으로는 얻을 수 없는 깨달음의 기반을 제공한다. 그 문화에 의하면 정확한 모방의 편차는 서로 다른 단계에서 지배적이 된다. 예를 들어, 일본의 전통음악에서 견습생들은 그들의 스승이 하는 것을 정확하게 모방할 수 있는 것에 매우 높은 가치를 둔다. 그들이 그러한 기술을 완벽하게 습득한 후에야 비로소 스승으로부터 일탈할 수 있는 권리를 얻을 수 있다. 대중음악의 어떤 유형에서는 정확한 모방이 수준 높은 연주의 가치 있는 특징이다(제10장의 비교 문화적 관점 참조).

다른 사람들의 연주를 피하는 것이 연주가로서의 장기적인 전략적 이득이라는 증거는 없으며, 아직은 독립적인 전문가에 도달하지 못한 이들에게는 적절하지 못하다는 것은 분명하다. 젊은 음악가들에 대한 최근의 어떤 연구과정 중에서 우리들 중의 하나는 몇몇 젊은 음악가들이 음악을 들을 시간이 없으며 그렇게 하고자 하는 특별한 관심도 없다는 것을 발견하고 낙심을 했다. 학생들이나 그들을 지도하는 교사들은 일반적으로 그러한 자멸적인 태도나 행동을 받아들이지 않기를 우리는 바란다. 모든 연주 커리큘럼은 연주가가 되고자 하는 이들이 광범위한 음악 스타일과 연주를 들을 수 있는 충분한 여유를 남겨 두어야 한다.

명시적 표상 시스템의 개발

표현적인 연주는 연주에 표현적 규칙들을 적용하는 능력에 의존적이라는 것을 우리는 논의했다. 그러한 규칙이 없으면 연주자들은 음표들의 연주된 특징들 간의 수천 개의 임의적인 작은 다양성으로 인해 압도될 것이다. 그러나 연주자들이 그러한 규칙의 운용에 항상 의식적인 것은 아니다. 연주 규칙들이 절차적으로 숙달이 되면 그것은 자동적이며 자발적이 된다. 학습의 초기에서 모든 동작은 공들인 의식적 노력이 동반된다. 이후에는 개별적 동작의 세부사항들이 감소하고, 보다 높은 수준의 관점에서 집중하는 것에 자유로워진다(Sloboda, 1985b, '기술학습의 심리학'의 세부사항 참조). 음악적 표현의 경우에 있어서, 그러한 자동화의 경험은 연주자로 하여금 표현은 직관적이며 '주의를 하지 않는 것이 최선이다'라는 잘못된 신념을 갖게 할 수 있다. 자동화된 기술에 대한 지나친 의식은 가끔은 매끄러운 흐름을 방해하는 것이 사실이며, 개별적 연주는 많은 세부사항을 숙달한 후에도 연습을 계속하는 것과 무의식적 반복이 되도록 내버려둘 수 있을 때 분명하게 최상의 보증이 된다(제4장 참조). 그러나 이것은 안정적인 곡해석에 도달하는 과정이 직관적이고 앞뒤를 가리지 않는 것과 같다는 의미는 아니다. 가끔은 음악적 맥락(특정 장르나 연주 전통에 적합하게)에서 습득된 습관들이 시험되거나 적응될 필요가 있을 수 있으며 가능하다면 다른 맥락에서는 배우지 않는 것이 필요할 수 있다. 이러한 이유에서 우리는 연주자들이 풍부하고 명료한 일련의 개념들, 아이디어들, 테크닉, 그리고 곡해석을 검토하고 발전시킬 수 있는 언어화의 개발에 의해 이행하는 것이 최선이라고 믿는다.

비교 문화적 관점 : 대중음악에서의 자기 부정

해석가로서의 연주자(또는 지휘자)의 개성과 자율권에 일반적으로 주목하도록 하는 것이 목적인 클래식 연주와는 달리 대중 음악가들은 상당히 자주, 자기를 내세우지 않으려 한다. Green(2002, pp. 49~53 참조)은 이 두개의 예들을 증거로 입증한다. 하나는 극단의 예가 되는 '트리뷰트 밴드'[2]인 '커버' 연주로서 Green에 의하면 주로 "그들이 모방하려는 밴드의 의상, 머리 모양새, 그리고 무대 공연뿐만이 아니라 음악의 모든 것을 포함한 원래의 행위를 완벽하게 복제하는 것이 목표(p. 49)"이다. 모든 목표는 원래의 것으로부터 구분될 수 없도록 하는 것이다. 여기에서 예술적 성공은 연주자의 그 어떤 고유의 예술적 기여가 완벽하게 배제되는 것을 요구한다. 그들의 예술은 원래 밴드의 팬들을 충분히 속일 만큼 완벽한 모방을 위해 정확하게 조정하는 것이다.

이것은 많은 대중 음악가들이 그들의 작품에 접근하는 방법에 근거가 되는, 보다 폭넓은 철학과 연관된다. 세션 음악가들은 "오히려 19세기 전의 하인으로서의 음악가의 위치를 연상시키는 태도의 경향"(p. 50)이 있다. Green이 인터뷰를 한 한 연주자는 다음과 같이 말했다.

나는 항상 누군가가 나를 고용한다는 사실에 유념하려고 했다. 왜냐하면 우리 자신이 특정한 일을 하려고 우리 자신을 고용하는, 우리 자신이 되도록 허용하는 프리랜서이기 때문이다. 어떤 사람으로부터 일을 얻게 되면 나는 그들이 나에게서 원하는 것이 정확하게 무엇인지 알기를 원하며, 그들에게서 내가 무엇을 원하는지가 아니며, 내가 무엇을 원하는지도 아니며, 나의 것을 내가 어떻게 할 수 있는가도 아니다. 음악가가 상황을 자기 자신의 것을 하는 것으로 이용하는 것은 잘못된 것이며, 당신을 고용한 이의 하인으로서 연주를 할 때 그것이 진정한 것이라고 나는 생각한다(p. 47).

물론 대중음악에서 고유함과 예술적인 창의성이 중시되고 추구되는 많은 상황이 있다. 이러한 예들은 각 장르와 각각의 연주 전통이 그 문화적 맥락에서 어떻게 이해되어야 하는지 강조하는 것을 돕는다. 그것은 '클래식의 대가가 팝/재즈의 대가를 만나다' 또는 다른 '크로스오버' 프로젝트와 같은 어떤 유명한 예들, 가령 1960년대의 클래식 바이올린 연주자 Yehudi Menuhin과 재즈 바이올린 연주자 Stefan Grapelli의 유명한 콜라보, 또는 오페라 성악가들이 대중적인 음악을 연주하는 것과 같은 것들이 다소 거북하게 느껴지는 이유를 설명한다. 그렇지만 음악적 경계들을 연결하려는 시도에서 틀림없이 어떤 예술적 (그리고 가끔은 경제적?) 이득이 있다.

---

2 특정 뮤지션이나 밴드에 대한 헌정이나 추종을 위해 음악과 이미지를 완벽히 재현해 보여주는 밴드. 카피 밴드 혹은 커버 밴드라고도 부른다. 전 세계적으로 500개가 넘는 것으로 알려져 있으며, 유럽과 미국에서 음악 차트 순위에 오를 정도로 활발하게 활동 중이다.

우리는 그들이 들은 표현적 도구를 설명할 수 있는 학생들이 그것을 좀 더 잘 재생해 낸다는 것을 이미 보았다. 다른 음악가들과의 상호작업은 자신의 표현과 곡해석의 충동 뒤에 무엇인가를 명확하게 하도록 강요될 수 있는 경향이 훨씬 강하다. 실내악 그룹이나 다른 유형의 앙상블에서 "50마디에서 너는 정확히 무엇을 하고 있는 가?"나 "왜 그런 식으로 연주하는가?"와 같은 질문들이 있는 것은 완벽하게 자연스러운 일이다. 우리는 이것이 많은 교육 프로그램에서 모든 학생들로 하여금 그들의 독주와 오케스트라 연주에 추가하여 실내악 그룹에 속하도록 요구하는 이유라고 믿는다. 지도하는 것은 그나 그녀가 표현적으로 무엇을 왜 하는지에 대해 분명하게 하도록 연주자를 격려하는 또 다른 중요한 도구이다. 무엇인가를 배우는 좋은 방법은 그것을 가르치는 것이라는 것이 일반적으로 관찰되는 것이다.

　　자동화되는 표현적 규칙들은 짧은 지속 기간 동안 (몇 개의 음정들로) 실행되는 경향이 있기 때문에 연주자들은 명료한 개념적 시스템이 필요할 것이다. 복잡한 작품 전체를 함께 유지하기를 요구하는 건축적이고 구조적인 고려는 자발적이거나 자동화된 스타일에서 학습되거나 실행될 수 있는 그런 종류가 될 경향은 매우 적다. 표현과 곡해석의 대규모적 계획을 위해서는 '스토리 라인'과 같은 것이 필요하다(Chaffin et al., 2002 참조). 그러한 스토리 라인의 내용은 다양한 형태를 취할 수 있다. 많은 연주자들에 의해 사용되는 하나의 도구는 실제 스토리이다. 그들은 음악이 적절한 반주가 될 수 있는 상황이나 사건의 시리즈를 상상하려고 한다. 이것은 매우 특별한 표상(특정한 시간, 장소, 그리고 사람들)이나 좀 더 모호한 표상(기분, 환경, 느낌)들을 포함할 수 있다. 다른 도구들은 형태나 아치, 그리고 정적 또는 동적인 추상적인 구조로서 음악적 부분을 개념화한 것들이 포함된다. 이러한 수단들은 연주자와 그 작품, 모두에 매우 개별적일 수 있다. 무엇이 가장 문제인가는 어느 시점에서든 "당신이 지금 어디 있는지, 그리고 음악적으로 무엇이 일어나고 있는지를 아는 것"의 풍부하고 다면적인 수단을 그것들이 제공하는 것이다(제4장과 제6장 참조).

　　연주나 음악을 듣는 동안 적절하게 주의집중을 하지 않는 경험은 발전하고 있는 많은 음악가들에게 일반적인 것이다. 그들은 전체로서의 구조에 대한 정신적 지배력을 보유하는 분명한 수단을 갖고 있지 않기 때문에 지금의 순간(지금의 순간이 과거와 미래의 이벤트에 어떻게 연관되는가에 대한 어떤 진지한 의식의 결과적인 단절)에 집중하거나 음악으로부터 완전히 떠나 그들의 마음이 방황하도록 한다. 이 두 전략들은 표현력 개발에 도움이 되지 않는다. 명시적 표상의 레퍼토리를 강화하는 훈련을 연주자들에게 제공하기 위한 시도에서 그러한 훈련을 받은 이들은 훈련을 받지 않은 통제 참여자들에 비해 눈에 띌 만한 표현적 역량의 습득을 보여주었다(Sloboda, Gayford, & Minassian, 2003).

적절한 피드백의 획득

공개적 연주에서 그들의 표현적 의도의 수용을 고려한 상세한 피드백을 청중으로부터 얻을 수 있는, 연주자를 위한 기회는 오히려 매우 적다. 박수갈채, 열광이나 또는 다른 것들은 매우 구체적인 것은 아니다. 그것은 연주자에게 청중들이 2악장에서 신중하게 계획된 긴장에서 고요함으로의 전이를 들을 수 있었는지의 여부를 알려주지 않는다. 우리가 이미 설명했듯이, 연주자들은 자신의 연주를 평가하는 가장 좋은 위치에 있지는 않을 것이다. 그들은 실제의 것보다는 그들이 듣고 싶어 하는 것을 들었을 것이다. 다른 경우에는, 그들이 의도한 표현이 충분하지 않아서 청중들이 그것을 깨달을 수 없었을 수도 있다. 지도교사들에 의해 자주 관찰되는 것들 중의 하나는 학생들이 수행했다고 믿는 표현적 제스처가 단순히 너무 작아서 청자들에 의해 명확하게 감지될 수 없었다는 것이다. 마지막으로, 성공에 대한 명확한 기준을 설정하는 것은 매우 어려우며 무엇이 '좋은' 연주를 만드는가(옳은 음정을 연주했는가에 대한 분명한 기준을 넘어서)에 대한 합의가 거의 존재하지 않기 때문에 음악가들이 연주를 정확하게 평가하는 것은 불가능할 수도 있다. 이것에 반대되는 것은 스포츠(테니스와 같은)나 경쟁적인 게임(체스 게임 같은)이다. 선수들은 즉각적이고 객관적인 피드백을 얻으며 ─ 그들이 이겼는지 졌는지 ─ 그들이 이긴 시간의 배분을 증가시키기 위해 일할 수 있다.

따라서 연주의 발전은 음악가의 훈련과 발달과정에 관여했던 다른 전문가들에 의해 음악가들에게 제공된 강화된 피드백에 결정적으로 의존한다(제10장 참조). 실기심사 신뢰성에 대한 연구의 어떤 것들을 가볍게 언급해야겠지만 공식적 평가(실기시험, 시험 등)에 의해 제공되는 어떤 피드백은 자신감을 고무시키지는 않는다(제11장 참조). 곡해석이나 심미적 평가는 그것이 전문가에 의한 것임에도 불구하고 가끔은 신뢰할 만하지 않다.

이러한 이유들로 인해 어떤 연구자들은 연주자들에게 허용되는 좀 더 객관적으로 강화된 피드백의 도구를 조사해 왔다(Juslin, Friberg, Schoonderwaldt, & Karlsson,

2004 참조). 최선으로서의 피드백은 스포츠심리학 문헌에서 보여줬듯이 빈번하고, 일관성이 있으며, 구체적이고 정확한 것일 수 있다(Singer, Hausenblas, & Janelle, 2001). 컴퓨터를 사용한 연주 특성의 분석을 통해, Juslin과 Laukka(2000)는 행복이나 슬픔, 또는 분노와 같은 개별적 기본감정을 효과적으로 전달하는 구체적인 변화들을 분리해낼 수 있었다. 명확한 연주 목표가 이러한 감정들의 하나를 전달하는 것인 경우 연주에서 중요한 요소들의 존재나 부재의 견지에서는 성공을 평가할 수 있으며 또한 연주의 전달효과라는 견지에서는 의도한 감정을 신뢰할 만하게 파악한 청중들의 비율에 의해 측정할 수도 있다. Juslin과 Laukka(2000)는 연주자들에게 그들 연주의 어떤 특성들이 도움이 안 되고 왜곡됐는지를 분명하게 보여줄 수 있었으며, 그들이 의도한 감정이 표출된 것을 신뢰할 만하게 인식하게 될 때까지 그들의 연주를 수정할 수 있는 기회를 제공했다. 이것은 피드백이 표현적인 연주를 강화할 수 있도록 목표한 환영받는 시범이지만 좀 더 복잡한 감정적 메시지나 긴 작품에 대해 그런 보강 피드백을 개념적으로 또는 실질적으로 확장하는 것은 다소 어렵다.

마지막으로 연주의 질에 대한 판단의 사회적 상대성에 대한 주의의 말이 필요하다. 서로 밀접한 관계의 문화나 전통에서조차 사람들은 서로 다른 것들에 우선순위를 매긴다. 바로크 음악 연주에서 가장 중요한 것이 후기 낭만 음악에서도 중요한 것은 아니다. 새로운 장르의 특정한 규칙들을 습득하는 것은 시간이 걸리며 적절한 판단을 할 수 있는 역량을 습득하는 것도 그만큼의 시간이 걸린다. 또한, 어떤 장르에 대한 관습적 지혜가 그대로 유지되는 것도 아니다. 오늘날 서양에서 베토벤을 연주하는 방법은 일련의 역사적 연구와 현대 연주의 실제, 그리고 정통성 모두의 발달을 반영한다. 50년 전의 베토벤의 연주 소리는 오늘날의 베토벤 지지자들에게는 분명히 특이하게 들린다. 특정한 판단에 얼마만큼의 무게를 두어야 하는지를 결정할 때, 그것은 언제나 사회적 그리고 문화적 배경과 판단이 되는 것으로부터의 가설에 대해 가능한 한 많이 이해하려고 시도하는 것이 필요하다. 이러한 가설들은 오직 당신, 그리고 당신과 관련된 사람들이 당신의 활동을 전제하는 것이 이러한 가설들과 일치하여야만 특정 조언을 따르는 것이 전반적으로 유익한 성과로 이어질 수 있는 좋은 기회가 될 것이다.

▌ 학습문제

1. 표현적인 연주가 규칙 지배적이라는 가장 강력한 증거는 무엇이라고 생각하는가?

연주가 규칙 지배적이면서 그와 동시에 창의적이라는 주장을 평가한다.

2. 음악적으로 설득력 있는 연주의 구성에 있어서 의식적으로 신중한 계획을 하는 것과 언어적 논의와 묘사의 역할에 대해 연구는 우리에게 무엇을 이야기하는가?

3. 연구는 우리의 표현능력을 향상시킬 수 있는 최선의 방법에 대해 우리에게 무언가를 말해 줄 수 있는가?

▌ 더 읽을거리

아래 문헌들은 표현적 연주에 관한 우수하고 상당히 포괄적인 리뷰들이다.

Juslin, P. N., Friberg, A., & Bresin, R. (2002). Toward a computational model of expression in music performance: The GERM model. *Musicae Scientias, Special Issue* 2001–2002, 63–122.

Parncutt, R., & McPherson, G. E. (Eds.). (2001) *The Science and Psychology of Music Performance: Creative strategies for teaching and learning.* 제13장의 '구조적 소통'과 제14장의 '감정적 소통' 참조

Deutsch, D. (Ed.) (1999). *The Psychology of Music.* 제14장의 '연주' 참조.

Kopiez, R. (2002). Making music and making sense through music. In R. Colwell & C. Richardson (Eds.), *The New Handbook of Research on Music Teaching and Learning* (pp. 522–541). 청자와 연주자의 측면을 포함, 음악적 표현의 부호화와 해독.

06

독보 또는 듣기와 기억하기

초견, 듣고 연주하기, 그리고 암기한 연주를 회상하는 것은 서로 다른 방법들이지만 이 세 가지 기술 모두, 기억으로 보유하고 기억으로부터 정보를 가져오는 능력에 의존적이기 때문에 이 장에서 이에 대해 논의한다. 클래식 음악학습에서 독보는 초견[1]의 역할을 하며 이후에 암기하여 연주를 할 새로운 레퍼토리를 습득하는 기반을 제공한다. 재즈나 대중음악 장르에서는 대부분의 비서양 문화에서와 마찬가지로 음악이 오로지 암기에만 의존한다는 정의로서의 구전[2]으로 전해지곤 한다.

듣고 연주하는 것이나 초견은 모두 작품을 익히는 과정에서 일어나는 반면 암기하여 연주하는 것은 그 이후에 일어난다. 초견과 비교해서 암기하여 연주하는 것은 청자에게 연주자가 그 작품을 소유한 것 같은 착각을 갖게 한다. 그러나 완벽을 고려한 요구사항들은 많은 관점에서 다르다. 초견은 음악가가 어떤 실수들을 살짝 비껴가면서 오히려 개략적인 곡해석을 할 수 있는 반면 암기하여 연주하는 것은 일반적으로 음의

---

1 악보를 보고 처음부터 바로 노래하거나 연주할 수 있는 능력. 초견능력은 연주가에 있어 중요한 것 중 하나인데, 선천적인 소질에 의한다기보다는 후천적인 연습에 의해 발달시킬 수 있는 것이다.

2 입으로 전해지는 사회의 문화적 측면을 말한다. 어떤 사회는 노래, 시, 설화 등을 통해서 자신들의 역사, 가문을 기록하는 방법에 전적으로 의존한다.

정확성과 고유한 곡해석을 보여준다. 반주라는 맥락에서 자주 발생하는 초견은 연주를 위한 특별한 준비가 최소한이거나 거의 없다. 그러므로 초견은 연주자가 적절한 전략을 사용하여 대처해야 하는 '온라인(online)'으로 발생한다. 반면에 암기하여 하는 연주는 연주자가 연주를 최적화하기 위해 좀 더 여유가 허락되는 '오프라인(offline)'으로 광범위하게 연습한다.

서양음악 역사에서 기보법은 다성음악의 출현과 함께 다양한 성악가들과 음악가들이 서로 협력하기 위한 필요에 의해 나타났다(Sadie, 2001, 'Notation' 참조). 음악의 유용한 기호적 표상들은 고대부터 존재했으며 정확한 기억 단서로서 다소간의 역할을 했다. 일반적인 예는 손동작이나 위치를 나타내며 류트나 기타, 또는 중국의 치터(zither) 음악을 위해 사용된, 도해적 표기방법인 태블러처[표보(標譜)/운지법 도표]가 될 수 있다. 16세기부터 발달된 현행 기보법은 성문화(成文化)와 보급을 위한 목적으로, 음악을 나타내기 위해 사용되었다. 따라서 이것은 매우 정확해야만 했다. 모든 문화와 서양음악의 모든 형태가 음악학습을 용이하게 하기 위해서 기보법에 의존하는 것은 아니다. 인도의 예술음악 역시 기보법이 있음에도 불구하고 음악학습은 일반적으로 구전에 의해 이루어진다. 기보법은 잘 알려져 있겠지만 학술적인 목적으로만, 또는 비음악가에게 음악을 지도하기 위해 사용되었다. 재즈음악(그리고 록음악에서는 좀 더 많이)에서는 표준 음악이나 그것의 화성 진행(변화)이 리드시트(lead sheet)[3]에 담겨 있지만 그들의 실행은 대부분 녹음된 청각 모델에 기반한다. 요약하자면 기보법은 유럽이나 다른 곳에서, 역사적이고 문화적인 상황하에 출현했으며 모든 음악적 문화의 부분은 아니다. 음악 사회가 얼마나 많이 그것에 의존하고 있는가는 문화적 조건(즉, 레퍼토리의 난이도와 안정성, 철학, 읽고 쓸 수 있는 능력의 중요성)에 달려 있다.

표기된 것이나 레코딩과 같은 외적인 기억 원조도구의 부재에서는, 음악적 기억이 문화적 유산을 보존하는 유일한 방법이 된다. 연주자가 작곡가인 경우―예를 들면 베토벤이 자신의 작품을 연주하는―기억은 문제가 안 된다. 이와 유사하게, 음악을 비전퀘스트[4]의 과정에서 받는 미국 인디언은 아마도 짧은 연습 후에 그 음악을 잘 기억해낼

---

3 편곡과 관계된 용어로 사용되는 경우에는, 편곡의 개요를 기록한 악보를 가리킨다. 멜로디 라인(보컬을 포함), 카운터 라인, 코드 네임, 리듬 패턴, 베이스 라인을 비롯하여 각 부분의 사용 악기의 배합이나 표정, 그리고 속도 및 그 변경 등 세부사항이 간결하게 기보되어 있다.

4 영계(靈界)와의 교류를 구하는 의식 : 북미 인디언 부족에서 시행된 남자의 의례

표 6.1 암기된 연주의 소환(recall)에 있어서의 초견과 듣고 연주하기의 비교

친숙하지 않은 음악 (SR : 초견, EP : 듣고 연주하기)	친숙한 음악(암기된 연주의 리콜)
SR : 표기된 악보를 실시간 연주로 전환 EP : 소리와 동작들을 연주로 전환	기억으로부터 음악과 근육 프로그램 소환
SR : 즉석에서 표현하기, 따라서 덜 예술적 EP : 표현 모방, 이후에 수정 가능	신중하게 계획된 예술적 곡해석에 의존
SR : 추측과 추론 EP : 시행착오	모든 것을 이미 알고 있음
SR : 지속적인 시각적 모니터링이 항상 가능하지 않음 EP : 지속적인 시각적 모니터링 가능	악기에 대한 시각적 모니터링의 지속 가능
좀 더 융통성이 있는 경향 느려지는 경향(처음에) 덜 정확한 경향	융통성이 덜한 경향 빨라지는 경향 상당히 정확한 경향

것이다. 서양 전통의 오케스트라 음악가들은 악보를 통해 연주하는 반면 극동의 어떤 합주단들은 기억을 통해 연주한다.

역사를 통해서 서양음악은 재생산의 정확성에 대한 엄격한 요구와 함께 연주자와 작곡가의 역할 분리를 보았다. 오늘날의 참고 녹음의 유용성과 함께, 모든 사람들은 어떤 특정한 작품이 어떻게 소리 나야 하는지를 알고 있으며 부분적으로는 악보에 대한 충실함에 근거하여 연주를 판단할 것이다. 수백 년 전, 독주자들은 다른 사람들의 작품을 자유롭게 '즉흥적으로 연주'했다(오늘날 어떤 사람들은 여전히 그렇게 하고 있다.). 어떤 기악 연주자들에게는 암기하여 연주할 것이 요구되고 다른 연주자들에게는 안 그런 반면 오페라 성악가들은 항상 그들의 파트를 암기한다(Aiello & Williamon, 2002 참조). 프란츠 리스트와 클라라 슈만은 암기에 의한 연주를 하여 청중들을 놀라게 한 첫 대가들에 속하며 여전이 청중들은 암기에 의한 연주를 선호한다(Williamon, 1999, 제9장 참조).

듣고 연주하는 것이나 초견기술과 마찬가지로 뛰어난 암기력은 천재들의 전기에서 자주 나타난다(모차르트, 멘델스만, 리스트). 외부 세계에서 암기기술은 그 어린이가 음악에 얼마나 적절히 대응하는가를 보여주는 표시로 여겨진다. 이와 마찬가지로 겨우 몇 번 들은 음악을 다시 연주하는 예외적인 음악적 기술을 가진 예술적 어린이(음악적 서번트로 불리는)들도 경이롭다. 초견은 어린이가 단순히 기계적인 훈련으로 연주

하는 원숭이가 아니라 음악 시스템을 개념적으로 습득했다는 증거이다. 우리는 동일한 이유로 즉흥연주 기술을 테스트하는 것을 상상할 수 있다(1747년 Frederick II의 궁정을 방문한 바흐와, 이어진 *Musical Offering*의 작곡). 따라서 우리의 음악문화에서는 그러한 기술들을 (조기에) 보여주는 것이 음악적 재능을 나타내는 것이라고 간주한다(제2장 참조). 간혹 여러 능력이 동시에 나타나기도 한다. 사실, 연구가 보여주는 바는 그것들이 서로 연관되어 있으며(McPherson, 1995, 제1장 참조) 어떤 음악가의 주관적 생각과는 반대로, 초견을 더 잘하는 사람은 좀 더 나은 암기와 즉흥연주를 하는 경향이 있다.

이 장에서 우리는 다음의 내용을 살펴볼 것이다.

1. 우리 문화에서 상징적인 표상(악보)이 일반적이지만 어떤 교육자들은 음악을 먼저 듣고 배우는 것이 음악학습의 보다 자연스러운 방법이라고 고려한다는 것을 보여준다.
2. 전문가들은 그들의 장기적인 기억과 암기된 연주(리콜)에 특별한 접근방법을 습득했다는 개념을 소개한다.
3. 독보는 이전의 지식과 자극의 본성에 의존적이며 암기된 연주와 유사한 재건과정이라는 것을 논의한다.
4. 초견과 암기기술은 훈련을 통해 향상시킬 수 있다는 것을 지적한다.

음악적 상징체계

상징체계는 우리 문화의 중요한 한 부분이다. 인간은 상징체계를 성공적으로 발명하고 사용할 수 있기 때문에 지능적이다. 우리는 계산을 하고 측정을 할 때는 숫자를 사용하며 말을 하거나 읽을 때에는 문자를 사용한다. 분명히 악보는 음악을 배우고 음악에서 사용하는 하나의 상징체계이다.

우리의 생각하는 방법을 변화시키는 그러한 상징적 표상들은 어린이들이 악보표기기술을 습득하는 것에서 예시된다(그림 6.1 참조). 어린이들에게 다른 아이들이 그 노래를 연주할 수 있도록 어떤 노래를 표기하라고 요청했을 때(Upitis, 1987), 어린이들은 손, 드럼 등을 낙서의 형태로 한 기호적 표상을 그려서 다시 구분했다. 형상적 표상이라고 불리는 또 다른 종류의 표상들은 지각적 근접성과 이벤트(event)의 수에 기반한다. 이벤트의 수와 길이의 비율을 보유하는 기보는 계량적 표상(metric representation)이라고 불리며 음악 기보법과 친숙한 어린이만이 적용할 수 있다. 분명히 악보를 어떻게 읽는가를 아는 것은 우리가 해독하기 위한 그것의 사용을 의미하지 않는다. 연구자들은 12~18세로 구성된 그룹에게 '생일 축하합니다'를 노래하고 그것을 기보할 것을 요청했다(Davidson & Scripp, 1992 참조). 참여자들 중에는 음악원에 재학하고 전공악기에서 가장 어려운 작품을 연주할 수 있는 학생들이 있었다. 핵심만 말하자면 기보법에서는 오히려 부족함이 있었다.

대부분의 어린이들은 읽는 것을 통해서 자국어(모국어)를 말하는 것을 배우는 것이 아니라 다른 중요한 사람들(부모, 교사 등)이 말하는 것을 듣고 배운다. Sloboda(1978)는 이에 대해 "말하는 것을 배우는 극히 초기 단계에 있는 정상적인 어린이에게 읽는 것을 가르치려 하는 사람은 없을 것이다. 그러나 첫 기악 레슨에서는 어린이의 음악적 인지능력을 파악하지 않은 채 악보를 읽는 것으로 시작하는 것이 일반적인 것으로 보인다(p. 15)."라고 말했다. 이것이 왜 어떤 음악교육자들, 특히 눈에 띄는 20세기 후기의 스즈키(Shinichi Suzuki)가 악보의 초기적 도움 없이 어린이들에게 음악을 지도하는 방법을 개발했던 분명한 이유다(유사하게 1940년대의 Mainwaring; McPherson & Gabrielsson, 2002 참조). 소리에서 상징기호로, 연주를 하고 참여하는 것에서 악보를

낙서/기호적	
형상적	
계량적	

그림 6.1 리듬의 다양한 표상들(세부사항은 본문 참조)
출처 : "Children's Understanding of Rhythm," by R. Upitis, 1987, *Psychomusicology*, 7, p. 50. Copyright ⓒ 1987 by *Psychomusicology*.

읽고 쓰는 것으로 진행하는 것이 좀 더 자연스럽고 바람직하다는 증거가 서서히 대두되고 있다(McPherson & Gabrielsson, 2002; Rogoff, 2003). 그러므로 우리는 "음악을 듣고 연주하는 것은 음악활동의 시작 단계에서 악보를 읽는 능력 발전의 준비이며 발달 이후의 단계를 거쳐 악보에 의해, 그리고 악보 없이 연주하는 것이 권고"되는 좀 더 통합된 접근법을 지지하는 McPherson과 Gabrielsson(2002, p. 113)의 의견에 동의한다. 그것은 초보자들이 단순히 시각적 입력을 통해 근육 프로그램에 신호를 보내는 대신 내적 음악 표상을 훈련하고 의존하는 것을 장려한다.

초견과 암기의 핵심 메커니즘

우리는 지면 위의 검은색 점들을 보고 그것들을 음악적 표기로 인식하거나 음악적 소리로 듣는 기본 지각 처리과정을 생략한다. 그러한 과정들은 모든 다른 주변의 시각적 또는 청각적 지각을 인식하는 데 연루되는 것들, 그리고 지각과 감각에 대한 교재들에서 다루고 있는 것들과 동일하다. 그 대신 우리는, 음악가가 시각적 입력을 악보로, 또는 청각적 입력을 리듬이나 멜로디로 인식하고, 그것을 이해하여 연주를 하는, 즉 계층과정에 있어서의 후기의 단계로 들어간다.

　우리 논의 중 중요한 심리학적 개념은 '청킹'[5]이라고 불리는, 사람이 어떻게 정보를 처리하는지와 관련된 것이다. 사람은 정보를 조금씩 처리하기보다는 다수의 정보유닛을 동시에 처리하도록 하는 패턴을 찾는 경향이 있다. 이를 위해 지각적 입력은 의미 있는 유닛(청크)으로 그룹지어진다. 다음의 글자들의 배열을 보고 그것을 기억하려고 시도한다. 'g-s-n-i-i-g-d-h-a-t-e-r.' 아마도 무작위적 일련의 글자들로서, 기억하기 어렵게 보일 것이다. 그 단어를 이후에 기억해내기 용이할 수 있는 'hater'로 보았을 수도 있다. 만일 동일한 12개의 글자들이 다른 순서, 즉 's-i-g-h-t-r-e-a-d-i-n-g'으로 제시되었다면, 그룹화나 이후에 기억해내는 데에 어려움이 없었을 것임이 분명하다. 이와 유사하게, 'c-d-e-c-c-d-e-c-e-f-g-e-f-g'('Frère Jacques'의 첫 두 마디)나 d-f-a-c(D-minor 7화음) 시퀀스는 그것들이 우리에게 무엇인가를 '의미'하지 않는 한, 개별

5　단기기억에 관한 연구에서 사용되는 용어 가운데 하나로, 기억 대상이 되는 자극이나 정보를 서로 의미 있게 연결시키거나 묶는 인지과정을 지칭한다. 이러한 인지과정은 결과적으로 단기기억의 용량을 확대시키는 효과가 있다.

적 음정들을 기억하는 것은 상당히 어려울 것이다. 우리의 지식, 말, 그리고 동작들은 덩어리로 조직화되어 있다. 예를 들어, 연습을 하는 동안 한 작품을 각각 몇 마디씩인 작은 유닛으로 나눈다면 이것은 심리학자들이 이해하는 청킹이 아니다. 청크는 소규모의 의미 있는 유닛이며 음악적 섹션은 여러 개의 청크를 포함하는 경향이 있다(자기학습 참조).

자기학습 : 음악 구조와 인지

첫째, 오선지를 준비하고 다음의 지침을 읽는다. 이 연습에서 당신은 오선지 위에 기억을 통해 기보를 할, 두 개의 음악 샘플을 짧은 순간 동안 볼 것이다.

144쪽의 예제 A를 2초 동안만 보고 신속히 책장을 덮고 기보를 시작한다. 145쪽의 예제 B를 동일한 방법으로 실행한다. 다 실행하면 아래 문단의 지침을 따른다.

원 악보와 비교하여 올바르게 기보한 음정들의 수를 센다. 당신은 한 예가 다른 예에 비해 기억하고 기보하기 더 쉬웠다는 것을 알아차릴 것인데, 그 이유는 그것이 청킹을 하는 데 좀 더 전도성이 있기 때문이다. 첫 번째 예제 A에서 당신의 마음은 삼화음과 단기(short run)를 그룹화하려는 경향이 많았지만, 두 번째 예제 B에서는 유사한 의미 있는 방법으로 음정들을 청킹하는 것이 가능하지 않았을 것이다. 전문가들은 폭넓은 지식이 있으며 거의 모든 음정 시퀀스에서 의미 있는 유닛들을 찾을 수 있다. 그러나 그들의 의미부여에 기여하는 시스템이 난관에 처하는 경우(예 : 완전한 무조성 음악) 그들 역시 그것을 암기하는 데 실패한다.

청크의 크기는 다양하며 체스 선수들을 대상으로 한 실험들에서 보여주듯이 숙련의 정도에 의존적이다(Simon & Chase, 1973). 이러한 실험들에서 청크의 크기는 전문가가 휴식 없이 기억해내는 조각들의 수에 의해 판단되는데 이것은 각각의 회상의 분출이 함께 저장된 정보의 청크를 나타내는 것이다. 더 나은 체스 선수들은 그보다 못한 선수들보다 청크에 속하는 좀 더 많은 조각들의 수로 구분된다. 나중에 우리는, 악보를 짧은 시간 동안 본 후에 좀 더 나은 초견가들은 그보다 못한 초견가들에 비해 더 긴 음정들의 시퀀스를 기억해내는 것을 보여준 초견 관련 연구로부터의 유사한 발견에 대해 좀 더 자세히 논의한다.

그룹화하고 정보를 이해할 수 있는 능력은 절차적이거나(방법을 아는) 또는 단정적인(무엇인지를 아는) 사전지식에 의존한다. 예를 들어, 선행되었던 'sight-reading'의 예를 이해하기 위해서 우리는 영어를 알아야 한다. 이와 상응하는 독일 단어 *Vomblattspiel*[6]은 글자의 순서와는 무관하게 여기에서는 아무런 의미가 없을 것이다. 구어의 문법과 다소 유사하게, 음악적 의미 역시 음악의 규칙적이며 예측 가능한 구조에 의해 가능해진다. 어떤 현상의 시퀀스와 개연성은 우리가 의미를 정하는 것을 돕는다. 예를 들어 으뜸음 7번째 화음으로 해결하는 딸림 7화음, 화음으로 인해 건반 위의 특정 촉지 패턴들. 청킹은 우리의 지각을 이전에 저장된 지식과 연결하는 기억 메커니즘의 핵심이다.

수천 가지의 실험에 근거하여 심리학자들은 정보가 어떻게 지각되고 처리되며 저장되는지의 정교한 모형을 개발했다. 기억의 일반적 모형은 세 개의 구분되는 단계로 추정한다(심리학 입문 교재 참조). 첫 단계는 오직 몇 분의 1초 동안만 지속되는 감각적 단기기억으로 추정된다. 만일 이 단계에서 정보가 방치된다면 그것은 영원히 유실된다. 과학자들은 주의력의 전개가 학습(그리고 기억해내는 것)에 버금간다는 데 동의한다. 반면에, 선택된 정보는 다양한 시간의 양으로 존재할 수 있는 단기기억(Short-Term Memory, STM)으로 들어간다. STM은 미래의 처리와 조정을 위해 현재와 연관된 정보를 포함한다. 만일 그것의 내용들이 의미심장하게 연습되고 활발하게 그룹화되면, 그것은 장기기억(Long-Term Memory, LTM)으로 이전될 수 있다. 그 이름이 의미하듯, LTM의 정보는 매우 오랜 시간이 지난 후에도 기억을 불러올 수 있다. STM 아이디어의 확장은 작업기억[7] 개념(Baddeley, 1986)으로서, 작업기억을 아이템들이 놓여 있고 조작되는 작업대의 한 종류로 본다. 우리는 이러한 유형의 기억을 컴퓨터의 전원이 꺼지면 그 내용을 잃는 컴퓨터의 임의 접근기억[8]과 비교할 수 있다.

기억이론에 대한 진정한 난제는 작업을 하는 동안 우연히 방해를 받은 이후에도 상당한 양의 자료를 기억해낼 수 있는 음악 전문가를 포함한 전문가의 성취이다. 데이터를 설명하기 위해 Ericsson과 Chase(1982)는 숙련된 또는 전문적 기억(최근에 Ericsson & Kintsch, 1995에 의해 장기 작업기억으로 다듬어진)이라는 개념을 계발했다. 숙련된 기

---

6 '초견'의 의미를 가진 독일어

7 정보를 일시적으로 보유하고, 각종 인지적 과정을 계획하고 순서화하며 실제로 수행하는 작업장

8 기억된 정보를 읽어내기도 하고 다른 정보를 기억시킬 수도 있는 메모리로서, 컴퓨터의 주기억장치, 응용 프로그램의 일시적 로딩(loading), 데이터의 일시적 저장 등에 사용된다.

억이론은 전문가들이 STM 안에 존재하는 소위 검색 구조를 사용하여, LTM 안에 저장된 정보에 대한 접근권한을 개발하는 것을 설명한다. 그것을 STM에서 LTM의 연관된 지식으로의 지시로 생각한다. 이러한 검색 구조들은 전문가들이 습관적으로 하는 과제에 잘 들어맞는 형태이다. 예를 들어, 지금은 유명해진 실험에서 조사되었던 트랙 선수는 수행시간에 그것을 재부호화하면서 두 자리, 세 자리, 그리고 네 자리 임의의 숫자를 기억해낼 수 있었다. 그리고 그러한 시간들은 모두 하위와 상위 마디가 있는 나무 구조로 정리되었다(Ericsson & Chase, 1982). 듣고 연주하는 어떤 대중 음악가는 4마디나 8마디 구조의 체계적인 윤곽을 사용하여 그것에 일치하는 화성 변화와 함께 선율선을 저장하는 포괄적 장소(틈새들)를 갖고 있을 것이라고 우리는 추측할 수 있다.

흥미롭게도 암기기술의 우수성은, 친숙하지 않은 자료 또는 구조적으로 맥락이 맞지 않는 자료는 기억하기 어렵다는 의미로서의 영역 특수적(domain-specific)[9]이라는 것이 발견되었다. 수학 전문가는 여러 자리 수를 기억해내거나 계산할 수 있겠지만 여전히 열쇠들이나 중요한 서류들을 어디에 두었는지 잊을 수 있다. 암기기술은 매우 특수적이기 때문에 일반적이지 않은 자료(즉 비조성)의 초견이나 암기는 상당히 어렵다는 것을 우리는 경험을 통해 알고 있다. 이 효과는 우리의 청킹 메커니즘의 붕괴로 인한 것이며 보다 큰 의미 단위(조성 선율들과 화성들)의 부호화(coding)[10] 대신에 우리

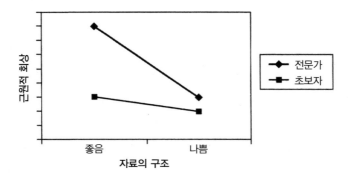

그림 6.2 기억에 있어서의 구조에 의한 기술의 체계적 표상

---

9 Fodor가 사용한 단원이라는 개념에서, 이 단원의 정의적 특징 중의 하나로 하나의 단원은 단 한 종류의 정보를 다룬다는 점에서 영역 특수적이라는 개념이다.

10 기억하기 쉽도록 정보의 의미를 정교화하는 과정. 학습한 정보는 그 당시의 환경과 같은 외적 맥락, 그리고 학습자의 기존 지식과 같은 내적 맥락에 따라 변형되어 부호화되고 저장된다.

는 개별적 음표들이나 음정을 그룹화해야 한다. 이것은 전문 음악가들과 비음악가들(초보자들)에게 조성적이고 전통적 화성을 가진 또는 상당히 임의적인 선율이 기보된 것을 암기할 것의 요청을 통해 음악적 기억에 대한 것을 보여줬다(Halpern & Bower, 1982, 그림 6.2 참조). 저자들은 전반적으로는 전문가들이 더 나은 면모를 보였지만 임의의 선율에서는 비전문가와 비슷했다는 것을 발견했다. 이 차별적 구조에 의한 기술 효과는 다른 전문적 영역에서도 나타났다.

수행 요구사항에 대한 대처

자료를 저장하고 회상하도록 하는 중요한 기억 메커니즘을 언급했듯이, 이제 우리는 실생활에서의 초견과 암기, 그리고 연주자들에게 부과되는 요구사항들에 이 기능들이 어떻게 상응하는지에 대해 논의한다(Aiello & Williamon, 2002; Chaffin et al., 2002; Ginsborg, 2004, 기억 관련 참조; Lehmann & McArthur, 2002; Sloboda, 1985b, 제3과 2장; Thompson & Lehmann, 2004, 초견 관련 참조). 간략히 말해서 전문적 연주의 목표는 인간의 정보처리 시스템의 한계를 넘어가는 것이다(제4장 참조). 모든 영역의 전문적 수행의 특징인 지적 예측에 의해 되는 것이든 아니면 창조된 장기 작업기억 구조에 의한 것이든, 이것은 해야 할 과제의 세부사항에 의존적일 것이다.

초견

초견과 인지적 과제에 관련된 것을 평가하기 위해서 우리는 눈이 어떻게 기능을 하는지 이해해야 한다. 우리가 악보를 볼 때, 또는 그 문제에 대한 모든 객체에서, 그것은 완전히 움직임이 없고 좀 더 큰, 결합된 모형의 한 부분으로 보인다. 우리의 눈이 전체 사진을 동시에 담아내는 스냅 사진 카메라처럼 작동하는 것이 아니라는 것을 깨달으면 대부분의 사람들이 놀라게 된다. 그것은 오히려 한 번에 하나의 작은 영역에만 초점을 맞춘다. 그것은 카메라처럼 하나의 작은 세부를 가까이 잡고, 그리고 전체 사진을 얻기 위해서 수많은 연속되는 스냅 사진을 찍는다.

　책으로부터의 정상적인 독서 거리(30cm)에서, 초점의 영역은 약 두 단어(10글자) 길이가 된다. 우리 시력의 초점은 훈련에 의해 확장될 수 없다. 전문적 독서가/초견가들은 그 영역 주변에서 부분적으로 지각된 정보를 가지고 좀 더 이치에 맞추는 것만이 가능하다. 좀 더 큰 장면을 보기 위해서 우리가 하나의 일관된 전체로 경험하는 이미지를 두뇌가 형성하는 동안, 우리의 눈은 한 시점에서 다음의 것들로 매초 세 번에서 여섯 번까지 이동해야 한다.

이러한 작은 이동을 **도약안구이동(saccade)**[11]이라고 부르며, 그들의 시퀀스는 임의적이거나 고정적인 것이 아니며 (1) 시야(視野)의 일들이 어디에서 일어나는지, (2) 우리는 어디에서 그것이 발생하리라 예상하는지, 그리고 (3) 어떤 정보를 추출해내려는지에 의존적이다. 우리의 예상은 자극의 본질과 마찬가지로 다음의 도약안구이동이 어디가 될지를 결정한다. 이러한 이동 간의 정지를 **응시(fixation)**[12]라고 부르며 이것이 우리의 시각계가 실제로 정보를 수집할 수 있는 유일한 시간이다. 일명 시선 추적기(eye-tracker)라는 장치로 응시와 도약안구이동을 기록하고 이후에 시선의 위치들을 구성하는 것을 통해, 우리는 사람들이 얼굴을 인식할 때, 체스판을 심사숙고 들여다볼 때, 또는 독서를 할 때 어떻게 주의를 배치(deploy)하는지를 연구할 수 있다(Goolsby, 1994; Kinsler & Carpenter, 1995; Rayner & Pollaxsek, 1989).

음악가들이 초견을 하는 동안 그 또는 그녀의 안구이동을 기록하는 것으로부터 얻은 결과는 적용된 연구나 방법론에 따라 상당히 다르지만 어떤 일반적인 발견이 있기는 하다. 초견(또는 시창)을 하는 음악가들은 그들이 그 당시 정보를 모으고 있는 중간 지점에서 그 전후를 본다. 다르게 표현하자면 항상 눈은 손(또는 목소리)보다 조금 앞서기 때문에 그들은 실행지점의 이전과 이후를 본다. 음악적 구조는 음악을 어떻게 읽어야 하는지에 영향을 준다(Weaver, 1973; Sloboda, 1985b에서 인용). 예를 들자면 호모포닉 음악을 위한 안구이동은 화음과 같은 수직적 패턴을 주로 따르지만 수평적 구조를 가진 폴리포닉 음악은 수평적 지그재그로 훑어보게 한다. 또한 자료가 어려워질수록 응시도 길어진다.

응시의 정확한 지점은 경험에 의존적이다(Goolsby, 1994). Goolsby는 친숙하지 않은 음악을 초견하는 음악가들(기술적인 초견가와 덜 기술적인 초견가들)의 안구이동을 연구했다. 기술적인 초견가들은 정보를 찾아 주변을 살피면서 처음에 확인하지 않았던

---

11 안구운동의 한 종류로, 안구가 한 응시점에서 이와 떨어진 다른 응시점으로 신속하게 이동하는 운동. 안구는 1초에 4~5회의 도약운동을 하는데 글이나 그림의 지각에 중요하다.

12 안구의 초점이 대상이나 장면에 고정되는 것. 수 초간 지속되는 이 고정시간 동안 관찰자는 자극에 대한 정보를 얻는다.

위치로 돌아가는 반면 덜 기술적인 음악가들은 모든 연속적인 음표들을 보았다(그리고 여전히 오류가 있었음). 덜 기술적인 음악가들과는 달리 기술적인 음악가들은 또한 표현적/다이내믹 표시들도 훑어보았다.

두 눈이 단순히 방황하는 것이 아니라 적극적으로 정보를 추출한다는 것은, 연주를 하는 동안 예고 없이 악보를 덮어 버리고 여전히 기억할 수 있는 것을 연주하기를 요청하는 것을 통해 나타난다. 현재 연주의 시점과 눈이 보고 있는 더 앞선 지점 간의 거리를 지각범위[13]라고 부른다. 연주의 현시점과 악보가 예기치 않게 덮여졌을 때 연주된 마지막 음표 간의 거리를 눈-손 범위(좀 더 일반적으로는 눈-연주 범위)라고 부른다. Sloboda(1974, Sloboda, 1985b에서 인용)는 기술적인 초견가가 그보다 못한 초견가(대략 4개 음표)에 비해 더 큰 눈-손 범위(대략 7개의 음표)를 갖고 있었다는 것을 발견했다. 우수한 연주자들은 일반적으로 좀 더 넓은 범위를 인지한다는 사실은 정보가 좀 더 많이 또는 더 큰 청크로 저장된다는 것을 설명한다. 각 응시가 하나의 정보 청크를 가져온다는 의미에서의 안구이동이나 응시의 수는 청크들의 수와 일치하지 않는다는 것을 주시한다. 오히려 하나의 청크는 여러 응시들로 수집할 수 있는 정보에 대한 반응으로, 내적으로 구성된다. 시간적으로 중요한 활동을 하는 동안 보다 큰 청크를 보다 신속하게 구성할 수 있는 것은 연주자가 시각적 입력을 근육 프로그램으로 변환할 수 있는 시간을 얻는 데 도움이 된다.

안구 동작뿐만이 아니라 모든 눈-손 범위는 예상과 지식, 그리고 연주 간의 복잡한 상호작용을 다시 가리키는 음악 구조에 순응한다. 음악가는 다음에 설명되는 범위의 축소나 확장을 깨닫지 못하거나 의식적으로 영향을 미칠 수 없다고 말해도 틀리지 않을 것이다. Sloboda(1974, Sloboda, 1985b에서 인용)는 피아니스트들에게 슬라이드 프로젝터를 사용한 짧은 음악 샘플들을 보여줬다. 참여자들은 그들이 모르는 음악을 프로젝터의 전원이 꺼질 때까지 초견을 했다. 피아니스트들은 그 악보에서 기억할 수 있는 것은 무엇이든 연주를 계속했다. 언급했다시피 좀 더 나은 초견가는 좀 더 많이 기

---

13 독서를 할 때 눈 멈춤과 더불어 시지각 과정에서 주목되는 것은 지각범위이다. 흔히 글을 빨리 읽으려면 글 한 줄을 한꺼번에 보아야 한다고 믿어져 왔다. 속독에서는 글 한 줄뿐만 아니라 2~3행의 글을 한꺼번에 보도록 지도되고 있다. 그러나 눈의 움직임은 정상적인 독서 행위에서는 거의 모든 단어에서 멈춤이 일어나고 있으므로 몇 개의 단어를 한꺼번에 보거나 뛰어넘는 일은 있을 수 없는 것이다. 문장을 읽는 도중 낯선 단어가 나올 경우 독자는 놀랄 것이며, 그 단어의 의미에 대해 생각하며, 눈 멈춤의 시간이 길어진다. 여기서 독자가 어느 단어 혹은 어느 글자에서 놀라느냐 하는 것은 곧 글자의 지각범위를 나타낸다.

억을 했지만 놀랍게도 눈-손 범위는 종종 연주의 현시점(프로젝터의 전원이 꺼졌을 때)으로부터 다음 프레이즈 경계까지의 거리와 일치했다. 예를 들어, 프레이즈의 경계가 평균적인 눈-손 범위보다 훨씬 멀었을 때(12개 음표라고 한다면) 피아니스트는 그들의 개인적인 눈-손 범위가 허용하는 사이들의 음표들만을 연주했다. 그러나 프레이즈 경계가 도달 가능한 범위(6개 음표라고 한다면)였을 때 평균 눈-손 범위가 단지 3개 또는 4개 음표였던 참여자들조차도 그 경계에 도달했다. 반대로 좀 더 넓은 눈-손 범위의 초견자들도 전형적인 범위보다 짧은 것을 보이는 이 프레이즈 경계보다 더 나아가지 못할 수도 있다. 축소와 확대범위의 유사한 현상은 초견에서의 눈-목소리 범위에서 이미 관찰되었다(Rayner & Pollatsek, 1989).

　음악 작품들은 음표들의 임의적 배열이 아니며 오히려 우리가 어떤 스타일로서 또는 어떤 작곡가에 의해서, 그리고 상당한 양의 중복[즉, 주제적 소재(thematic material)의 반복]이 포함된 것으로 인식하는 일관된 실체이다. 이 사실은 우리가 한 번에 처리해야 하는 정보의 양을 축소한, 다가오는 섹션에 대한 어떤 예상을 구축하게 하며, 악보에서 관련성 있는 곳에 우리의 주의를 이끌도록 돕는다. 예를 들어, 우리가 어떤 스케일의 시작을 본다면 우리는 오선 위의 모든 곳의 음정들보다는 오히려 같은 사선에서 선행된 음정에 아주 근접한 것을 좇을 것이다. 이것이 전문가들이 추측이나 추론의 근거로서 중심와(fovea)[14]의 주변 영역의 분명하지 않은 정보를 이용할 수 있는 곳이다.

　일반적인 읽기연구는 글을 읽는 사람들이 실제로 모든 단어와 글자를 읽는 것이 아니라 *a*나 *the*와 같이 일반적이고 짧은 단어들은 제외하며, 또한 단어의 중심보다는 그 주변에 좀 더 초점을 둔다는 것을 보여준다(Rayner & Pollatsek, 1989). 이것은 또한 음악에서도 드러났다. Sloboda(1976, Sloboda, 1985b에서 인용)는 악보상 오류가 있는 클래식 음악의 발췌로 피아니스트의 초견 실험을 실행했다. 원래의 악보는 화성의 전통적인 규칙에 위반되는 결과인 온음(whole step)을 올리거나 내리는 것으로 변경되었으며 피아니스트들에게는 그 악보대로 연주할 것이 요청되었다. 변경된 음표대로 가장 자주 연주된 것은 오른 손과 프레이즈의 시작에서였으며, 프레이즈의 끝부분은 다소 덜 정확하게, 그리고 프레이즈의 중간 부분이 가장 부정확하게 연주되었다. 그렇지 않으면 피아니스트들은 변경된 음정들의 어떤 것들을 분명히 기보되었어야만 한다고 생

---

14 안구에서 망막의 한가운데에 있는 작은 부분으로 추상체만 존재한다. 중심와는 시선(line of sight) 위에 위치하며 응시하는 사물의 상이 맺히게 된다.

각하는 것으로 무심코 '수정'하였다. 피아니스트들이 그 작품을 두 번째 연주할 때에는 일시적으로 수정된 음정표들의 수가 증가되었는데, 그것은 화성적 맥락에 대한 그들의 예상이 강화되었다는 것을 보여준다.

Sloboda의 1976년 실험이 음악가들의 추정을 연주 오류들을 사용하여 조사한 것인 반면 다른 실험은 자발적인 추정에 관한 것이었다(Lehmann & Ericsson, 1996). 첫째, 초견을 하는 피아니스트들에게 미리 녹음된 독주 음반 트랙을 반주할 것을 요청했다. 두 번째 시도에서 그들은 삭제된 음정들을 기억해낸 다음 채워서 연주해야 하는 악보를 사용했다. 유사한 또 다른 진행이 반복되었는데 첫 번째 시도 때에 이미 삭제된 음표들이 있는 다른 악보를 사용하였다. 더 나은 초견가들은 그들이 원 악보를 본 적이 없음에도 불구하고 첫 번째 시도에서 상당하게 더 많은 옳은 음정들을 기억해냈으며 두 번째 과제에서는 좀 더 적절한 음정들을 추론(즉흥연주로)했다. 이러한 결과들은 초견에 근거가 되는 재구성 과정(즉, '연주를 하면서 보완하는')을 분명하게 나타낸다. 그러나 이러한 재구성 과정이 어떻게 작용하는가?

추론을 하기 위해서 초견가는 패턴 인식에 의존해야 한다. 우리가 앞에서 설명했듯이 장기기억에 신속하게 접근할 수 있다면 기술적인 초견가는 패턴의 정체를 파악하고 신속하게 대응할 것이다. 음악가들이 제시된 음표 패턴의 여러 쌍의 동일성을 비교 판단하라는 요청을 받았을 때, 다양한 초견기술에 있어서 그룹 간의 반응시간에 상당한 차이를 보였다(Waters, Underwood, & Findlay, 1997). 기술적인 초견가들은 그보다 못한 초견가들에 비해 좀 더 신속하게 비교할 뿐만 아니라 음이나 리듬 변수의 임의 추출로 인한 혼란에 대해 좀 더 민감하게 반응한다. 전문가의 이러한 불리한 영향은 그들이 자극의 패턴적 특성에 얼마나 강하게 의존적인지를 강조한다. 또한 전문가들은 두 가지 자극의 비교에서 좀 더 적은 응시를 사용하며 결정에 적은 시간을 필요로 한다. 여기에서 역시 우리는 전문가들이 좀 더 큰 청크를 구성하는지에 대해 의심할 수 있다.

이 모든 것들이 시사하는 바는, 초견가가 시각적 입력을 자동적으로 근육 프로그램으로 변환하는 기계적 처리과정에 단순하게 참여하는 것이 아니라는 것이다(p. 90, '자동성' 참조). 오히려 기술적인 초견가는 시간적 제한이 어찌 되었든 간에 지각된 정보에 근거하여 음악이 어떻게 소리 나야 하는가를 머릿속에서 재구성한다. 그 과정에서 예상과 지식이 융합된다. 연주자에게 '직관'처럼 느껴지며 신속하고 정확한 추측을 허용하는 것이 사실은 스타일의 지식, 연주의 실제, 그리고 음악이론으로의 접근인 것이다.

암기와 듣고 연주하기

우리가 여태까지 이야기해 온 청킹과 문제 해결의 재구성적 본질의 많은 것들은 암기 기술과 함께여야 한다. 음악적 회상은 근육적 생산(노래 부르기, 연주하기, 작곡하기)을 위한 소리 나는 대상의 재구성을 요구한다. 만일 어떤 것이 처음에 올바르게 부호화되지 않았다면 재생은 불가능할 것이라고(전화번호를 잘못 외운 것과 마찬가지로) 우리는 추정할 수 있다. 그러나 올바른 내적 표상이 존재한다 할지라도 잘못된 수행은 여전히 가능할 것이다(전화번호를 잘못 눌렀을 경우와 마찬가지로).

음악적 기억은 두 가지 변형으로 나타난다. 하나는 연습의 부산물로 좀 더 우연히 발생하며 다른 하나는 성취를 위한 상당한 노력과 신중함이 요구된다(그림 6.3 참조). 음악가가 한 작품을 반복적으로 연주할 때, 서로 연결되는 순차적인 청크(전향 연쇄짓기[15]라고 부름)들이 만들어진다. 이 경우 각 청크는 다음을 위한 신호로 기능을 한다. 따라서 한 청크를 연주하는 것은 다음을 촉발시킬 것이다(그림 6.3 참조). 이것이 우리의 '근육기억'(운동감각기억 또는 기계적 기억)이 작동되는 방법이다. 불행히도 두 청크의 연결이 붕괴될 때(불안감으로 인해), 뒤따르는 청크는 더 이상 회복될 수 없다. 초보 연주자들이 외워서 연주를 할 때 놀랍게도 그들의 손은 어떻게 계속해야 할지를 아는 경우도 있지만 머리는 그렇지 않은 문제에 직면한다. 작품을 다시 처음부터 시작하는 것조차 갑작스러운 기억착오를 극복하도록 돕지 못할 것이다. 그러므로 이러한 유형의 기계적인 암기에만 의존하는 연주는 진지한 무대 연주자에게는 적합하지 않다(Aiello & Williamon, 2002; Chaffin et al., 2002).

그 대신 경험 있는 연주자들은 다른 경로를 택한다. 이러한 음악가들이 작품의 명확한 심상을 구축하기 위해 배우는 것은 촉각적 신호에 대해 ─ 포함될 수는 있지만 ─ 상당히 독립적이다. 암기 전략에는 작품의 부분들을 쓰는 것, 연주를 하지 않고 분석하는 것, 음악의 다양한 부분에서 연주를 시작하는 것, 또는 한 부분을 노래하면서 다른 부분은 연주하는 것(피아니스트의 경우) 등이 포함된다. 이러한 작업은 나무와 같은 구조로서 마음속에 그릴 수 있는 방법을 통해 의미 단위들(청크들)의 저장으로 이끈다. Chaffin 등(2002)은 바흐의 *Italian Concerto*의 Presto 악장을 익히는 전문 피아니스트를

---

15 반응 연쇄를 학습시켜야 할 경우에 연쇄의 첫 번째 고리로부터 최종 고리까지 순차적으로 강화를 제공하면서 학습을 시키는 절차

연구했다. 저자들은 모든 연습을 비디오에 기록했다. 처음에는 작품의 곡해석과 테크닉적 관점에서의 연습의 부산물로서 어느 정도의 자동적 암기가 발생했음에도 불구하고 피아니스트는 연주 중에 주의하게 될 악보상에 있는 일명 연주 지시를 실현하면서 두 번째에는 작품을 진지하게 익혔다. 그러한 지시들은 표현적(즉, '이것은 동이 트는 부분'), 곡해석적(즉, '크레센도가 갑작스러운 *pp*를 가져올 수 있도록 확실하게 할 것'), 또는 테크닉적(즉, '지금 도약에 주의할 것') 특성일 수 있다. 연주자는 작품을 통해 그를 이끌어줄 지시의 시퀀스를 만든다. 그러한 지시들은 작품의 부분들에 대한 구조적 정보를 포함하는 계층적 구조 안에 둔다(그림 6.3 참조). 의지대로 연주자는 연주를 하는 동안에 관점을 바꿀 수 있으며, 전체적인 예술적 목표(나무의 상위수준)에서 타자 수준(keystroke level)[16]의 세부 지향적 관심(나무의 최하위, Chaffin et al., 2002, 제4장,

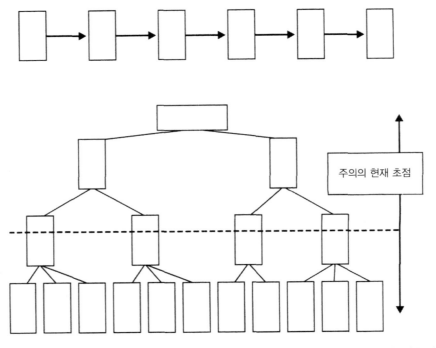

그림 6.3 위 : 음악 작품의 전향 연쇄 표상의 체계적 그림. 개별적 요소들은 서로에게 신호가 되는 이동 시퀀스들. 아래 : 프레이즈, 섹션, 드리고 연주 지시를 나타낼 수 있는 아래와 위의 마디에서 세부적 정보를 가진 위계적 기억 구조의 체계적 그림. 주의의 현재 초점은 다양하다.

---

16 인간의 타자 수행을 이론화하는 대표적인 모형으로, 과제 수행을 성분으로 쪼개고 각 성분들의 수행에 걸리는 시간을 계산하여 수행을 예측하고자 한다

제9장 참조)으로 이동할 수 있다. 단순한 전향-연쇄적 연주를 통한 연주 지시의 장점은, 문제점이 있는 경우 작품의 한 지점에서 다음의 의미 있는 지점으로 의지에 의해 뛰어넘을 수 있다는 것으로, 이렇게 움직이는 것이 연습될 수 있다는 것을 제공했다. 그러한 연주 지시의 중요성에 대한 또 다른 증거는, 그 작품을 처음 암기한 지 몇 해가 지나서도 그 지시가 있는 곳이나 그 근처는 작품의 다른 부분보다 좀 더 정확하게 기억할 수 있다는 것이다(Chaffin et al., 2002).

진지한 음악가들이나 유명한 교사들은 음악적 의미나 음악적 의미와 악기의 요구 등을 고려하여 암기하는 것에 어떻게 전념할지에 대한 충고를 주고자 해왔다. 지도교사들은 작품의 풍부한 심적 표상을 형성하기 위해 손의 위치, 시각과 촉각 패턴, 음악 분석, 그리고 함께 작용하는 비유적 연상들과 같은 인체공학적 고려에 대한 다중 부호화 시스템을 일반적으로 지지한다(예 : Gieseking & Leimer, 1932/1972). 성악가들에게는 음악과 가사를 함께 암기하여 회상을 위한 두 개의 가능한 진입지점을 주는 것을 권고한다(Ginsborg, 2004). 사실 연속되는 청크들과 섹션들은 다른 레벨에서 서로 연관되어 있으며 연주를 하는 동안 한 레벨에서 실패를 하는 경우 다른 레벨에서 역할을 한다. 예술가가 무의식적/자동적으로 대신할 수 있도록 하는 것(또는 백그라운드로 실행하는 것)을 이것이 방해하지는 않지만 연주자는 항상 명령권을 줄 수 있다.

피아니스트들로 하여금 짧은 작품 하나를 외우도록 요청한 연구에서 Lehmann과 Ericsson(1997a)은 한 음 한 음을 외우고자 한 참여자들이 작품을 화성과 선율적의 구조로서 개념화한 참여자들보다 작품의 암기가 느렸다는 것을 발견했다. 이후의 과제에서 참여자들은 작품을 이조하거나 손을 따로 하는 것을 통해 연주를 변경할 것을 요청받았다. 여기에서도 빠른 암기자들은 한 음 한 음을 느리게 암기한 사람들보다 새로운 요구에 훨씬 잘 순응할 수 있었다.

암기로 연주를 할 때 우리는 단순히 내적 레코딩을 켜는 것이 아니라 그 작품을 진정으로 '재창조'한다. 이것은 연주 오류들을 분석하는 것을 통해 증명되었다. 만일 테이프 레코더가 켜져 있었다면 그러한 실수들은 오히려 임의적이고 음악적 맥락에서 의존적이지 않아야 한다. 그 대신 음악적 기억은 그 맥락에 의해 상당한 영향을 받으며 다성 음악(polyphonic music)을 연주할 때에는 성부(voices)들이 그 시스템적인 방법에서 방해가 될 수 있다(Palmer & van de Sande, 1995, p. 180, '상황' 참조). 더욱이 음악가가 흠 없이 연주한다고 청중들이 믿는 경향이 있을지라도 여러 콘서트 피아니스트들의

MIDI 레코딩들은 연주 오류가 간혹 발생한다는 것을 보여줬다(Repp, 1996). 그러나 그러한 오류들은 내성부에 잘 숨겨졌거나 그럴듯한 대체 음정들이 관련됐다(즉, C장조 화음에서 'C' 대신에 'E').

어떤 기억은 악보를 처음 읽으면서 만들어지지만 다른 기억은 청각적 표상에 근거한다. 몇 번 반복적으로 들은 것을 통해 기억하는 것들(구전에 의한 것, 들은 것을 연주하는 것)은 원본 그대로의 재생성의 정도에 있어서 다양한 요구가 있는 것이 일반적이다. 유고슬라비아의 서사적 가수에 대한 연구(Lord, Mitchell, & Nagy, 2000)는 이러한 연주자들이 매번 동일한 단어를 기억하는 것이 아니라 매우 유사한 서사를 여러 번 반복적으로 만들어낼 수 있도록 하는 공식을 사용했다는 것을 명백하게 보여줬다(비교 문화적 관점 참조). 이것은 연극배우의 경우에서도 마찬가지이다. 적절한 대사를 하는 것은 가수나 배우가 어떤 역할이 무슨 상황에서 어떤 기분으로 왜 그런 방식으로 행위를 하는지 아는 것으로 충분하다. 친밀한 톤만 유지된다면 인사말을 'Hi'나 'Hi, there'로 하든, 또는 'Hello'로 표현을 하든 중요한 것이 아니다. 그러나 일반적인 생각과는 반대로 광범위한 원본 그대로의 암기도 발생할 수 있으며, 그것은 가멜란(Bali)과 스틸 밴드[17](Trinidad) 앙상블에서 인상적으로 기록되어 있다(Bakan, 1994; Helmlinger, 2005).

들은 것을 뛰어나게 연주하는 것은 음악 서번트나 맹인 음악가들에게 나타나는 재주이다. 간혹 극히 잘 발달된 암기기술을 소유한, 정신적으로 어떤 영역에 결함이 있는 사람들인 음악 서번트들 역시 음악의 근본원리와 그 외의 것들에 의존한다(Miller, 1989).

비교 문화적 관점 : 유고슬라비아의 서사 가수들

유고슬라비아의 구전 서사 가수들은 암기로 수천 줄에 달하는 서사시를 노래할 수 있다. 최소한 그렇게 보인다(Lord et al., 2000). 이 서술적인 시는 세대를 걸쳐 구전으로 전해지는데, 서사 가수들이 전문을 암기하는 것으로 주장됐다. 학자 Albert Lord는 20세기의 유럽에서 여전히 계속되는 호머의 유명한 시들이

---

17 서인도 제도, 특히 트리니다드 섬의 드럼통 합주단. 제2차 세계대전 당시 미 공군이 사용했던 가솔린 통에 착안하여, 각각 다른 음으로 조율하고, 그것을 늘어놓고 멜로디를 연주했으며, 동시에 타악기로도 사용했다. 칼립소 반주로도 사용되며, 1950년대부터는 미국의 밴드에서도 사용하기 시작했다.

구비문학(oral literature)의 기보된 버전일 가능성이 있다는 것을 정리하여 제시했다. 받아쓰고 기록된 노래들을 사용한 그의 광범위한 연구에서, 서사시는 암기되지 않았지만 "주어진 핵심적 아이디어를 표현하기 위한 동일한 운율의 조건하에서 규칙적으로 사용되는 단어들의 그룹"(p. 4)인 많은 수의 공식들과 하나의 줄거리를 사용해서 재창조했다는 것을 그는 증명했다. 이야기의 전반적인 개요에 근거해서 각 가수는 세부를 전통적인 방법으로 장식하고 청중들의 분위기, 노래의 길이 그리고 드라마의 구성을 고려하여 역할과 배경을 변경한다. 가끔 연주자들은 두 이야기가 동일하다고 주장하지만, 그러나 그런 공연들의 기록은 그러한 주장을 지지하지 않는다. 여기 Peter Vidic에 의한 'Marko and Nina'의 4개 버전의 예가 있다 (Lord, 2000, p. 236).

- Marko는 그의 어머니, 아내, 그리고 여동생과 와인을 마시고 있다.
- Marko는 그의 석탑에서 일찍 일어나 raki를 마신다. 그의 어머니, 아내, 그리고 여동생 Adelija가 그와 함께 있다.
- Marko는 Prilip에 있는 그의 성에서 일찍 일어나 raki를 마신다. 그의 어머니, 그의 아내, 그리고 여동생 Adelija가 그와 함께 있다.
- Marko는 그의 석탑에서 일찍 일어난다. 그의 어머니와 아내가 그와 함께 있다.

이 기록들은 유사성과 공통적 이야기(같은 역할, 등)를 보여주지만 그 단어나 감각은 일치하지 않는다. Lord는 또한 글로 쓰인 버전의 유포는 뒤따르는 가수들이 그 버전의 일부를 사용하거나 기계적으로 전체를 암기하는 것에조차 영향을 준다는 것을 보여줬다. 따라서 표면적으로는 암기처럼 보이는 것은 사실, 재구성이다. 이 예를 통해 우리가 보여주고자 하는 바는 암기에 대한 개념이 다양한 음악적 문화 안에서 서로 다르며 음악 연주는 항상 표기된 것(출판된 악보)이나 기억으로부터의 재구성이라는 것이다.

그들 중의 몇몇은 오직 몇 번만 들은 후에 그 작품을 다시 연주할 수 있겠지만 그들의 연주 오류는 비장애 전문 음악가와 유사하다. 전통적인 서양 화성으로 작곡된 짧은 작품에서 그들은 놀랍게도 정확했지만 반면에 그 구조가 서양 조성 음악의 원리에서 어긋나는 작품에서 그들은 오히려 되는 대로 연주를 했으며 가능한 근본적 12음계 구성 원리를 추출해내지 못했다는 것이 발견됐다. 그러므로 높은 수준의 듣고 연주하는 것 역시 재구성과정이며 오직 유입되는 자료가 청크화될 수 있고 의미 있게 부호화될 수 있어야만 회상이 가능하다.

독보와 암기가 향상될 수 있는 방법

읽기와 기억하기의 본질에 대해 논의함으로써, 이제 우리는 분명히 남은 의문들을 고려해야 한다. 왜 어떤 사람들은 다른 사람보다 더 나은 것인가? 그리고 이 기술들은 어떻게 연관되는가? 대부분의 사람들은 그들이 현재 연습하고 있는 음악을 기억할 것이지만, 어렵지 않게 듣고 연주하거나 초견으로 연주할 것이다. 들은 것을 연주하는 재즈 음악가나 어떤 맹인 음악가들과는 달리 많은 클래식 음악가들은 듣고 연주하는 것에서 취약하다. 연주를 위해 악보를 보고 점차적으로 어려운 레퍼토리를 익히는 것은 복잡함이 강화된 악보 사용이 동반되는 것이므로 초견은 다소 안정적이다. 마지막으로 연주를 위한 암기는 과제에 대한 그 사람의 경험에 따라 더 쉽거나 더 어려울 것이다.

많은 음악가들이 이미 그들이 뛰어난 '초견가'이거나 '암기가' 또는 '들은 것을 연주할 수 있는 사람'이라고 진술했을지라도 통계적 증거들은 다른 것을 보여준다. 우수한 초견가가 우수한 암기가일 수도 있으며 그 반대의 경우도 마찬가지이다. 다른 연구들 중에서 McPherson은(1995) 모든 기술 간의 긍정적이며 적당한 상관관계를 발견했다. 하나의 가능한 설명은 사람이 음악 정보를 어떻게 처리(청크)하고 저장해야 하는지에 연관되어야만 하는 근본적인 일반적 인지 메커니즘이다. 하나의 기술을 훈련하는 것은 다른 것으로 긍정적인 전이를 하게 하는 경향이 있다. 우리는 제4장에서 연습량이 연주수준의 대략의 지표가 될 수 있으며 연습량이 많은 학생은 적은 학생들보다 우수한 연주를 하는 경향이 있다는 것을 설명했다. 우리는 초견과 암기, 그리고 듣고 연주하는 것에서도 유사한 척도를 발견할 수 있을까? 불행하게도 대부분의 음악가들은 연주를 위한 레퍼토리를 체계적으로 연습하듯이 그 활동들을 연습하지 않는다. 듣고 연주하는 것에 대한 연구는 심리학 문헌에서는 두드러지게 부족한 반면 민족음악학 문헌에서는 자주 언급된다.

Lehmann과 Ericsson(1996)은 수준 높은 피아노 전공 학생들의 초견능력을 연구했다. 저자들은 초견기술의 발달을 촉진할 수 있는 유익한 훈련활동을 식별하고 수량화하는 것이 가능해야 한다고 믿었다. 따라서 연구 참여자들에게 합창단이나 독주자의 피아노 반주자로서, 또는 교회에서의 연주에서 얼마나 많은 시간을 보내는지를 물었다. 그에 더해서, 참여자들은 급박한 요청에도 안정된 반주를 할 수 있는 작품들로 된 '반주 레퍼토리'에 속해 있는 모든 작품의 수를 헤아려 보았다. 사실대로 말하자면 더 나은 초견가는 반주활동에 더 많은 시간을 보냈으며 더 폭넓은 반주 레퍼토리를 갖고 있었다.

방금 언급한 Lehmann과 Ericsson(1996)의 연구에서 레퍼토리의 양으로 음악가의 초견능력을 예측할 수 있었다. 그러나 단순히 같은 것을 더 많이 하는 것은 연주를 향상시키지는 않는다(제4장 참조). 오히려 피아니스트들은 특별히 다른 사람들의 반주를 목적으로, 도전적인 것들과 좀 더 배울 수 있고 좀 더 복잡한 작품들을 적극적으로 찾았다. 최초의 초견 연구가들 중의 하나인 Bean(1938, p. 3)은 "효율적인 독보기술을 성공적으로 배우는 것에는 지도교사나 학생의 의식이 있는 요령이 포함되지는 않는 것으로 보인다."라고 썼다. 이제 우리가 알듯이 경험을 얻기 위해 충분한 기회를 갖는 것뿐만이 아니라 의도적으로 도전하는 것이 요령일 수 있다(초견과 암기기술의 향상에 대한 추가적 정보는 Williamon, 2004, 제7장, 제8장 참조).

일반 심리학에서 우리가 알듯이 기억은 맥락 의존적이다. 그것은 우리가 특정 내용을 배울 뿐만이 아니라 그것에 연관되는 학습 환경과 생리적 상태 등을 기억하는 것이다. 전적으로 하나의 환경에서 항상 같은 시간에 연습하는 것은 그러므로 변화된 조건에서 연주할 때 연주력의 감소의 위험의 여지가 있다(즉, 저녁 대 아침, 공복감 대 포만감, 밝은 무대조명 대 부드러운 조명, Mishra, 2002 참조). 또한 공연 중에 연주자가 갑자기 악구(passage)에서 기초를 이루는 화성 진행을 이해하고자 결정하는 경우 일반적으로는 자동적으로 연주되는 악구가 불안정해질 수 있다. 그러한 변화가 연주 도중에 일어나서는 안 된다(제4장 참조). 그 대신 모든 규칙성에도 불구하고, 기억 실패를 방지하는 것을 돕기 위해 연주와 밀접한 가변성을 연습에 포함해야 한다.

암기의 훈련 가능성과 기억증진기법(mnemonic technique)[18]들의 사용은 음악 영역 내외의 연관된 문헌들에서 반복적으로 제시되어 왔다. 영역 관련 자료의 뚜렷한 기억은 그 영역으로의 참여의 결과이다. 암묵암기(implicit memorization)[19]를 위한 전략들은 연습기술들이 일반적으로 그렇듯이 훈련의 문제이다(제4장 참조). 그러나 그러한 문

---

18 기억을 향상시키는 전략. 기억을 증진시키는 가장 기본적인 방법은 기억해야 할 정보를 이미 알고 있는 지식과 연결시켜 정교화하는 방법과 나중에 인출이 용이하도록 조직화하는 것이다. 대부분의 기억술은 이러한 방법과 심상의 사용을 응용한 것인데, 심상을 형성할 때는 특이한 방식으로 상호 작용하는 심상을 형성할수록 기억에 효과적이다.

19 특정 사건의 기억에 대한 개인의 의식은 없으나 현재의 행동에 영향을 주는 기억. 암묵기억의 내용은 지각적인 특성을 지니고 있으며, 측정 시에 간접기억검사를 사용한다.

제에 있어서 음악가들 또는 연극배우들의 경우 부수적(암묵) 기억은 충분히 안정적이지 못하기 때문에 무대 공연을 위해서는 외현암기(explicit memorization)[20]가 필요하다.

암기를 하는 데에 하나의 옳은 방법이 있는가? 기억은 자료에 대한 선행된 지식 및 의미 있는 부호화와 연관되어 있기 때문에, 그리고 모든 사람은 서로 다른 학습전기를 갖고 있기 때문에 암기 전략들은 연주자들 간에 다소 달라야 할 것이다. 앞에서 지적했듯이 외현암기는 훈련의 특이 방법들이 요구될 것이다. 우리들 중의 하나는 음악분석을 통해 암기하는 것에 익숙한 한 기타리스트가 시각적 심상을 사용해 음악을 암기할 것을 원하는 새로운 지도교사와 상당한 어려움을 겪었던 것을 알고 있다. 학생은 당황하게 되었고 이 지도교사와 공부하기 전에는 결코 발생하지 않았던 연주 중의 암기 문제점을 보이기 시작했다. 우리는 어떻게 암기하는지를 설명할 수 없는 사람은 그들의 기능적 전략들과 상당히 조화를 이루는 반면 암기로 인해 어려움을 겪는 사람들은 아마도 충분히 효과적인 전략들을 사용하는 것은 아닐 것이라고 추측할 수 있다.

요약하자면, 이 장에서는 초견, 암기, 그리고 듣고 연주하기의 기술들을 가능하게 하는 분리된 심리적 메커니즘, 즉 기억에 초점을 두고 논의했다. 초견에서는 시각적 입력이 추론과 패턴 인식에 신호를 주어야 하는 반면 암기된 연주는 성공적으로 신호를 하는 것과 (계층적) 회복 구조로부터의 청크들의 연속에 의존적이다. 초견에서의 안구 이동, 전문적 연주가들의 연주 오류들, 그리고 듣고 연주하는 예술적 서번트들에 대한 데이터는 이러한 과정들이 연관된 정보를 적극적으로 탐색하고 음악의 친숙한 구조적 원리(어법)에 대한 상당한 의존이 동반된다는 것을 분명하게 나타낸다. 상당히 효과적인 기억 메커니즘(장기 작업기억)은 훈련을 통해 얻어지며 따라서 상당히 영역 특수적이다. 암기와 회상을 이해하고 향상시키기 위해서 우리는 개인적 학습전기를 고려해야 한다.

▌ 학습문제

1. 전문가들이 어떻게 정보를 좀 더 빠르게 처리할 수 있는지를 설명할 수 있는 증거를 제시할 수 있는가?
2. 왜 어떤 사람들은 사진이나 녹음테이프와 같은 기억이 가능하다고 믿는지 설명하고

---

20 어떤 특정 사건을 기억하고 있다는 개인의 의식이 있는 기억. 외현기억의 내용은 주로 의미적이고 개념적이며, 측정 시 재인이나 회상 등의 직접기억검사를 사용한다.

과학적 관점에서 이 견해를 논의한다.

3. 초견, 암기, 그리고 듣고 연주하기가 어떻게, 그리고 왜 강화될 수 있는지를 설명한다.

▌ 더 읽을거리

다음은 일상에 상당한 적용을 하는 개요의 장들이다.

Williamon, A. (Ed.) (2004) *Musical Excellence: Strategies and Techniques to Enhance Performance*. See chapters 7 on memorizing and 8 on sight-reading and improvisation.

Parncutt, R., & McPherson, G. E. (Eds.) (2002). *The Science and Psychology of Music Performance: Creative Strategies for Teaching and Learning*. 제7장 음악학습, 제9장 초견, 제11장 기억 참조.

Chaffin, R., Imreh, G., & Crawford, M. (2002). *Practicing Perfection: Memory and Piano Performance*. 연습의 맥락에서 암기에 대한 상세하고 대단히 흥미로운 설명.

예제 A

예제 B

07

작곡과 즉흥음악

축하를 위한 전자 메일이나 카드 또는 짧은 시를 쓰거나 편집하거나 또는 글을 고쳐 쓸 때, 그것은 사실 창작을 하는 것이다. 강당에서 급우와 잡담을 하거나 노트에 낙서를 하는 것, 또는 파티에서 춤을 출 때, 그것은 사실 즉흥행위를 하는 것이다. 어린이들이 놀이를 하는 동안 자발적으로 즉흥노래를 하는 것을 볼 수 있듯이 즉흥연주와 작곡은 우리가 일반적으로 하는 것을 즐기는, 우리 일상의 일반적인 행위들이다. 어린이들은 즐겁게 노래를 만들어 가거나 이미 있는 노래를 영리하고 재미있는 방법으로 변경한다. 만일 우리가 단어들이나 예술로 편안하게 즉흥화하거나 구성할 수 있다면 왜 많은 성인들은 음악을 갖고 그렇게 할 수 없는 것인가? 클래식 훈련을 받은 많은 음악가들이 즉흥연주나 작곡을 하도록 요청을 받을 때 움츠러드는 반면 재즈와 록 음악가들에게는 이러한 기술이 일반적이다.

우리는 과거의 위대한 음악가들을 창조적이라는 용어로 자주 연상하지만 우리의 활동과 관련하여 사용할 때에는 꺼린다. 우리가 사용할 수 있는 좀 더 중립적인 용어는 생성적(generative)일 수 있는데 그것은 즉흥연주나 작곡과정에서 새로운 자료가 생성되는 것을 나타낸다. 하지만 우리는 바흐 시대의 작곡가들이 연주자이며 즉흥 연주가였다는 것을 잊어버리는 경우가 많다. 우리가 결코 그 이름을 알 수 없을 음악가들을 데리고 있던 수천 개의 작은 교회를 고려하면 우리는 존재하는 음악적 유산이 실제로 생산되었던 것들의 아주 작은 부분일 뿐이라는 것을 가늠할 수 있다. 우리에게 전해진 것들은 그 당시에 매우 높게 평가된 작곡가들의 작품이거나 단지 이후에 알려질 수 있도록 발견될 기회를 가진 작품들이다.

Gardner(1997; Sternberg, 1999 참조)는 특정 영역을 통달하거나 완벽하게 한 사람들(모차르트), 새로운 영역을 만드는 사람들(프로이트), 다른 이들에게 영향을 주는 사람들(간디), 그리고 마지막으로 그들 자신의 정신을 반영한 사람들(버지니아 울프)을 구분했다. 그들 중에서 진실로 유명한 사람들은 가끔 '천재'로 언급된다. 우리는 단순히 어떤 작품이나 사람이 인정될 것이고 그 이유가 무엇인지를 예측할 수 없기 때문에 이 장의 초점을 성취의 천재적 유형이 아니라 일상의 음악적 생성성(창조성)에 둔다.

작곡과 즉흥연주를 배우는 것의 혜택은 음악적 구조를 깊이 있게 이해할 수 있게 한다는 것이다. 이러한 이해는 연습을 하는 동안 작품의 구조화를 향상시키며 특정 곡해석의 요소들을 발견할 수 있거나 준비(연습, 암기)에 도움이 되기 때문에 연주에 도움이 되는 경향이 있다. 어떤 사람들은 즉흥 음악가들도 역시 그들의 자발성을 연습된 연주에 전이시킨다고 주장한다. 마지막으로 문제해결 기술로 요구되는 생성적 능력을 얻는 것은 초견의 영역에서 음악가들에게 도움이 될 것이다. 이 장에서는 다음의 내용을 살펴볼 것이다.

1. 음악의 창조와 재창조 간의 상당히 엄격한 현대의 구분은 역사적 이유가 있으며 생성적 음악 행위가 광범위하게 퍼져 있다는 것을 부정한다. 더욱이 작곡과 즉흥 음악은 상당히 연관되어 있으며 가끔은 쉽게 구분되지 않을 수도 있다.
2. 창조적인 작업은 특정한 규칙에 근거하여 시행착오 방법을 택하는 것으로 나타난다. 사실 그것이 자동화될 수 있다는 것은 문외한과 마찬가지로 내부자들에게도 신비로움을 준다.
3. 어린이들은 우선 창조적 과정에 참여하고 그런 다음 공식적 교육을 통해 '심미적 산물'의 아이디어를 얻어야 한다. 최고의 음악가들조차 오랜 동안 그들의 생성적 기술을 연마해야 한다.

모든 음악가의 일상적 활동으로서의 즉흥연주와 작곡

비음악적 영역에서 규칙적으로 생성적 과정에 참여하는 사람들에 대해 앞서 설명했으며 이제 우리는 음악적 맥락에서 그러한 활동들을 설명한다. 음악 표기가 불완전하다는 것을 발견하는 것은 놀라울 것이다. 우리가 음악표기를 가지고 하는 대부분은 그것을 해석하는 것이다. 왜냐하면 그것은 단지 수학적으로 정확한 타이밍, 근접 음높이, 그리고 다소 모호한 표현적 표시들을 명기할 뿐이기 때문에 연주자들은 복잡한 표현을 더하고 장식음 표시를 해석하며, 그리고 간혹 다른 방법으로 악보를 수정해야 한다. 클래식 음악가들이 명시적으로 '창조적'이 되는 분명한 상황은 독주 콘서트에서의 카덴차[1]나 20세기의 특정한 작품들에서이다. 또한 초견에서 간혹 악보를 단순화하는 결과가 되는 문제 해결을 하거나 우리 자신이나 학생들을 위해 작품을 편곡할 때 우리는 작은 작곡가/편곡가이다. 음악이론 레슨 역시 4성부나 대위법을 쓰면서 작곡가가 되는 상황을 제공하기도 한다. 요약하자면 음악가들의 대다수 — 클래식 교육을 받은 이들조차 — 는 작곡이나 즉흥연주와 유사한 생성적 과정에 참여한다.

역사적으로 말해서, 오로지 다른 이들이 작곡한 작품들만을 연주하는 오늘날의 특성화된 연주자는 최근의 현상이다. 19세기 말에 이르기까지 음악가들(오케스트라 음악가들일 필요는 없지만)은 자신의 작품을 주로 연주하는 작곡가 겸 연주가였다. 예를 들어 클라라 슈만은 특별히 그녀의 남편인 로버트 슈만의 작품을 홍보하면서, 다른 많은 작곡가의 작품을 연주한 최초의 연주가들 중의 하나였다. 오늘날 우리는 상당 부분 즉흥연주를 하거나 대중적인 오페라 선율의 변주곡을 연주하는 순회 연주가였던 리스트와 파가니니의 작품들을 연주한다. 바로크 시대의 환상곡이나 클래식 시대의 변주곡들과 같이 그 당시의 즉흥음악의 실제가 반영되거나 출현했다고 하는, 음악 역사에서 잘 알려진 작품들이 있다. 1747년 바흐의 *Musical Offering*은 프리드리히 대왕 앞에서 했던 그의 연주에 상당한 영감을 받았던 것으로 전해진다. 즉흥연주의 실제는 유명한 연주자들이 그들의 심미적 목적에 맞추기 위해 그들의 의도대로 여전히 악보를 변경했던 20세기의 클래식 음악에서 활발하게 남아 있었다.

그 단락에서 추측할 수 있는 바로는 즉흥연주와 작곡의 구분이 생각만큼 명확하지

---

1 주로 곡의 엔딩(종곡) 부분에 사용되는 무반주 솔로(독주)를 가리킨다. 또한 카덴차가 종지형(케이던스)의 의미로 사용되는 경우도 있다.

않다는 것이다. 예를 들어 한 작곡가가 어떤 스타일로 즉흥연주를 하고 그다음 즉흥연주의 실제에 근거하여 작품을 쓸 때(베토벤과 리스트가 그랬듯이), 생성적 과정에서의 두 유형의 연관성은 분명하다. 20세기 작곡가 Giacinto Scelci는 그의 즉흥연주를 녹음하고 그다음 조교로 하여금 녹음된 것을 악보로 옮겨 쓰게 하여 마지막 편집과정을 마친 후 그 악보를 출판하는 것으로 알려져 있다. 그러므로 Scelci의 음악은 그의 즉흥연주를 상당 부분 포함한다. 앞에서 우리는 악보가 어떻게 특정 해석을 허용하는지에 대해 언급했다. 재즈음악에서 오직 선율선과 화음 변화만이 참조로 주어질 때 연주자가 갖는 자유의 정도는 상당히 크다. 악보가 오직 비표준적인 표기만을 포함할 때 연주자의 생성적 위력에 대한 극도의 요구는 현대 음악에서 자주 부과된다. 어떤 연주자들은 어디에 '작품'이 있는지 혼란스러워하기조차 할 것이며, 작품들의 서로 다른 연주들은 서로 매우 다른 소리로 생성될 가능성이 크다. 다양한 예술 형태에서의 즉흥성 요구의 정도는 상당히 다양하다(Pressing, 1984, 그림 7.1 참조).

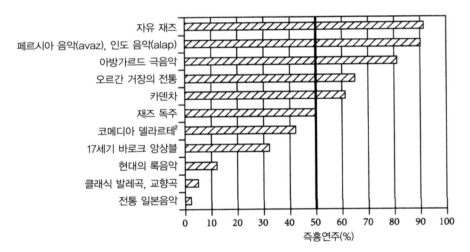

그림 7.1 다양한 음악 장르에서의 즉흥연주의 측정된 정도
출처 : "Cognitive Processes in Improvisation," by J. Pressing, 1984, in *Cognitive Processes in the Perception of Art*, edited by W. R. Crozier & A. J. Chapman, 1984, pp. 345-363. Amsterdam: Elsevier Copyright ⓒ 1984 by Elsevier.

---

2 16세기 중반 베니스 등에서 발생한 이탈리아의 연극 형태. 주로 시나리오와 칸느바(플롯과 극의 전환점을 요약해 놓은 것)를 통해 진행되고 배우는 임의로 대화를 창조하며 공연이 자연발생적이고 우연하게 전개되어 때로 즉흥극으로 간주되기도 한다. 코메디아 델라르테는 순회극단 등을 통해 프랑스에도 영향을 미쳤으며, 영국의 판토마임, 18세기 말의 빈 폴크스뷔네 등에도 영향을 줬다. 또한 그 즉흥성으로 인해 오늘날에도 비심리적 연극에 큰 영향력을 행사한다고 볼 수 있다.

어떤 음악은 악보를 통해 전달되고 다른 것들은 구전이기 때문에 기보는 즉흥음악과 작곡을 구분하거나 저작 근원을 입증하는 충분한 지표가 아니다. 민속음악학자들은 그들이 관심을 갖는 대부분의 음악이 표기되지 않았으며 간혹 출처도 없다는 문제에 직면한다. 다른 음악들은 변화하지 않는 레퍼토리를 포함한다(즉, 일본의 궁중음악, 발리의 가멜란 음악). 가끔은 작가(작곡가)가 알려지며 때로 작가가 여럿이거나 한 작품에 여러 버전이 있는 경우도 있다. 클래식 음악에서 서양음악의 저작출처는 대부분 확인되는 반면 재즈음악은 일명 '전통적인'이라 하는 많은 것들이 알려져 있다.

다음의 19세기의 일화에서처럼 청자들은 그 음악이 작곡된 것인지 즉흥음악인지를 아는 것이 거의 불가능하다. 유명한 피아니스트 Kalkbrenner는 음악이론가 A. B. Marx를 방문하여 그를 위해 대략 15분 정도의 작품을 즉흥연주를 하였다. Marx는 그 연주에 대해 극히 찬탄을 하였다. 며칠 후 이와 똑같은 '즉흥음악'이 담겨 있는 인쇄된 악보를 우편으로 받았을 때 그의 감탄은 분노로 바뀌었다. 그 작품은 이미 오래전에 작곡되고 인쇄된 것이며 사실 Kalkbrenner가 Marx를 속였다는 것이 드러났다(Gerig, 1974, cited in Lehmann & Ericsson, 1998a, p. 76). 만일 이러한 차이를 전문가가 거의 알아챌 수 없다면 일반적인 청자들이 친숙하지 않은 유형의 음악에서 그런 구분을 한다는 것은 얼마나 어려운 일이겠는가?

음악의 생성적 과정은 역사적 시기와 문화를 고려하여 상당히 다르게 봐야 할 것이다(비교 문화적 관점 참조). 스스로는 그렇게 인식하지 않겠지만 사실 모든 음악가는 어떤 종류의 생성적 활동에 참여한다. 우리는 그것들이 상당히 유사하다는 것 ─ 만일 그것이 동일한 과정이 아니라면 ─과, 그것들이 일반적으로 서로 다른 음악 장르와 연관된다는 이유로 다름에 대한 우리의 지각이 주로 발현하기 때문에 우리는 많은 시간을 들여 즉흥음악과 작곡 간의 문제성이 있는 구분에 대해 설명했다.

비교 문화적 관점 : 북미 인디언의 송 퀘스트

북미 인디언은 음악의 초자연적인 힘을 믿는다. 그 결과 각 노래는 그것의 고유한 힘이 있으며, 의식에 올바른 노래가 동반되는 것은 가장 중요하다. "무엇인가를 옳게 하는 것은 그것과 함께 옳은 노래를 하는 것이다."(Nettl, Capwell, Bohlman, Wong, & Turino, 1992, p. 270)

어떤 노래들은 비전(vision)[3]의 과정에서 인간에게 주어지며 느닷없이 받게 된다(Densmore, 1926; Nettl et al., 1992). 그러므로 그것은 노래를 만든 사람으로서가 아니라 수호령이나 초자연적 힘을 받은 사람으로서 간주된다. 노래를 좀 더 자주 생성하는 사람은 부분적으로는 종교적 기능으로, 치유자나 주술사[4]로서의 역할을 행하는 것이다. 노래의 특수한 힘은 오늘날 저자가 알려졌거나 알려지지 않았을 수 있는 개인적 노래들의 현재에 알려진 레퍼토리라고 볼 수 있다.

젊은이가 멀리 가면서, 또는 단식이나 잠을 쫓는 것을 통해 비전 퀘스트[5]를 받을 때 새로운 '작곡'이 존재하게 된다. 어떤 이들은 특정 심인성 물질(약초)을 사용할 수도 있을 것이다. 탈진 상태에 빠지거나 고조된 각성 상태에 도달하면 비전을 추구하는 사람은 그의 꿈이나 비전 노래[6]를 받는다. 그 노래를 반복함으로써 젊은이는 그것을 확고히 하고 그의 개인적인 소유로 한다. 이후에 그와 유사하거나 다른 상황에서 더 많은 노래가 나올 수 있다(Eagle, 1997).

따라서 북미 인디언의 신앙 시스템에서는, 모든 남성(여성은?)은 노래를 받을 잠재성을 갖고 있다. 그 노래는 주술적 힘 때문에 노래되므로 심미성이나 창의성은 별로 중요하지 않다. 오직 개별적 창조자들의 음악적 능력, 그리고 작곡의 정확한 배경에 대한 깊이 있는 연구만이 창의성에 대한 일반 심리학적 이론이 이러한 유형의 생성적 과정에 어떻게 적용될 수 있는지를 밝힐 수 있다.

창조적 과정

만일 창조적인 과정에 대한 연구가 간단한 것이었다면 그것은 그렇게 오랜 기간 동안 관심이 지속되는 주제가 아니었을 것이다. 하지만 그것은 왜 그렇게 이해하기 어려운가? 하나의 이유는, 예술가들이 무엇인가를 어떻게 창조해내는가에 대해 말로 표현하는 것을 자주 어려워하며 그 결과물이 창조적 생산과정의 모든 흔적을 항상 보여주는 것은 아니기 때문이다. 또 다른 이유는 음악을 만들어내는 것이 하나의 구조-불량 문제이며 음악 비평가들과 지도교사들의 상반되는 판단이 간단히 입증하듯이 결과물을

---

3 시각상의 환각, 환영(幻影). 주관적인 시각이면서도 실물과 같은 실재감을 가지고 눈앞에 나타나는 것. 신비주의나 종교 등과 관계가 깊은데, 예술 체험으로도 중요시된다.

4 종교적·의료적 행위를 수행하는 원시시대의 공동체에서 몇몇 권위 있는 자리를 차지한 샤먼이나 사람 등을 말한다. 에스키모의 샤먼은 사냥을 할 때 초자연적인 도움에 호소하였고, 공동체의 질병도 치료하였다. 미국 인디언들의 동부 우드랜드 집단에서의 주술사는 옥수수 축제에서 중요한 역할을 맡았고, 작물의 풍성한 수확을 위한 기원을 하기도 하였다. 이와 유사한 의무를 가지고 있는 사람들이 시베리아, 오스트레일리아, 아프리카 사람들 가운데서도 발견되고 있다. 이들은 역할이 덜 전문화되었다는 점에서 성직자와 구분된다.

5 영계(靈界)와의 교류를 구하는 의식(북미 인디언 부족에서 행해진 남자의 의례)

6 몽환의 노래, 치유의 노래

평가하는 것을 어렵게 하는, 알려지지 않은 상당히 많은 제약들이 있다는 것이다(제11장 참조). 마지막 논의는, 어떤 예술가들은 음악적 창조성과 연관된 신비스러움의 어떤 면을 파괴할 수 있다는 두려움 때문에 창조적 과정에 대해 정확하게 말하기를 원치 않는다는 것이다. 심리학자들은 이것을 인상관리(impression management)라고 부르며 그것은 음악에서뿐만이 아니라 상당히 보편적이다.

이러한 문제점들에도 불구하고 연구자들은 작곡과 즉흥연주를 조사하고자 해왔다. 조사방법은 연주를 하는 어떤 사람을 관찰하고 작업을 하는 동안 생각하는 것을 입 밖으로 말하도록 요청하는 것이다(분명히 즉흥음악에서 이것은 소급적이어야 함). 결과적인 언어적 프로토콜(verbal protocol)[7]은 떠오르는 패턴을 위해 기록되고 분석된다. 마찬가지로 그들의 생성적 과정에 대해 음악가들이 쓴 것들을 분석할 수도 있다.

작곡

통신 조사 연구에서 Bahle(1947/1982; Rasch, 1981 참조)는 작곡가들에게 주어진 시에 음악을 붙이는 데 소요되는 시간과 그 생성과정을 심사숙고하여 서면으로 나타낼 것을 요청했다. Bahle의 세세한 분석은 그가 작곡가들을 '작업 유형'과 '영감적 유형'의 이름으로 한 이론적으로 흥미롭고 실증적 기반을 둔 구분을 제공했다. 두 유형은 그들이 어떻게 음악적 문제점을 밝히고 해결했는지, 작업을 할 때 어떤 방법을 적용했는지, 그리고 그들이 그들의 결과물을 어떻게 평가했는지에 따라 구분됐다. 영감적 유형은 자신들의 작업에 대해 덜 의식적이며 아이디어와 해결의 근원이 상대적으로 임의적이며 외부로부터 오는 결과로 경험하는 반면 작업 유형은 체계적으로 장시간 노력을 하며 그러한 노력의 직접적 결과로서 산물을 경험했다. 저자는 뒤의 유형이 베토벤, 스트라빈스키, 그리고 브람스와 같은 작곡가들로 대표되는 반면 앞의 유형은 슈베르트, 차이코프스키, 베를리오즈에서 발견되는 패턴을 따랐다고 설명했다(Bahle, 1947/1982, p. 436). 결과적으로 과정에 의해 조절되는 영감적 유형은 그것에 대해 많은 것을 말로 표현할 수 없는 반면 작업 유형은 심리학자들을 위한 데이터의 보다 나은 근원이 될 수 있을 것이다. 그들 스스로 어떤 유형에 속하는지를 판단한 음악가들의 자기 보고서를 읽는 것이나 그들과의 인터뷰는 흥미롭다.

---

7 언어적 프로토콜 : 문제 해결 방식에 대한 상세한 자료 수집을 목적으로, 피험자들이 문제를 해결하는 과정에서 생각했던 모든 것을 언어적으로 보고하는 것

좀 더 최근의 것은 Colley, Banton, Down, 그리고 Pither(1992)가 출판한 것으로, 소프라노 성부가 주어진 9마디의 4성부 합창곡을 만드는 3명의 초보자와 1명의 전문가를 연구한 것이다. 참여자들이 생각을 말로 소리 내는 프로토콜들이 기록되었으며 간단하게 구성된 인터뷰가 실행되었다. 프로토콜의 분석은, 초보자들이 테크닉적 문제점을 의식적으로 규칙을 적용하고 규칙을 위반하는지를 확인하면서 화음 화음(chord to chord)의 단계로 해결했다는 것을 보여줬다. 그러나 전문가는 다른 성부는 어떻게 움직이는지, 무엇이 이전에 있었는지, 그리고 해결안이 바흐의 작곡 스타일의 전형인지 아닌지를 고려했다. 전문가는 자동화된 기본적 과정을 갖고 있고 연관된 지식을 좀 더 쉽게 취급하는 것으로 보이지만 그 사실을 제외하고는 그도 역시 전략을 갖고 있었으며 전형적 패턴을 사용하거나 조바꿈(modulation)을 하는 것을 통해 종지(cadence)와 같은 특정 시점에서 그의 선택을 제한하는 것으로 과제를 통제했다.

창조적 과정을 설명하기 위해 자주 인용되는 모형은 원래 1926년 Wallas에 의해 개발된 것(Pointcare에 근거하여)이다. 그것은 몇 개의 단계(준비, 배양, 통지, 발현, 검증)를 포함하며 무의식의 일부 기여를 가정하여 그 모형의 역사적 기원에 경의를 표했다(Sternberg, 1999). 우리는 여기에 대부분의 생성 과정에서 관찰되는 시행착오, 결과를 내는 단계를 포함한 개정된 모형을 제시한다.

1. 그 영역에서 준비 단계 동안 완전하게 기능하기 위해서는, 충분한 지식, 기술, 그리고 정신자세를 습득했어야 한다. 그래야만 연관된 문제점들을 파악하고 해결 방법을 알며 의도적으로 혁신적이 될 수 있다.
2. 관찰 가능한 행위가 많이 일어나지는 않지만 다소간의 해결책이 탐색되는 동안 심미적 문제의 제기가 뒤따르는 단계가 온다. 이 단계는 배양 또는 구상이라고 불리며 약간의 의식/깨달음이 요구된다.
3. 창조자가 해결을 위한 아이디어의 급작스러운 깨달음을 경험할 때 발현(유레카!)의 작용이 배양을 마친다. 이 단계는 과학에서의 발견과 관련한 일화(욕조 안에서의 아르키메데스)에서 자주 보고된다.
4. 다음 단계는 시행착오 작업이 중요한 정교화이다. 평가가 뒤따르는 시도들은 만족스러운 해결책이 발견될 때까지 반복된다. 이 단계는 상당한 작업과 노력이 자주 동반된다. 정교화가 진행되면서 새로운 문제점들이 나타나는 것이 전적으로 가능

하며 결국 여기에서 설명된 단계들이 회귀적으로 뒤따른다.

5. 마지막 단계는 검증으로서 창조적인 결과물들이 간혹 청중이기도 한 제삼자에 의해 평가된다. 어떤 작곡가들은 이 과정에서 그들이 할 수 있는 것이 없으므로 이 단계를 두려워한다. 이 단계는 역사적인 관점까지도 갖는데 예를 들어, 빈곤으로 사망했을 수 있는 무시된 작곡가가 후대에서 물론 금전적인 혜택은 없지만 상당한 인기를 얻는 경우가 있다.

첫 해결책이 항상 최선은 아니므로 대부분의 작곡가들(그리고 작가들)은 정도의 차이는 있지만 광범위하게 그들의 작업을 수정한다. 이 시행착오 과정을 일반적으로는 스케칭으로 보며 생성적 과정을 고려한 증거의 중요한 근원을 제공한다(Sloboda, 1985b, p. 102 비교). 베토벤은 아마도 광범위한 스케칭 활동으로 가장 잘 알려져 있을 것이지만 다른 작곡가들 역시 우리에게 그들의 작업에 대해 알려줄 자료들을 남겼다. 많은 사람이 모차르트가 초고작업을 전혀 안 한 것으로 알고 있다(이 주장은 Gardner, 1997에서도 발견됨). 최근에 모차르트의 스케칭의 부족에 관련된 신화는 발견되지 않았으며 그것은 증거의 상당한 유실, 그리고 또한 관련된 사실들에 대한 의도적인 숨기기가 기인했다는 것이 밝혀졌다(Konrad, 1992). 그래서 우리는 상당히 다양한 정도이지만 작곡가들이 스케치를 한다고 자신 있게 추측할 수 있다. 작곡가들이 중요한 세부를 잊을 것을 특별히 우려하는 경우 쇼핑 목록을 작성할 때와 유사하게 쓰는 것과 스케칭을 문화적 기법으로 사용하는 것을 통해 그들의 인지 자원을 자유롭게 한다. 어떤 작곡가는 가끔씩 한 작품을 미뤄뒀다가 나중에 다시 작업을 하기도 할 것이다. 심리학적으로 말하자면 이러한 시간 적용은 심적 갖춤새(mental set)[8]를 바꾸고 그 창조자로 하여금 작품에 대해 새로운 시각을 갖도록 허용할 것이다. 이와 같은 일은 연주를 위한 작품을 준비하는 연주자들에게서도 발생한다. 노트들은 시간이나 장소의 제약으로부터 독립적으로 평가하고 재작업을 할 수 있게 한다. 예상되는 결과는 좀 더 일관성 있고 좀 더 복잡한 작품일 가능성이 있다. 중요한 순간은 실제로 두뇌의 소산이 세계에

---

8 문제 상태를 거의 의식하지 못하고 판에 박힌 사고에 파묻히는 것. 사람들은 문제를 풀려고 할 때 보통 과거에 썼던 절차를 쓰거나, 그 문제를 어떤 한 방식으로만 공략하려 한다. 그렇게 하는 것이 보통 옳은 해법이다. 그럼에도 불구하고 한 해법에만 몰두하고, 그 방법이 문제에 부적절하면 사고가 판에 박히게 된다. 그 결과 사고는 그런 식으로 틀이 잡혀 가는 부적절한 심적 갖춤새를 갖게 된다.

알려지고 검증받기 위해 드러날 때 온다. 그것을 청중들이 좋아하고 그것을 기억하거나 또는 그것이 일시적으로 폐기되거나 혹은 영원히 폐기된다.

즉흥연주

작곡을 하면서 말을 할 수 있는 작곡가들과는 달리 즉흥 연주가들은 연주를 마친 후에만 그들의 생각을 알릴 수 있다. 그의 책에서 Sudnow(1993)는 언젠가 즐거운 방식으로 재즈 피아노를 배우던 것을 설명한다. 충격적인 관점 중의 하나는 테크닉적 세부사항에 대한 그의 첫 주의집중, 더 스타일적이고 미학적 관점으로의 점진적인 이동, 그리고 그가 거의 동떨어진 구경꾼이 되어 가면서 음악은 자동적으로 발생하는 것처럼 여겨진다는 것이었다. 사실 정확하게 그것은 전문가에게는 주어진 시점에서 그들이 무엇을 했는지에 대한 많은 세부사항을 보고하는 것을 어렵게 하는 자동화의 오싹한 경험일 수 있다.

전문 재즈 피아니스트와 준전문 피아니스트들의 통제연구에서 Hargreaves, Cork, 그리고 Setton(1991)은 즉흥연주를 하는 동안 인지적 과정에서 발을 구르는 흥미로운 시도가 실행되었다. 피아니스트들은 주어진 반주부(왼손 성부의 어코스틱 베이스)에 오른손은 선율을 즉흥연주하도록 요청받았다. 연주 직후에 그들이 연주를 하는 동안 가졌던 생각에 대해 물었다. 초보자들은 많은 정보를 제공할 수 없었거나 화성과 같은 개별적 음악 변수에 집중했다. 전략이나 계획은 거의 언급되지 않았다. 반면에 전문가들은 테크닉, 선율, 또는 비유적 아이디어('그것은 성당 같은 소리가 나야 한다')까지로 특징지어진 전략이나 계획을 거론했다. 그들의 계획은 연주 전에 나타나기도 했으며 초보자들과 비교했을 때 음악가들은 즉흥연주를 하는 동안 좀 더 편안하게 보였다. 여기에서 우리는 작곡에 관한 Colley 등(1992)의 결과를 상기한다.

앞에서 설명된 창조적 과정의 단계 모델이 작곡가와 시인의 작업들에서 쉽게 적용되는 반면 즉흥 연주가들에게는 어떻게 적용될지를 우리는 추정만 할 수 있다. 새로운 노래(참조는 화음 시퀀스로 장식된 선율)를 연주하고자 하는 음악가가 연루될 전형적인 창조적 문제점에 대해 상상해 보자. 우선, 이미 만들어진 선율적 해결이 기억으로부터 회상되거나 규칙에 따라 생성된다. 첫 프레이즈가 의식적인 노력(배양)이 거의 없이 풀리면서 음악가는 그녀가 연주(정교화)를 진행하면서 어떻게 계속할지(발현)에 대한 흔치 않은 아이디어를 갖는다. 만일 그녀와 동료 음악가들이 그것을 좋아한다면 그녀는 그것을 반복하고 작은 변화(더 나아간 정교화)들을 만든다. 이 정교화 단계 동안 다양한 선택이 시도되고 테스트되며 거부되거나 받아들여질 것이다. 작곡가들의 경우 이러한 과정은 주로 비공개(스케치북이 증거가 됨)로 이루어지는 반면 록이나 재즈 음악가들의 경우 일부는 이어지는 코러스의 연주나 다른 상황에서 공개적으로 일어날 것이다. 재즈 음악가들은 새로운 패턴을 시도할 수 있는 기회가 몇 번 없기 때문에 그 작품이 얼마나 자주 연주(또는 혼자 연습을)되는지에 따라 정교화 과정이 오래 걸릴 수 있지만, 청중이 참석한 경우가 잦기 때문에 검증을 위한 조건은 우수하다. 재즈 앙상블의 경우 이 검증의 과정은 그룹 내에서 동의, 아이러니, 그리고 불만을 '악기 소리로 나타내는' 언어와 같은 산만한 방식으로 일어난다는 것을 Monson(1996)은 보여줬다. 반면에 작곡가들은 단독으로 정교화할 기회는 더 많지만 검증의 기회는 적다. 바흐와 같은 작곡가들이 그들의 작품을 연주들 사이에 또는 인쇄과정 사이에 수정했던 예에서 판단할 수 있듯이 검증은 중요하다(Brieg, 1997). 대체로 검증은 동료와 청중에 의해 이행되지만 역사의 평가 불가능에 의할 수도 있다. 그것은 개별 작품들이나 음악가들에 대한 역사적 평가는―좋게나 나쁘게나―변화하는 것으로 소급적으로 발생한다.

생성과정에서 가장 중요한 단계는 정교화이므로 우리는 Johnson-Laird(2002)의 복잡한 즉흥음악 모형의 맥락에서 좀 더 면밀히 살펴볼 필요가 있다. 물론 모든 음악 장르가 특정한 생성적 모형을 요구하겠지만 여기에서 설명한 것으로부터 배우는 어떤 일반성이 있다. 재즈 음악가들이 현명한 방법으로 하나의 저장된 패턴에서 다음으로 연쇄 짓는 단순한 패턴에 근거한 방법으로 연주를 한다는 일반적 오개념을 Johnson-Liard는 비난했다. 그 대신 우리는 복잡한 생성적 과정이 언어 생성에서 사용되는 것과 다소 유사하다고 가정해야 한다. 저자가 작곡에 대해 명쾌하게 설명하지는 않았지만 모형은 그것에도 적용할 수 있다.

만일 주어진 음악적 문제를 위해 생각이 떠오르는, 모든 가능한 해결책들이 인정됐다면 우리는 그 기초적인 생성적 과정을 '신다윈적(neo-Darwinian)'이라고 부를 수 있을 것이다. 그리고 이것은 좀 더 현실적으로, 작곡가들과 즉흥 연주가들은 가능한 아웃풋을 제한하고 그렇게 함으로써 이론가들이 '신라마르크적(neo-Lamarckian) 과정'이라고 부르는 것에 도달한다. 결과로 획득한 모든 패턴은 상당히 좋으며 두 번째 단계에서 평가될 수 있다. 다양한 결과에 대한 좋은 예들은 드물게 발간되는 재즈 레코딩의 대안 과제들에서 들을 수 있다. 만일 초기의 제한들이 충분히 엄격했다면 그 결과물에 적용할 어떤 기준이 남아 있겠는가? 사실, 초기의 규칙들은 완전하게 결정론적이지 않으며 다소간의 적절함을 입증할 만한 어떤 선택들을 허용한다. 베이스 연주자에게 특정 손가락의 움직임이 다른 움직임보다 쉬우며 그러므로 그 손가락을 더 자주 선택하는 것을 상상해 본다. 그 결과 음악은 흥미롭지 않을 것이며 청중은 좋아하지 않을 ("오, 다시 또 나오는군!") 수 있다. 보다 중요하게 음악을 생성하는 동안 적용되는 기준은 검증과정에서 적용되는 것들과 다를 것이다. 분명히, 연주와 선택을 하면서 즉흥연주가(또는 작곡가)는 청중이나 비평가들이 기쁨으로 환호하기 전까지는 그들이 무슨 말을 할지를 모른다. 더욱이, 최소한 즉흥음악에서 선택은 매우 신속해서 의식적인 결정은 알고리즘적인 것보다 훨씬 적다. 이것이 의미하는 바는 대부분의 시간에 연주자는 자동조절로 작업을 하여 특별히 중요한 결정을 위해 의식적 자원을 아껴두어야 한다는 것이다(제6장 참조). Johnson-Laird에 의하면, 음표들의 리듬 분배는 원형들과 그것들의 변형의 사용에 의해 이루어지며, 반면에 음높이의 선택은 현재 가능한 음정들(주어진 화성)에 대한 지식에 의해 제한된다.

자기학습 : 자신의 전기에서의 음악적 생성성

1. 당신이 작곡을 하고 즉흥연주를 했던 기억에 남는 예를 짧은 문장으로 쓴다. 무엇이 당신으로 하여금 그것으로 이끌거나 고무했는가? 그 후에 어떻게 느꼈는지 기억해 본다.
2. 만일 악기를 연주한다면 자신의 악기를 위한 단순한 작품을 작곡(기보를 하건 안 하건)하거나 즉흥연주를 해본다. 작곡이나 즉흥연주를 진행하는 동안이나 그 후에 생각을 말로 나타내고 녹음한다. 연주를 마쳤으면 녹음된 것을 들으면서 당신이 거친(문제, 아이디어, 정교화, 평가) 다양한 단계들을 식별한다.

클래식 음악교육을 받은 많은 사람들이 믿는 것으로 여겨지는 것과는 반대로 재즈 음악가들은 연주를 할 때마다 모든 것을 다시 만들어내지 않는다. 이것은 완전한 노력의 낭비일 것이다. 그 대신 연구자들은, 록 그룹들과 마찬가지로 재즈 음악가들도 어떤 종류의 축적된 기억 조합을 사용한다는 것을 보여주기 시작했다(Berliner, 1994). 그것은 개선된 어떤 버전으로 시작하여 반복된 연주나 연습에서 확고해지기 시작한다. 사실 음악가들 마음속에는 상당히 고정된 표상으로 형성된 작품이 존재한다. 이것은 아마추어 그룹들이 연이은 연주들에서 상당히 유사한 소리를 만드는 경향이 있으며 작품의 잘 계획된 공연을 할 수 있는 이유가 된다. 그러나 이것이 고정된 연주로부터의 정교한 이탈을 불가능하게 하는 것은 아니다.

요약하면, 작곡과 즉흥연주에 기반이 되는 생성적 음악과정은 결과물들이 성공적으로 개선되는, 되풀이되는 단계들을 구성하는 것과 상당히 유사하다. 그것들이 다양한 시간의 척도로 작곡과 즉흥연주에서 운영되는 것은 특정 결과를 맺는다. 작곡은 시간 제한적이지 않으므로 작곡가는 해결법에 대해 긴 시간 생각할 수 있고 잊지 않기 위해 적어놓을 수 있으며 상당히 복잡하고 흔치 않은 작업을 할 수 있다. 즉흥음악에서 연주자들은 전체적 맥락을 보는 것이나 어느 정도 완벽한 작품으로 종합해서 구성할 방법을 찾는 것을 방해할 수 있는 다수의 과정들을 자동화하는 것이 필요하며 실시간 제한에 대처해야 한다.

변환 상태와 창조성

약물, 음주 또는 특정 병리적 상태들이 창조성을 증가시킨다고 생각되는 경우도 있다. 그러나 Boyd(1992)가 유명 음악가들과 가진 인터뷰에서 발견했듯이, 대개 변환된 정신 상태로 기인했을 단기적 획득들은 뛰어난 결과물로 변형되지 않는다. 심인성 물질은 심적 갖춤새(mental set)를 어지럽힐 수 있으며 그렇게 함으로써 획기적인 해결을 가능하게 하고 억압감(특히 내성적인 성격에서)을 줄이거나 기분과 동기를 고조시켜 그 결과 생성과정에서 도움을 줄 가능성이 있다. 그러나 그러한 변환 상태는 창조적인 문제점들을 해결하는 데 필수적인 문제의식 및 정교화와 검증을 위한 의식적 노력에도 영향을 준다. 음악가들은 특정 물질의 영향하에 있는 동안 결과물을 과대평가한다는 것을 발견할 것이다(Bahle, 1947/1982, 클래식 작곡가에 대한 참고; West, 2004 참조). 사실 몇몇 성공적인 음악가들이 불행하게도 약물에 중독됐던 것이 약물복용이 창조성을 증가시킨다는 것을 의미하지 않는다. 목표는 음악적 창조성을 유지하면서 오래, 그리고 건강한 삶을 사는 것이어야 한다.

음악적으로 창조적이 되기 위한 학습

음악 천재에 대한 우리의 경외심은 너무 커서 우리는 그들을 다른 모든 사람과는 완전히 다른 유전자 구성을 가진 다른 종족으로까지 생각하기도 한다. 그리고 오늘날, 이런 추측이 틀리다는 것을 증명할 과학적 방법은 없지만 우리는 최소한 그들의 삶의 패턴을 살펴보고 배울 수 있다(Gardner, 1997). 만일 유명한 창조자의 유전자 구성이 성공의 유일한 근원이라면 그들은 자신들의 업적을 노력을 통해 배웠어야 했던 것은 아닐 것이다. 오히려 그 반대이다.

체스 선수에 대한 연구에서 Simon과 Chase(1973)는 가장 재능 있는 체스 선수조차 세계적인 명성을 얻기 위해서는 약 10년이라는 세월이 걸린다는 사실을 발견했다. 이것이 의미하는 바는, 이 영역에서 높은 수준의 수행에 도달하기 위한 교육과 연습의 긴 과정은 필수적이라는 것이다(제4장 참조). 음악에도 이와 유사한 경험법칙이 있는 것인가? Hayes(1989)는, 그들의 시작 연령과는 무관하게 작곡가들 역시 전문가가 되기 위해서는 약 10년이 소요된다는 것을 보여줬다. 창조성의 모든 이론이 그렇듯이 모차르트는 여기에서도 역시 시금석이 된다. Hayes는 모차르트의 첫 10년간의 작품들에 해당하는 초기 작품들을 보여주었는데, 그 작품들은 덜 유명하며 이후의 작품에 비해 거의 연주되지 않는다. 더욱이 모차르트의 초기 작품들 중 어떤 것들은 천재의 걸작이라기보다는 편곡이나 각색에 가깝다. Weisberg(1999)는 또한 생성적 음악가들의 학습 궤적을 설명했는데 비틀즈도 그들 중에 포함된다. 비틀즈의 경우, 초기의 많은 노래가 질적 고려에 의해 녹음되지 않았지만 대중음악 역사에 대한 그들의 진정한 기여는 존 레논이 1957년에 시작한 지 대략 10년 후인 1965년에서 1967년에 발생했다고 그는 결론을 지었다. 따라서 모든 장르는 혁기적인 작품 산출의 전제조건으로서의 규율로 장기간의 몰입이 필요하다.

형성기 동안 무슨 일이 발생하는가? 반드시 고려해야만 하는 두 가지가 있는데 지식과 기술이다. 예를 들자면, 클래식 음악가들은 대가들의 작품들을 문자 그대로, 복사하고 개작하고 모방하는 것을 통해 학습했다. 우리는 바흐부터 리게티에 이르는 유명한 클래식 작곡가들의 수많은 전기에서 이에 대해 읽을 수 있다. 오늘날에는 영화 음악 작곡가들과 음악이론가들 모두 과거나 현대 스타일의 적절한 모사본을 만들어낼 수 있다. 비틀즈를 포함한 대중 음악가들은 그들 자신의 음악을 쓰기 전에 성공적인 밴드들의 노래들을 베끼는 것으로 시작했다(Green, 2002). 재즈 음악가들은 다른 재즈 음악가들의 레코딩을 듣는 것을 좋아하며 그것을 모방하려고까지 한다. 그들은 유명 음악가들의 독주나 패턴을 베끼면서(또한 상업적으로 허용되는, 유명한 음악가들에 의해 연주된 독주곡 악보들을 보면서) 학습을 하고 가끔은 작곡된 작품처럼 리허설을 한다.

클래식 음악의 대위법 테크닉과 관현악법, 그리고 재즈의 패턴, 관용어법 등과 같은 기존 지식의 숙달은 새로운 것들을 만들어내기 위한 선제조건이 되는 것으로 보인다. 오직 무엇이 이미 존재하는가를 알 때 우리는 새로운 무엇인가를 의도적으로 만들어내거나 최소한 우리가 한 것을 인식할 수 있다.

고전주의적 방법으로 몇 개의 작품을 쓴 미국의 작곡가 Rochberg처럼, 작곡가들은 이따금 심미적 목적으로 과거 스타일을 따라할 것이다. 영매(靈媒) Rosemary Brown은 리스트, 베토벤, 그리고 드뷔시 같은 이미 오래전에 죽은 작곡가들과 소통을 했으며 다른 세계로부터 그녀에게 새로운 작품을 받아쓰게 했다고 주장했다. 음악학자들은 이 재능 있는 아마추어 작곡가가 근본적으로 괜찮은 스타일적 모사본을 생산해냈다고 믿는다(Vetter, 1998). 연습 목적이 아닌 그러한 모방은 새로운 음악적 스타일을 개발하는 것에 비해 덜 혁신적이므로 비난을 받는 경우가 많다. 그러나 Gardner(1997)는 창조성 역시 주어진 영역에서 완전하게 하는 것으로 이루어진다는 것을 지적했다. 다른 문화에서는 혁신에 그다지 가치를 두지 않고 그 대신 주어진 스타일의 안정성을 선호하므로 아류에 대한 논의는 상당히 철학적이고 문화 보편적이다. 심지어 서양의 클래식 전통에서 어떤 아류는 특별한 명성을 얻는다.

클래식 연주에 있어서 지도교사의 공식적 지도는 중요한 역할을 한다(제2장, 제10장 참조). 사실 모든 작곡가는 때때로 작곡과 이론 레슨을 받는다. 재즈, 록, 그리고 대중음악 장르에서 음악가들은 젬 세션이나 리허설 중에 비공식적으로 서로를 가르친다. 그런 상황에서는 모델링을 통한 학습, 실험, 그리고 다른 음악가들로부터의 피드백을 얻는 것이 공식적인 일대일 레슨을 대신한다. 학습자는 그들이 거의 대부분 독학을 한다고 느끼는 결과를 가져오는 학습상황을 책임져야 하므로 이 과정은 좀 더 흥행주 같다고 하겠다. 많은 참여적인 음악문화는 거의 대부분 그러한 비공식적 지도에 의존한다. 작곡이나 즉흥음악에 대한 어떤 것들도 역시 단순히 악기를 연주하면서 배울 수 있다. 당연히, 많은 클래식 피아노 작품을 연주한 후에는 어떤 아마추어라도 단순한 관용적 왼손 반주를 어떻게 연주해야 할지 알 것이다. 우리는 단순한 노출에 의해 배울 수 있으며 그것이 음악만의 경우는 아니다. 비공식적 학습의 기회는 항상 있지만 많은 음악문화는 또한 좀 더 높은 그리고 좀 더 특성화된 연주수준에 도달하기 위한 정규교육을 제공한다.

음악을 감상하는 것은 청감각기술의 생성적 능력을 발전시키는 핵심적 활동이다. 녹음 장비의 출현 전에는 음악가들은 음악을 감상하기 위해 실제로 연주에 참석했어야 했다. 예를 들어 모차르트 가족은 이탈리아 오페라에 친숙해지기 위해 이탈리아로 여행을 했으며, 하이든, 베르디, 그리고 베를리오즈를 포함하는 대부분의 유명한 작곡가들조차 악보를 열심히 분석연구를 하면서까지 열심히 음악을 감상했다(Bahle, 1947/1982, pp. 6~10). Louis Armstrong은 재즈음악이 연주되는 지역이 그 지역에서 가장 나은 동네가 아니었을지라도 그곳에서 많은 시간을 보냈다. 인디아의 음악 견습생들은 모든 음악행사에 스승을 따라다니면서 스승의 음악을 듣고, 스승의 음악적 스타일에 충분히 노출될 기회를 얻는다. 오늘날 음악가들은 레코딩을 들을 수 있기 때문에 그 분야의 인정받는 전문가들의 음악에 노출될 기회가 훨씬 더 많다. 어린이들 또한 1년이 넘도록 주로 듣는 것을 통해 언어를 배우며, 어떤 음악 지도 방법(즉, 스즈끼)은 이러한 유형의 학습과정을 활용한다. 감상은 예측을 만들고 이러한 예측은 음악을 만들어낸다. 무엇보다도 작곡가들과 감상자들은 어떤 공통 언어를 사용해야 한다(제5장 참조).

장차 작곡가가 되려는 사람은 대가들을 분석적으로 연구하고 특정 리듬이나 음향효과 또는 음악적 구조를 어떻게 생성하는가에 대해 발견함으로써 유사한 구조를 내적으로 생성하는 능력을 개발한다. 많은 작곡가가 그들의 저술에서 언급하는 청각적 심상은 상당히 분명할 수 있다. 연구자들은 사람들이 음악을 감상하거나 연상을 할 때 두뇌에서 어떤 일들이 벌어지는가를 조사하기 위해 비침습적(noninvasive)[9] 방법을 사용하여 두뇌의 오른편, 특히 기억기능과 연결되는 시상(thalamus)[10]과 같은 앞부분과 피질하 영역이 특별히 활동적이라는 것을 발견했다. 단어들이 더해졌을 때 언어처리과정과 연관된 두뇌의 전형적인 부위도 역시 활성화될 것이다(Halpern, 2003 참조). 따라서 음악을 생각하는 것은 주목할 만한 생리학적 근거를 갖고 있다(제11장 참조).

새로운 음악 장르의 공식적 교육은 그 장르가 생겨난 직후에는 가능하지 않다. 예컨대 스윙 전성시대에는 Benny Goodman 밴드의 공식적 공연 후 멤버들의 잼을 듣기 위해 사람들은 뉴욕의 Minton's Playhouse까지 가야 했으며 그것이 비밥의 발달의 시작

---

9 인체에 고통을 주지 않고 실시하는 검사. X-선, 에코-EKG, EEG, EMG 등이 있고 고통을 주지 않는다고 하는 점에서 일상 진료에서 자주 이용되고 있다.

10 간뇌에 속하며 많은 신경핵군으로 구성되어 있는 부위. 주요 기능은 후각 이외의 모든 수용기에서 대뇌피질로 전도되는 감각임펄스를 중계하는 중계핵으로 작용한다.

이었다(Broadbent, 1996). 오늘날 비밥 테크닉은 음악원에서 교육받거나 또는 출판된 재즈 방법들과 레코딩을 따라 연주하는 것을 통해 학습할 수 있다. 이 모든 것은 재즈 음악 대가들에 대한 지식에 버금간다. 그 이전과 이후의 다른 유형의 음악과 마찬가지로 재즈도 모든 단계에서 정규 음악교육의 한 부분이 된다.

필요한 모든 지식과 기술을 습득한 음악가는 뛰어날 수도 있는, 무엇인가 새로운 것을 생산해낼 기회를 갖는다. 어떤 사람들은 작곡가가 하나의 위해 오랫동안 열심히 작업해야 한다고 믿는다. 이러한 견해는 지속적 성공확률이론(constant-probability-of-success theory)으로 대체되어야 한다(Simonton, 1997 참조). Simonton의 이론은, 뛰어난 무언가를 쓸 확률은 부여된 사람에게 지속적이라고 단정한다. 또한 사람의 전 작품들은 종형 분포에 일치되어서 작품들의 대부분은 중간 수준이며 극히 소수의 작품들이 최상과 최하의 작품이 된다. 이것은 생산이 증가되면서 작곡가는 좀 더 주목할 만한 작품을 생산할 수 있을 경향이 높아진다는 것을 의미한다(그러나 실패도 좀 더 초래됨). 더욱이 창조적인 사람들의 생산의 전생애 곡선은 초기에는 급격한 상승과 그다음에는 경력의 끝으로 가면서 점점 줄어드는, 거꾸로 뒤집힌 J(그림 7.2 참조)로서 묘사되는 함수를 따른다. 이 전생애 곡선은 앞에서 언급한 지속적 성공확률이론과 함께 작곡가들과 다른 창조자들의 최고의 성과를 예측한다. 다양한 영역(예술, 과학, 정치학)을 망라하는 셀 수 없는 출판물들에서 Simonton는 그의 이론을 확고하게 보여줬다.

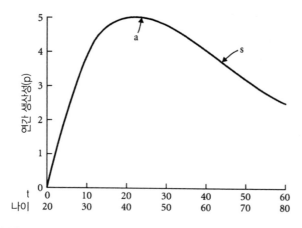

그림 7.2 특정한 영역을 위한 예술적 생산성의 전생애 곡선은 수학적으로 묘사되고 예측될 수 있다. 최대 정점 (a)은 하향선(s)과 마찬가지로 개인적 요소와 경력연수(t)에 의존한다.

출처 : Simonton, D. K., 1984, *Genius, creativity and leadership*, Harvard University Press, p. 111.

연령과 최고의 성과를 고려한 초기 연구(Lehman, 1953)는 성과의 정점이 다양한 음악 장르에 따라 다른 연령에서 하향한다는 것을 이미 보여줬다. 예를 들어 교향곡 작곡자들은 40~44세인 오페레타 작곡가들보다 이른 30~34세에 정점을 이루는 경향이 있다. 요약하면 예측되는 성공은 음악 장르와 그 장르의 전형적 전생애 곡선, 그리고 개별 작곡가의 작품에 의해 영향을 받는다. 이것이 늦은 성공은 전적으로 불가능하다는 것을 의미하지는 않지만 극히 조기의 성공이 그렇듯이 가능성은 적어진다.

그렇지만 충분히 많은 연구자들은 사람들의 타고난 창조적 잠재력이 다양하다고 주장해 왔다(Gardner, 1997; Simonton, 1997). 한 연구자는 음악적으로 창조적인 어린이를 아동기부터 청소년기까지 추적한 종적 연구[11]에 근거하여, 음악적 생성성에 있어서 남성 호의적 호르몬 근거가 있을 수 있다고 주장하기도 했다(Hassler, 1992). 창조적인 기술개발을 돕는 환경이나 지도교사들의 지대한 중요성을 부인한 연구자들은 아직까지는 없다(제2장, 제10장 참조). 분명히 이런 환경은 어린 시절에 관련 지식과 기술들을 습득할 수 있도록 할 것이다. 이것은 좌절감 없이 일어나지 않으며 신인 작곡가나 즉흥 연주가는 실패에 대처하는 것을 배워야 할 것이다. 흥미롭게도 여기에서 역시 자기효능감이 역할을 하며(제3장 참조), 이미 작곡과정에 성공적으로 아이디어를 낸 음악가들은(즉, 록 밴드에서) 그들이 할 수 있다는 것을 알기 때문에 음악적으로 창조적인 것을 지속할 경향이 있다(Rosenbrock, 2002; p. 204, '공동 리허설과 생성의 사회적 과정' 참조). 이러한 전기적 발달은 비음악가와 비교할 때 좀 더 자기충족적, 편의주의적, 내성적, 급진적, 그리고 상상력이 풍부하다고 묘사됐던 전형적인 작곡가 성격 프로파일로 이어질 수 있다(Kemp, 1996).

연구자들은 유명한 작곡가들과 즉흥 연주가들이 어떻게 발전했는가를 연구했으며 교육 연구자들은 생성적 능력이 어떻게 발전하는가를 보기 위해 보통 어린이들의 창조적 산물을 특별히 조사했다(Bamberger, 1991; Kratus, 1989; Swanwick & Tillman, 1986; Webster, 1992, and Hickey, 2002 참조). 어린이들은 새로운 것들을 고안하는 데에서는 창조적이지만 그들의 창조성은 우리가 전문적 창조성이라고 고려할 만한 것은

---

11 연속적인 시간 간격으로 동일한 집단을 관찰하는 것과 관련된 연구이다. 예컨대 아동집단에 대한 종적 연구는 사회화 과정을 알 수 있고, 또한 사회계급의 학교성적에 대한 효과를 알 수 있다. 종적 연구는 인간발달이나 변화를 연구하는 데 적절할 뿐만 아니라, 또한 조직 내에서 시간에 따른 변화를 관찰하는 데 사용될 수도 있다.

아니다. 그들의 생성성의 결과는 그 영역에 숙달하고자 하는 학습 목표에서 발생하며 무언가를 생산해내고자 하는 충동에 의한 것이 아닌 경우들이 간혹 있다(그림 2.4의 나선형 모형 참조). 작곡과 즉흥연주 과정의 최종 결과물들을 모으는 대신 Kratus(1989)는 7세에서 11세 사이 어린이들의 생성적 과정을 관찰했다. 어린이들은 키보드를 사용하여 10분간 음악적 발명 과제(노래 만들기)를 하였으며 그들의 노력은 테이프에 녹음되었다. 나중에 그 녹음은 어린이들이 시간이 지남에 따라 보여준 특정 행위들, 즉 탐구, 반복, 발전, 그리고 침묵(휴지)의 범위까지 부호화하여 분석되었다. 좀 더 어린아이들은 시간이 소진될 때까지 소재를 지속적으로 탐구하는 경향이 있다는 것을 저자는 발견했다(그림 7.3 참조). 소재의 반복이나 발전은 중요한 역할을 하지 않았다. 반대로 좀 더 나이든 어린이들은 소재를 탐구하는 것으로 시작하였으나 곧 발전을 시작했으며 특정 부분을 반복했다. 사실 나이가 많은 어린이들의 행위는 앞에서 언급했던 작곡가들의 행위와 유사하다. 공식적 음악교육을 받은 어린이들은 즐거운 탐구에서 좀 더 성과 지향적 작업 방식으로 가속 전환을 보였다. 공식적 음악교육을 받은 어린 나이의 어린이들조차 교육과는 무관하게, 좀 더 나이 많은 어린이들에게 나타나는 전형적인 패턴을 보여줬다.

Kratus는 또한 연주들 간의 유사성을 비교하기 위해 10분의 끝 무렵에 최종적 결과인 '노래'의 두 번의 연이은 연주를 녹음했다. 매우 유사한 연주의 어린이들만을 보았을 때 그는 그들의 시간 사용이 궁극적으로 안정되고 재생 가능한 결과물로 이끄는 활동에서 지배적이었다는 것을 발견했다(짧은 탐구, 그다음의 발전, 그리고 마지막 반복). 연주가 유사하지 않은 어린이들은 평균적으로 나이가 어리며 실질적으로 모든 시간을 탐구에 사용했다. 따라서 어린이들—그리고 아마도 모든 초보자—의 음악적 생성성의 발달과 성과 지향적으로 가며 안정되고 재생 가능한 성과를 생산하고자 하는 욕구는 특정 행위, 즉 정교화와 암기를 동반한다.

선행 연구에 근거하여 Kratus(1991)는 초보자가 어떻게 즉흥음악을 배우는지에 대한 흥미로운 일곱 단계 진행모형을 가정했다(p. 93).

1단계 : 탐구(학생은 느슨하게 구조화된 맥락에서 다양한 소리와 그 조합을 시도한다.)
2단계 : 과정 지향적 즉흥음악(학생은 좀 더 응집성 있는 패턴을 생산한다.)

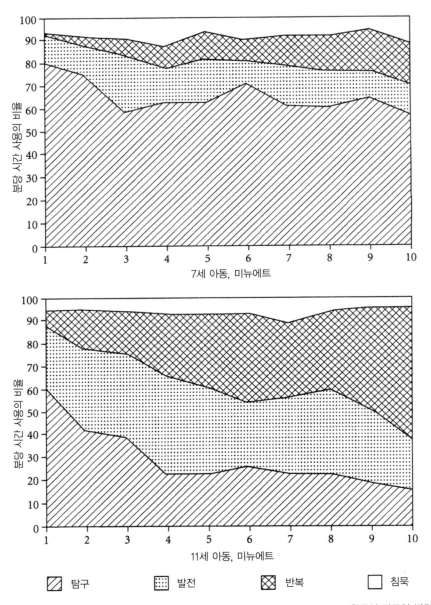

그림 7.3 7세에서 11세 사이의 작곡기간의 분석을 사용한 시간은 어린아이들의 주요 활동인 탐구인 반면 나이 든 어린이들은 안정된 결과로 이끄는 활동을 하는 것을 보여준다.

출처 : "A Time Analysis of the Compositional Processes Used by Children Ages 7 to 11," by J. Kratus, 1989, *Journal of Research in Music Education, 37,* 5-20. Copyright ⓒ 1989 by MENC: The National Association for Music Education.

3단계 : 성과 지향적 즉흥음악(학생은 조성이나 리듬과 같은 구조적 원리에 대해 의식적이 된다.)

4단계 : 유동성 지향적 즉흥음악(학생은 좀 더 느긋한 태도로 그 또는 그녀의 악기나 목소리를 좀 더 자동적으로 조작한다.)

5단계 : 구조적 즉흥음악(학생은 즉흥음악의 전체적 구조를 깨닫고 즉흥음악의 모양새를 만들기 위해 음악적 또는 비음악적 전략의 레퍼토리를 발전시킨다.)

6단계 : 스타일적 즉흥음악(학생은 주어진 스타일, 선율, 화성, 리듬의 특징들을 결합시키면서 기술적으로 향상한다.)

7단계 : 개인적 즉흥음악(음악가는 새로운 스타일을 개발하기 위해 알려진 즉흥음악 스타일을 능가할 수 있다.)

이 모형은 제2장에서 논의되었던 Swanwick과 Tillman(1986)의 모형과 다소 유사하며, 그 영역에서 스타일적 관점과 혁신을 고려한 더 나아간 개선으로, 탐구에서 성과 지향으로의 과정을 분명하게 보여준다. 따라서 생성적 능력은 지식 및 기술과 함께 발달한다.

▌ 학습문제

1. 작곡과 즉흥연주에 대한 개념 간의 전통적인 구분과 연관된 문제점을 설명한다.
2. 전문적 작곡가와 즉흥 연주가에 의한 생성적 결과는 어린이들에 의한 것과 어떻게 다른가? Kratus(1991)에 의한 발달 모형을 논의에 포함시킨다.
3. 이 장을 잘 알려진 작곡가/즉흥 연주가의 전기를 묘사하기 위한 근거로 하고 기술 습득의 관점에 초점을 맞추도록 한다.

▌ 더 읽을거리

Kenny, B. J., & Gellrich, M. (2001). Improvisation. In R. Tarncutt & G. E. McPherson (Eds). *The science and psychology of music performance: Creative strategies for teaching and learning* (pp. 117-134). 즉흥연주에 대한 상당히 유효한 좋은 묘사.

Pressing, J. (1998). Psychological constraints on improvisational expertise and communication. In B. Nettl & M. Russel (Eds.) (1998), *In the Course of Performance* (pp. 47-68). 전문가 이론을 즉흥연주에 적용.

Webster, P. (1992). Research on creative thinking in music: The assessment literature. In R. Colwell (Ed.), *Handbook of research on music teaching and learning* (pp. 266–280). 음악교육 분야를 위한 종합적인 리뷰, 이 저자는 인터넷에서 광범위한 주석이 달린 문헌을 유지함.

Sternberg, R. J. (Ed.) (1999). *Handbook of Creativity*. 창조성에 대한 다양한 관점, 그러나 대부분의 경우 음악은 언급의 정도만 함.

08

연주 불안증의 관리

대부분의 음악가들이 음악에 대한 사랑과 그것을 다른 이들과 나누고자 하는 바람에 근거하여 그들의 직업을 선택한다. 이것만을 고려하면 음악가들은 사람들을 위해 연주할 수 있는 모든 기회를 열정적으로 반갑게 생각한다고 믿을 것이다. 그러나 항상 그렇지는 않다. 연주가가 된다는 것에는 다양한 종류의 압박이 포함된다. 가장 큰 스트레스는 음악가들이 연주를 위해 무대에 설 때 간혹 느끼게 된다. 그들은 음악을 청중들과 나누는 흥분을 느끼는 대신 불안감과 고통을 느낀다. 흔히 '무대 공포증'이라고 부르는 이 불안감은 많은 연주자에게 심각한 연주력 약화의 문제를 일으킨다.

불행하게도 연주 불안감은 음악가의 삶에서 초기에 시작될 수 있다. 부모와 지도교사들은 음악도로서 성장시키기 위해 필요한 격려와 원조를 어린이들에게 제공하지만, 또한 성취에 대한 지나친 강조로 인해 어린 음악가들에게 압박감을 느끼게 할 수도 있다. 청소년 음악가들이 나이든 연주가들과 같은 연주 불안감을 경험한다는 것을 연구는 보여주었으며(LeBlanc, Jin, Obert & Siivola, 1997), 어린 음악가들 역시 성인과 같은 연주 상황에 떠밀리면 민감해진다는 것을 우리는 추측할 수 있다. 중학교와 고등학교의 음악도들에 대한 조사에서 대략 55%가 연주 불안증으로 고통받는다고 보고되었다(Shoup, 1995).

성인 인구에서도 유사한 빈도로 발생된다. 연구에 근거해서 약 절반에 가까운 연주자들이 어느 정도의 연주 불안증에 영향을 받는 것으로 우리는 추정한다. Wesner, Noyes, 그리고 Davis(1990)는 미국의 음악학교의 61%의 학생들과 교수들이 연주를 할 때 '분명한' 또는 '중간 정도의' 압박감을 느낀다고 보고했으며 그들 중 47%는 그들의 연주에 대한 불만족스러움을 불안감의 탓으로 돌린다는 것을 발견했다. 전문 오케스트라 단원들에 대한 조사는 59%가 연주 불안증으로 인한 과거의 일들을 보고한 것을 보여줬다(Van Kemanade, Van Son, & Van Heesch, 1995). 다른 연구는 이러한 문제점이 모든 종류의 음악가들 사이에 널리 퍼져 있다고 주장했다(Cooper & Wills, 1989; Fishbein, Middlestadt, Ottati, Strauss & Ellis, 1988). 연주 불안증으로 고통받은 것으로 알려진 사람들에는 Arthur Rubenstein와 Vladimir Horowitz 같은 대가들뿐만이 아니라 Barbara Streisand와 John Lennon과 같이 극히 성공한 대중 음악가들도 포함된다. 성공적인 음악가들조차 연주 불안증으로 어려움을 겪는다는 것은 연주 불안증이 근본적으로 불필요하다는 것을 증명한다. 즉, 연주 불안증은 재능이 없거나 연주를 위한 준비가 되지 않았기 때문이 아니라는 것이다.

연주 불안증의 경우를 식별하는 것 — 연주 불안증이 있을 때 당신은 알 수 있다 — 은 교과서 정의를 작성하는 것보다 훨씬 쉽다. 일반적으로 불안증은 신체적이고 정신적 감각으로 정의된다. 일반적인 증상은 과도한 땀, 떨리는 손, 그리고 집중력 손실이지만 다른 증상들도 많이 발생할 수 있다. 심리학자들은 이러한 생리적 증상을 넘어서 그 원인과 그로 인한 조건을 통해 연주 불안증을 정의하고자 한다. Wilson(2002)은 우리가 사람, 상황, 그리고 음악적 과제로 부를, 세 개의 근원을 밝혔다. 다음의 섹션은 세 개의 근원에 부합된다.

1. 징후 : 연주 불안감에 대한 생리적 반응은 위협이나 두려움을 느낄 때의 신체반응과 유사하다. 신체의 응급 시스템의 활성화는 신체적 훈련과 의학적 치료로 다룰 수 있는 신체적이고 행동적인 징후를 만든다.

2. 사람 : 불안감의 근원 중 하나는 음악가 자신에 내재되어 있다. 그 원인이 불안감에 대한 일반적인 성향인지 아니면 연주에 대한 비현실적 생각 때문이든지 간에 음악가는 인지적 치료 접근으로부터 도움을 얻을 수 있다.

3. 상황 : 고려해야 할 또 다른 근원은 특정 연주의 상황과 환경에 연관된 상황적 스

트레스이다. 스트레스 유발의 측면으로 파악하는 것은 연주의 준비에 도움이 되는 전략을 포함하도록 이끌 수 있다.

4. 음악 과제 : 자신감 있는 연주를 하기 위해서는 조절감이 필요하기 때문에 불안감의 또 다른 근원은 연주할 음악에 대한 숙련 정도가 된다. 음악은 연주자가 자신의 기술에 대해 아는 바를 초월한 도전이 되어서는 안 된다.

징후

사람이 위협을 지각하면 — 그것이 실제이든 아니면 상상이든 — 신체는 자연스럽게 반응을 한다. 가끔 '대항 · 회피'라고 부르는 방어 메커니즘으로 두뇌는 자율신경계의 교감부인 신체의 응급 시스템을 활성화한다. 신경은 혈류로 특정 호르몬을 방출하기 위해 복부에 있는 부신(adrenal glands)[1]을 자극한다. 일반적으로 아드레날린으로 알려진 이 호르몬은 특유의 방법으로 신체의 장기에 영향을 준다. 표 8.1은 장기의 변화된 기능이 사람에게 어떤 비정상적 느낌을 주는지를 보여준다.

이러한 생리적 징후들은 증가된 두뇌활동으로도 특징지어지는 신체적 각성 상태를 형성한다. 대부분의 음악가들이 지나친 각성(또는 불안감)을 문제점으로 식별하지만 너무 낮은 각성 상태 역시 연주를 잘하기 어렵게 한다. 아침에 일어났을 때 무기력하게

표 8. 1 각성의 신체적 변화가 불안감의 생리적 징후로 어떻게 바뀌는가

순응적 신체기능	느껴지는 감각
근육에 산소 공급을 증가시키기 위한 심장박동 증가	심장박동 증가
체온을 낮추기 위해 피부의 땀샘이 땀을 분비	과도한 발한, 젖은 손바닥
좀 더 많은 산소를 공급하기 위한 폐와 기관지 개방	숨 가쁨
타액분비 감소	구강 건조, 목이 막히는 느낌
혈액이 위장으로부터 근육으로 전환되면서 소화계 억제	속 울렁거림, 메스꺼움
원거리 시력을 선명하게 하기 위한 동공 확장	눈이 흐려짐과 초점의 어려움
증가된 신체적 활동을 위한 준비로서의 근육 긴장	긴장, 손떨림, 근육경련

---

1 부신(콩팥위샘)은 콩팥 위에 위치한 내분비기관을 말한다.

느껴지는 것을 상상해 보라. 심장박동은 느리고 호흡은 얕으며 정신은 결코 맑지 않다. 분명히 이러한 낮은 각성 상태는 음악 연주의 신체적이고 정신적인 도전을 이끌어 나갈 조건이 절대 아니다. 연주예술과 스포츠 영역에 있는 심리학자들은 높은 수준의 연주를 위한 조건으로서 '최적의 각성(optimal arousal)'을 지목한다. 운동선수들과 공연 예술인들은 똑같이, 실질적으로 좀 더 나은 수행을 용이하게 하는 적응성 불안감에 효과가 있는, 공연을 위한 '정신 무장' 또는 '열의에 찬' 상태가 되는 것이 필요하다고 이야기한다.

징후는 연주에 어떻게 영향을 미칠 수 있는가

두 명의 심리학자의 이름을 딴 Yerkes-Dodson 법칙은 각성과 연주 간의 관계를 뒤집힌 U자로 묘사한다(그림 8.1 참조). 각성 상태가 낮은 단계에서 온건한 상태로 증가하면 연주의 질이 향상된다. 각성 상태가 온건한 수준이면 연주는 최상의 것이 된다. 부가적인 각성으로 부적응성 불안감에 이르면 연주의 질에 위해가 된다. 실제로 최적의 각성 상태를 이루는 것은 연주할 과제의 특성이 포함된 여러 요소에 의존적이다. 생리적 각성 상태의 좀 더 큰 징후들은 아마도 바로크 실내악 앙상블의 플루트 연주자보다는 로큰롤 드럼 연주자에게 있을 가능성이 좀 더 있다. 빨라진 심박과 증폭된 음악의 준비는 드럼 세트를 연주하는 데 요구되는 신체적 노력과 어울리지만 이러한 징후들은 플

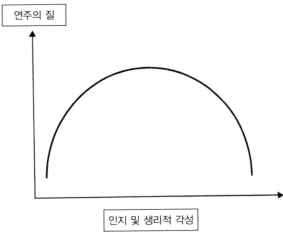

그림 8.1 각성과 연주의 질 간의 관계를 나타내는 Yerkes-Dodson의 역 U 모형

루트를 연주하기 위해 요구되는, 호흡 조절과 정교한 근육기술들을 수행하는 데에는 방해가 될 수 있을 것이다. 따라서 각성으로 인한 동일한 신체적 변화가 어떤 사람에게는 촉진적이지만 다른 사람들에게는 심신을 약화시키는 징후일 수 있다.

이러한 생리적 징후로 인한 문제점은 연주의 질을 저하시킬 수 있다. 동공 확장으로 인한 시력장애는 특히 눈부신 무대 조명 아래에서 인쇄된 악보를 읽는 것을 어렵게 할 수 있다. 추가적인 근육 긴장과 떨림은 연주의 신체적 생산 측면에서 부정적인 영향을 미칠 것이다. 최종 결과는 부정확한 음정(손가락의 위치, 팔 동작)과 리듬의 타이밍이 될 수 있다. 높은 각성 상태는 연습 때보다 연주에서 더 빨라지는 경향이 있는 템포의 선택에 영향을 미치는 경우가 자주 있으며 이는 테크닉적 어려움을 더하게 된다. 분명히 이러한 신체적 감각의 조합은 음악가들이 집중을 할 수 없게 하거나 음악의 표현적 측면을 수행할 수 없게 하는 이상한 느낌을 느끼도록 할 수 있다. 이 징후들의 발현은 관악기 연주자들의 만연한 구강건조와 짧은 호흡, 또는 현악기 연주자들의 손가락 긴장이나 젖은 손바닥과 같이 다양한 악기의 신체적 요구들과 연관되는 경향이 있다. 이것들은 단지 연주자들이 가장 자주 또는 가장 성가시다고 인지하는 징후들일 수 있다.

직접적으로 연주 실수를 하고 표현적 조절을 저해하는 것에 더해서 이러한 생리적 증상들은 음악가들이 연주를 어떻게 정상적이고 올바르게 수행하는가의 변인이 될 수 있다. 예를 들어 보통 때에는 높은 음정을 소리내기 위해 강한 호흡 지지를 사용하는 트럼펫 연주자가 짧은 호흡으로 고통을 받고 이것을 보완하기 위해 입술에 댄 마우스피스를 과도하게 힘을 주어 사용할 수도 있을 것이다. 그러한 방법은 상당히 효과가 떨어지며 좀 더 빨리 지치게 하는 결과를 가져올 수 있다. 그러한 바람직하지 못한 적응과 이로 인한 연주 실수를 연주 불안감의 **행동 증상**이라고 한다.

어떤 심리학자들은 **인지 증상**들에도 주목한다. 무대 위에 있는 동안 음악가들은 그들의 연주에 대한 부정적인 생각에 사로잡힐 수 있다. 그들은 긴장을 느끼거나 무엇인가를 잊거나 표현적으로 연주할 수 없는 것, 바보처럼 보이는 것, 과호흡, 또는 무대 위에서 잠시 정신을 잃거나 실신과 같은 실수에 대해 우려를 할 수 있을 것이다(Steptoe & Fidler, 1987). 고통을 받는 음악가들은 연주 중보다는 연주 전에 이러한 정신적 '재앙'에 좀 더 자주 처한다. 그러한 생각들은 증상이라기보다는 연주 불안증의 근원이 된다. 부정적인 생각들은 그들이 무대 위에서 다른 증상들로 힘들어하면서 연주자들의 불안을 심화시키는 경향이 있다. 연주를 고려할 때 다양한 인지적 요구들을 동시에 만족시

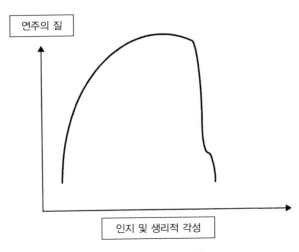

그림 8.2 각성, 인지적 불안, 연주의 질 간 상호작용의 재앙 모형

키는 것은 주의를 약화시키며, 연주와 연관된 모든 신호들을 받아들이는 대신에 주의는 선별적이 되고, 불행하게도 올바른 신호에 항상 주목하지 못한다(예 : 연주자들은 자기 점검을 지속하지 못함).

분명히 생리적, 행동적, 그리고 인지적 증상들은 서로 연관되며 동시에 발생할 수 있다. 예를 들어 무대에 오르기 전의 음악가의 우려(인지적)는 그들이 무대 위에서 떨리고 땀을 흘리며 긴장하게(생리적) 할 수 있으며 연주에서 실수와 보잘것없는 테크닉(행동적)이라는 결과를 일으킬 수 있는데 이 모든 것이 그들의 부정적 생각(인지적)을 심화시킬 수 있다. 이러한 종류의 잔인한 순환은 어떤 심리학자들로 하여금 역 U 모형이 온건한 각성을 넘어섰을 때 발생하는 연주의 악화를 설명하는 최상의 모형은 아니라고 믿게 한다. 불안감과 연주에 대한 예리한 하향곡선의 재앙 모형은 점진적 테이퍼링(역 U의)을 대신한다. 이러한 연구자들에 의하면, 악화과정을 예측하게 하는 단서는 연주 불안감의 인지적 요소들이다. 스트레스에 대한 생리적 반응들로만 고통을 받는 연주자들에게는 Yerkes-Dodson 모형의 점진적 감소가 적절하다. 그러나 좀 더 많은 인지적 불안감이 상황에 도입되면 연주의 질에는 좀 더 많은 재앙적 손실이 있게 될 것이다. 재앙 모형은 주로 스포츠 영역에서 실증적 지지를 받지만 심리학자들은 이미 음악 연주 영역에도 그것을 적용해 왔다(Wilson, 1997; Wilson & Roland, 2002).

생리적 증상의 치료

어떤 경우 가장 편의적 행동방침은 생리적 증상을 치료하는 것을 목표로 한다. 그러한 접근의 하나는 이완 기법의 사용이다. 음악가들 사이에서 가장 일반적인 것은 깊은 호흡과 근육 이완 연습이다(Wesner et al., 1990). 연주 전이나 연주 중의 심호흡은 가장 대중적인 대응 전략이 될 것이다(Roland, 1994; Shoup, 1995). 느리고 깊은 호흡은 각성 상태에서 예측할 수 있는 산소의 양을 신체가 취할 수 있도록 한다. 생리적 증상에 대한 직접적인 또 다른 접근은 점진적 근육 이완 훈련이다. 이러한 연습들은 한 번에 하나씩, 근육을 긴장하고 이완하는 것을 번갈아가며 신체의 모든 부위에 걸쳐 진행한다. 이 과정을 손가락과 같은 극지에서부터 시작해서 안쪽의 어깨와 같은 대근육으로 하기도 한다. 연구는 이러한 훈련이 음악가의 연주 불안증의 다양한 정도를 감소시키는 데 도움이 된다는 것을 보여줬다(Sweeney & Horan, 1982).

연주 불안증 치료의 어떤 임상실험들에서, 이완 기법이 생체송환(biofeedback) 훈련으로 보충되었다. 영상 디스플레이 모니터링 장치를 사용하여 음악가들이 자신의 신체가 보여주는 생리적 반응을 인식하도록 만든다(즉, 심박의 증가, 피부 온도 상승, 근육의 긴장 증가). 그들이 성공적으로 이완 기법과 다른 대응 전략을 받아들이면 생리적 척도에서 긍정적인 결과를 볼 수 있는 도움을 받는다. 생체송환 지원은 바이올린 연주자와 비올라 연주자의 엄지손가락 근육, 클라리넷 연주자와 바이올린 연주자의 팔뚝 근육, 그리고 금관악기 연주자들의 안면 근육들의 긴장을 완화하는 데 사용되어 왔다(Lehrer, 1987 참조).

알렉산더 기법(Alexander technique)은 신체의 이완 및 인식에 연관된 특별한 기법이다. 이 기법의 창조자 F. M. Alexander는 호주의 성공한 배우로서 공연 관련 건강 문제점에 대응하여 근정신적(psychophysical) 재교육 시스템을 개발했다. 이 기법은 심신의 일체화를 강조하는 분명한 철학적 요소를 갖고 있지만 또한 강화된 감각적 인식과 신체적 훈련을 통해서 신체의 잘못된 사용에 대한 해결책을 제공한다. 연습은 올바른 신체의 자세, 머리의 위치, 그리고 움직일 때의 근육 사용에 주로 초점을 둔다. 알렉산더 기법이 무대 공포증을 염두에 두고 개발된 것은 아니지만 불안감과 동반되는 불필요한 긴장을 완화시키려는 음악가들에 의해 광범위하게 사용된다. 어떤 연구는 심장박동 수변동, 자각 불안감, 그리고 연주에 대한 긍정적 태도를 향상시키는 효과에 대해 증명한다(Valentine, 2004).

이러한 이완 접근법이 제공하는 잠재적 도움에도 불구하고 어떤 음악가들은 연주 불안감의 증상을 관리하기 위해 약물에 의존한다. 가장 일반적으로 사용되는 것이 베타 차단제(beta-blocker)이다. 클래식 음악가들에 대한 조사는 특정 집단에서 약 1/4의 연주자들이 베타 차단제를 사용한다는 것을 보여준다(Fishbein et al., 1988). 베타 차단제는 혈류 내의 아드레날린으로부터 기인하는 생리적 증상들을 지연시킨다. 일반적으로 혈액 안의 호르몬과 함께 사용할 때는 아드레날린 호르몬은 몸 전체 장기들의 베타 수용체(beta receptor)[2]와 연결되어 기능의 변화를 야기한다. 베타 차단제 약물을 복용하면 혈류 내의 화학 작용물질이 베타 수용체와 연결되어 아드레날린을 막는 효과를 낸다. 연구는 불안감의 생리적 증상들을 완화하는 베타 차단제의 효과를 확증했으며 연주의 향상을 위한 사용을 연관시켰다(Nubé, 1991). 그러나 베타 차단제 약물을 다량 복용했을 경우에 부작용이 있을 수 있다는 어떤 증거도 있다(Nubé, 1994). 부적절한 복용량은 의사의 처방 없이 베타 차단제를 사용하는 연주자들에게 주어진 진정한 관심사이다(Fishbein et al., 1988). 또 다른 관심사는 베타 차단제로 인해 둔화된불안감에 의해 감소된 민감성이 연주의 표현적 관점에서도 둔화된 감수성의 결과를 낳는가의 여부이다. 베타 차단제를 복용하는 동안 어떤 음악가들은 일종의 '분리된' 느낌을 느낀다고 보고된 바 있지만 그것이 약물의 효과 때문인지 아니면 단순히 좀 더 쇠약하게 하는 생리적 증상들 중에 예전에는 알아차리지 못했던 연주 불안감의 인지적 증상인지를 말하는 것은 어렵다.

우리의 관심이 주로 연주 불안감의 생리적 측면에 주어졌지만 생리적, 행동적, 그리고 인지적 관점과 연관된 특성 때문에 여기서 논의된 치료들은 생리적 증상을 넘어선 어떤 혜택을 가져온다는 것을 주목해야 한다. 예를 들어, 이완 기법은 연주자의 주의 집중력을 개선하는 것과 같은 음악가의 인지과정에 영향을 미치는 경향이 있다. 또는 연주자가 과거에는 애를 먹던 신체적 증상을 완화하기 위해 그 무엇인가를 했다는 안도감을 갖게 할 수도 있을 것이다.

---

2 아드레날린 또는 노르아드레날린을 수용하는 아드레날린 수용체의 2그룹 가운데 하나

사람

생리적 증상의 단순한 치료는 많은 음악가들의 연주 불안증의 경험을 완전히 제거하지 못한다. 두뇌는 사람이 어떤 종류의 위험을 지각할 때에만 신체의 응급 시스템을 활성화한다. 이것은 인지적 영역의 중요성을 가리킨다. 음악가들이 어떻게 생각 — 그들의 태도, 믿음, 판단, 목표 — 하는가는 그들이 연주를 위협으로 지각하는 범위의 상당 부분을 결정한다. 음악가들이 무대 공포증으로 인한 어려움을 어떻게 설명할지를 다음의 예로서 생각해 본다.

> 나는 어쨌든 일반적으로 불안한 사람이며 리사이틀 전에는 그것이 더 악화된다. 나는 모든 것이 완벽하기를 원하기 때문에 준비에 대해 강박감을 갖게 된다고 생각한다. 나는 늦게까지 연습을 하기 때문에 제시간에 잠을 자는 경우는 흔치 않다. 나는 내가 리사이틀을 망치면 가족이 얼마나 실망할 것인지에 대해 계속 생각한다.

특성/성향 불안

연주 불안감을 설명하는 데에 고려되어야 할 첫 번째 근원은 연주자 자신이다. 전문가로서 음악가들은, 공연 예술가가 아닌 사람들보다 불안감에 강한 성향을 보인다(Kemp, 1996, 제9장 참조). 사람의 인지적 구성은 수많은 학습된 성향과 마찬가지로 '고정화된' 생물학적이고 유전적 요소의 모음이다. 불안해하는 성향(인생의 모든 관점에서)은 연주 불안감에 민감하게 만든다. 어떤 이들은 **특성 불안감**을 타고난 기질로 보지만 연구는 불안해하는 성격이 특별한 인생 경험의 누적의 결과라고 주장하기도 한다(Kemp, 1996, p. 86). 그럼에도 불구하고 다수의 탐구연구들은 음악가의 특성 불안감의 정도와 연주 불안감의 우세 간의 연관성을 보여줬다(Cox & Kenardy, 1993; Hamann, 1982). Craske와 Craig(1984)는 일반적으로 덜 불안해하는(낮은 특성 불안감) 음악가의 경우 연주 불안감의 경험은 각성의 생리적 증상에 제한된다는 증거를 제공했다. 그러나 불안의 정도가 높은 연주자들은 연주 동안 우려감과 행동 증상의 증가로 어려움을 겪을 수 있다.

분명히 음악가들의 성격은 상당히 다양하지만 그 직업에서 일반적이며 불안감과 자주 연관되는 몇 개의 성격적 특성을 연구는 밝혔다. 그러한 특성 중의 하나는 **내향성**이다(Kemp, 1996). 내향성은 자기와 무관한 일에 관심이 없는 성향이다. 그들은 친밀한 교우 관계를 유지하는 것이 상대적으로 적으며, 신중한 사전계획을 선호하며 보통 자신의 감정을 혼자서 유지한다. 강한 내향성은 작곡과 같은 특정 음악 전공분야에서의 보다 높은 수행 성취와 연관될 수 있다. 외향적인 성격은 음악교사들이나 대중 음악가들 중에서 더 많이 발견된다. 내향성에 더해서 음악가들은 또한 신경증이나 감정적 불안정성에서 높은 점수가 측정되었다. 이것은 다른 사람들과의 관계 및 상호작용에서 불안정성을 보여주는 사람을 나타낸다. 내향성과 신경증 모두 음악가들의 연주 불안증과 연관성이 있다는 것이 발견되었다(Steptoe & Fidler, 1987).

자기 불구화와 완벽주의

극도의 내향성과 신경증의 조합은 사회 공포증으로 이어질 수 있다. 이런 유형의 불안감은 다른 사람들이 연주자를 어떻게 평가할까 하는 생각에 사로잡혀 있는 것으로 나타난다. 사회 공포증과 연주 불안증 간의 관계를 형성한 음악가들에 대한 연구는 무대 공포증에 괴로워하는 사람들은 다른 사회적 맥락에서도 역시 두려움을 느끼는 경향이 있다는 것을 보여준다(Cox & Kenardy, 1993; Steptoe & Fidler, 1987). Wilson(1997)은 다른 사람들의 의견에 대한 연주자의 지나친 관심은 자기 불구화라고 부르는 특별히 파괴적인 행동으로 이어질 수 있다고 지적했다. 이러한 조건에서 사람들은 사전에 실패의 변명을 설정하는 것을 통해 동료들의 시선에 자신의 위치를 유지하려 한다. 연주 전에 음악가들은 메스꺼움을 호소하거나 그들이 원하는 만큼의 연습을 할 수 없는 이유를 사람들에게 광고한다. 연주 실패에 대해 해명하고자 하는 그들의 욕구는 과도한 음주나 악기에 손상을 입히는 것을 통해 실제로 고의적 연주 기피라는 지점까지 확대될 수도 있다.

마지막으로 완벽주의는 불안감의 또 다른 정신적 근원이다. 완벽주의는 특히 자신에 대한 비현실적으로 높은 기대로 정의된다. 그것은 간혹 작은 실수와 부적합함에 대한 과도한 걱정으로 나타나며 무엇이 옳은가 대신에 무엇이 잘못된 것인가를 의식하는 경향이 있다. 이러한 특성이 왜 음악가와 연관되는가를 보는 것은 쉽다. 연주 실수―특히 개인연습에서―를 인식하는 것은 기술 향상을 위해 필요한 것임에도 불구하고 완벽주의자의 견해는 비논리적이다. 자신의 작은 연주 실수는 일반적으로 대부분의 청중들의 경험을 망치지 않을 것이지만 그것에 대한 음악가의 집착은 좀 더 표현적인 연주 목표를 성취하는 것을 방해할 수 있다. 피아니스트 Arthur Rubinstein은 이것을 이해하는 것으로 보인다.

> 나는 한두 음을 놓치더라도 신경 쓰지 않는다. 중요한 것은 연주이므로 그것이 청중에게 옳은 것을 전달하기 위한 것으로 여겨진다. 그렇지 않다면 나는 몇 해 전에 공연 무대에서 밀려났을 것이다. 대중들은 그것을 용납하지 않을 것이다. 내 생각에 나는 틀린 음정을 연주하는 데에서는 챔피언이지만 신경 쓰지 않는다. 그리고 대중들도 그다지 신경 쓰는 것 같지 않다(Elder, 1982, p. 3).

내향성이나 완벽주의와 같은 성향들은 성격특질로 고려되지만 그것들은 사람의 통제력을 초월하도록 확고하게 고정되어 있지 않을 수 있다. 이러한 특질은 음악가들이 연습을 하고 연주를 준비하며 결국은 무대 위에 서면서 그들의 사고과정에서 드러난다. 음악가들이 그들이 갖고 있는 좀 더 큰 성격적 특질에도 불구하고 연주자로서 완벽주의와 내향성에 길들여졌을 것이라고 믿는 이유가 있다. 완벽주의에 대한 그릇된 평가와 청중의 판단에 집착하는 것은 정신적 파국화로 이어진다. 연주자들은 예를 들자면 그들이 연습해 온 모든 것을 잊거나 무대 위에서 토하거나 그렇지 않으면 그들에게 중요한 모든 사람 앞에서 그들 자신을 완전히 바보로 만들게 될 것이라고 믿게 될 수 있다. 이러한 것들은 인지적 문제점 또는 현실적 사고의 실패이다.

인지치료 접근

인지 재구성은 사람의 사고과정을 대상으로 한 치료 전략이다. 음악가들은 비논리적이고 역효과를 낳을 수 있는 생각을 식별하고 그것을 현실적이며 좀 더 과제 중심적인 사고로 대체하는 것을 배운다. 이것은 일반적으로, 음악가들이 정신적으로 그들 자신에게 진술을 하는 자기대화를 통해 이루어진다. 예를 들어 한 연구팀은 불안증이 심한 피아니스트들에게 "나는 작품을 철저하게 학습했고 잘 준비되었다." 또는 "나는 일관성 있는 템포를 유지하는 것에 집중할 필요가 있다."와 같은 자기진술로 지나치게 비관적인 생각을 대체하도록 '집중력 훈련'을 제공했다(Kendrick, Craig, Lawson, & Davidson, 1982). 6시간의 교육(2시간씩 3회의 세션)과, 5주간 연습의 결과를 가족과 친구들 앞에서의 연주하는 것으로 훈련을 시행한 후, 그 피아니스트들은 연주 불안증의 증상들을 상당히 감소시켰다. 유사한 방법론과 결과가 Sweeney와 Horan(1982)에 의해 보고되었다. 건설적인 자기대화는 음악가들이 대중적 연주에 자연스럽게 동반되는 신체적이고 감정적인 반응들을 받아들이도록 하며 이런 종류의 각성을 잠재적 용이성으로 이해하도록 돕는다. 공연 연주자들에게 가장 많이 보급된 인지적 대응 전략은 어떤 형태의 자기대화가 포함된다(Roland, 1994). 연구에 근거한 것은 아니지만 과도한 비관적 사고를 바로잡기 위한 자기대화의 사용을 권장하는 책을 음악가들이 많이 썼다. Green과 Gallwey(1986)의 *The Inner Game of Music*은 아마도 가장 대중적인 책일 것이다.

Wilson과 Roland(2002)는 목표 설정이 포함된 또 다른 연주 불안증의 관점을 제시했다. 스포츠 경기와 학업 성취에 대한 연구를 참고로 그들은 음악가의 목표가 과정 지향적인지 또는 성과 지향적인지에 대해 논의한다. 과정 중심적 목표들은 음악가가 연주를 하는 동안 무엇을 하고 싶은지와 연관된다. 그것은 적절한 인토네이션이나 넓은 범위의 다이내믹 사용과 같이 좀 더 즉각적으로 이룰 수 있는 것은 경향이 있다. 그와 반대로 성과 목표들은 경연대회에서 입상을 하거나 엄선된 앙상블에 단원이 되는 것과 같이 좀 더 확실한 성취이다. 과정 목표가 기술 개발을 가능하게 하고 연주의 즐거움까지도 조장할 수 있는 반면 성과 목표 지향은 완벽주의적 사고를 조성할 수 있다.

이 절에서 보여줬다시피 연주자의 정신적 구성은 연주 불안증의 주요 근원이다. 불안감은 완벽주의나 파국화, 그리고 다른 연주 관점의 그릇된 평가와 같이 골치 아픈 사고 패턴을 발현할 수 있다. Wilson(2002)에 따라, 우리는 다음과 같은 가장 효과적인 인지 전략을 요약할 수 있다. (1) 연주를 하는 동안 작은 실수들과 불안감을 받아들이도록 배운다. (2) 청중의 평가를 생각하기보다는 연주과정을 음미한다. 그리고 (3) 자기대화를 하여 과도한 비관적 생각을 좀 더 현실적이고 과제 지향적인 사고로 대체한다.

상황

무대 공포증의 두 번째 폭넓은 근원은 연주의 상황이다. 연주자가 느낄 위협감을 심화시킬 만한, 연주와 관계된 환경이나 상황은 경험하게 되는 불안감의 정도를 높일 것이다. 연주 상황의 가장 주요한 요소는 청중의 존재이다. 꽉 들어찬 콘서트홀의 이름 없는 얼굴들에 의해 갖게 되는 위협은 좀 더 중요한 청자들—사랑하는 사람들, 음악 전문가들, 심사위원들—로 구성된 보다 소규모의 청중들에 의한 것과 동일할 수 있다. 긴장되는 연주 조건에 대한 음악가의 가상적 묘사를 생각해 보자.

오디션은 최악이다. 대개 반주나 다른 어떤 것도 없이 당신은 그 위에서 혼자이다. 그리고 심사위원들은 그저 앉아서 모든 작은 실수들을 듣고 당신을 제외하기 위한 이유를 찾고자 하고 있다. 나는 그들이, 당신이 그 압박감을 어떻게 감당하는지를 보기 위해 그 상황을 불편하게 만든다고 생각한다.

연주의 사회적 맥락

음악을 연주하는 것 자체가 스트레스를 유발하지는 않지만 사람들 앞에서 하는 것이 그런 것 같다. 청중들 앞에서 연주 불안감을 경험하는 많은 음악가들은 혼자 연주를 할 때에는 심장박동과 다른 생리적 징후들이 모니터된다는 것을 알더라도 증상을 보이지 않는다(LeBlanc et al., 1997). 우리는 이미 부정적인 평가에 대한 두려움이 어떻게 연주 불안감을 자극할 수 있는지를 봤다. 연주 불안감의 상태는 아마도 연주 관례의 엄격한 준수와 청중으로부터 심리적으로 상당히 분리되는 연주자로 특징지어지는 서양의 콘서트 전통의 사회적 맥락에 의해 한층 격화될 수 있을 것이다. 이러한 공식적인 환경으로 인해 클래식 예술가들은 좀 더 비공식적인 연주 장소에서 연주할 수 있는 재즈 장르의 음악가들보다 연주 불안감으로 좀 더 고통을 받을 수 있다(Kaspersen & Götestam, 2002). 콘서트 전통에서 무대 위의 연주자는 단지 그 또는 그녀의 예술을 나누는 것이 아니라 몇몇은 흠모하는 팬들이고 다른 몇몇은 비평가들인 청중 속의 사람들에 의해 '멀리 떨어져 있는' 특별히 숙달된 전문가로서 보인다. 이러한 맥락에서 초보 음악가는 그런 역할을 만족시키기에 자신이 부적합하다고 느낄 수 있으며 경험 있는 연주자는 그들이 과거에 이루어낸 성공적 기준을 유지하는 데에 실패할 수도 있다는 두려움을 경험할 수 있다.

'즉석에서 연주하는' 공연일 때 불안감은 더욱 커진다. 상황적 스트레스는 청중의 규모가 클수록 증가하는 것으로 나타났다(LeBlanc et al., 1997). 관련 요인은 청중의 존재에 대해 음악가가 느끼는 정도일 수 있으며 이는 연주자와 청중 간의 거리의 중요성을 말해준다. 그러나 체감되는 불안감의 보다 강력한 결정요인은 무대를 차지하는 공동 연주자들의 숫자인 것으로 보인다. Cox와 Kenardy(1993)는 그룹의 조건과 독주의 조건에서의 성인 음악도들을 연구했는데 놀랄 것 없이, 독주 상황에서 상대적으로 높은 수준의 연주 불안감을 발견했다. 큰 규모의 청중과 적은 수의 공동 연주자들의 조합은 연주 불안증이 가장 잘 발생할 수 있는 상황을 만들 수 있다.

비교 문화적 관점 : 재즈 음악가들의 연주 불안감

재즈 연주자들의 음악적 경험은 클래식 중심의 사람들과 상당히 구분될 수 있다. 각 스타일에 관련된 연주 관례에 더해서 음악적 하위기술들이 요구되며 그들이 개발하는 수단들 또한 서로 다르다. 음악원 학생들에 대한 조사연구에서 Kaspersen과 Götestam(2002)은 재즈 지향적 프로그램에 있는 학생들은 클래식 전문가들보다 연주 불안감에서 상당히 적은 문제점을 갖는다고 보고했다. 많은 재즈 전공생들이 청중 앞에서 연주하는 것을 신이 나고 동기부여가 된다고 설명했다. 이것은 클래식 전공 학생 연주자들이 공연에 대해 자주 표현하는 것과는 다른 태도를 반영한다.

재즈의 어떤 특성은 연주 불안감의 더 적은 발생빈도에 기여하는 경향이 있다. 재즈의 대부분의 형태는 상당한 즉흥음악을 포함한다. 이것은 연주행위를 개인화하게 하며 음악가로 하여금 감정적 표현에 좀 더 초점을 둘 수 있게 할 것이다. 사실 재즈 교수법은 음악을 통해 자신을 표현하는 것을 가장 우선적으로 강조한다. 이것은 전통적으로 정확한 테크닉과 '정확한 음정' 연주가 요구되고 자주 암기로 연주되는 클래식 음악의 교육 및 연주의 실제와 대조된다.

또한 재즈 음악가들은 역사적으로 그들의 연주기술을 습득하기 위한 고립된 연습에 훨씬 적게 의존한다. 그들의 기술발달의 대부분은 다른 음악가들과 함께하는('젬 세션') 실제 연주 상황에서 발생한다. 이것은 다시 개인 연습에 상당한 시간을 보내는 클래식 지향적 음악가들과 대조된다. 고립된 연습이 그들의 자연스러운 음악적 환경처럼 느낄 수 있는 그들에게는 공연이 더욱더 겁나는 것으로 여겨진다.

어떤 음악가들에게 청중의 규모는 청자가 누구인가 하는 것만큼 중요하지는 않다. 친구나 가족 또는 음악 전문가와 같이 특별히 중요한 사람이 청중에 포함되어 있을 때 추가적 스트레스가 발생할 수 있다. 장차 첼리스트가 되고자 하는 사람에게 Yo-Yo Ma 가 우연히 그 동네에 들러서 리사이틀에 참석하기로 결정했다고 말해 주는 것을 상상해 보라! 연주자는 다른 사람들이 그 또는 그녀를 어떻게 평가할 것인가를 걱정하기 때문에 청중의 존재는 상황적 스트레스에 기여한다. 특정 사람들의 판단은 다른 사람들의 것보다 좀 더 중요한 의미를 갖는데 그것이 오디션이나 실기시험, 그리고 경쟁적인 연주가 가장 스트레스를 주는 이유이다(Craske & Craig, 1984; Hamann & Sobaje, 1983). 분명히 특정 연주의 중요성에 대한 음악가의 지각은 그 또는 그녀가 그것에 접근하면서 불안감에 영향을 미친다. 특정 성격과 인지적 성향은 연주의 중요성에 대한 것과 성공 또는 실패의 결과에 대해 과장된 믿음을 만드는 상황적 요인들과 상호작용할 수 있다. 예를 들어 Cox와 Kenardy(1993)의, 그룹과 독주 연주 조건의 비교에서 사회 공포증(social phobia)[3]은 중요한 요인이라는 것이 발견되었다. 그룹의 조건에서는 사

---

3 다른 사람들 앞에서 당황하거나 바보스러워 보일 것 같은 사회 불안을 경험한 후 다양한 사회적 상황

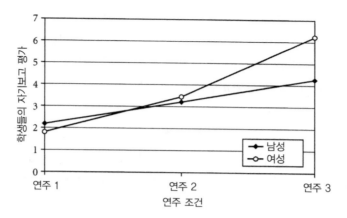

그림 8.3 LeBlanc 등(1997)으로부터의 그래프는 세 가지의 연주 조건에서의 자각 불안감의 정도를 보여준다. 연주 1 : 연습실에서 혼자서, 연주 2 : 연구자가 참석한 연습실에서, 그리고 연주 3 : 네 명의 연구자들과 소규모 동료들로 이루어진 청중들의 참석하에 큰 리허설 공간에서. 학생들은 불안감의 정도를 1~10단계로 하여 보고했다.

출처 : "Effect of Audience on Music Performance Anxiety," by LeBlanc, Y. C. Jin, M. Obert, & C. Siivola, 1997, *Journal of Research in Music Education, 45*, p. 487. Copyright ⓒ 1997 by the Music Educators National Conference.

회 공포증이 있는 연주자들이 공포증이 없는 사람들보다 더 불안해하지 않았다. 그러나 독주 상황에서는 사회 공포증이 있는 음악가들이 상당한 연주 불안감을 경험했다.

상황적 스트레스의 관리

연주 불안감에 민감한 음악가들은 상황적 요인들을 이해해야 하지만 또한 그들이 제공하는 연주의 조건에 대한 상당한 결정 권한도 있다는 것을 깨달아야 한다. 특히 음악대학생은 일반적으로 그들의 리사이틀을 준비해야 하는 책임을 지고 있다. 만일 그들이 연주 장소를 선택한다면 강당의 크기와 무대의 물리적 배치와 객석의 위치를 고려하여 선택할 수 있다. 또한 무대 위의 공동 연주자들은 불안감을 감소시키는 경향이 있으므로 독주곡만으로 구성하는 프로그램 대신에 듀엣이나 작은 실내악 작품을 포함시키는 것으로 도움을 얻을 수 있다.

불행하게도 공연의 여러 측면은 오직 공연에서만 발생한다. 예를 들어 연습실에서

을 회피하게 되고 이로 인해 사회적 기능이 저하되는 정신과적 질환

는 청중이 없으며 편안한 복장을 하고 원하는 대로 쉴 수 있으며 눈부신 조명과 무대와 같은 펼쳐진 공간에 대처하지 않아도 된다. 연주 불안증을 관리할 수 있는 한 전략은 정신적 리허설로서 그것은 연주자들이 실제 연주 동안 의도하는 대로 자동적으로 행위할 것을 선명한 이미지로 연상하고자 하는 것이다. 그것은 또한 연주자를 파멸적인 사고보다는 좀 더 건설적인 사고를 하도록 만든다.

한 걸음 더 나아간 것은 연습 연주를 하는 것이다. 연주홀의 조건에 적응하기 위해 드레스 리허설을 하는 것은 앙상블의 일반적인 관행이다. 독주 연주자를 위한 연습 연주는 일상적이진 않겠지만 좋은 아이디어이다. 가상 연주의 성공은 전형적인 연습 세션과는 달리하여 청중의 존재, 보다 공식적인 연주의상, 그리고 중단 없이 끝까지 연주를 진행하는 것과 같은 '실제' 연주의 요소들을 얼마나 잘 포함하는가에 달려 있다. 가족이나 친구들과 같이 힘을 주는 이들을 청중으로 한 연습 연주는 무대 공포증에 효과적인 치료의 한 부분이 되어 왔다(Kendrick et al., 1982). 사실 한 대규모 연구에서 좀 더자주 연주를 한 학생들이 다른 학생들에 비해 더 적은 연주 불안감을 보고한다는 것이발견되었다(Linzenkirchner & Eger-Harsch, 1995). Lehrer(1987)는 연구에 대한 그의논평에 근거하여 "불안감을 자극하는 상황에 노출되는 간격이 큰 것은 불안감의 증가를 가져올 수 있으므로"(p. 149) 좀 더 잦은 연주가 어떤 치료적 접근에도 포함이 되어야 한다고 결론지었다.

불안감으로 인해 심각한 손상을 겪는 연주자들과 작업을 할 때에 어떤 심리학자들은 체계적 둔감화[4]로 알려진 행동 접근법을 적용해 왔다. 모든 종류의 공포증을 치료하기 위해 사용되어 왔던 이 유형에서 사람들은 스트레스 유발성이 증가되는 조건에 노출되는 동안 이완된 상태를 유지하고자 한다. 이 과정은 그 상황을 상상하거나 실제로 대면하도록 하여 실행될 수 있다. 예를 들어 마음이 편안해지는 상태에 도달한 후 음악가는 연습실에서 친구를 위해 친숙한 작품을 연주하는 것과 같은 '쉬운' 연주 상황을 먼저 생각할 수 있다. 여전히 마음이 편안하다면 음악가는 연습실에 추가적 사람을 상

---

4 행동치료 기법의 하나로, 특정 자극이나 상황에 대하여 비정상적으로 강한 불안이나 공포를 나타내는
사람(또는 환자)을 치료하기 위해 사용된다. 구체적으로 문제가 되는 불안이나 공포와 양립할 수 없는
근육 이완(과 같은 반응)을 문제가 되는 자극과 역조건 형성시키는 절차를 따르게 되는데, 흔히 불안
이나 공포를 덜 일으키는 자극으로부터 시작하여 점차 더 강한 불안이나 공포를 일으키는 자극을 심
상으로 유발시켜 역조건을 형성시킴으로써, 최종적으로 특정 자극에 대해 나타내던 비정상적인 불안
이나 공포 반응을 완전히 제거 또는 치료하게 된다.

상하고 그다음은 커다란 리허설 연습실에서 두 사람을 위해 연주하는 것을 상상할 수 있다. 불안감을 자극하는 요소의 관점에서 그 상황은 꾸준히 심화된다. 물론 체계적 둔감화는 상상 속 시나리오 대신에 실제 연주에서도 실행될 수 있다.

자기학습 : 개인적 불안 위계 구성

체계적 둔감화를 수행하기 위한 자기 주도 전략을 불안 위계라고 부른다고 Wilson과 Roland(2002)는 설명한다. 이 연습의 경우 당신은 당신이 이미 알고 있는 작품의 독주 연주가 있을 것이라고 가정한다.

첫째, 당신이 상상할 수 있는 연주 상황들을 모두 리스트로 작성한다. 꽤 큰 리스트를 만들기 위해 다른 음악가 친구들의 도움을 요청하고 싶을 수도 있다. 또한 연주 홀의 크기나 청중과의 거리, 청중의 규모, 청중의 중요성, 그리고 연주시간과 같이 연주 상황(그리고 연주 불안감)을 규정짓는 다양한 조건들을 고려하는 것도 도움이 될 것이다.

괜찮은 리스트가 작성된 후 각 상황은 지금 당장 그 상황에서 연주를 한다면 얼마나 스트레스가 많을지를 나타내도록 평가할 필요가 있다. 불안척도는 0=불안감 없음에서 100=극도로 불안함으로 사용한다. 그다음에 증가된 불안의 순서대로 자신의 상황을 다시 리스트로 만든다. 이 위계를 다가올 몇 주 그리고 몇 개월을 사용하는 것을 고려한다. 자신이 그러한 상황에 있다고 상상하거나 실제로 이러한 점진적 불안감 유발 상황에서 연주를 한다.

음악 과제

무대 공포증의 세 번째 근원은 연주 과제 자체이다. 음악가들은 간혹 프로그램상의 음악을 연주할 기술을 그들이 실제로 갖고 있는지에 대한 연주 관련 의문을 갖는다. 우리는 간혹 우리가 가능하다고 생각하는 것을 넘어서 보고자, 우리 자신을 개선하기 위해 우리의 한계까지 밀어붙여야 한다고 믿게 된다. 그러나 어떤 연주자들의 경우 큰 연주를 몇 주 앞두고 암기로 작품을 연주하려고 할 때 기억이 완전히 백지화되는 것과 같은 악몽이 포함될 수 있다. 어떤 작품의 테크닉적 요구는 표현적 해석을 준비할 시간이 없다는 느낌이 들 만큼 그들의 연습시간을 모두 소비하게 할 수 있다. 이상적으로는 자신의 능력에 대한 확신을 갖고 무대 위에 서야 할 테지만 가끔은 그저 음악이 너무 어렵게 느껴진다. 음악가들이 무대 공포증의 한 에피소드를 어떻게 묘사하는지 또 다른 예를 고려해 보자.

내가 무대에 섰을 때 제일 먼저 생각하는 것은 나는 좀 더 연습을 했었어야 한다는 것이다. 나는 내가 엉망으로 만들 부분을 정확하게 안다. 그 부분을 기다리는 동안 나는 다른 실수도 하게 될 것이다. 이제 당신은 나의 지도교사가 내가 잘할 수 있는 음악을 선택할 수 있었다는 것을 생각할 것이다.

음악가들이 연주를 하면서 '잘못되어 가고 있다'는 두려움에 휩싸이게 될 때 그들은 철저한 준비가 성공의 열쇠라는 논리적인 생각을 할 것이다. 연주 과제를 수행하는 음악가의 기술수준을 의미하는 과제 숙달은 연주 불안증의 중요한 요소이다. 증가된 연습과 훈련은 일반적으로 연주기술을 향상시키는 것이 분명하다. 그러나 여기에서의 아이디어는, 음악 과제를 우수하게 숙달하는 것은 불안한 상황하에서 좀 더 성공적으로 연주할 수 있도록 한다는 것이다. 음악대학생들을 대상으로 한 두 연구(Hamann, 1982; Hamann & Sobaje, 1983)에서, 좀 더 높은 수준의 기술수준을 보이는, 좀 더 오랜 세월 정규학습을 한 학생 연주자들은 스트레스가 강화된 조건하에서도 뛰어난 연주를 보여줬다. 이 연구자들은 과제 숙달을 연주의 압박감하에 있을 때 의존하는 연주 행위의 의지력과 동일시한다. 더욱이 그들의 연구가 의미하는 것은 우수한 과제 숙달의 음악가들에게 연주 불안감은 실제로 연주의 질을 강화시키는 동기부여 요소가 된다는 것이다(제3장 참조).

난국에 대처하기

왜 어떤 음악가들은 연습실에서보다 청중을 앞에 둔 무대 위에서 연주를 더 잘하는가? 가끔 그들의 일반적 음악성 수준은 음악 자체에 나타나는 도전을 넘어서고, 오직 대중적 공연의 도전에서만 그들은 최상의 연주를 보이려는 동기부여가 된다. 이러한 음악가들은 연주로 인한 각성에 의해 약해지거나 주의가 산만해지지조차 않으며 그것을 즐긴다. 연주를 하는 것은 그들에게 보상적 경험이다.

연주가 제시하는 도전과 그들의 기술수준이 부합될 때 연주를 하는 것은 음악가들에게 '최상의 경험'이 될 가능성이 높다. 몰입(flow)이라는 용어는 보상적 활동에 내적으로 완전히 빠져드는 경험을 설명한다(Csikszentmihalyi, 1993). 몰입의 경험은 음악을 연주하는 동안에 발생할 수 있다. 몰입이론[5]에 의하면 그런 경험을 위한 첫 번째 필

---

5 몰입(영어 : flow)은 주위의 모든 잡념, 방해물을 차단하고 원하는 어느 한 곳에 자신의 모든 정신을

요조건은 과제 난이도와 기술수준 간의 균형이다. 음악가의 기술수준이 연주 과제의 난이도를 초월할 때(즉, 연습실에서 혼자 단순한 음악을 연주하는 것) 지루함이 만연한다. 반면에 이미 언급했다시피, 난이도가 음악가의 기술수준보다 높을 때 그 결과는 불안감이다. 음악을 연주하는 동안의 몰입의 경험은—청중이 있건 없건 간에—젊은이들이 직업으로서 음악의 탁월함에 기여하게 하는 경향이 있다. O'Neil(1999)은 특성화 음악학교의 청소년들 중에서 낮은 성취수준의 학생들과 비교하여 높은 성취수준의 학생들은 음악활동을 하면서 상당히 많은 몰입 경험을 하는 것으로 보고했다. 그녀 또는 그가 마음속에 집중된 목표를 가지고 연주에 접근할 때, 그리고 연주를 하는 동안 그것에 상당히 주의집중을 할 때 몰입을 느낀다. 연주자의 정신 에너지의 대부분이 연주와 연관된 모니터링 피드백에 집중된다(그들은 그들 자신과 다른 연주자들의 연주를 들음). 몰입을 경험하는 연주자들은 자의식이나 다른 사람들의 인식에 대해 걱정할 기회를 거의 갖지 않는다. 어떤 연주자들은 그것을 음악에 '완전히 빠져든' 또는 음악 속에서 '잃은'이라고 표현한다. 만일 연주하는 음악이 너무 어려운 경우 음악가들은 신체적으로 음악을 생산해내는 것—특히 작품의 '골치 아픈 부분'—에 주의집중을 확대할 것이며 모니터 피드백을 위한 정신적 자원은 갖지 못할 것이다. Wan과 Huon(2005)은 초보 음악가들의 연주가 기술과정의 단계적 통제를 위한 주의력 자원의 소진으로 기인한 압박으로 인해 악화된다는 증거를 보여줬다.

불안한 연주 상황에 처하는 경우에도 적절한 연습과 준비를 통해 음악가는 자신의 능력에 대한 확신을 얻을 수 있다. 자기효능감이라는 용어는 무엇인가를 성취하기 위한 그들의 능력에 대한 믿음을 의미한다(제3장 참조). 자기효능감 이론은 사람들이 잠재적 위협을 통제할 수 있다고 믿을 때 그들은 불안한 생각을 갖거나 불안감의 생리적 증상들을 경험하지 않는다고 설명한다(Bandura, 1991). 자기효능감은 인지적 요소이지만 여러모로 그녀 또는 그 자신에 대한 개인적 느낌보다는 요구되는 기술에 좀 더 밀접

집중하는 일이다.

심리학자 칙센트 미하이는 몰입했을 때의 느낌을 '물 흐르는 것처럼 편안한 느낌', '하늘을 날아가는 자유로운 느낌'이라고 하였다. 일단 몰입을 하면 몇 시간이 한순간처럼 짧게 느껴지는 '시간개념의 왜곡' 현상이 일어나고 자신이 몰입하는 대상이 더 자세하고 뚜렷하게 보인다. 몰입 대상과 하나가 된 듯한 일체감을 느끼며 자아에 대한 의식이 사라진다. 몰입현상은 학습과 노력을 통하여 도달할 수 있다. 자신이 몰입하고 있는 대상에 대해서는 단시간에 혹은 빠르게 흡수할 수 있지만 반대로 관심이 없거나 집중도가 떨어지는 대상에 대해서는 기억조차 못할 수도 있다. 이것이 바로 몰입의 장점이자 단점이 될 수 있다.

하게 연관된다. 강한 자기효능감을 갖기 위해서는 우선 기술을 연마하고 그다음에 당신이 직면한 도전에 적합한지 인식하는 것이다. 적절한 자기효능감은 과제 숙달에 대한 현실적인 평가와 어떤 목표를 성취하기 위한 방법의 소유에 근거한다.

분명한 문제는 별개로 하고—시작하는 능력이 되지 않은—연주자의 자기효능감을 약화시킬 수 있는 또 다른 것들이 있다. 어떤 장애적 개인 특질과 인지적 요소들은 음악가를 통제불능에 빠지게 할 수 있다. 높은 불안 성향을 갖고 있는 대학의 피아노 전공생들과의 한 실험에서 높은 특질 불안을 갖고 있는 사람들은 청중을 앞에 둔 연주를 할 때 자기효능감이 눈에 띄게 저하되는 모습을 보여줬다(Craske & Craig, 1984). 전문 연주자들에 대한 연구에서 Mor, Day, Flett, 그리고 Hewitt(1995)는 개인 조절의 인식이 특히 완벽주의의 개인적 특질과 함께 고려될 때 불안 성향 무대 공포증을 설명하는 중요한 변인이었다는 것을 발견했다. 그들의 연구는 연주 불안증의 악화가 통제력 부족의 느낌과 완벽주의적 성격의 조합의 결과로 보았다. 일반적으로는 연습과 준비는 음악가들이 연주에 들어가면서 그들의 통제감을 증가시키지만 거기에는 완벽주의 성격이라는 위험도 있다. 이러한 음악가들은 과도한 연습만을 통해 그들의 연주 불안증을 관리하려고 하며 그들이 찾는 완벽함과 통제력이 잡히지 않으면 더 많은 좌절감이 조성된다. 이런 종류의 과도한 연습은 음악가들 간에 또 다른 스트레스의 근원으로 보고된 남용으로 인한 신체적 증상의 결과를 낳을 수 있다(Wilson, 2002).

균형의 발견

음악가들에게 있어서 그들이 갖고 있는 기술과 과제의 난이도의 균형은 어떤 음악을 연주할 것인지를 결정하는 데에 상당 부분 역할을 한다. 불행하게도 음악가들은 이러한 관점의 의사결정이 연주 불안증의 중대한 요소라는 것을 인식 못할 수 있다. 특히 연주 불안증으로 어려움을 겪고 있는 이들에게는 연주할 음악을 선택하는 것이 연습할 음악을 선택하는 것과 다르다. 이제 연주자는 연주할 음악과 그것을 준비하는 데에 실제로 요구되는 시간과 노력에 대해 현실적이어야 한다. 만일 음악가들이 연습을 위한 동기부여의 고리를 찾는다면 자신은 그들이 개인적으로 좋아하는 음악을 고려해야 한다. 너무나도 자주 음악도들은 지도교사에게 의사결정을 내주거나, 또는 인정받는 레퍼토리의 리스트에서 선택해야 한다고 느낀다. 그러나 음악도들은(그리고 그들의 지도교사들은) '연주를 해야만 하는' 작품과 그들이 실제로 즐기는 연주 간의 균형을 얻기 위해 노력해야 한다. LeBlanc 등(1997)은 음악도들이 그들의 음악을 선택할 때 연주에서 탁월할 수 있는 추가적 인센티브가 제공된다는 것을 이론화하였다. 그들은 그것을 준비하는 데에 좀 더 그들 자신을 투자할 것이며 그 결과 그들 자신의 능력에 대한 상당한 확신을 가지고 연주에 임할 것이다.

▌ 학습문제

1. 사람, 상황, 그리고 연주 과제의 세 개의 광범위한 근원들 중에서 연주 불안증의 어떤 특정한 근원이 음악가들의 통제력 안에 있는가? 어떤 면에서 외부의 어떤 힘들(즉, 다른 사람들, 연주 관례)이 통제력을 빼앗곤 하는가?
2. 각성의 생리학을 검토한다. 각성에 대한 생리적 순응이 연주 불안증을 악화시키는 증상인지 아닌지를 무엇이 결정하는가?
3. 대중적 공연의 불안 유출 관점에서 음악도들이 자신을 좀 더 잘 준비하도록 적응할 수 있는 방법은 무엇인가?

▌ 더 읽을거리

Connolly, C., & Williamon, A. (2004). Mental skills training. In A. Williamon (Ed.), *Musical Excellence* (pp. 221–245). 이완 기법, 정신적 리허설, 연주 전 일상적 과정, 집중력 개발을 위한 실질적인 권고들.

Roland, D. (1994). How professional performers manage performance anxiety. *Research Studies in Music Education*, 2, 25–35. 다양한 연주 불안증 대응 전략 조사.

Wilson, G. D., & Roland, D. (2002). Performance anxiety. In R. Parncutt & G. E. McPherson (Eds.), *The Science and Psychology of Music Performance: Creative Strategies for Teaching and Learning* (pp. 47–61). 치료 접근법과 조절 전략을 포함한 연주 불안증 연구.

제**3**부

음악의 역할

09

연주자

만일 당신이 연주가이거나 그렇게 되기 위해 훈련 중이라면 당신은 당신의 기술개발을 위한 개인 연습이 얼마나 중요한지를 깨달을 것이다. 아마 당신은 정기적으로 연습할 필요가 있는 다양한 유형의 연주기술 리스트를 만들어서 가능한 한 철저하게 연습하고자 해왔을 것이다. 대부분의 음악가들은 테크닉, 초견, 그리고 곡해석을 열거할 것이다. 어떤 이들은 목표하는 기술들 중에 듣고 연주하기, 즉흥연주 또는 암기도 포함할 것이다. 그러나 음악가들의 일상적인 연습 일과에 표현적인 신체의 움직임이나 얼굴 표정이 포함되는 것은 얼마나 될까? 이러한 것들이 분명히 음악 외적인 것들이며 음악적 능력과는 달라서 연습 세션에서 짚고 넘어갈 필요가 없을지라도, 그래도 그것들은 중요한 기술들이다. 사실 그것들은 성공적인 연주를 위해 중요하다.

그룹 연주와 연관되기 때문에 개인 연습에서 지적될 수 없는 다른 기술들도 여전히 있다. 음악교육의 상당 부분은 일대일 지도를 통해 실행되며 독주 연주에 거의 독점적으로 향한다. 이러한 맥락에서 음악가들은 오로지 그들 자신에게만 초점을 두고 그들의 악기로 무엇을 연주할 필요가 있는지를 생각하고 그들이 만드는 소리를 모니터하며 수정해 나간다. 앙상블을 할 때에는 이 모든 것을 해야 하며 이와 동시에 그룹 내의 다른 사람들이 만드는 음악에도 주의를 집중하여야 한다. 여기서 제시된 요구들이 우리가 리허설을 해야 하는 이유이다. 물론 앙상블 연주를 조정하는 과정은 참여자들이 서로 잘 연결되어 있고 앙상블의 성공에 헌신적으로 한몫을 할 때 더 쉽게 성취할 수 있지만 불행하게도 항상 그런 것은 아니다.

분명히 성공적인 연주자는 이 책의 제2부(제5장에서 제8장까지)에서 담고 있는 음악적 능력의 핵심 범위 밖에 있는 특정 기술들을 처리해야 한다. 명백히 그들이 하고자 하는 연주를 위해 필요한 음악적 기술(초견, 즉흥연주, 표현적 연주)을 개발하는 게 음악가의 최우선 사항이다. 그러나 그것들로만 연주자로서의 성공을 확신하기에는 충분하지 않다. 많은 음악가들은 전업 연주자로서의 초기 세월이 성공을 위해 요구되는 모든 음악 외적 기술들의 '집중훈련과정'이라는 것을 발견한다.

이 장은 가끔은 간과되는 연주자로서의 관점들을 조사한 연구를 다룬다. 이러한 연구의 결과들은 다음의 것들을 보여준다.

1. 공연에서 청중이 보는 것은 듣는 것에 상당한 영향을 줄 수 있다. 연주자의 신체적 외모와 무대 행위는 생산된 음악의 질에 대한 판단에 영향을 줄 수 있다.
2. 연주하는 동안 음악가의 신체적 움직임들은 중요한 소통의 목적을 갖고 있다. 연주자의 감정적 의도를 청중에게 알리는 데에 있어서 가장 눈에 띄는 제스처는 음악에서 중요한 표현적 순간에 자주 발생하며 소리보다 좀 더 효과적일 수 있다.
3. 사람들이 함께 작업을 하는 여느 그룹과 마찬가지로 음악 앙상블은 강력한 대인간 역학관계와 사회적 과정이 된다. 그룹의 성공은 주로 음악가들이 어떻게 그들 간의 리더쉽과 개성, 그리고 공동의 문제 해결을 다루는가에 전적으로 달려 있을 수 있다.
4. 앙상블 연주는 특성화된 음악적 기술들을 또한 요구한다. 다수의 파트들이 하나의 통일된 음악체로 조화를 이루는 것은 음악가들이 다소 복잡한 지각과 주의 집중 과정에 관여함으로써 이루어진다.
5. 음악가로서의 직업이 좀 더 보상이 있기 위해서 연주자들은 그것으로부터의 스트레스의 근원을 관리하는 것을 배워야 한다. 압박감에 적응하지 못하는 것은 우울증, 약물남용, 그리고 연주 관련 부상 등이 포함되는 심각한 문제들을 야기할 수 있다.

무대 장악 : 연주자-청중 관계

당신은 "그는 최고의 음악가는 아니지만 무대 위에서는 위대한 연주자다."라고 말할 수 있는 유명한 엔터테이너를 아마도 생각할 수 있을 것이다. 아마도 당신은 대규모 사회적 행사, 축제, 또는 박람회에서 우연히 음악 공연을 접했을 수도 있을 것이다. 그 음악이 당신이 듣고자 하는 음악 스타일이 아닐지라도 그 라이브 공연은 마치 당신을 흡수하는 것처럼 느껴질 정도로 매력적일 수 있다. 음악가들이 평가를 받는 가장 중요한 기준은 음악기술이겠지만(제1, 4, 5장 참조) 라이브 공연의 시각적 관점 또한 청중에게 상당한 효력을 발휘한다.

첫인상

많은 사회적 상황에서 사람들은 다른 사람이 어떻게 보이는가에 근거해 그를 판단한다. 이것은 공연에서 청중들이 음악가들을 주시할 때에도 그렇다. 연구는 연주의 음악적 질에 대한 청자의 의견이 연주자의 신체적 모습에 영향을 받는다는 것을 보여줬다. 예를 들어 North와 Hargreaves(1997b)는 대학생들이 팝 음악 원곡을 듣는 동안 발췌곡마다 작곡가나 연주가들인 음악가의 사진을 보여줬다. 청자들은 동일한 음악에 대해 신체적으로 덜 매력적인 사람의 연주보다는 매력적인 사람의 연주에 대해 좀 더 호의적으로 반응했다. 이른바 매력적인 연주자들에 의한 작품들을 예술성과 세련미, 그리고 지성을 좀 더 반영한 것으로서 판단하고 좋아하였다. 이와 유사하게 Davidson과 Coimbra(2001)는 음악대학의 상황에서 성악가의 평가에 대한 신체적 모습의 중요성을 입증했다.

    Wapnick와 그의 동료들(Wapnick, Darrow, Kovacs, & Dalrymple, 1997; Wapnick, Kovacs, Mazza, & Darrow, 1998, 2000)은 음악가들을 평가자들로 한 연구 시리즈를 수행했다(p. 252, '음악평론가와 심사위원' 참조). 이러한 연구들은 신체적 매력을 넘어서 일반적으로 '무대 매너'라고 하는 의상과 무대 행위와 같은 다른 요소들을 고려하는 것으로 확대했다. 심사를 받는 연주자들—성악가, 바이올린 연주자, 피아니스트들 각각—은 리사이틀이나 오디션을 위한 의상에 대해 안내받았음에도 불구하고 그들의 복장의 형식에 상당한 다양성을 보여줬다. 그들은 또한 다양한 신체적 언어와 무대 매너를 보여줬다. 일반적으로 이러한 연구들은 음악가들이 그들의 음악의 질만큼이나 무대

그림 9.1 Canadian Brass의 단원들은 자신들의 연주자로서의 뛰어난 기술에 더해 흰색 테니스화를 신고(그리고 다른 의상을) 돌아다니면서 연주를 하는 것이 포함된 관습에 얽매이지 않는 의상과 공연으로 널리 알려져 있다.
출처 : Canadian Brass website, http://www.canadianbrass.com/picoftheweek/051704.html.

를 얼마나 중요하게 생각하는지를 보여준다. 연주자들은 최소한 부분적으로 그들의 신체적 외모와 몸동작, 미소, 청중과의 시선 맞추기를 통한 자신감의 신호에 근거해서 청중들을 '자기에게 끌어들일 수' 있을 것이다.

물론 심사위원들과 청중들에 의해 평가되는 무대 동작과 외모 유형들은 음악적 장르와 문화적 맥락에 근거하여 다양하다. 연주 에티켓은 사회문화적 표준에 의해 상당 부분 결정된다. 서양의 클래식 음악에서는 남성에게 짙은 색의 양복과 넥타이, 그리고 여성에게는 이브닝드레스와 같은 정장(오케스트라에서 연주하는 경우는 검은색, 다양한 접근에 대한 그림 9.1 참조)을 기대한다. 무대로 등장할 때에 독주자는 얼굴 표정으로 청중을 반기고 무대의 시작에 대한 박수갈채에 고개를 숙여 인사한다. 자주 실행되지는 않지만 연주회 동안 연주자가 편안하고 다정하게 작품을 소개하고 흥미로운 배경 정보를 제공하거나 일화를 나누는 것을 청중들은 환영하는 것으로 보인다. 재즈나 포크 또는 다른 대중음악과 같이 무대 위의 사람들이 심리적으로 청중과 분리되지 않는 전통이 클래식 관례의 형식적 절차에서는 발견되지 않는다.

신체적 제스처와 움직임

연주를 하는 동안 음악가가 하는 신체의 움직임이 청중에게는 연주의 표현으로 경험되는 중요한 부분이라는 것을 연구는 정립했다. 음악과 동작 간의 밀접한 관계가 주어지는 것에 놀라서는 안 된다. 스타카토 소리를 '통통 뛰는', 또는 반복되는 리듬을 '음악이 앞으로 나아가게 하는'이라고 표현하듯이 사람들은 음악소리의 표현을 설명하기 위해 움직임에 관련된 용어를 어떻게 사용할지를 고려한다. 아버지가 어린아이를 무릎 위에 올려놓고 노래를 부르면서 껑충껑충 어르거나 어머니가 아기를 안고 자장가를 부르면서 다정하게 흔들거나 하는 경우에서 보듯이 사람은 어린 시기부터 음악과 움직임의 연관성을 배우는 경향이 있다. 이러한 음악과 움직임의 기본적 연결은 표현적인 연주에서 신체적 제스처가 주요한 역할을 하는 것을 보여준다(Davidson & Correia, 2002). 리스트는 과장된 신체적 제스처로 그의 피아노 연주의 음악적 전달을 보충한 것으로 유명하다(그림 9.2 참조).

기술적인 연주가들이 사용하는 신체 동작에는 다양한 의미와 기능이 있는 것으로 보인다. 첫째는 음악소리의 생산, 그 자체이다. 분명히 악기의 요구(예 : 트롬본의 슬라이드 메커니즘)와 연주되는 음악(예 : 16분 음표 스칼라(scalar)/음계를 빠른 템포로 연주하는 것)은 음악가의 신체 동작의 맥락 안에서 정의된다. 다시 말해서 연주자의 동작은 리듬의 정확성, 음색, 그리고 인토네이션에 있어서 원하는 소리에 도달할 수 있는 최선의 방법이라고 믿는 것을 반영할 것이다. 그러나 그것 말고도 성공적인 연주가들은 그들의 표현적 정보의 전달을 강화하기 위해 신체적 움직임을 사용하는 경향이 있다. 일반적인 하나의 규칙은 음악가가 음악에서 강조하고자 하는 것이 많을수록 움직임은 커진다는 것이다. 사실, 연주자의 제스처에 의해 제공되는 시각적 신호는 라이브 공연에서 특정 표현적 아이디어들을 전달할 수 있는 유일한 방법일 수 있다. Davidson(1993)은 세 가지의 매너로 연주하는 음악가들을 영상녹화하였다. 무표정(무표현), 일반적으로 표출되는 표현, 그리고 과장된 표현. 음악가들로 구성된 한 그룹이 음향만으로 된, 시각적으로만 된, 그리고 음향과 시각적으로 된 연주 레코딩을 평가했다. 음향에만 의존하여 평가한 사람들의 대부분은 연주의 표현적 매너에 있어서 일반적인 것과 과장된 것을 구분하지 못했다. 그러나 시각적, 그리고 음향과 시각 조건의 경우는 표현 정도의 구분이 가능했다.

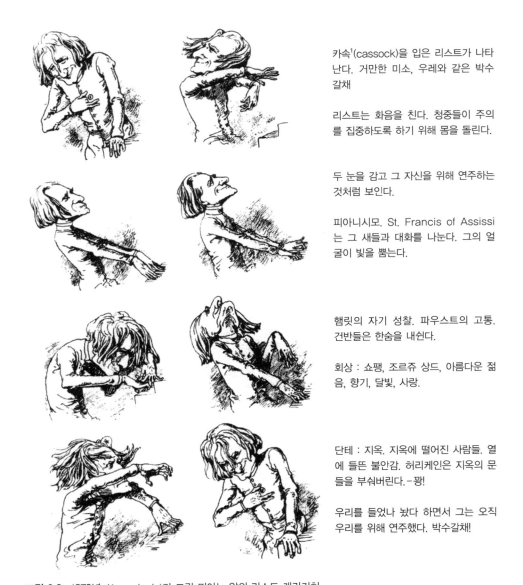

카속[1](cassock)을 입은 리스트가 나타난다. 거만한 미소, 우레와 같은 박수갈채

리스트는 화음을 친다. 청중들이 주의를 집중하도록 하기 위해 몸을 돌린다.

두 눈을 감고 그 자신을 위해 연주하는 것처럼 보인다.

피아니시모. St. Francis of Assissi는 그 새들과 대화를 나눈다. 그의 얼굴이 빛을 뿜는다.

햄릿의 자기 성찰. 파우스트의 고통. 건반들은 한숨을 내쉰다.

회상 : 쇼팽, 조르쥬 상드, 아름다운 젊음, 향기, 달빛, 사랑.

단테 : 지옥. 지옥에 떨어진 사람들. 열에 들뜬 불안감. 허리케인은 지옥의 문들을 부숴버린다. – 꽝!

우리를 들었나 놨다 하면서 그는 오직 우리를 위해 연주했다. 박수갈채!

그림 9.2 1873년 János Jankó가 그린 피아노 앞의 리스트 캐리커처
출처 : *Virtuoso* by H. Sachs, 1982. Copyright © 1982 by Thames & Hudson.

---

1 성직자들이 입는, 보통 검은색이나 주홍색의 옷

비교 문화적 관점 : 클래식 음악의 연주 에티켓 관례에 대한 도전

클래식 음악 연주의 사회적 에티켓은 오랜 세월 동안 바뀌지 않고 유지되어 왔다. 연주자들은 정장(즉, 양복과 넥타이, 이브닝드레스)을 입고, 허리 굽혀 인사하는 것으로 청중을 반기며 연주를 하는 동안 제자리에 서 있거나 앉아 있다. 청중들 역시 에티켓의 특정 '규칙'을 적용받아서, 그들을 위한 드레스 코드를 고려하고 거의 항상 연주 동안 어두운 조명의 연주 홀에 조용히 앉아 있으며 적절한 때에 박수갈채를 보낸다(소나타 악장 사이에는 제발 박수치지 마시라!).

부분적으로는 공식적 연주 에티켓 때문에 많은 사람들이 클래식 음악을 감상할 수 있게 되지만 그러한 관례가 다른 잠재적 청중들을 외면하게 하는 것 역시 분명하다. Davidson(1997)은, 어떤 대중적인 클래식 연주가들의 매력은 연주 에티켓의 관례를 따르지 않는 것에 기인할 수 있다고 설명했다. 한 성공적인 영국의 현악 사중주단에 대한 묘사에서 그녀는 다음과 같이 설명한다.

> 이 남성들은 야회복과 나비넥타이를 하지 않는다. 그 대신 다양한 색상의 실크 셔츠와 캐주얼 바지를 입는다. 그들은 머리를 숙이고 고개를 끄덕이는 시퀀스만으로 청중을 아는 체하는 것이 아니라 연주 동안 형식에 구애받지 않고 청중과 이야기를 나누거나 작품 사이에 동료들과 코멘트를 주고받는 것을 자주 볼 수 있다(p. 213).

다른 연구는 클래식 음악의 맥락에서 연주자들과 청중의 상당한 상호작용의 긍정적인 효과를 지지했다(Davidson & Coimbra, 2001). 아마도 그들 음악의 새로운 추종자들을 끌어들이기 위해 음악가들은 점점 더 공식적인 연주 에티켓의 관례에 도전하고 있는 것으로 보인다(그림 9.1 참조).

음악가의 표현적 의도는 작품의 음악적 구조에 의해 형성되기 때문에 연주 동안의 신체적 제스처는 구조적 특징과 연관되는 것을 따른다(제5장 참조). Clarke와 Davidson(1998)은 작품의 형식 안에서 특정한 위치와 되풀이하여 발생하는 모티브의 경우에 머리와 몸을 흔드는 다양한 유형과 연관된 콘서트 피아니스트의 연주 움직임을 분석했다. 클라리넷 연주자에 대한 다른 연구도 마찬가지로 음악의 조건에 따른 신체적 제스처와 관련되었다(Wanderley, 2002). 자세의 변화는 프레이즈의 시작이 신호인 경향이 있으며 클라리넷 벨[2]의 빠른 움직임은 스타카토 아티큘레이션과 일치하고, 벨의 원형의 움직임은 느린 레가토 연주에서 발생한다(그림 9.3 참조).

연주자들의 여러 가지 움직임들은 쉽게 설명되지 않는다. 피아니스트들 간에 일반적인, 몸을 앞뒤로 흔드는 동작은 어떤 연구자들의 특별한 관심을 끌었다(Davidson &

---

2 클라리넷 하단부의 나팔관

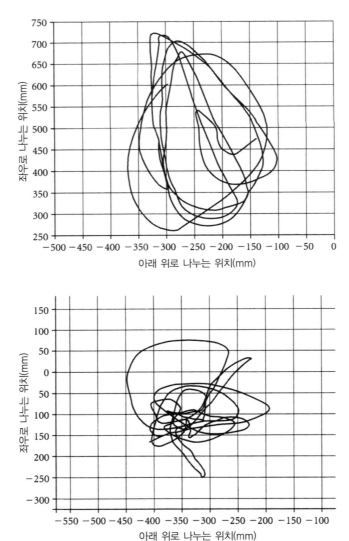

그림 9.3 브람스의 *Clarinet Sonata No. 1*의 시작 부분 동안 클라리넷 벨의 원형 움직임 패턴. 그래프는 두 명의 다른 클라리넷 연주자의 움직임을 보여준다.

출처 : "Quantitative Analysis of Bon-Obvious Performer Gestures" by M. M. Wanderly, 2002, figure 5. In I. Wachsmuch & T. Sowa, Eds., *Gesture and Sign Language in Human-Computer Interaction: Revised Papers* (pp. 241-253). Copyright ⓒ 2002 by Springer Science and Business Media.

Correia, 2002). 그것은 분명 청중에게 표현적 의도를 전달할 수 있지만 다른 기능도 역시 있을 것이다. 피아니스트는 그 움직임이 주는 편안한 느낌을 따르는 것일 수 있다. 그것은 아마도 연주 상황에서 음악가를 안심시키거나 또는 음악을 적절하게 연주하는 올바른 분위기라고 믿도록 할 것이다.

연주자가 몸을 앞뒤로 흔드는 동작에 대한 대체 가능한 설명은 그것이 단순히 학습된 행위라는 것이다. 음악가들은 그들의 발달과정 동안 좀 더 경험이 많은 연주자들을 보고 그것이 연주자들이 해야만 하는 것이라고 믿으며 받아들인 것이다. 음악가의 많은 움직임은 분명히 학습된 행위의 카테고리에 속한다. 이러한 유형의 신체적 제스처는 아마도 강한 사회문화적 관련성이 있는 것으로 알려진 대중적 스타일의 음악에서 가장 일반적일 것이다. 락 밴드의 리드싱어에 대한 대중적 이미지에는 대개 점핑이나 킥킹, 그리고 힘이 넘치는 댄스와 같은 활동적인 온몸의 움직임이 포함된다. 특정한 제스처가 사용되는 것은 대부분 문화적으로 규정된다. 예를 들면 성적인 메시지를 담은 음악은 가끔 외설적인 골반의 움직임으로 수행된다. 미국의 랩이나 힙합 음악 연주가들은 음악적 스타일의 유래로 생각되는, 권투를 연상시키는 펀치나 잽의 팔 움직임을 가끔 사용한다(Ramsey, 2000).

서양의 클래식 콘서트 전통이 대개는 고요하고 조용한 청중을 규정하지만 다른 대중적 장르에서 음악가들은, 좀 더 적극적인 청중 앞에서 연주하는 것을 선호한다. 그래서 연주자의 어떤 제스처들, 아마도 음악과 함께 박수를 치거나 춤 또는 다른 종류의 동작은 참석자들로부터 신체적 반응을 이끌어내기 위해 디자인된 신호의 역할을 한다. 마지막으로, 모든 음악 스타일의 연주자들은 공동 연주자와 소통을 위해 신체적 제스처를 사용하는 것으로 알려져 있다(p. 203, '무대 공유 : 앙상블 연주자의 기술' 참조).

다른 표상적 요소

콘서트나 리사이틀을 준비할 때 많은 음악가들은 그들이 연주를 위한 몸동작을 연습하거나 그들의 외모가 그들의 음악적 기술에 대한 청중들의 인상에 어떻게 영향을 미칠 것인가를 고려하는 데에 많은 시간을 들이지 않는다. 결국에 가서 음악가들은 준비된 기준의 연주를 위해 적절하게 연습하는 충분한 리허설에 직면한다. 음악가들이 연주를 어떻게 준비하는가는 음악적 질뿐만 아니라 청중들의 콘서트 경험을 결정할 다른 표상적 관점들에도 영향을 미친다. 연주가 시작될 때 연주자가 준비되고 확신을 느끼는 정도는 일반적으로 이미 관중들에 의해 지각된다.

자신이 연주할 음악에 대한 완벽함을 느낄 때 음악가는 가장 성공적일 수 있다(제8장 참조). 만일 그들이 단순히 연주의 테크닉적 요구를 수행하는 것('옳은 음정과 리듬을 연주한다')에 대해 과도한 걱정을 하며 무대에 오른다면 그들은 음악의 표현적 잠재성을 깨닫지 못할 수 있다. 음악이 요구하는 바를 만족시키는 기술을 소유한 연주자는 몰입의 최적의 상태에 접근할 수 있거나 보상적 음악 경험에 완전히 빠져들 수 있을 것이다(제8장 참조). 청중은 연주를 하는 동안 '그것에 빠져 있는' 음악가에게 감동을 받는 경향이 있다.

얼굴 표정은 감정의 효과적인 표시로서 어떤 것들은 문화에 따라 보편적으로 이해될 수 있다. 미소로서 기쁨을 나타내거나 실망감을 나타내기 위해 이마를 찡그리거나 간에, 연주자의 얼굴 표정과 몸동작의 사용은 감정적 의도의 전달을 강화할 수 있다. 앞부분에서 언급했다시피 피아니스트의 앞뒤로 몸을 흔드는 동작에 대한 하나의 설명은, 그들이 음악에 대한 자신의 감정적 연결을 강화하기 위한 것이며 이를 주시하는 청중들에게도 분명할 것이라는 것이다(Davidson & Correia, 2002). 이것에 대한 인식은, 왜 많은 음악가들이 음악의 특정 작품에 적합하다고 믿는 정신 상태를 떠올리기 위해 느껴지는 감정의 회상과 심상을 사용하는지의 이유가 될 것이다(Persson, 2001).

얼굴 표현의 한 형태, 즉 연주를 하는 동안 두 눈을 감는 것은 연주자에게 특별한 준비를 요구한다. 서양 클래식 전통에서 작곡된 음악을 연주하는 경우 암기는 필수적이다. Williamon(1999)의 연구는 암기로 하는 연주가 음악가에게 상당한 혜택을 제공한다는 것을 보여줬다. 무엇보다도 먼저, 암기된 연주를 준비하는 것은 음악의 여러 질적 관점에서 상당한 연습을 요구한다. 그의 연구에서 사람들은 전문 첼로 연주자가 암기한 것과 암기하지 않은 조건의 여러 연주의 질적 평가를 했다. 첼로 연주자의 악기에 대한 일반적 숙련도 때문에 모든 조건에서 테크닉적 연주는 높은 점수를 받았지만 소통적 관점에서는 암기된 조건의 연주가 높은 점수를 받았다. 유리함의 상당 부분은 연주자를 주시하는 청중에게 방해가 되는 보면대가 없다는 데에서 기인했을 것이다. 시각적 방해물의 부족이 청중에게 좀 더 '직접적인 심리적 연결감'을 허용한 것 같다(Williamon, 1999, p. 92). 이것은 연주가 인쇄된 악보에서 오는 것과는 반대로 연주자로부터 온다(연주자에 의해 소유된)는 인식을 더해 준다. 마지막으로, Williamon의 연구는 연주를 보는 사람들, 특히 그들 자신이 상당한 음악교육을 받은 사람들은 연주자가 작품을 암기하려는 노력에 단순히 감동을 받을 것이라고도 주장했다. 실제 연주를 듣기 전에 이미 청중은 암기를 통해서 보여주는 음악가의 성실함과 권위에 대한 감명에 근거하여 연주를 좋아할 것이다.

자기학습 : 자신의 이상적인 연주자상(像)을 설명한다

신문의 음악평론가의 관점에서 당신의 이상적인 연주자에 의한 완벽한 연주의 콘서트 리뷰를 쓴다. 이 콘서트에 대해 가능한 한 구체적으로 쓴다. 인상적으로 연주된 레퍼토리와 연주자(이상적인 당신 자신)가 생산해낸 이상적인 소리에 대한 어느 정도의 정보를 포함하지만 청중을 즐겁게 하고 영향을 미치며 완전히 매료시키는 음악 외적 연주기술들 모두를 당신의 리뷰에서 강조한다. 당신의 실제 연주기술에 대한 그 어떤 현실적인 평가를 고려하지 말고, 당신이 소유하고 싶은 무대 매너나 신체 움직임, 그리고 전체적인 청중에의 어필과 관련된 이상적인 기술을 가능한 한 구체적으로 상상한다. 아니면 연주자의 무대 행위(즉, 유명한 음악가, 동료 학생)로 인해 감동을 받았던 연주에 대한, 유사한 리뷰를 쓴다.

음악을 연주할 수 있는 것(암기로 한 연주도) 외에도 성공적인 공연을 수행할 수 있도록 하는 것들이 분명히 더 있다. 전문적 음악가가 되려는 많은 이들이 그들의 기술을 수행하는 방법으로서의 시각적 소통을 깨닫지 못한다. 음악연주 교육과정에서는 청자들이 음악가의 음악성을 판단하는 데에 상당한 영향을 주는 이러한 음악 외적 요소들에 대해 상대적으로 관심이 적다. 신체적 외모, 무대 동작, 신체적 제스처, 그리고 인쇄된 악보의 사용 등이 포함된 이러한 관점의 대부분은 연주자들 자신의 통제하에 있다. 그것들은 적절한 훈련과 연습으로 개발할 수 있는 기술이 된다. Davidson과 Correia(2002)는 음악도들의 신체 사용을 향상시키는 지도 방안을 요약했다. 이것은 자세 습관과 근육의 긴장에 대한 인식을 높이는 것, 음악 작품에서 프레이즈들과 어울리는 신체의 드라마틱한 제스처를 식별하는 것을 포함한다.

무대 공유 : 앙상블 연주자의 기술

독주는 특정 음악가에게 특별한 만족감을 제공할 수 있는 반면 그룹 음악활동에서는 실제로 모두가 보상을 즐긴다. 경우에 따라서는 그룹의 노력이 연주할 음악이나 나중에 녹음할 음악을 공동 작업하는 구성 단계에서 시작된다. 다른 경우에는, 이전에는 함께 작업을 한 적이 없는 음악가들의 그룹이 사전 리허설 없이 앙상블 연주를 하기 위해 무대 위에서 처음으로 함께하기도 한다. 그룹 연주는 음악가들에게 특성화된 도전을 제시하며 다양한 사회적 요소들이 연루된다.

공동 리허설과 생성의 사회적 과정

대부분의 경우 앙상블 공연은 리허설이 선행된다. 이 리허설에서 음악가들은 여러 파트를 하나의 음악으로 만들기 위해 공동 작업을 하며 흥미로운 사회역학을 만들어낸다. 음악 앙상블은 그룹 과정에서의 일반적 연구의 어떤 발견들(가끔 직장이나 학교, 또는 사회적 조직체에서 실행)을 증명했다. 예를 들어 한 그룹에서 생산된 작업의 질과 생산성은 개별 단원들의 협력관계 및 결합의 느낌과 연관될 수 있다. 또한 리더십과 지위는 그룹의 활동에 영향을 주는 중요한 사안이다.

전문 오케스트라나 학교 밴드와 같은 음악 앙상블은 지정된 리더로서의 지휘자나 교사가 있다. 다른 많은 음악 그룹들이 공식적인 위계 구조를 갖고 있지는 않지만 실내악 그룹이나 록 밴드조차 비공식적인 리더십 구조를 갖고 있을 것이다(Rosenbrock, 2002; Ford & Davidson, 2003). 성공적인 공동 작업은 음악적인 것뿐만 아니라 단원들 간의 사회적 조화에도 의존적이다. "앙상블 연주는 팀워크에 관한 것"이며 "함께 음악을 하는 투쟁(결국은 앙상블로서 다 같이 남음)의 반은 사회적 연유들에서 치러진다." 라고 한 연구자는 서술했다(Goodman, 2002, p. 163). 리허설에서 연주자들 간의 대인관계 역학은 음악을 둘러싼 사회적 교류를 통해 구체화된다. 새로 형성된 그룹이 리허설을 하고 그들의 연주에 대해 논의를 하면서 리더십이 나타나는 경향이 있다. 관악 5중주에 있어서의 음악가들의 역할에 대한 연구에서 Ford와 Davidson(2003)은 그룹의 모든 단원이 민주적 의사결정을 지지했고 책임을 나눴음에도 불구하고 대부분은 여전히 리더를 구분할 수 있었다는 것을 발견했다. 정확히 누가 리더로서 부각되는가는 가끔은 그룹의 인원 구성 및 음악의 연주 요구와 연관된다. 상위의 개인적 연주기술을 갖고 있는 것으로 알려진 음악가들이 특별한 지위를 갖게 될 수 있다. 대중 음악가들의 비공식적 그룹 연습(또는 잼 세션)에서 종종 좀 더 경험이 많은 연주자가 이전에는 친숙하지 않은 화음들, 진행, 또는 '릭(licks)'[3]을 다른 사람들과 나누는 것을 통해 리더십

---

3 음 진행상 하나의 덩어리

역할을 할 것으로 추정할 수 있다(Green, 2002). 각자가 연주하는 악기는 그룹 내에서 사회적 역할에 영향을 미칠 수 있다. 이것은 특정한 악기에 주어진 사회적 고정관념과 연관되는데 예를 들자면 현악 사중주에서 제2바이올린의 하위 지위, 피아노 반주가 부차적 역할로 추정되는 것, 또는 뛰어난 락 그룹의 드럼 연주자가 그렇다. 이것과 연관된 것은 작곡에서 악기가 사용되는 방법이다. 앙상블에서 고음역의 악기가 대부분 가장 두드러지게 들리므로(목관 5중주의 플루트, 금관 앙상블의 트럼펫), 그 연주자들은 좀 더 리더십의 역할로 추정되기 쉽다(Ford & Davidson, 2003). 그러나 다른 연구는, 일반적으로 남성들이 의견을 나누는 데 좀 더 직설적이므로 성별은 중요한 요소라고 주장했다(Berg, 2000; Davidson & Good, 2002).

많은 연주 그룹에서 리더의 역할은 연주자들 간에 옮겨간다. 이러한 교환은 가끔은 리허설을 하는 음악에 부합된다. 다양한 작품은 다양한 악기를 특징으로 한다. 각 작품에서 가장 중요한 파트의 연주자나 음악을 작곡한 사람이 리허설을 이끌 것이라고 예상할 수 있겠다. 리더십의 교환은 또한 그룹 단원들의 전문성에 따라 발생할 수 있다. 예를 들어 인토네이션과 관련된 최고의 '귀'를 가진 것으로 알려진 연주자는 그룹의 모든 음조절의 책임을 질 수 있다. 개별적 음악성이 향상하는 한 리더십의 책임을 나누고 각 단원을 중요시하는 그룹은 음악가에게 가장 이로울 수 있다. 동료가 관리하는 고등학교 실내악 앙상블에 대한 그녀의 연구에 근거하여 Berg(2000)는 의사결정(즉, 곡해석의 문제)에 기여하는 그룹 내의 단원들은 앙상블 전문의 음악적 성장의 가능성이 좀 더 높다는 결론을 내렸다.

연주 그룹 내에서 음악가들의 역할이 가장 명확해지는 때는 리허설에서 특히 중요한 시간은 음악적 문제점에 대면했을 때이다. 리허설을 하는 음악에 따라 앙상블 단원들은 빠르기, 아티큘레이션, 다이내믹 균형, 그리고 화성적 인토네이션이라는 몇 가지 측면들의 조정 문제에 대면할 것이다. 그러한 연주 문제점들의 성공적인 해결은 대부분, 그룹이 개별적 연주자의 특이성을 얼마나 잘 식별하고 다루느냐에 달려 있다(Davidson & Good, 2002; Rosenbrock, 2002). 그러므로 잠재적으로 위태로운 음악가들의 자존심과 함께, 단원들에 의해 느껴지는 그룹의 응집력은 중요한 요소이다. Ford와 Davidson(2003)은 리허설을 할 때 모든 멤버들이 문제점을 자유롭게 개진할 수 있다고 느낄 때 그 그룹은 그 목표에 좀 더 잘 도달할 수 있다고 주장했다. 이것은 단원들이 한동안 함께 작업을 해온 앙상블에서 가능성이 더 높다. 그러한 상황에서 음악가들은 사회적 정체성이나 지위를 성취하고 행사하는 것에 반해서 그들의 에너지를 음악적 문제의 해결에 모두 전념할 수 있다(Berg, 2000). 단원들이 강한 결속감을 느끼지 못하는 그룹은 성공적이 될 가능성이 적으며 어떤 단원은 참여를 그만둘 위험이 있다(Ford & Davidson, 2003; Murningham & Conlon, 1991).

그룹의 기능이 사회문화적 요소에 상당히 의존적이므로 그룹 연주 사업은 음악적 장르와 연관된 전통에 의해 영향을 받게 된다. Allsup(2003)은 클래식 음악의 맥락에서의 진정한 공동 음악 연주와 '공동체 활동'은 어려울 수 있지만 재즈나 대중 스타일에서는 좀 더 순조롭게 이룰 수 있다는 증거를 제공했다. 이 연구에서 고등학교 밴드 학생들은 두 개의 소그룹(각각 4~5명의 인원)으로 형성되고 원래의 음악을 함께 만들기 위해 정기적으로 만났다. 한 그룹은 록 음악이 너무 쉽고 정형화되어 있기 때문에 이를 거부하고 그들의 콘서트 밴드 악기를 선택했다. 그룹의 공동 작업 세션은 관찰되었고 학생들은 인터뷰를 했다. 록 밴드의 창조적인 세션은 동료학습, 아이디어의 공동 발상, 그리고 생산적인 동료 비평으로 특징지어졌다(Green, 2002; Rosenbrock, 2002). 한 학생은, "한 사람이 아이디어를 내면 우리는 그 아이디어를 실행하는 것을 좋아했다. 만일 어떤 사람이 그것을 좋아하지 않는다면 그는 바로 이야기를 한다. 그것은 꽤 괜찮았다."(Allsup, 2003, p. 30)라고 말했다. 그러나 클래식 그룹은, 구성 과정이 어떻게 되어야 하는지 그들이 믿는 것, 형식 문제에 대한 논쟁, 조성, 그리고 역사적 스타일로 인한 어려움을 겪었다. 이 그룹의 세션에서 학생들은 개별적으로 작업을 하기 위해 서로에게서 분리되었으며 대개의 경우 그들의 아이디어를 종이에 써서 알렸다. 연구자는, 아이디어를 종이에 쓰면서 학생들은 다른 사람들의 기여를 수용하기 위해 그것을 교환하는 데에 더욱 마음내켜 하지 않았다고 결론지었다. 이 그룹에서 학생들이 직면한 실망감은 결국 그들로 하여금 클래식 스타일을 포기하고 재즈 스타일을 택하도록 하였으며 그 시점에서 그들은 더 큰 공조감을 경험하기 시작했다.

그룹 연주과정

설명했다시피 영향력 있는 사회적 요소들이 그룹 음악 연주에서 작용을 하게 된다. 확실히 그것들은 음악 외적이지만 특정 대인관계기술의 발달은 성공적인 앙상블 참여의 필수적인 요소로 보인다. 그룹 연주 특유의 일련의 음악적 기술들도 있다. 무엇보다도 대규모 밴드나 오케스트라의 많은 음악가들은 개인 연습을 하는 동안 그들의 독립적 파트를 잘 연주할 수 있더라도 여전히 하나의 앙상블 작업의 형태로 '함께 모으는' 것에서는 실패할 수 있다. 기술들은 그들 자신의 연주의 관점에서 다른 연주자들과의 조정을 위한 음악가의 능력(즉, 음높이, 리듬, 아티큘레이션, 소리의 세기)에 중점을 두는 것을 요구한다. 복합적인 심리적 과정은 다른 이들에 의해 생산되는 음악과 자신의 파트를 동시에 모니터하고 평가하며 예측하는 것이 포함된다.

음악은 시간을 거쳐 발생하기 때문에 연주의 동시화는 아마도 앙상블에 의해 실행되는 가장 중요한 노력일 것이다. 연주되는 음악의 타이밍을 조정하는 것은 여러 인지 메커니즘을 포함한다(Goodman, 2002). 첫째는 앙상블의 시계(ensemble's clock)라고 불리는 것일 수 있는데 그것은 작품에 대한 주요 템포를 연주자들이 공유하는 것을 의미한다. 많은 지휘자들이 그들의 비트 패턴을 참고의 절대적인 포인트로 고려되기를 바라겠지만 앙상블의 시계는 사실 각 음악가들에게 생성되는 내적 박동이다. 지휘봉의 움직임은 단순히 그 또는 그녀의 시간의 개념을 나타내며 연주자의 내적 템포와 부합되지 않을 수 있다. 앙상블의 시계가 기본적 구조로서 역할을 하는 반면 음악가들이 연주하는 그들 파트의 음표들의 리듬의 정확성은 그들의 시간관리기술에 달려 있다. 다른 연주자의 파트를 듣고 아마도 지휘자의 제스처를 주시하면서 얻는 피드백에 근거하여 음악가는 다른 사람들의 리듬 타이밍이 어떻게 발생할 것인지를 예측하고 그 또는 그녀 자신의 파트에서 그 타이밍에 따라 수행한다. 간단히 말하자면 음악가는 "이전의 음정에 근거하여 동료 연주자의 다음 음정이 소리 나는 것은 언제인가?"(Goodman, 2002, p. 154)라고 생각할 것이다. 예측은 또한 그들의 특정 악기에서 음표들이 '소리를 낼' 필요가 있는 시간의 양을 연주자가 고려하기 위해 필요하다. 그룹 내의 음악가들이 이러한 타이밍 기술을 효과적으로 사용할 때 그들의 공동 연주는 리듬적으로 '함께' 소리 날 것이다. 물론, 우리가 듣는 정확한 동시화는 단순한 청각적 환청이다. 왜냐하면 음정을 정확히 동일한 시간에 연주하는 것은 인간의 감각과 연주의 가능성을 초월하기 때문이다(앙상블 타이밍에 대한 복잡한 설명을 위해 Rasch, 1988 참조).

유사한 과정들은 음악가가 자신의 음높이를 앙상블에 의해 창조되는 화음에 조음을 하고, 나머지 앙상블에서 생산하는 소리의 세기에 균형을 맞추는 것과 같은, 그룹 안에서 그들의 개별적 연주의 질을 맞추려는 작업으로 발생한다. 기술적인 앙상블 연주는 복잡한 인지활동이라는 것이 분명해진다. Keller(2001)가 지적했듯이 앙상블 연주는 과제를 동시에 실행하는 것에 얼마나 주의를 집중할 수 있는가에 제한된 음악가들의 복잡한 다중 작업(multitasking)을 요구한다. 연루되는 일반적인 두 과제는 자신의 파트에 주의집중을 하는 주과제와 전체적 구조(즉, 모든 파트)에서 그 당시 일어나는 것을 인식하는 부과제이다. 자신 혼자의 연주에서 다루어야 하는 것들은 (1) 기억 속의 연관된 음악적 지식을 회상하는 것, (2) 악기에서 의도하는 소리를 생산하기 위한 근육 프로그램의 실행, (3) 음악 생산과정의 모니터링, (4) 그것에 대한 판단을 하기 위한 심적 표상화를 포함한다(제1장, 제4장 참조). 이에 더해서 앙상블의 전체적 구조를 추적하는 것도 유사한 과정을 요구한다(Keller, 2001). 공조 앙상블(coordinated ensemble) 연주에서의 문제점은 음악가들이 실질적으로 그들 자신의 파트에만 주의를 기울여야 하고(음악의 난이도로 인하여) 전체적인 구조에 주의를 기울일 수 없을 때 이따금 나타난다. 따라서 음악가들이 자신의 개별 파트를 미리 잘 연습하고 리허설을 하는 것은 도움이 된다. 만일 그들이 어느 정도 그들 자신의 음악기술의 자동화에 의존한다면 그들은 다른 음악가들의 파트의 과정과 전체적 구조에 좀 더 주의를 기울일 수 있다. 음악가들이 동기부여가 되지 않았거나 불안감으로 힘들어할 때 주의집중의 부담은 좀 더 악화된다. 그러한 조건은 음악가가 연주를 위한 다중수행과정에 할당해야 하는 전체적 '자원 공급'을 줄어들게 한다(제8장 참조)

의지할 수 있는 광범위한 일반적 음악 지식을 갖고 있는 전문 음악가에게 앙상블 연주를 위한 추가적 자원의 요구는 많지 않다. 그 지식 정보는 자신의 파트를 좀 더 즉각적으로 완성하고 전체적 구조를 좀 더 효율적으로 이해하게 할 수 있다. 이것은 수준 높은 음악가들이 적은 수 또는 전혀 리허설을 하지 않고도 그룹에서 효과적으로 연주를 할 수 있는 이유를 설명해 준다. Bastien과 Hostager(1988)는, 예전에는 함께 연주한 적이 없는 네 명의 성공한 재즈 음악가들(색소폰, 피아노, 베이스, 드럼)에 의한 그룹 공연을 조사했다. 그 그룹은 단원들 간의 정보와 연주 예측의 상당한 공유로 말미암아 수준 높은 연주를 할 수 있었다. 그들은 공통으로 알고 있는 레퍼토리, 구조적 관례, 그리고 재즈 연주의 실제에 의존할 수 있었다. 즉, 이러한 음악가들은 이와 같은 '공연(gig)'을 알고 그들 모두가 알고 있는 노래와, (1) 피아노 서주, (2) 노래의 선율 또는 색소폰이 연주하는 헤드(head) 파트, (3) 즉흥적인 독주들, 그리고 (4) '헤드'의 수정 연주와 같은 표준적 양식을 개개인이 따르면서 연주할 것이다. 공유 정보의 근간은, 독주자가 언제든 그룹 연주의 어떤 정도를 결정(전체적인 음량의 정도, 스타일과 구조, 리듬의 복잡성)할 수 있는 자격을 갖고 있으며 다른 음악가들이 그것을 따를 것이라고 예측하는 것과 같은, 확실하게 자리를 잡은 사회적 실제이다. 연주자들은 대개 그러한 음악적 결정을 비언어적 방법을 사용하여 실시간으로 소통한다. 가끔은 이러한 소통이 전적으로 음악적이어서 연주를 통해 청각적으로 실행된다(Murningham & Conlon, 1991; Williamon & Davidson, 2002; Monson, 1996). Bastien와 Hostager(1988)의 재즈 연주자들은 그들의 즉흥 독주의 끝부분에 음량을 낮추는 것과 같은 '마무리(winding down)' 신호를 보내는 경우가 있었다.

눈 맞춤 역시 공동 연주자들과의 소통에서 중요하다. 그것은 음악적 소통 신호에 보충적으로 사용될 수 있다. 한 음악가는 다른 음악가를 마치 "나는 어떤 음악적 아이디어를 표현하고 있다. 이에 어울리게 시도하라."라고 말하는 듯이 쳐다볼 수 있다. 눈 맞춤은 음악적 시점에서 일반적이어서 개별적 파트들이 들어가고 나가는 것과 같은 조정에서 중요하다(Bastien & Hostager, 1988; Williamon & Davidson, 2002). Clayton(1985)은 그룹 연주를 하는 동안 음악가들이 서로를 볼 수 없을 때 그 음악가들의 음악적 산물은 타이밍이나 다이내믹에 있어서 덜 조화롭다는 것을 발견했다.

더욱이 눈 맞춤의 중요성은 서로 간의 소통을 위한 신체적 제스처의 일반적인 사용과 연관된다. 가끔은 음악가가 악기를 연주하기 위한 단순한 움직임이 공동 연주자에게 시각적 신호의 역할을 할 수 있다. 피아니스트가 손을 들어 올리는 높이나 바이올린 연주자의 활동작의 크기는 그 음악이 어떻게 소리 나야 하는지를 나타낼 수 있다. 그렇지 않다면 음악가들은 다른 사람들에게 정보를 전하기 위한 연주 신체 동작을 추가해야 할 것이다. Davidson(1997)은 연주자들 간의 의사 전달적인 신체적 제스처들을 삽화와 상징(emblem)으로 구분하였다. 예를 들어, 작품의 시작에서 동시 통합된 그룹 어택을 조정하기 위해 한 연주자는 센 박/다운비트 신호를 위한 고개를 끄덕거릴 것이다(어떤 관악기 연주자들은 일반적으로 그들 악기의 벨을 사용한다.). 반면에 상징들은 그 의미를 배워야만 하는 상징적 몸짓에 더욱 가깝다. 앞에서 언급했던 재즈 콤보(jazz combo)를 예로 생각해 보자. 즉흥 독주는 개별 독주자들이 노래의 화음 변화에 거쳐 얼마나 여러 번 연주하고자 하는지를 결정할 수 있으므로 정해진 길이가 없다. 연주하고 있는 독주가 너무 설익은 시기에 '마무리'를 하고자 한다고 생각하는 다른 음악가는 마치 '계속 연주하라'라고 말하듯이 손가락으로 원을 반복적으로 그릴 것이다.

공식적인 음악교육의 교사들이 학생들에게 앙상블 연주의 규칙을 항상 분명하게 지도하는 것은 아니다. 공식적 교육에서 음악가들 간의 공동 작업을 용이하게 하는 사회적 기술을 지도하는 것은 일반적이지 않다. 음악도들은 이러한 것들을 간혹 학교 연주수업, 공동체의 청소년 앙상블 또는 친구들과의 비공식적인 음악활동 참여에 의해 제공되는 문화적응을 통해 배운다.

무대를 떠나서 : 음악가의 삶의 심리적 요구

대부분의 음악가들은 그들의 다양한 역할과 책임을 반영하는, 전문가의 삶에서 '일인다역'을 한다. 젊은이들과 같은 소수의 음악가들은 오로지 연주자, 작곡가 또는 음악교사로서 일할 수 있다(제10장 참조). 음악가들이 이 모든 것을 조금씩 하고 있는 자신을 발견하는 것은 일반적이다. 특히 그 또는 그녀가 연주자나 작곡가 또는 송라이터로 '성공'하고자 하는 음악가 경력의 초기에는 리허설을 하거나 작곡을 하는 것이 직접적으로 어떤 수입의 결과를 가져오지 않을 것이다. 생계를 위해 어떤 음악가들은 음악 관련 산업에서 직업을 찾거나(지역 음악 상점에서 영업 사원으로서) 개인 교습 스튜디오를 차릴 것이다. 다른 경우, 연주자가 되고자 하는 이들은 음악 경력을 더 나아가게 하고자 하는 기간 동안에는 비음악적 직업을 견뎌낸다. 음악가들이 다양화되면서 그들은 성공을 위한 특성화된 기술개발에 요구되는 다양한 일들 — 음악의 광범위한 영역에서조차 — 을 완전히 이해하지 못하는 것 같다. 음악 연주가로서 독점적으로 일을 할 수 있을 때조차 성공적인 경력을 갖기 위해 연관되는 음악 외적 기술들은 여전히 중요하다. 가끔은 연주자들이 자신의 에이전트가 되어야 하고 그들의 음악을 홍보해야 하며 저작권법, 인허가, 그리고 계약협상을 다뤄야 한다.

그들의 생을 통해 음악가들은 일반적인 다른 사람들과는 상당히 구별되는 기대와 심리적 요구를 접한다. 어린 음악가들은 음악적 경험의 참여에 모든 시간을 들이며 특별한 관심을 받는다(제2장 참조). 연구는 인생의 다른 행로를 걷는 사람들과 비교하여 음악가들은 좀 더 밀접하게 그들의 선택된 전문성을 확인하며 그들의 일로부터 그들 자신을 분리하는 것이 좀 더 힘들다는 것을 발견한다고 설명한다(Spahn, Strukely, & Lehmann, 2004). 많은 음악가들의 경우 인생은 결코 안정성의 그 어떤 실질적 지점에 도달하지 못한다. 예를 들어, 연주자로서 수십 년을 살아온 이후, 나머지 인생을 주로 교사로서의 역할로 전이하는 것은 일반적이다.

연주자의 성격

직업의 특수성 때문에, 사람들은 오직 특정한 종류의 사람들만이 음악가로서의 경력을 추구하는 것인지 또는 그것의 추구 자체로 인해 형성되어 다른 음악가들과 유사한 성격을 띠게 되는지 궁금해할 것이다. 이것을 주제로 실행된 많은 연구들이 다양한 접근을 해왔으며 가끔은 외견상으로 상충되는 결과들을 제공하기도 했다. Kemp(1996)는 이 연구를 종합하고 해석하는 최고의 작업을 했다(p. 235, '지도교사의 개인적 자질' 참조). 사람의 행동이 환경적 영향의 산물이라고 그는 인정했지만 음악가의 행동은 또한 '그런 부류의 사람'이라는 것에도 의존적이라는 견해를 유지했다(Kemp, 1996, p. 15). 삶의 경험의 결과와는 상반되는 것으로서, 어느 정도의 성격 특질이 성향을 형성하는지를 아는 것은 거의 불가능하다. 그럼에도 불구하고 연구는 음악인구들 중에서 다수의 성격 경향을 보여줬다.

음악가들 전체로서는 내향성과 신경증의 측정에서 높은 점수를 얻는 경향이 있다(제8장 참조). 결과적으로 사람들은 음악가의 성격이 불안감이나 우울증, 그리고 관계충돌과 같은 성격적 문제점에 좀 더 취약하도록 되어 있다고 생각할 수 있다. 이와 반대로 젊은이들이 기술적인 음악가로 발전하면서 음악적 참여의 요구를 수용하는 것을 용이하게 하는 성격 특질로부터 혜택을 입는 경향이 있다. 많은 음악가들에게서 강하게 발견되는 또 다른 성향인 내향성과 독립성의 조합은 자기효능감, 개인적 통제감, 그리고 지루하거나 단조롭게 느껴지는 과제들을 수행할 수 있는 능력으로서 나타난다. 다시 말해서 그들은 연주가가 되기 위해 요구되는 개별적 연습을 수행하는 데 적합한 것이다. 음악가들은 또한 높은 정도의 민감성을 갖고 있는 경향이 있다. 민감성과 독립성의 결합은 음악에서 매우 중요할 수 있는 창의성, 직관력, 그리고 미적 성향과 같은 개인적 특질과 연관된다. 마지막으로 음악가들은 성별에 대한 사회적 고정관념에 대해 불편해하는 경향이 있다. 이러한 심리적 양성구유(androgyny)[4]는 음악적 참여가 모든 연주자의 자질로부터 관례적 구분에 의거한 남성성(즉, 자기효능감)과 여성성(즉, 감정적 민감성) 모두를 요구한다는 사실을 반영한다.

앞에서 서술한 성격 프로필은 클래식 음악가들에 대한 연구에서의 편견을 반영하는

---

4 남성과 여성의 생물학적 조합, 즉 자웅동체를 의미하는 것이 아니라 관습적으로 남성적·여성적이라고 정의되는 특징의 결합에 기초한 정체성(正體性)을 이르는 말

것일 수 있다. 사실 음악적 기질에 대한 좀 더 정확한 묘사는 다양한 음악적 활동(작곡, 연주, 교육)과 음악적 장르, 그리고 문화(오케스트라, 대중적 스타일, 포크 음악)의 요구들도 역시 고려되어야 한다. 예를 들자면 앞에서 나열된 음악가들의 특질의 많은 것들이 Kemp(1996, pp. 215, 그림 9.4, 제7장 참조)에 의한 '특출한 음악가들'에서 보여지듯이, 음악교사에게서는 덜 분명하지만 작곡가들에게서는 좀 더 강력하게 나타난다. 팝과 록 음악가들을 다른 스타일의 음악가들과 비교하여 성격적 특성을 조사한 연구들이 많이 있다. 그러한 대중적 연주가들은 클래식 연주자들만큼의 내향성을 보여주지 않으며 시끄러운 환경을 편안해하며 좀 더 열정적인 경향이 있다(Gillespie & Myors, 2000).

연구가 음악가들 간의 기질적 다양성을 밝혔다는 사실은 단일한 '연주자 성격'이 없다는 것을 의미한다. 더욱이 음악가가 되려 하는 자들의 성격이 여기에 묘사된 특질적 성향과 같지 않다고 해서 '불운하다'고 느끼지 않아야 한다. 물론 일반적 경향에서 현저하게 예외적인 성격을 가진 성공적인 음악가들이 많이 있다. 게다가 음악가의 성격은 인생을 거쳐 경험에 대한 반응으로 발달한다는 충분한 증거가 있다. 사실, 사람의 성격이 고정되고 불변이라는 아이디어는 논쟁이 되어 왔다(Kemp, 1996, pp. 14~15). 그것은 특정한 상황에서 특정한 방법으로 생각이나 행위를 하는 기질로서 보아야 한다.

스트레스와 다른 의료적 문제

연구자들이 음악가들의 성격적 특성을 조사하는 이유 중의 하나는 스트레스에 대한 어떤 특질과의 관계와 그것에 대응하는 능력이다. 일반 사람들은 음악을 내적으로 보상받는 전문분야로 보겠지만 연구는 음악가들이 높은 수준의 직업적 스트레스를 경험한다는 것을 보여줬다. 많은 음악가들이 주기적으로 재정적 압박에 대처하고 그 결과로 일의 요구와는 다른 개인적 의무의 균형을 잡기 위해 애쓰면서 시간적 압박에 대처한다. '작업 중'에 음악가들은 그룹 연주를 둘러싼 치열하고 비평이 가득 찬 작업 조건에서 발생하는 동료들과의 인간관계 갈등을 경험할 수 있다. 물론 연주 불안감 역시 많은 음악가들을 괴롭혀서, 일부는 연주를 삶의 스트레스 요인으로부터의 즐거운 피난처라고는 결코 생각할 수 없을 것이다(제8장 참조).

스트레스에 대응하는 것은 성공적인 음악가들이 개발하는 기술의 일부인 것 같다. 압박감에 대한 순응의 실패는 우울증이나 다른 감정적 장애가 포함되는 매우 심각한

무관심 A⁻	지배적 E⁺	합리적 G⁻	민감한 I⁺	창의적인 M⁺	천진난만한 N⁻	급진적인 Q1⁺	자기효능적인 Q2⁺	버릇 없는 Q3⁻

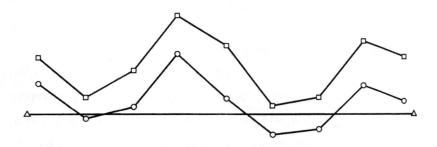

외향적인 A⁺	순종적인 E⁻	성실한 G⁺	강인한 I⁻	현실적인 M⁻	빈틈 없는 N⁺	보수적인 Q1⁻	집단 의존적인 Q2⁻	조절된 Q3⁺

□──□ 작곡가들
○──○ 연주가들
△──△ 표준 학생들

그림 9.4 남성 작곡가들과 연주가들 간의 성격적 상이성

출처 : *The Musical Temperament: Psychology and Personality of Musicians*, by A. E. Kemp, 1996, p. 200. Copyright ⓒ 1996 by Oxford University Press.

파급효과를 가져올 수 있다. 우울증은 상당한 완벽주의와 자기 비난적인 사람에게 특별히 위험한데, 아이러니하게도 어떤 사람들은 이 두 가지를 그 분야에서 성공하는 데 중요한 조건으로 고려한다. 약물과 알코올 남용은 문서로 잘 입증되다시피 불안감과 우울증에 동반되며 일부 음악가들의 문제가 되고 있다. 치료에는 잠재적 정신 건강 위험에 대한 교육 및 그들 자신과 그들의 경력에 대한 현실적 예측이 포함된다(Chesky, Kondraske, Henoch, & Rubin, 2002; Raeburn, 2000; Sataloff, Brandfonbrener, & Lederman, 1998 참조).

스트레스는 음악가들이 직면할 수 있는 신체적 부상의 중요한 기여조건이 될 수도 있다. 악기를 연주하면서 반복적인 손과 팔 동작을 하는 연주자들은 과다사용으로 인한 부상의 위험이 있다(p. 81, '연습의 양' 참조). 과도한 긴장은 손상 가능성을 보다 증가시킨다. 음악가들이 경험하는 가장 일반적인 증상은 건염(腱炎)을 포함한 근골격 통증이다. 특히 전자음이 증폭된 연주 환경에서 작업을 하는 음악가들에게는 또 다른 직업적인 위험요소인 청력상실이 있다(Chesky et al., 2002). 청력상실과 같은 연주 관련 부상은 연주가들의 생계를 직접적으로 위협할 수 있으므로 이에 대처하는 것이 어려울 수 있다. 따라서 일부는 치료를 피하고 의사의 진단이 연주를 금지할 것을 두려워한다. 그러나 다른 선택이 있을 수 있으며 음악가들은 적절한 치료를 받으면서 장기적으로 일하는 것이 훨씬 낫다(Brandfonbrener & Kjelland, 2002; Sataloff et al., 1998). 스트레스와 다른 의료적 문제들을 겪는 음악가들은 앞에서 설명한 자원들을 활용할 것을 강력하게 권장한다(p. 215, '더 읽을거리' 참조).

엄격한 음악적 논리에서 연주 전문성은(즉, 악기에서 음악적 소리를 생산하는 기술) 연주자로서의 성공을 확신하는 데 충분하지 않다. 음악가들이 이 장에서 설명한 것과 같은, 다양한 음악 외적 기술들을 소유한다면 좀 더 성공할 확률이 높아진다. 이러한 역량이 음악 경력을 위해 필요하다는 생각은 추가적 기술을 개발하는 방법을 알아내는 것은 고사하고 그들의 악기를 연습할 시간을 찾느라 노력하는 몇몇 음악가들에는 도전일 수 있다. 그러나 다른 사람들은 연주 음악가들에게 요구되는 대단한 융통성임을 충분히 깨닫는다.

▌ 학습문제

1. 음악 외적 연주 요소의 영향에 대한 연구에 비추어, 음악가들은 청중들에게 감명을 주기 위해 독주 리사이틀을 어떻게 연습하고 준비해야 할까?

2. 효율적으로 기능하고 단원들에게 보상적 음악 경험을 제공하는 공조 그룹의 특징은 무엇인가?

3. 어떤 성격 특질이 연주활동을 용이하게 하는가? 이러한 특질을 소유하지 못한 음악가는 필연적으로 불리한 입장에 있는 것인가?

▌ 더 읽을거리

Davidson, J. W., & Correia, J. S. (2002). Body movement. In R. Parncutt & G. E. McPherson (Eds.), *The Science and Psychology of Music Performance: Creative Strategies for Teaching and Learning* (pp. 237-250). 연주에서 신체적 제스처의 사용을 향상시키고자 하는 음악가를 위한 연습전략.

Davidson, J. W., & Good, J. M. M. (2002). Social and musical co-ordination between members of a string quartet: An exploratory study. *Psychology of Music, 30*, 186-201. 학생 현악 4중주단의 사회 역학과 상호조정: 사례연구 방법론의 우수한 예를 보여줌.

Sataloff, R. T., Brandfonbrener, A. G., & Lederman, R. J. (1998). *Performing Arts Medicine* (2nd ed.). 청력손실, 근골격계 손상, 정신과적 문제와 같은 주제들을 다루는 연주자 건강에 대한 아마도 가장 종합적인 책.

10

음악교사

대부분의 사람들은 오직 교사의 도움으로 능숙한 음악가가 된다. 많은 교사들이 학교나 음악 스튜디오의 공식적 장소에서 학생을 지도하지만 다른 사람들 역시 음악가가 되고자 하는 이들을 위한 지도 역할을 한다. 예를 들어 부모는 자녀의 가정에서의 연습을 감독하고 동료들은 도전과 동기를 제공하며 전문 음악가들은 역할 모델의 역할을 한다. 부모, 동료, 그리고 연주자들 모두 그들과 접촉함으로써 음악을 발전시키는 한두 가지의 속성을 갖고 있지만 직업상의 음악교사들은 직업적으로 효과적이기 위해 이러한 속성들을 많이 갖고 있어야 한다.

선행하는 장에서 보았다시피 연주가들에 의해 습득되는 많은 기술들은 연주를 하는 데에는 큰 역할을 하지 않는다. 그러나 이따금 이러한 기술이 그렇지 못한 사람들로부터 가장 성공적인 연주자를 구분하게 한다. 같은 방식으로, 위대한 음악교사들은 연주자들과는 상당히 구분되는 특별한 기술을 갖고 있다. 대개의 경우 예비교사들은 그들의 지도기술의 근간으로 교육학과 심리학의 전문적 교육을 받는다. 연구는 연주 경력으로 어려움을 겪거나 연주활동에 지친 음악가들이 성공적으로 교육자로 '물러날' 수 있다는 관념을 반박한다(즉, 할 수 있다고 가르칠 수 있는 것은 아니다.).

음악가들은 경력생활 동안 때때로 그들 자신이 교사로서의 역할 ─ 성공적이든 아니든 ─ 을 갖고 있는 것을 발견한다. 상근 교사로 고용된 적이 없는 사람들조차 다른 사람들을 위해 음악적 개념이나 테크닉을 설명해 주거나 그들의 음악성을 시범 보일 것을 요청받는 많은 상황에 여전히 직면하게 된다. 지도를 위해 할당하는 그들의 시간, 그들의 언어적 그리고 비언어적 행위들, 그들의 학생을 이끄는 음악활동의 형태, 그리고 그들의 지도력을 특별히 향상시키기 위해 그들이 하는 것을 포함한 많은 요소들은 그들의 지도적 노력이 얼마나 효과적일지에 영향을 미친다(Duke, 2000).

이 장에서 검토되는 연구는 음악교사의 기능, 행위, 개인적 기여에 관한 다음의 결론을 지지한다.

1. 교사가 학생과 형성하는 관계의 형태는 학습과정에 영향을 미친다. 상호 존중과 아이디어의 교환으로 특징지어진 관계는 높은 수준의 음악 준비와 연주를 깨닫도록 학생을 좀 더 잘 도울 수 있을 것이다.

2. 음악가를 발전시키는 것은 수준 높은 음악 모델과 학생의 연주에 대한 피드백을 제공하는 교사에 의존적이다. 그들의 학습과정을 거쳐 학생들은 그들 자신의 목표들을 생성하고 연주를 자기 모니터링하는 것을 배우면서 이상적으로 '교사를 내재화'한다.

3. 능숙한 교사의 행동과 전략은 기술이 부족한 교사의 것과는 다르다. 전문가의 언어적 지도는 심상과 은유를 포함하면서도 음악의 구체적인 속성에 대해 명확히 말한다. 보다 중요하게, 능숙한 교사는 보다 많은 학생의 참여를 도모하기 위해 그들의 발화(發話)를 제한하면서 효과적으로 지도를 한다.

4. 학생의 음악 성취는 (1) 교사가 연주 과제를 학생에게 제시하고, (2) 학생은 지도 받은 것을 적용하거나 실행하는 것을 통한 반응을 하며, (3) 학생의 반응(실행)에 대해 교사가 특정한 피드백을 제공하는 것이 순차적으로 구성된 지도 주기가 전체적으로 완성될 때 최상에 이른다.

5. 사람들이 훌륭한 교사로 태어나는 것은 아니다. 효과적인 지도를 지원하는 개인적 특질은 성격 특성보다는 배경적 경험과 훈련의 결과이다.

교사의 역할

교사-학생 관계

대부분의 사람은 아마도 그들의 음악발달에서 위대한 영향을 준 최소한 한 사람의 교사를 생각할 수 있을 것이다. 학교의 교사일 수도 있으며 음악수업을 즐길 수 있도록 한 초등 음악 전문가 또는 성악의 아름다움을 공유한 고등학교 합창 지휘자일 수도 있다. 다른 음악가들은 개인 레슨이나 일대일 교습을 해준 교사에게 은혜를 입었다고 느낄 수도 있다. 한 학생을 지도했거나 전체 학급과 작업을 했거나 간에 효과적인 교사는 음악가가 되고자 하는 이들의 삶에서 그들과의 관계를 형성함으로써 중요해진다.

분명히 지도교사와 학생 간의 일대일 관계는 음악수업의 교사나 앙상블 지휘자보다 가까울 수 있다. 교육연구에서 일대일 지도는 평범한 그룹 지도보다 일반적으로 더 효과적이라는 것이 나타났다. 개인 레슨을 받는 것 역시 음악교육에서 발견된다. 개인 지도교사는 그룹 지도교사(밴드 지도교사와는 대조적인 트럼펫 지도교사)보다 좀 더 특성화된 전문성을 갖고 있으며 개별 학생들의 특정 요구를 만족시킬 수 있다. 개인 레슨은 또한 어린 음악가들이 표현성을 배우는 주요 환경이 될 수 있다(Woody, 2000, 2003). 그러나 일대일 학습 환경과 그룹 학습 환경을 고려할 때 요구되는 지도교사의 자질과 지도 전략은 아마도, 서로 다르기보다는 좀 더 유사할 것이다.

그들이 학생과 상호작용을 하는 방법에서 보듯이 음악교사들은 무엇을 지도하는지에 대해 서로 다른 개념을 갖고 있다. 교사-학생 간의 관계에는 두 개의 폭넓은 모형이 있다. 장인-도제 모형(master-apprentice model)과 조언자-친구 모형(mentor-friend model). 장인-도제 관계에서 지도교사의 역할은 그들의 경험을 이야기하고 그들의 기술을 시범 보이는 것이다(Reid, 1997). 학생이 그들 지도교사의 음악과 전문적 삶을 따르기를 원하는 것은 절대적이다. 이러한 관계는 특히 일대일 상황에서 일반적이며 지도교사로부터 학생에게로의 일방적 소통이 특징인데 간혹 지도교사 모델을 그대로 모방하는 결과를 낳는다(Young, Burwell, & Pickup, 2003).

반면에 조언자-친구 모형은 지도교사와 학생 간의 상당한 교류를 반영한다. 지도교사는 학생의 시도를 가능하도록 하는 역할을 하며 학생이 고려할 음악적 아이디어를 제공한다. 지도란 학생을 음악적 경험의 확대로 인도하는 것을 의미한다(Reid, 1997). 이것은 학생의 개인적 요구에 지도교사가 좀 더 부응을 할 수 있도록 할 것이다. 조언자-친구 모형의 요소들은 학생의 입장에서 좀 더 기여를 할 수 있도록 하며 그 결과 좀 더 강한 자주성을 갖도록 해준다. 이것은 음악학습의 내적 동기의 가능성을 증가시키는 것이 된다(제3장 참조). 우리가 나중에 보게 될 것으로서, 지도교사의 행동과 전략은 상당 부분 교사가 학생과 갖는 관계의 결과이므로 레슨을 하는 동안 달라진다.

많은 요소들이 지도교사-학생 간의 특정관계를 형성하는 데에 영향을 미칠 수 있다. 예를 들어 지도교사와 학생 간의 연령과 기술수준의 격차는 교육 전통에서 그렇듯이 조언자-친구 모형이 효과적으로 사용될 수 있는 범위에 영향을 미친다. 물론 지도교사와 학생 간의 실제 관계는 이 두 모형들 사이 어딘가에 위치하거나 각 모형의 요소들을 반영한 것이다.

예외적 음악가들에 대한 연구는 학생의 음악 연주기술의 발달에 대한 지도교사의 중요한 역할을 강조한다. 초기 지도교사들과의 관계(학생이 음악공부를 시작한 직후)는 일반적으로 포근함과 보살피는 것으로 묘사된다(Davidson et al., 1998). 그 이후의 지도교사는 개인적으로 학생들에게 도전할 수 있는 능력에 의해 명성을 얻는다. 한 가지는 일치하는 것은 지도교사들은 그들이 제공하는 격려를 학생들이 좋아하든 싫어하든, 또는 그들의 연주 능력이 전문적으로 인정되었든 안 되었든 간에 그들의 학생들을 존중해야 한다.

과정의 사전계획

지도교사의 중요한 책무들 중에는 학생이 무엇을 배워야만 하는지 결정하고 그것을 성취하기 위한 방법을 고안하는 과제들이 있다. 교육에서 교육과정은 어떤 내용이 어떤 순서로 지도되는지를 나타낸다. 공식적 음악교육과정의 요소들은 음악학습의 이유들, 폭넓은 교육적 목표, 좀 더 상세화된 학습 목표(특정 음악 개념과 연관된), 교육 자료, 지도 전략, 학습활동, 성취 결과 평가 도구, 그리고 미리 정해놓은 시행 순서가 포함된다. 인정받은 음악 지도 방법론(즉, 오르프, 코다이, 스즈키)을 수용하거나 등급화된 발간 음악 자료의 시리즈를 사용하는 사람들에게는 특정한 교육과정의 방향지시가 제공된다. 어떤 성문화된 공식적 교육과정을 그들이 사용하거나 간에 모든 지도교사들은 그들의 학생이 무엇을 학습할 것인지와 어떻게 학습할 것인지의 결정을 한다. 이 모두를 고려하여 그들이 내리는 각각의 결정은 그들 학생의 장기적 음악학습 경험을 규정한다.

비교 문화적 관점 : 일본의 전통적 음악 지도에서의 지도교사

서양 사회의 공식적 음악교육은 지도교사의 구두지도가 지배적이지만 세계적으로 다른 상황에서는 그렇지 않다(Mariam, 1964, 제8장 참조). 전통적인 일본 음악 지도가 완벽한 예가 된다. 코토(현을 뜯는 큰 악기) 또는 샤쿠하치(대금)의 연주를 배우는 것에 집중되었을 전통적 레슨에는 지도교사나 학생의 대화가 매우 적게 포함된다.

전통적 일본문화의 철학적 기반에서 음악은 말로 설명할 수 없는 것으로 특징지어진다. 그 결과, "구두 설명은 전통적인 일본 음악 지도에서 흔치 않다. 그 대신 손가락과 팔의 위치를 정확히 하도록 하는 지도 교사와 학생 간의 신체적 상호작용과 시범이 일반적인 학습전략이다."(Campbell, 1991, p. 120) 일본문화 는 또한 젊은이들이 연장자에게 존경심을 보이는 것을 상당히 중요시하며 이것이 음악 레슨에서의 시범-모방 과정에 명백하게 반영된다. 학생은 그녀 또는 그의 지도교사를, 모든 연주 동작을 따라할 가치가 있 는 대가로서 간주한다. 이러한 시스템에서 발전하는 음악가로서의 학생의 성공은 그들이 얼마나 철저히 그 들의 지도교사들을 주시하고 모방하는지에 상당 부분 달려 있다.

주시와 모방의 중요성은 또한 레슨에서 인쇄된 악보가 없음을 나타낸다. 선율과 리듬적 요소들은 악기 로 정확한 시범을 보이는 것이나 기억하기 쉬운 부호적 음절을 목소리로 내는 것을 통해 지도교사로부터 학생에게 청각적으로 전달된다. "기보된 것은 주시와 올바른 연주 자세를 방해하기 때문에 지도를 하는 동 안 읽기와 쓰기는 허용되지 않는다. 음악 레슨에서 학생의 귀는 소리에 집중하면서 학생의 눈은 연주 에티 켓의 중요한 세부사항과 그 실행을 흡수한다."(Campbell, 1991, p. 120)

클래식 음악 전통에서 대부분의 지도는 학생의 학습 레퍼토리가 지도교사에 의해 부과되는 맥락에서 이루어진다. 따라서 많은 교사들은 음악을 선택하는 것이 그들이 하는 가장 중요한 결정 중의 하나라고 믿는다. 음악교육이 연주를 위한 음악 리허설로 만 집중된 학생의 경우 실질적으로 레퍼토리의 시퀀스가 교육과정을 형성한다. 특히 한 번에 몇몇 작품만을 다루는 학생을 지도하는 경우에 대해 이러한 접근법의 유효성 에 도전을 한 사람들이 있다. 숙달된 연주를 위한 연장된 연습은 친숙하지 않은 음악을 연주하기 위해 요구되는 것과는 다른, 제한된 일련의 음악기술과 전략을 발달시킨다 (제6장, 표 6.1 참조). 학생은 하나의 특정 작품에 대해 지도되고 배운 것을 이후에 새 로이 부과된 작품의 맥락에서 어느 정도까지 적용할 수 있을까? 지도교사가 레퍼토리 에서 끌어낼 수 있는 일반화될 수 있는 개념들을 분명하게 지도하고 연주를 준비하도 록 하면서 학생을 의사결정에 포함하지 않는다면 작품에서 다른 작품으로의 학습 전이 는 적다는 것을 연구는 보여준다(Price & Byo, 2002). 많은 모범적 교사들이 리허설과 음악 문헌의 연주를 끝으로 보지 않고 그것을 포괄적인 음악성을 지도하기 위한 도구로 삼는다. 이것은 음악이론과 구성적 구조의 분석에 관계된 지도뿐만이 아니라 학생들에게 그들의 청각기억과 즉흥연주기술을 형성하는 기회 제공을 포함한다(Aiello & Williamon, 2002). 그 연구가 보여주는 것은 좀 더 폭넓고 좀 더 다양한 음악적 지식을 쌓는 것이 음악가들로 하여금 그들이 연습하는 음악을 좀 더 효율적으로 배울 수 있도록 허용하는 연주 혜택이 있는 것으로 보인다는 것이다.

특별한 음악작품에 대해 학생과 작업할 때 지도교사는 연주의 테크닉적 관점을 설명하는 것에 상당한 시간을 할애하는 경향이 있다. 이것은 기보된 음높이와 리듬의 정확한 인식뿐만이 아니라 그 악보를 실행하기 위한 신체적 메커니즘을 포함한다. 많은 교사들은 학생이 어느 정도의 테크닉적 숙달을 이룬 후에야 비로소 그들의 주의를 학생의 연주의 표현적 특질로 돌린다(전문가에 의한 대조적 접근은 제4장 참조). 테크닉−과중 지도 접근은 학생과 지도교사 간의 장인−도제 관계에서 특히 두드러질 것이며 그러한 지도 스타일에는 말로 지도하는 것이 좀 더 많이 포함된다(Young et al., 2003).

Reid(2001)의 연구는 음악도의 음악학습의 경험들이 위계적으로 진행된다는 것을 보여준다. 그 진행은 젊은 음악도의 음악의 본질에 대한 발달이해를 설명하기 위해 사용되지만 그것은 또한 많은 지도교사들이 음악 연주의 지도를 통해 그들의 학생을 인도하는 과정과 비슷하다. 레벨 1, 악기 단계에서 관심은 신체적 기술과 연주의 테크닉적 관점에 부여된다. 레벨 2, 요소 단계에서 학습은 추가적으로 다이내믹이나 프레이징, 그리고 아티큘레이션과 같은 음악 요소에 집중된다. 레벨 3, 음악적 의미 단계는 음악에서 발견되는 의미에 대한 고려를 포함한다. 작품에 적합한 '감정'을 표현하기 위해서 적절한 스타일적 곡해석을 고려한 지도교사의 조언에 학생은 상당히 의존한다. 레벨 4, 소통 단계에서 교사는 작품에 내포된 의미를 청중들에게 전달하기 위한 학생의 노력을 가이드한다. 마지막으로 레벨 5, 의미표현 단계에서 학생은 그들의 연주에 개인적 의미와 자기표현을 더하도록 격려받는다. Reid의 연구는 이 정점에 도달하는 것이 지도교사−학생 관계의 조언자−친구 모형의 요소들에 의해 촉진된다는 것을 보여준다. 그러나 Reid에 의해 설계된 이해 단계들은 누적적으로, 상위 단계는 하위 단계의 능력에 의존적이라는 의미이다. 음악에 표현을 더하기 위해서는 연주의 질에서 요구되는 뉘앙스를 수행하기 위한 테크닉을 위한 신체적 숙련이 있어야 한다(제5장 참조).

음악적 인지기술[1] 형성

연주의 테크닉적 관점을 지도하는 것에 더해서 지도교사는 수준 높은 음악 연주에서 요구되는 기술을 학생이 갖추도록 하는 두 가지의 폭넓은 기능을 수행한다. 첫째, 그들은 종종 학생을 위해 잘 연주된 음악의 소리는 어떤 것인지를 제시하는 청각 모델을 포함한 음악적 모델의 자원을 제공한다. 둘째, 지도교사는 학생의 연주에 대한 특별한 피드백을 제공한다. 보면 알겠지만, 이러한 지도교사의 역할은 어린 음악가가 연주에 필요한 심적 표상을 형성하도록 한다.

청각적 모델링은 음악 연주 지도교사가 일반적으로 사용하는 접근법이다(Dickey, 1991; Lindström, Juslin, Bresin, & Williamon, 2003). 지도교사는 음악의 예를 연주하고 학생으로 하여금 그것을 듣고 가능한 한 정확하게 그들의 목소리나 악기로 모방할 것을 요구한다. 이러한 과정은 전문 연주자들이 상당한 정확성과 일관성을 가지고 보여주는 일련의 기술을 보여준다(Woody, 1999). 음악 지도의 지도 전략에 대한 연구의 리뷰에서 Tait(1992)는 '어린이들은 타고난 모방자들'이라고 지적하면서 모델링은 연주기술을 향상시키는 효과적인 도구라고 결론지었다(p. 528). 물론 지도교사에 의한 청각적 모델링은 성인 음악도의 레슨에서도 중요하다(Woody, 2000). 그들의 지도교사를 모방하는 것을 통해 학생들은 그들 악기에서의 가치 있는 음질을 깨닫고 소리의 어떤 변화(즉, 타이밍, 다이내믹, 인토네이션)가 적합한 표현을 만드는지를 배운다. 지도교사는 또한 효과적인 청각 모델의 역할을 할 수 있는 녹음자료를 학생이 참고하게 할 수 있다.

학생에게 피드백을 제공하는 것은 지도교사의 또 다른 중요한 직무이다. 일반 심리학에서 우리는 기술 향상을 위한 결과 후 지식의 필요성에 대해 배웠다. 수준 높은 음악가들은 그들의 연주에 대한 자기비판이 가능하지만 발전 중인 음악도들은 지도교사가 지원하는 평가적 피드백에 의존한다. 연구는 좀 더 효과적인 지도가 학생들에게 전달되는 구두 지도에서 상당한 양의 피드백과 연관된다는 것을 보여준다(Hendel, 1995). 가장 건설적인 피드백은 음악 작품에 대한 학생의 연주와 최적 버전 간의 불일

---

[1] 과제를 해결하기 위하여 신속한 비교를 수행하고, 관련된 정보를 기억하며, 관계를 발견하는 고차원적인 사고와 관련된 기술이다.
인지기술에는 정보의 획득, 파지, 기억 및 활용과 관련된 다양한 기술이 있다. 비고츠키(L. Vygotsky)에 따르면 인지기술은 개인이 성장한 문화와 사회적 배경에 따라 획득될 수 있다.

치를 표현하는 것이다. 능숙한 지도교사는 "괜찮다!"와 같은 일반적 평가보다는 좀 더 세부적인 피드백(연주의 특정 요소들에 관한)을 준다(Goolsby, 1997). 음악교육 연구자들은 효과적인 교사들의 피드백이 인정과 불만족으로 여겨지는 긍정적 표현인가 아니면 부정적 표현인가에 대해 조사했다(Madsen & Duke, 1985). 우리는 직관적으로 긍정적 코멘트들이 학생에게 좀 더 동기부여를 할 것이라고 생각할 것이며 그 결과는 효과적인 지도와 좀 더 연관된다. 그러나 연구는 다소 다른 그림을 그린다. 어린 학습자와 일대일 지도에서는 긍정적인 피드백이 좀 더 도움이 되지만(Duke, 1999), 음악도들은 레슨에서의 상당한 비평들을 받아들이고 도움을 받을 수 있는 것으로 보인다(Duke & Henninger, 2002).

그들의 훈련과정을 통해 성공적인 음악도들은 결국 그들 자신의 연주를 평가하는 것을 배운다. 이것은 특히 연습에서 어린 음악가가 그들의 기술발달을 자기조절할 수 있도록 하는 음악 연주의 심적 표상을 형성하는 데에서 지도교사가 얼마나 중요한가를 강조한다(제4장 참조). 우리는 다음의 표상적 기능을 제안한다. 목표 이미지화, 근육적 생산, 그리고 자기 모니터링(Lehmann & Ericsson, 1997b, Woody, 2003, 제1장 참조). 어떤 음악 작품이 어떻게 소리 나야 하는지를 정신적으로 묘사할 수 있는 능력인 목표 이미지화는 지도교사와 매체기술에 의해 제공되는 청각적 모델을 통한 학생의 학습에서 발달된다. 근육적 생산을 위한 심적 표상은 악기를 연주하기 위해 요구되는 동작과 신체적 반응의 수행을 가능하게 하며 그러한 움직임이 어떻게 느껴지는지 알게 한다. 여기에서 연주에 대한 테크닉적이고 신체적 관점을 향한 지도는 중요하다. 자신의 연주를 정확하게 들을 수 있는 능력인 자기모니터링(즉, 피드백을 받는 것) 역시 주로 음악교사로부터 습득된다. 특히 어린 음악가들은 이것에 대해 지도교사에게 의존하는데 그것은 그들의 대부분의 주의가 음악을 생산하는 것에 집중되어 그 결과적 소리를 듣지 않기 때문이다. 이러한 기술을 갖춘 음악가들은 목표 이미지와 소리 이미지(그들 자신의 연주)를 비교하고 그 안에서 차이점을 식별하여 근육적 생산을 위한 표상의 조정을 통해 수정할 수 있다. 연구는 전문적 지도교사, 특히 일대일로 지도하는 교사는 그들의 레슨에서 이 진단적 과정으로 학생을 인도한다는 것을 보여준다(Woody, 2003).

지도의 효과적인 행위와 전략

정확히 무엇이 훌륭한 지도를 정의하는가? 음악가를 위대하게 만드는 지도에 대해 정확하게 말하는 것보다는 위대한 지도교사들의 예를 밝혀내는 것이 아마 더 쉬울 것이다. 연구자들이 효과적인 음악 지도를 분석하기 위해 찾았던 한 방법은 전문 지도교사로 알려진 사람들을 연구하고 그들의 활동, 행위, 그리고 전략을 경험이 부족한/미숙한 교사들과 비교하는 것이다. 한 가지 분명한 것은 지도는 이야기를 하는 것이 아니다. 지도교사의 역할은 학생이 받거나 받지 않을 수 있는 정보를 단순히 알려주는 것이 아니다. 지도의 질은 발생되는 학습, 즉 그것의 결과에 의해 정의된다. 이 섹션에서 우리는 지도교사의 지도를 효과적으로 만드는 속성들을 설명하지만 아울러 교육적 활동에 있어서의 학생의 적극적 참여를 강조한다.

자기학습 : 당신 자신의 지도 실제를 분석한다.

이 실험에서 당신은 음악교사로서의 자신을 조사하게 될 것이다. 만일 당신이 현재 어떤 종류의 음악지도 역할을 하고 있다면 이것을 수행하는 것이 적절할 것이다. 만일 그렇지 않다면 당신은 누군가에게 음악 레슨을 한 번 해줄 필요가 있다. 무언가를 하기 전에 아래의 리스트를 살펴보고 지시된 대로 각각에 답을 한다.

레슨활동 : 레슨의 전체 시간 중 몇 퍼센트가 다음의 활동에 할애되어야 한다고 믿는가? (각각의 퍼센트를 추정한다.)

학생(들)의 음악적 수행	_____%
지도교사의 연주(음악 시범)	_____%
교사의 이야기/설명	_____%
학생(들)의 이야기/설명	_____%

교사의 발화 : 교사의 코멘트의 다음의 유형들이 레슨에서 얼마나 중요하다고 당신은 믿는가? ('1=중요하지 않다'에서 '5=매우 중요하다'라는 등급으로 각각에 동그라미를 친다.)

음악적 정확성(음고/리듬) 습득을 위한 지시	1	2	3	4	5
적절한 테크닉 사용(신체 사용)을 위한 지시	1	2	3	4	5
음악을 좀 더 표현적으로 만들기 위한 지시	1	2	3	4	5

학생 연주에 대한 부정적인 피드백	1	2	3	4	5
학생 연주에 대한 긍정적인 피드백	1	2	3	4	5
연주한 음악에 관해 학생에게 질문하기	1	2	3	4	5

당신이 레슨을 지도할 때까지 이전의 리스트에 대해 응답한 것들을 한쪽으로 치워놓는다. 그다음, 당신은 자신의 지도를 오디오나 비디오 녹화를 할 필요가 있을 것이다. 왜 당신이 그것을 하는지에 대해 학생에게 설명한 후 학생의 동의를 얻는 것을 확실히 한다. 이 실험의 목적을 위해, 당신의 지도의 약 15분을 기록한다.

레슨 후에 당신은 당신의 지도를 분석하기 위해 그 기록을 최소한 2번 반복해서 확인할 필요가 있을 것이다. 처음에는 당신의 재생 장비에 시계나 타임키퍼를 사용해서 네 가지의 레슨활동에 얼마만큼의 시간을 할애하는지 추적한다.

학생(들)의 음악적 수행	_____ 분
지도교사의 연주(시범)	_____ 분
지도교사의 이야기/설명	_____ 분
학생(들)의 이야기/설명	_____ 분

두 번째로 당신의 레슨 기록을 재생하고 다음의 발화 유형들을 얼마나 많이 사용했는지 기록한다.

음악적 정확성(음고/리듬) 습득을 위한 지시	_____
적절한 테크닉 사용(신체 사용)을 위한 지시	_____
음악을 좀 더 표현적으로 만들기 위한 지시	_____
학생 연주에 대한 부정적인 피드백	_____
학생 연주에 대한 긍정적인 피드백	_____
연주한 음악에 관해 학생(들)에게 질문하기	_____

이제 당신의 응답들(당신이 무엇이 발생되어야 한다고 생각한 것을 나타내는)과 당신이 실제로 한 것을 비교한다. 레슨에서의 주된 활동과 교사의 발화에 있어서 당신의 지도가 당신의 지도 가치관과 같은가? 당신의 지도 행위가 당신을 어떤 면에서 놀라게 했는가? 지도가 좀 더 효과적이 되도록 당신은 어떻게 당신의 지도를 적용할 것인가?

일반적 교사 역량

심지어 학생들에게 지도를 적용하기 전에도 지도교사들은 성공 가능성을 증가시키기 위해 많은 것을 할 수 있다. 지도를 위한 준비에는 레슨이나 리허설의 계획을 세우는 것이 포함된다. 연구는 지도 이전에 레슨 목표를 분명히 하고 활동의 시퀀스를 계획하는 것의 가치를 입증한다(Tait, 1992). 고급 계획은 균형을 이뤄야 하지만 교사는 레슨 동안에 음악도가 어떻게 연주하느냐에 대한 반응성인 예상치 못한 상황들을 활용할 준비가 되어 있어야 한다. Goolsby(1996)는 전문가와 초보 앙상블 지도교사들의 리허설을 비교하여 전문가들은 리허설을 해야 하는 모든 작품을 위해 수업시간을 좀 더 균등하게 나눴다는 것을 발견했다. 경험이 적은 지도교사들은 좀 더 쉽게 계획에서부터 벗어나서 첫 작품을 리허설 하는 데 좀 더 많은 시간을 할애하고 이어지는 작품들에는 적은 시간을 사용하는 것으로 보인다. 결론적으로 무엇이 필요로 되는가는 지도 계획과 레슨 중의 즉석 처리 간의 균형이며 이것은 학생의 필요의 발생에 따라 이에 응할 수 있는 충분히 유연성이 있는 지도 방법론이다.

경험이 적은 교사가 큰 규모의 음악수업을 하는 경우 학생들의 주의집중을 유지해야 하는 어려움에 직면하는 경우가 종종 있다. 이것은 학생들 간의 행동문제들을 악화시킬 수도 있는, 지도의 무시로 이어질 수 있다. 능숙한 교사들은 학생들과 자신을 지도활동의 방식대로 지켜나갈 수 있다(그림 10.1 참조). 학생들과의 잦은 눈 맞춤은 학급의 주의집중을 증가시키는 것으로 나타났다(Fredrickson, 1992). 다른 연구는 지도교사의 목소리 크기와 억양, 신체적 제스처, 그리고 얼굴 표정 사용의 폭넓은 대조로 특징지어지는, '교사 강도'라고 불리는 자질을 식별했다(Byo, 1990). 효과적인 교사들은 또한 자신의 수업 중, 즉 활동이 진행되는 비율을 인식하는 지도의 페이스 조절로도 인정받는다. 부적절하게 느린 페이스는 지도교사의 지나친 수다스러움과 전반적으로 느린 말투에 연관된다(Price & Byo, 2002). 음악 레슨의 페이스는 교사의 지도와 학생의 참여 간의 상호교환과 연관된다. 학생들은 적극적인 참여가 요구되는 활동—특히 연주—을 하는 동안 가장 집중을 하며 교사의 설명과 활동 간의 전환기에서 가장 집중을 안 한다(Duke, Prickett, & Jellison, 1998).

아마도 학생들의 참여를 위해 좀 더 많은 시간을 제공하려는 노력으로 인해 많은 효과적인 지도교사들이 그들이 하는 말의 최적화를 배웠을 것이다(아래의 하위 절 참조). 첫째, 그들의 구두 지도는 어떤 모호한 용어들이 전혀 없는 효과적인 개념 설명이 제공되는 명확성으로 특징지어지며 불필요한 감탄사나 '여담'이 없이 수행된다. 경험이 많은 지도교사들은 초보교사들보다 좀 더 자주 학생들에게 질문을 한다. 질문을 하는 것은 지도교사로 하여금 학생의 이해를 확인하고 상당한 주의집중을 이끌어낸다. 아마도 능숙한 지도교사들의 구두 지도에서 가장 중요하게 구별되는 특성은 구두 지도가 적다

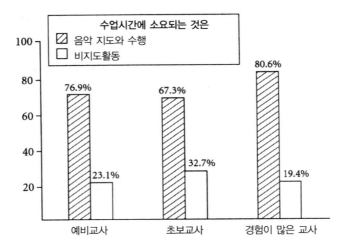

그림 10.1 지도활동과 비지도활동에 할애된 리허설 시간의 평균 비율. 경험이 많은 지도교사의 리허설은 음악지도를 가장 많이 포함한다. 예비교사들보다 나은 초보교사들은 경험이 많은 지도교사의 감독하에 그들의 작업에 기여한다.

출처 : "Time Use in Instrumental Rehearsals: A Comparison of Experienced, Novice, and Student Teachers," by T. W. Goolsby, 1996, *Journal of Research in Music Education, 44*, 292. Copyright © 1996 by The National Association for Music Education.

는 것이다. 지나치게 말이 많은 것은 대부분 초보자들이나 무능한 음악지도교사들에게서 만연한다. 음악 지도교사들의 스튜디오 레슨과 앙상블 리허설의 시간 사용에 대한 연구는, 지도시간의 최소한 3분의 1이 지도교사의 강의설명에 할애된다는 것을 보여주며 어떤 연구들은 50%가 넘는다고 보고한다(Duke, 1999; Tait, 1992). 초보자들과 비교하여 능숙한 지도교사들은 전체 시간에서, 학생들에게 말을 하는 것에 적은 시간을 사용하며 그들의 발화의 개별적 시간은 좀 더 짧다(Goolsby, 1996, 1999).

언어적 그리고 비언어적 음악 지도

특별히 음악과 연관된 언어적 지도, 예를 들어 그 내용은 음악교사들 간에 다양하다. 앞에서 지적했듯이 지도교사들은 음악 작품을 지도할 때 연주의 테크닉적 관점들로 시작하여 좀 더 표현적인 것들로 진행하는 진행과정을 통해서 학생을 이끄는 경향이 있다. 그들은 또한 학생에 대한 그들의 언어적 지도에서 다양한 음악적 우선 사항들을 밝힌다. 레슨 중에 말하는 것에 좀 더 많은 시간을 소비하는 것으로 알려진 덜 능숙한 지도교사들은 주로 테크닉을 지적하는 데에 치우치는 반면 능숙한 지도교사들은 음질,

인토네이션, 스타일, 그리고 표현에 대해 좀 더 효율적으로 초점을 둔다(Cavitt, 2003; Goolsby, 1997, 1999; Young et al., 2003).

지도교사가 주는 언어적 음악 지도는 그것이 (1) 심상과 은유 또는 (2) 구체적인 음악적 소리의 속성에 대한 지시로 구성되어 있는가의 여부에 기반하여 두 개의 카테고리로 구분할 수 있다. 음악의 지도 전략들의 검토에서 Tait(1992)는 심상, 은유, 그리고 음악 외적 비유의 역할을 주창했다. 지도교사는 음악적 프레이즈를 치솟는 독수리, 무겁게 불안한 분위기, 또는 사랑하는 사람을 잃은 느낌을 반영하여 연주하도록 격려할 수 있다. 연구는 교사의, 특히 움직임과 분위기를 반영하는 음악 외적 이미지와 비유의 광범위한 사용을 입증했다(Barten, 1998; Lindström et al., 2003; Woody, 2000). 지도교사들은 표현적 연주를 수행할 때 원하는 소리에 근접하게 또는 학생들의 감정을 조장하기 위해 음악 외적 이미지와 비유를 가장 자주 제공할 것이다. 이러한 접근법은 또한 연주를 위해 요구되는 특정 신체 자세나 움직임을 가져오기 위해 사용된다. 예를 들어 Barten(1998)은 어린 연주자들에게 열린 구강에 대해 해부학적 근거를 둔 지도보다는 입 안에 뜨거운 감자가 있다고 상상하도록 하는 것이 좀 더 효과가 있다고 주장했다. 음악 외적 심상에 깊이 빠져 있는 교수법은 학생들을 당황하게 하고 학생-교사 간의 관계에 문제를 발생시킬 잠재성이 있다(Persson, 1996). 그러한 문제점들은 지도교사들이 학생들이 이해하지 못하거나(예 : 문화적 차이로 인한) 음악적 맥락에 적용할 수 없는 비유나 심상을 지나치게 사용할 때 발생할 수 있다.

아마도 이런 이유 때문에 다른 음악교육자들은 구체적인 음악 소리의 속성에 초점을 둔 언어적 지도를 옹호할 것이다. 이러한 접근법을 사용하는 지도교사들은 소리 모델의 질이나 학생의 연주의 문제점을 지적할 때 음의 장단, 템포, 인토네이션, 다이내믹, 그리고 아티큘레이션과 같이 직접적으로 지목하는 요소들을 묘사할 것이다. 대부분의 지도교사들은 연주의 테크닉적 관점(예 : 올바른 음고나 리듬을 연주하는 것)을 다룰 때 이런 종류의 지도가 가치 있다고 보겠지만 연구가 제시하듯이 표현성을 다룰 때에도 효과적이라는 것을 발견할 수 있을 것이다. 예를 들어 '두 번째 마디로 가면서 점점 커진다'와 같은 소리의 속성을 고려한 명확한 심적 표상을 형성했을 때, 좀 더 나은 표현적인 연주를 했다는 것을 Woody(1999, 2003)는 발견했다. 지도교사에 의해 음악 외적 비유나 심상의 예를 제공받았을 때 많은 음악도들은 의식적으로 그것을 그들 연주를 위한 분명한 계획으로 '변환'할 것이다.

물론 가끔 지도교사들은 언어적 지도를 모두 무시하고 모델링과 모방에 의존하기도 한다. 모델링의 중요한 관점들 중의 어떤 부분은 이 장에서 이미 논의되었다. 지도교사에 의한 청각적 모델은 음악 수업과 앙상블 리허설에서 일반적이며 아마도 개인 레슨에서는 좀 더 그러할 것이다. 이 전략 역시 은유/심상 지도 어휘에 대한 필수적 보충으로 설명되었었다. Davidson(1989)은 학생들이 "음악의 다면적 이해를 습득…… 비유는 연주자가 분위기와 맞추고자 할 수 있는 감정적 상태를 만든다."(p. 95)를 위한 모델링과 비유의 조합을 찬성한다. Sloboda(1996)는 학생들이 청각적 모델에서 들은 기억정보를 어떻게 저장하는지를 설명하는 '음악 외적 모형' 이론을 제안했다. 지도교사가 모델을 시범연주할 때(추가적인 언어적 정보 없이), 주의 깊은 학생이 광범위한 양의 청각적 연주 정보를 처리하고 기억하는 것을 요구할 것이다. 이것은 표현적 정보를 좀 더 적은 음악 외적 비유들, 아마도 신체적 제스처, 발성적 인토네이션, 또는 다른 감정적 표현들로 추출하는 것을 통해 좀 더 다루기 쉽게 만들어진다. 이 분야에 대한 추가적 연구가 바람직할 것이다.

지도 주기의 완성

언어적 또는 비언어적 도구를 활용하건 간에 학생들에게 지도 설명을 제시하는 것은 효과적인 음악 훈련의 한 부분일 뿐이다. 이미 앞에서 시사했다시피 학생들이 제시된 정보를 그들의 연주에 적용할 수 있는 기회를 갖는 것과 지도교사가 그들의 연주에 대한 피드백을 제공하는 것이 중요하다. 음악교육 연구는 '지도의 순차적 패턴'의 모형이 (1) 지도교사는 학생들에게 연주 과제를 제시하고 곧 이어 (2) 학생들은 반응을 하고(처음 지도의 시행), 그다음 (3) 지도교사가 구체적인 피드백을 주는 것을 포함한다고 주장한다(Price, 1992). 피드백이 제공되기 전까지는 지도 패턴의 주기는 완료되지 않는다.

음악 레슨과 앙상블 리허설에 대한 관찰연구들은 효과적인 지도가 그 시퀀스를 완료할 수 있는 능력에 의해 구분된다는 것을 보여줬다. Goolsby(1997)는 전문가, 초보자, 그리고 예비교사로 구분된 30명의 중학교와 고등학교 밴드 지휘자들에 의해 지도된 리허설을 연구했다. 그 결과 초보자와 예비교사들 간의 지도의 순차적 패턴의 발생은 적은 차이만 있었지만 경험 있는 지휘자들은 주기를 눈에 띌 만큼 더 자주 완성했으며 초보자에 비해 거의 두 배에 달했다. 이 연구에서 전문가들은 보다 짧은 강의를 하고 좀 더 많은 시간을 학생들의 활동에 할애했다. 표 10.1은 지도 경험에 의한 지도 행

표 10.1 예비교사, 초보자, 그리고 능숙한 지도교사에 의해 나타난 선택된 리허설 행위의 평균 빈도

리허설 행위	예비교사	초보교사	능숙한 교사
지도의 완성된 주기	7.3	6.3	15.2
설명	4.1	3.2	12.8
비구체적인 긍정적 피드백	8.3	8.9	3.0
구체적인 긍정적 피드백	1.4	1.4	5.5
비지도적인 코멘트	21.8	13.7	2.3
학생으로 향한 초점 있는 질문	3.8	3.2	5.7
학생으로 향한 모호한 질문	10.0	9.3	0.7

출처 : "Verbal Instruction in Instrumental Rehearsals: A Comparison of Three Career Levels and Preservice Teachers," by T. W. Goolsby, 1997, *Journal of Research in Music Education, 45*, p. 30. Copyright ⓒ 1997 by MENC: The National Association for Music Education.

동들의 중요한 다른 차이점들을 보여준다. 저명한 지휘자인 Bruno Walter와 Robert Shaw의 비디오에 기록된 리허설들을 분석한 연구는 지휘대 위에서의 작업이 지도의 순차적 패턴 모형과 일치하는 것을 보여줬다(Yarbrough, 2002).

순차적 패턴 모형의 각 단계는 지도교사에 대한 잠재적인 함정을 갖고 있다. 첫 번째 단계는 과제가 제시될 것을 요구한다. 최고의 첫 지도는 학생들이 하는 것에 대해 명백하게 구체화하는 것이다. 따라서 많은 교사 발화(verbalization)는 만일 그것이 학생들에게 음악적 과제를 주제로 하지 않고 단순히 음악에 관해 이야기하는 것이라면 음악 지도를 고려할 때 그것은 부적합한 형태일 것이다. 그러나 아마도 학생들이 지도에 반응을 할 수 있는 적절한 기회를 허용하지 않는 심각한 문제점은 교사들에게 두 번째 단계에서 발생할 것이다. 앞에서 언급했다시피 어떤 음악교육 환경에서는 학생의 연주에 할애된 시간이 놀랍게도 제한되어 있지만 그러나 학생들의 적극적인 참여는 주의집중과 성취에 가장 결정적인 요소이다. 이러한 상황이 의미하는 바는 효과적인 음악학습은 지도교사의 정보 제공보다는 학생들의 음악 참여에 더 집중된다는 것이다. 마지막으로 지도 주기를 완성하는 데 요구되는 세 번째 단계인 학생의 반응에 대한 지도교사의 구체적 피드백 역시 자주 간과된다. 지도교사들은 언어적으로 연주 실수를 교정해 주고 학생들로 하여금 다시 시도하도록 함으로써 그들의 직무를 다했다고 생각할 수 있지만 그들은 후속적 연주 시도에 대한 평가를 제공하는 데에 실패한 것이다. 그 대신

지도교사들은 "잘했어!" 그리고 "좀 낫네!"와 같은 모호한 피드백만을 학생들에게 제공할 것이다.

리허설하기와 지휘하기

특히 미국에서는 중등학교 대부분의 음악교사들이 콘서트 밴드, 오케스트라, 그리고 합창단과 같은 연주 앙상블 지휘자로서 종사한다. 지휘자의 역할은 모든 음악교사들에게 기대되는 역량들(앞에서 설명된)에 더해서 특성화된 일련의 기술이 요구되는 것으로 보인다. 부분적으로는 연주자들로부터의 표현성을 끌어내는 역할 때문에 자세, 제스처, 그리고 얼굴 표정의 다양한 사용은 앙상블 연주의 질의 판단에 모두 연관된다. 모든 연령의 음악도들은 지휘대 위에서의 행동을 참고로 저강도(low-intensity)의 지휘자와 현저하게 대조되는 고강도(high-intensity)의 지휘자들을 손쉽게 식별해낸다는 것을 연구는 보여줬다(Byo, 1990). 비언어적 행동들은 음악가들이 연주를 하는 동안 지휘자가 그들과 소통하기 위한 도구들이다. 지휘자의 행동은 음악가들이 어떻게 연주하거나 노래를 해야 하는지를 지시하고 그들이 실제로 연주하고 있는 것에 대한 피드백을 제공하는 두 가지 필요에 의한 것이다. 그러나 학생 음악가들의 연주에서 특정한 변화에 영향을 주는 가능성을 고려하면 비언어적 지휘 행위 그 자체가 언어적 지도에 대한 대안은 아니다.

  Marrin과 Picard(1998)는 지휘자의 생리적 반응을 모니터하는 '지휘자의 상의'를 개발했다. 연구자들은 이 장치를 여러 리허설 동안의 전문적 오케스트라 지휘자로부터 데이터를 모으는 데 사용했다. 이 정보는 리허설이 되고 있는 작품의 악보와 비교되었다. 그 결과는 지휘 테크닉에 대해 전통적으로 유지되는 개념을 확고히 했다. 첫째, 오른손(지휘봉을 잡는 데 쓰이는)은 비트 패턴(beat pattern)을 통해 템포를 지시하고 사용된 힘의 정도는 원하는 소리의 세기와 연주 스타일(아티큘레이션)을 나타낸다. 왼손은 표현적 정보를 전달하기 위해 사용된다. 추가적으로 생리적 데이터는 지휘자가 작품의 중요한 음악적 사건 바로 직전에 연주자들로 하여금 '고개를 들라'[2]는 신호의 한 방법으로서 동작과 제스처를 실제로 멈춘다는 것을 보여줬다.

  지휘자의 머리의 움직임, 얼굴 표정, 그리고 응시도 역시 앙상블에서 연주자들과 소

---

2 연주자들이 지휘자의 신호에 집중하기를 의도한다.

통을 위해 사용된다. Poggi(2002)는 지휘자들의 이러한 비언어적 기능을 분석했으며 이러한 신호들은 개인 특유의 것이 아니라 본질적으로 좀 더 조직적인 것이라는 결론을 내렸다. 그녀는 연구에 기반하여 특정한 머리나 얼굴 신호들과 연주하는 음악가들에게의 의미를 연결짓는 사전을 만들었다(표 10.2 참조). 어떻게 연주를 할지 앙상블에 지시하는 한 부분으로서 지휘자는 예를 들어, 좀 더 큰 다이내믹 정도를 불러일으키기 위해 인상을 찌푸리거나 꽉 찬 소리를 모방하기 위해 성악가들에게 둥글게 연 입을 보여준다. 지휘자들 역시 이러한 방법으로 피드백을 제공할 수 있다. 예로서 눈을 감음으로써 "좋군, 나는 이것을 즐기고 있어."라고 말하는 듯 보이고, 그들의 머리를 앞뒤로 흔들어 악기군이 크게 연주한다는 것을 나타낸다.

효과적인 리허설 테크닉은 효과적인 언어적 지도, 질 좋은 모델링, 그리고 지도의 순차적 패턴의 완성을 위한 구체적인 피드백과 같은 좀 더 일반적인 음악 지도 역량들을 포함한다(이 장의 앞에서 많은 학생들이 리허설 상황에서 지휘를 받는다는 것을 설명했다.). 지휘자의 언어적 지도에 비례한 학생들의 충분한 참여(연주)가 특히 중요하다. 사실 수준 높은 음악도들의 앙상블은 어떤 지도나 지도교사로부터의 피드백이 없이도 음악 연습의 반복을 통해 연주의 질을 향상시킬 수 있다. 능숙한 지휘자들은 그들의 리허설이 훈련이나 반복되는 강력한 요소를 포함하면서 이것을 인식하게 되는 것으로 보인다(Cavitt, 2003; Goolsby, 1997). 경험이 적은 앙상블 지휘자들과 비교해서 숙련가들은 그룹의 노래나 연주 리허설 때 좀 더 자주 멈추지만 그들의 지시를 매우 효율적으로 전달하기 때문에 그 멈추는 시간은 짧다. 반면에 초보 지휘자들은 어떤 지시도 없이 앙상블을 자주 멈추고 다시 시작한다(Goolsby, 1997).

리허설 동안 멈추고 다시 시작하고 하는 것은 대개 연주 실수를 발견하고 교정하는 것을 중심으로 한다. 실수를 발견하는 지휘자의 정확성은 지휘와 경청에 들이는 주의뿐만이 아니라 음악의 템포와 구조와 같은 리허설 변인의 수에 영향을 받는다(Byo & Sheldon, 2000). 그러나 좀 더 일반적으로 실수의 발견은 교육, 연습, 그리고 장기간의 리허설 경험을 통해 발달된 기술로 보인다. 분명히 음악가의 청각적 기술은 극히 중요하다. 숙련된 지휘자들은 악보를 앙상블의 연주와 비교하여 음악의 청각적 이미지를 생성하여 사용할 수 있다(Byo & Sheldon, 2000, 제11장 참조). 악보를 공부하는 것은 지휘자들 간에 일반적으로 인정된 준비 전략이다. 학생 음악가의 연주 경향에 대한 지식에 의해 강화되었을 경험 많은 앙상블 지도교사의 오류 감지 능력은 그들이 어떻

표 10.2 지휘자 사전

의미의 유형	신호	명백한 (문자 그대로의 의미)	실제의(간접적) 의미
연주 방법의 제안			
누가 연주하는지 언제 연주하는지	합창단을 쳐다본다. 눈썹을 올린다. 아래를 본다. 빠르게 고개를 끄덕인다. 아래를 본다.	나는 대기하고 있다. (감정) 나는 집중하고 있다. (심적 상태) 나는 대기하고 있지 않다.	합창단 시작할 준비 집중하고 시작할 준비를 한다. 이제 시작 아직 시작하지 마라.
어떤 소리를 생산할지			
선율 리듬 속도	얼굴을 든다. 스타카토 머리 움직임 빠른 머리 움직임 얼굴을 찌푸린다.	나는 결정한다. (심적 상태)	높은 소리 스타카토 활기차게 크게 연주한다.
소리의 크기	눈썹을 올린다. 머리를 왼쪽 오른쪽으로	나는 대기하고 있다. (감정) 그렇게 크지 않게!	너무 크다, 좀더 드럽게 연주하라. 좀 더 부드럽게 연주하 라.
표현 소리를 생산하는 방법	안쪽 눈썹을 올린다. 크게 벌린 입 둥글게 벌린 입	나는 슬프다.	슬픈 소리로 연주한다. 입을 크게 열라. 입을 둥글게 열라.
피드백의 제공			
칭찬	머리를 끄덕인다. 눈을 감는다. 고개를 옆으로 기울인다.	오케이 나는 릴렉스 되었다. (감정) 나는 릴렉스 되었다. (감정)	이렇게 계속하라. 좋다, 계속 이렇게 하라. 좋다, 계속 이렇게 하라.
비난	눈을 감고 얼굴을 찌푸리 며 입을 벌린다.	나는 넌더리가 난다. (감정)	이것은 마음에 안 든다.

출처 : "The Lexicon of the Conductor's Face" by I. Poggi, 2002. In P.McKevin, S. O. Nuallàin, & C. Mulvihill (Eds). *Language, Vision and Music: Selected Papers from the Eighth International Workshop on the Cognitive Science of National Language Processing, Galway, Ireland, 1999* (pp. 271-284). Copyright ⓒ 2002 by Benjamin Publishing Company.

게 리허설 전에도 교정을 위한 오류를 목표로 하는지를 설명한다. 이러한 숙련가들은 해결안 제시를 위한 다양한 접근법(즉, 언어적 지도, 학생과 교사의 모델링)과 음악에서 목표로 하는 소절의 반복을 통해 식별된 오류의 교정에 있어서의 끈기를 보여준다 (Cavitt, 2003).

지도교사의 개인적 자질

효과적인 지도 전략을 이행하는 교수 방법은 부분적으로 그 또는 그녀의 성격에 의존적이다. 예를 들어, 일반적으로 사회적으로 자신감이 있고 개방적인 사람은 보다 많은 학생에 대한 배려와 연관된 교사 행동 강도를 좀 더 쉽게 보여줄 것이다. 특정 성격 특성은 교수 효과에서 역할을 할 가능성이 있다는 것을 어떤 연구는 제시한다. 다수의 연구자들, 특히 Kemp는 연주자들과 음악교사들 간의 일반적인 성격적 차이를 밝혀냈다 (그림 10.2 참조). 연주자들은 내향적이고 직관적이며 감정적으로 일관성이 없으며 냉정하기까지 한 반면(제9장 참조) 음악교사들은 좀 더 외향적이며 감정적으로 안정되었으며 감정-판단 기질을 보여주는 경향이 있다[즉, 그들은 인간적 요소(human factors)에 근거한 계획과 결정을 할 수 있다.]. 그들의 성격적 기질이 상황과 좀 더 긴 시간적 기간에서 얼마나 안정적인가는 여전히 논쟁의 여지가 있다(Kemp, 1996, p. 14).

예를 들어 초등학교 음악 수업을 하는 것과 중등학교에서 앙상블을 지휘하는 것의 대비와 같이 음악 지도의 전문 분야와 학년 수준을 고려할 때 지도교사들 간의 성격적 경향은 좀 더 잘 이해된다. 엄격하게 연주를 목적으로 한 교육 환경에서의 상위 학년의 교사들은 내향성과 직관적이라고 할 수 있는 연주자들의 일반적인 성격 특성의 일부를 공유한다. 따라서 이것이 의미하는 바는, 그들은 그들의 학생들과 좀 더 이론적이고 관념적인 방법으로 상호작용을 한다는 것이다. 반면에, 일반적인 음악 수업의 맥락에서 좀 더 어린 학생들과 작업을 하는 교사들은 학습 상황에서 학생 행동에 대한 예리한 인식으로 나타나는 상당한 외향성과 감정-판단 선호를 보여준다.

발견은 아직은 교사 효율성이 고려되지 않았다는 것을 의미한다. 다시 말해서, 음악교사들이 특정 성격 특질을 보여주는 경향이 있는 그 사실이 음악학습에 도움을 준다는 것을 의미하는 것은 아니다. 실질적인 지도 효과에 대해 고려할 때 드러나는 특질은 외향성과 성실성이다(Kemp, 1996). 학생들과의 풍부한 상호작용, 그리고 발화

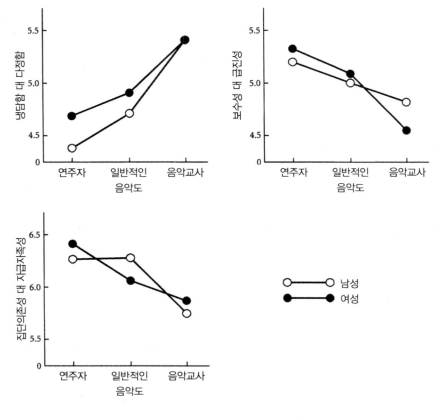

그림 10. 2 다양한 음악 전문 분야(연주, 교육, 비전문)를 대상으로 한 대학생들 간의 외향성, 보수성, 그리고 자기효능감의 성격 특질 측정의 상이성들

출처 : *The Musical Temperament: Psychology and Personality of Musicians*, by A. E. Kemp, 1996, Figure 11.2, p. 221. Copyright ⓒ 1996 by Oxford University Press.

(verbalization)와 제스처의 강도에 있어서 큰 대조를 보이는 것과 같은 외향적인 성격은 이 장에서 설명한 지도 성격과 일부는 분명히 좀 더 일치한다. 성실성은 학생들을 위한 전체적 학습 목표를 계획하고 고려하기 위한 필요와 일치한다. 단지 음악 지도의 영역을 넘어서 확장된 교육적 연구들에 의해, Pembrook과 Craig(2002)는 성공적인 교사의 개인적 자질의 광범위한 리스트를 만들었다. 이미 언급한 특질에 더해서 이 리스트는 자신감과 열의와 같은 내적 특성과, 융통성과 주도적 리더십과 같은 그룹 경영 자질을 포함한다.

또한 Pembrook과 Craig(2002)에 의한 성공적인 교사 자질의 리스트에는 '타인과의 관계'로 분류되는 다수의 자질들도 포함된다. 타인 지향성은 효과적인 교사들에게서 발견되는 중요한 개인적 자질로 여겨진다. 연구는 학생 중심 지도와 교사 중심 지도 간의 성취된 동기 부여 및 성과의 차이점들을 정립했다. 이것은 왜 많은 '연주자-교사들'에 의해 제공되는 지도에서는 효과적인 지도와 연관된 특성들이 나타나지 않는지를 설명해 준다. 예를 들자면 Persson(1996)은 유명한 피아노 연주자의 지도 실제를 조사했으며 교사-학생 간의 갈등의 다수의 사건들을 발견했다. 교사는 학생이 그녀의 방법을 받아들이지 못하는 것에 대해 불만을 나타냈다. 학생들이 그녀의 연주의 전문성에 대해서는 인정하지만 그들 자신을 위해 같은 기술을 습득하도록 지원하는 것에서는 도움이 안 된다고 느꼈다. 특정 연주자의 성격적 특질, 즉 내향성 또는 자아 지향성과 같은 어떤 교사들의 성향은 지도활동에 방해가 되는 것으로 보인다.

다른 사람들에게 연주능력을 부여하고자 하는 소망은 음악교육의 핵심적 가치라고 할 수 있다. 아마도 대학에서의 음악교육연구를 통해 음악가들의 신념체계가 변화하면서, 그들은 그들 자신의 연주에서 얻는 보상보다 더 큰 것을, 다른 이들이 음악을 배울 수 있도록 돕는 것을 통한 만족감에서 느낄 수 있을 것이다. 훌륭한 교사가 되는 것은 자기 자신의 음악성에 대한 충실함을 감소시키고 타인 지향적 관점의 선택을 요구하는 경향이 있다(Kemp, 1996).

사실, 어떤 음악교사들이 연주자들과 유사한 성격적 특질을 보이는 것에 놀라서는 안 된다. Kemp가 지적하였듯이, 대부분의 음악교육자들은 그들의 교육 경력 이전에 내향성과 자기 충족감(self-sufficiency)의 성격적 특질이 강화되는 효과가 있는, 연주기술을 개발하기 위한 개인 연습의 세월들을 보냈다. 고등학교의 앙상블과 대학의 일대일 레슨에서의 교사가 얻는 순수하게 음악적인 보상은 일반적으로 음악 초보자들이 포함되는 초등학교 수준이나 일반적 수업의 상황에서보다 상당히 크다. 이것은 상위수준의 조건에서의 음악교사들이 효과적인 교사 특성과는 어긋나는 것으로 여겨지는 연주자의 성격적 특질을 어느 정도 보유할 수 있는 것을 설명할 수 있다. 교육자로서 특성화된 교육을 건너뛴 개인 교습 교사들과 연주자로서의 경험에만 의존하는 사람들은 효과적인 교사의 자질을 개발하는 것이 특히 늦을 수 있다. 그들의 내향성은 교사로서의 그들 자신의 발달에 저해가 될 수 있는 고립으로 나타날 수 있다. 그들의 지도 접근법을 그들 자신의 스승들의 것에 제한함으로써 그들은 다른 무엇보다 좀 더 직관에 근거한, 효과가 없는 지도 방법의 지속으로 끝낼 수 있다(Kemp, 1996, 제1장 참조).

이러한 발견은 사람이 훌륭한 음악교사로 태어나지는 않는다는 것을 시사한다. 연구는 또한 효과적인 교사는 단지 능숙한 연주자 이상의, 더 많은 것이 필요하다는 것을 입증한다. 음악가들은 지도하는 것을 직업으로 선택하고 지도를 위해 요구되는 기술 추구를 통해 좋은 교사가 된다. 그것은 광범위한 경험과 개선하고자 하는 의도적인 노력을 통해 음악가들이 이 장에서 설명된 개인적 특성을 띠도록 할 가능성이 있다. 음악교사 교육 프로그램은 젊은 음악가들에게 특정한 지도기술을 향상시킬 수 있는 기회를 제공한다. 연구들은 음악교육 학생들이 교육실습(지도 감독된), 자기관찰, 자기평가를 통해 대부분 성취하게 되는 효과적인 지도 전략들의 사용을 증가시키도록 하는 체계적 교육의 가능성에 대해 기록했다(Duke 2000; Goolsby, 1997).

▌ 학습문제

1. 연구에 의하면 교사의 어떤 성격과 행동들이 학생들의 음악발달을 돕는 데 가장 중요한가? 능숙한 음악교사들은 어떻게 이러한 중요한 속성들과 기술들을 소유하게 되는가?
2. 음악교사들의 구두 지도를 조사한 연구들로부터 어떤 일반적 결론을 얻을 수 있는가? 당신은 자신의 교육능력을 좀 더 효과적으로 만들기 위해 이것들을 어떻게 적용할 수 있겠는가?
3. 앙상블 지휘자의 역할에 대한 전통적인 관념에 대해 검토한다. 이러한 생각은 효과적인 리허설 테크닉에 대한 연구에 의해 어느 영역까지 지지되는가?

▌ 더 읽을거리

Colwell, R., & Richardson, C. (Eds.). (2002). *The New Handbook of Research on Music Teaching and Learning*. Several chapters pertaining to teaching, especially the one by B. Rosenshine, H. Hroehlich, and I. Fakhouri (pp. 299-314) 체계적인 지도에 관하여.

Tait, M. (1992). Teaching strategies and styles. In R. Colwell (Ed.) *Handbook of Research on Music Teaching and Learning* (pp. 525-534). 음악 지도 전략에 대한 리뷰.

Price, H. E., & Byo, J. L. (2002). Rehearsing and conducting. In R. Parcutt & G. E. McPherson (Eds.), *The Science and Psychology of Music Performance: Creative Strategies for Teaching and Learning* (pp. 335-351). 리뷰.

11

감상자

듣는 것은 우리 대부분이 거의 알아차리지 못하는 흔히 하는 경험이다. 다음의 상황을 상상해 보라. 당신은 리드미컬하게 부르릉거리는 버스의 잡음에 둘러싸여 앉아 있다. 여기저기에서 수다소리가 들려올 것이다. 한 어린아이는 어머니가 더 이상 노래하지 말라고 상냥하게 요청할 때까지 차창 밖에 보이는 것들에 대해 자연발생적으로 노래를 부른다. 다른 곳에서는 두 명의 청소년이 일반적인 음악학자나 음악교육학자조차 알아듣지 못할 이름과 용어를 던지며 최근의 음악에 대한 의견과 정보를 나눈다. 뒤에서는 한 사업가가 전화로, 볼 수는 없지만 틀림없이 상당히 가치 있는 고객과 비굴한 목소리와 잦은 유쾌한 웃음으로 대화를 나누고 있다. 버스를 탈 계획을 세우는 것은 읽을거리에 초점을 두고자 하는 어떤 중요한 작업을 헛되게 할 수 있을 것이다. 혼자서 내용을 중얼거려 본 후에도 여전히 당신은 집중할 수 없다. 결국 당신은 귀마개를 사용한다. 몇 초 후 주변의 소음은 최소한으로 줄어들고 당신은 독서를 시작할 수 있다.

이 장면은 우리의 청각 시스템이 지속적으로 정보를 받고 있으며, 눈과는 달리 그 환경을 차단할 수 없다는 것을 보여준다. 다수의 소리(유해한 소리조차)가 동시에 존재하고 우리의 주의를 두고 경쟁할지라도 우리는 우리의 주의를 선택적으로 배정하여 우리가 무엇을 듣는지를 평가할 수 있다. 듣는 것(소리를 지각하는 것)과 경청하는 것(소리에 주의를 집중하는 것)의 언어학적 차이점은 많은 언어에 존재한다. 소리의 지각에 대한 세부적인 사항들은 이 책의 범주 밖에 있지만 우리는 나중에 음향적 자극이 어디에서 나와서 우리 두뇌의 어디에서 처리되는지의 경로를 설명한다. 정상적으로 들을 수 있는 모든 사람들이 소리를 지각할 수 있을지라도 경청하는 것은 정보에 대한 적극적인 주의집중을 필요로 한다. 청각 장애자들조차 그들의 몸을 통해서 극히 크고 낮은 진동수의 정보를 들을 수 있다. 우리가 경청에 대해 이야기할 때, 우리는 상점에서의 배경음악이나 주변의 소음, 또는 무인 음향정보의 수동적인 청취에 반하는, 어떤 음원에 대한 의식적인 주의를 의미한다. 따라서 지각, 또는 듣는 것은 적극적인 경청과 연관되는 상위 처리과정에 선행한다.

이 장은 다음의 중요한 요점들을 다룬다.

1. 청각적 자극의 경로를 간략하게 설명한 후에 우리 주변의 음향 세계가 어떤 이미지로 변환되어 그것을 거의 물체에 가까운 것으로 경험하게 되는 경청이 상당히 복잡한 과정임을 설명한다.
2. 우리의 음악적 경험이 음악에 대한 우리의 내적 표상이 얼마나 일시적이고 변하기 쉬운 것인지를 명백하게 보여주는 다수의 문화적이고 다양한 요소들에 의해 형성되는 음악적 경험을 보여준다.
3. 청자들은 그것의 구조적 특징을 '이해'할 수 있기 때문에 음악을 감정적으로 경험한다. 연주자들과 작곡가들은 그 음악적 재료를 구조화하는 것을 통해 우리를 돕는다.
4. 음악을 평가하고 비평하는 것은 어떤 음악가들에게는 중요한 기술이다. 그러나 그러한 기술을 개발하는 것은 어려운 일이며 쉽게 방해를 받는다.
5. 색채를 듣고 '머릿속에 박혀 있는' 음률을 갖고 있으며 전기(傳記)적으로 중요한 노래들을 기억하는 것과 같은 어떤 음악적 현상을 설명한다.

듣기와 경청 : 기본 정보

우리의 음악적 경험을 상승시켜 주는 지각과정에 대한 피상적 지식을 갖는 것은 모든 음악가에게 중요하다. 우리는 여기에서 기본적 청각적 인식과 음향 현상의 물리적 속성의 복잡한 사항들을 고려하지는 않으며 악기나 목소리의 소리 생성을 다루지도 않는다. 그러나 관심 있는 음악가들은 이러한 주제에 대해 읽어보기를 권한다(Deutsch, 1999, chapters 1-3; Handel, 1993; Butler, 1992., and Yost, 2000, 포괄적인 범위의 참고를 위해). 음악과 연관된 정보들을 포함하고 있는 의도적으로 간단하고 단순화된 설명은 다음과 같다.

연구 방법과 그것의 결과가 상당히 다양하지만 과학자들은 듣는 것이 인간발달의 초기에 시작된다는 것을 증명했다. 8주의 태아들에게 외이와 내이가 부분적으로 나타나며 달팽이관은 20주가 되면 최종 크기에 도달한다. 청각적 자극에 대한 신경반응은 24주부터 측정되었다. 주파수 분해능(frequency resolution), 시간 분해능(temporal resolution), 그리고 청각역(auditory threshold)[1]은 처음에는 빈약하지만 시간이 지나면서 향상된다. 근육 움직임과 같은 태아의 소리에 대한 반응들은 태아기의 24주에 나타났다. 소리에 대한 반응으로서의 심박의 첫 변화는 약 2주 후에 나타났다(Lecasnuet, 1996, 상세정보 참조).

자궁 안에서 무엇을 듣는가? 태아는 호흡기관, 심혈기관, 그리고 위장기관과 관련된 모성 배경 소음을 우선 경험한다(Lecanuet, 1996). 만일 당신의 머리를 물속에 넣고 귀 기울여 들어본 적이 있다면 소리는 잦아들고 높은 음역에서 약화된다는 것을 알 것이다. 다소 유사한 것은 태아가 경험하는 음악풍경(soundscape)[2]이다. 출생 전의 아기는 여전히 목소리를 포함한 외부의 소리를 들을 수 있다. 그러나 음성의 주파수 스펙트럼(frequency spectrum)으로 인해 개별적 단어보다는 언어의 운율(선율)로 주로 지각할 수 있다(Handel, 1993, p. 65). 어머니의 목소리는 외적뿐만이 아니라 내적 경로(골전도와 입을 통한 음파가 외부에서 신체로 도달)를 통해 전송될 수 있다. 따라서 임신 3개월부터 시작되는 듣는 것은 처음에는 상당히 총체적이며 대충 들리는 경험일 수 있지만 출생에 가까워지면서 점차적으로 개선되고 구체적이 된다. 아기가 태어나 귀가 물에서 자유로워지면서 다른 사람들과 마찬가지로 소리를 지각한다.

듣는 것은 주기적으로 압축된 공기분자 덩어리들(음파)이 고막에 도달할 때 시작된다. 대기 전도 소리 압력파는 극히 적은 양의 에너지로 고막을 두드린다. 그것의 희박함 때문에 귀는 우리에게 음색에 대한 정보를 주는 소리의 스펙트럼 구성요소들에 대

---

1 청각 자극(소리)을 비로소 감지할 수 있는 역

2 또는 음악적 파노라마

한 정보를 추출하기 위해 적절한 증폭과 차별을 제공해야만 한다. 또한 귀는 음고 정보에 도달하기 위해 복잡한 분석을 실행해야만 한다. 청신경은 신경섬유의 증가된 수로 달팽이관에서 피질로 진행 중인 자극에 대한 정보를 전달한다. 자극의 변화하는 측면(즉, 개시 주파수 변조)은 발화 뉴런(firing neuron)을 흥분시키거나 억제하는 것으로 신경계가 반응하는 그러한 현상들이다. 경로(세포핵)의 하위 단계에서 기능적 조직화는 우세하다. 유사한 정보는 정보(즉, 음고와 소리의 시작)의 다양한 형태들을 추출하여 그 결과를 다른 독립적 순환들과 함께 전달하는 두뇌의 다양한 영역으로 전달된다(Handel, 1993, 제12장). 분명히 두 귀에서의 정보의 교류는 공간정보를 추출하는 데 중요하다. 이를 위해서 신경정보는 두뇌의 한쪽에서 다른 쪽으로 건너간다. 경로의 어떤 시점에서 두뇌의 조직은 자극에 내재된 크기에 부합한다. 예를 들어 고주파수대, 중간 주파수대, 저주파수대들은 달팽이관에서처럼, 피질의 인접 부위에 위치한다. 그러나 일명 음조체계(tonotopic organization)[3]라고 하는 것은 그 경로의 다른 부분에는 없다. 대부분의 과정은 유입되는 신경생리학적 활동에 의미가 연결되는 청각피질에서 발생한다.

처리과정의 복잡함은 놀랍고도 압도적이며, 다른 종(고양이)에 대한 연구로부터의 많은 결과들은 인류에게도 검증될 필요가 있다. 왜냐하면 청각적 입력을 처리하는 데에 두뇌의 여러 영역이 연관되기 때문에 대부분의 경우 소리를 처리하는 것이 우뇌 또는 좌뇌만이라고 말할 수 없다. 노래에서와 같이 언어와 음악이 함께 나타나는 예에서조차 정보의 두 형태들은 분리되어 처리된다(리뷰 참고를 위해 Besson & Schön, 2003). 음색이나 템포의 측면, 또는 음조와 같은 음악의 개별적 관점들은 두뇌의 전문화된 모듈에 의해 관리된다는 것을 최근에서야 연구자들이 발견했을 뿐이다. 두뇌의 왼쪽 측두엽에서는 시간적 구조를, 그리고 오른쪽 측두엽에서는 음고의 구조를 처리하는 경향이 있지만 그러나 사람들 간의 가변성은 상당하다(Altenmüller, 2003, 결정적 논의에 대한 참조). 더욱이 소리의 처리과정은 다양한 영역의 모듈에 의존하며 과거의 전기적 사건들 또는 연주 중의 근육활동과 경청이 연관되었을 때에는 더욱 그러하다.

---

3 와우 기저막에서 소리를 받아들이는 수용체가 특정 주파수에만 반응하는 것

외부세계를 내부에 재구성하기

전술(前述)로부터 여러 이유로, 소리에 대한 주관적 인상들이 다른 사람들 또는 '객관적' 음향 특성의 어떤 것들과 부합되거나 부합되지 않을 수 있다는 것을 유추할 수 있다. 사람의 학습 역사가 그렇듯이 해부학적이고 생리학적 요소들은 다양한 소리의 지각으로 이어진다. 첫째, 물리적 자극은 우리의 지각체계(perceptual system)에 의해 여과되며 종(species)의 비교에서 우리는 동물의 가청범위(hearing range)가 사람의 것과 다르다고 본다. 사람은 대략 20에서 20,000Herz(20kHz)의 진동수를 들을 수 있는 반면 박쥐는 100kHz 이상을 들을 수 있다. 그러므로 박쥐 음악과 대화는 사람에게 별 문제가 되지 않으며 아마도 반대의 경우도 마찬가지일 것이다. 이에 더하여 타고난 영역에서조차 물리적 소리의 세기와는 무관하게 우리는 특정 주파수대(특히 4,000Hz 부근)에서는 좀 더 민감하며, 사실 이것은 등음량 곡선(equal loudness curves)[4]에서 잘 나타난다(그림 11.1 참조). 둘째, 음악적 착각의 존재가 의미하는 바는 우리의 귀가 외부세계의 소리를 정확하게 반영하지는 않지만 체계적이고 고유한 방법으로 우리에게 재창조된다는 것이다(시력과 유사, 제6장 참조). 좀 더 일반적인 음악적 착각의 어떤 것들은 연속 스케일(continuous scale)과 3온음 역설(tritone paradox)이다. 연속 스케일은 실제로 중간 주파수 대역(frequency range)이 유지되는 동안 많은 옥타브들을 거쳐 연속적인 상행과 하행의 감각을 불러일으키는 음정의 시퀀스이다. 3온음(tritone) 역설은 어떤 사람들은 상행으로 듣고 다른 사람들은 하행으로 듣는 단순한 음정(감 5도)들을 나타낸다(Deutsch, 1995). 그러나 모든 청자들은 그것이 분명하며 실제로 듣고 있는 것에 대한 명확한 인상을 갖는다. 당신이 어떤 착시를 '옳은 방법'으로 볼 수 있는 것을 배울 수 있다는 것을 고려하면, 분명히 지각적 입력(perceptual input)은 설명을 필요로 한다. 유추에 의해 동일한 것은 듣는 것과 경청하는 것에 적용된다. 청각적 입력의 사실성(진실성)은 듣는 것의 생리학과 심리학에 의해 제한되며 또한 의존적이다.

유입되는 정보의 거대한 양은 주의를 기울여 처리되어야 한다. 가장 기본적인 처리과정은 정보의 연속적 흐름을 구조화하고 세분화하는 것이다. 세분화(segmentation)는 연구자들이 시간적 과정의 구조화에 관해 다룰 때 사용하는 단어이다. 우리는 또한 실

---

4 가청 스펙트럼의 전반에 걸쳐 (주파수가 달라도) 동일한 크기로 지각되는 음압수준을 연결하여 나타낸 곡선

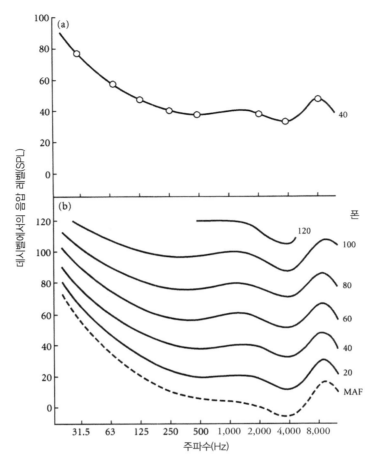

그림 11.1 등음량 곡선은 사람의 소통과 음악에서 중요한 영역인 3,400에서 5,000Hz(3.4∼5.0KHz)의 범위에서 우리의 청력은 좀 더 민감하다는 것을 보여준다. 가장 민감한 영역의 주어진 소리의 세기와 비교하여 동일한 음량을 위해서는, 더 높거나 낮은 주파수들은 좀 더 강한 소리의 세기가 요구된다. 패널 (a)의 곡선은 패널 (b)의 40폰(phon)[5] 곡선과 일치한다. 패널 (b)는 1,000Hz 음의 다양한 소리의 세기들에 일치하는 몇 가지를 보여준다 (60dB에서의 1,000Hz). 오른쪽 축은 1,000Hz 음의 dB 레벨로 정의되는 폰의 음량을 보여준다.

출처 : Stephen Handel, *Listening: An introduction to the perception of auditory events*, MIT Press, 1993, p. 67.

제로 배경소음이 될 수 있는 방해신호들(소음)에 대항하여 감지되는 음악적 신호에 대한 신호 감지(signal detection)에 대해 이야기할 수 있다. 붐비는 매장을 걸으면서 갑자

---

5 사람이 감지하는 감각적인 음의 크기 단위. 계량법에서는 소음 레벨의 계량 단위. 일반적으로 소음이란 불쾌감을 자아내는 소리의 총칭으로, 그 주요한 요소는 생리적 또는 심리적으로 장애를 일으키는 음을 말한다. 그러나 주관적인 것이 많이 포함된다. 보통 회화는 60폰, 2m 정도 떨어진 전화의 벨은 70폰 정도이다. 또 자동차의 경적은 90∼115폰이다.

기 스피커에서 부드럽게 나오는 노래에 주의를 기울이는 것을 상상해 보라. 이 경우 당신은 노래의 프레이즈와 음색인 음향적 풍경의 중요한 부분에 도달하기 위해 모든 소란을 걸러내야 한다. 동일하게 복잡한 메커니즘은 우리가 시끄러운 카페테리아에서 친구와 대화를 나눌 때처럼, 우리를 둘러싼 음향적인 배경에 대항하여 언어를 걸러낼 수 있도록 우리를 돕는다(Deutsch, 1999, 제10장 음악에 대한 참고; Miller & Eimas, 1995, 발화에 대한 참조).

이러한 상황이 어떻게 발생하는지에 대해 대체로 동의되는 두 개념을 간략하게 살펴보자. 첫째, 지각은 범주화를 포함하며 둘째, 지각은 게슈탈트(Gestalt)[6]를 사용하게 한다. 범주지각(categorical perception)[7]은 우리로 하여금 그것들이 다소 상이하더라도 동일한 범주에 속하도록 하는 자극 특성을 식별하게 한다. 우리가 빨간색으로 인식하는 모든 시각적인 색깔을 생각해 보라. 물리적으로 말해서, 색조와 채도는 상당히 다를 수 있지만 대부분의 사람들이 그것을 보았을 때 빨간색 자동차인 것을 안다. 범주지각은 또한, 대화에서도 만연하여 다른 화자가 그것을 말하여도 우리가 대화 소리를 인식할 수 있도록 돕는다. 발화의 예에서 동일 범주('r')는 좀 더 유사하게 지각되며 따라서 인접 범주('r'과 'l'의 상이성)에서보다 서로를 구분하는 것이 좀 더 어렵다. 이러한 범주들은 부분적으로는 학습에 의존한다. 예를 들자면, 일본어 발음에서는 'r'과 'l' 간의 차이가 없으며 따라서, 일본인들은 이 소리를 의도적으로 사용하는 데에 어려움이 있다. 그러나 범주는 특히 듣는 것을 통한 광범위한 훈련을 통해서 형성되고 변화될 수 있다(Lively, Logan, & Pisoni, 1993). 유사하게, 음악가들은 음악적 음정(intervals)들과 음높이들조차도 범주적 개체들로서(Burns & Ward, 1978) 인식하는 것을 배운다(이 책의 제2장, 절대음감에 대한 논의 참조). 복잡한 것들을 특정한 학습된 범주에 포함시키도록 식별하는 것은 귀로 유입되는 엄청난 양의 정보를 축소하는 것과 마찬가지이다.

두 번째 메커니즘은 우리가 상당히 간단하게 이동하는 시간적 또는 공간적 그룹핑의 고정된 사건인 형태지각이다. 형태지각은 "사물이나 사건의 지각으로 이끄는 요소들

---

6 홀로 잘 쓰이지 않고, 게슈탈트 심리학(Gestalt psychology), 형태주의적 접근(Gestalt approach) 등처럼 다른 말 앞에 붙여 쓰인다. 이때 형태주의라고 번역하거나 그냥 게슈탈트라고 한다. 형태주의는 부분 혹은 요소의 의미가 고정되어 있다고 보지 않고 부분들이 모여 이룬 전체에 따라 달라진다고 본다. 전체는 또한 부분에 의해 달라지게 되므로, 형태주의는 전체와 부분의 전체성 혹은 통합성을 강조한다.

7 언어지각에서 음성 개시 시간(VOT)이 약간 다른 두 음을 전혀 다른 별개의 두 음(범주)으로 듣는 현상. 예컨대 /ba/와 /pa/ 사이에 여러 음이 있지만, 사람들은 /ba/ 아니면 /pa/로만 구별하여 듣는다.

간의 관계이다. 이러한 원칙들은 형태의 지각으로 이끈다.”(Handel, 1993, p. 552)를 인정한다. 형태지각의 기본적 이론은 시각 예술에서 가져온 것이지만 음악에 성공적으로 적용될 수 있다(Handel, 1993, 제7장, 상세정보 참조). 우리는 개별 채널들로 수신한 (즉, 컴퓨터에서 나오는 소음, TV의 음악, 누군가가 말하는 배경적 소음 등) 음향 흐름을 분할하기 위해 동일한 근원에서 기원한 것들이 함께 속한 것인지를 확인해야 한다. Bregman(1990)은 이 처리과정을 ‘청각 장면 분석’[8]이라고 부른다. 음향적 특성들에 대한 복잡하지만 규칙 지배적인 분석에 근거하여 우리는 관현악기들의 배경에 대항하여 팀파니의 반복적 패턴을 알아차리면서도 플루트가 연주하는 선율을 기적적으로 따라갈 수 있다. 유사성(similarity), 근접성(proximity), 연속성(continuity), 공통성(common fate), 대칭성(symmetry), 그리고 폐쇄성(closure)과 같은 조직화 원칙은 요소들이 가능한 한 좋은 형태로 도달하는 그룹화를 가능하게 한다. 이것은 두뇌의 예측성 계산을 의미할 것이다. 예를 들어, 시끄러운 환경에서조차 어머니의 목소리의 운율을 지각적으로 따르도록, 어릴 때 학습된 이 지각적 자동화를 우리가 이후에 오케스트라 녹음음반에서 클라리넷 선율을 따르는 데에 전이되도록 할 수 있을 것이다. 청각 신호의 흐름 분할[9] 연구는 조사의 중요한 영역이었으며 심지어 음악적 착각의 예제들을 생산하기조차 했다(Deutsch, 1995 참조). 이미 바흐는 그의 바이올린을 위한 파르티타(partita)에서 근접성의 원리[10]를 직관적으로 사용했다. 그는 높은 음정과 낮은 음정들을 신속하게 번갈아 사용함으로써 동시에 두 개의 소리가 나는 듯한 착각―잠재적 다성음악―을 만들어냈다. 이 착각들은 같은 작품을 매우 느리게 연주하는 것을 통해 파괴된다.

주의되지 않은 청각적 현상들에 대한 최근의 음향심리학 연구는 주의력이 청각 장면(auditory scene)의 부분들에만 집중되며 다른 것들은 무시된다는 것을 보여줬다. 만일 우리가 어떤 것에 주의하지 않았는지를 안다면, 우리는 청자에게 손상을 주지 않으면서 그 청각적 상황들로부터 그것들을 제외시킬 수 있을 것이다. 그리고 이것이 바로 음향심리학 모델을 사용한 음향 장비의 현대적 음원 압축이다. 따라서 우리가 우리 주변의 모든 청각적 정보에 주의를 기울인다고 해도 그리고―현대 음향 장비의 경우에

---

8 여러 가지 소리로 이루어진 청각 장면을 각각의 개별 소리로 분석하는 것

9 음고(pitch)가 다른 일련의 음(tone)이 빨리 연주될 때 발생하는 효과로, 음고가 높은 음들과 음고가 낮은 음들이 동시에 연주되는 개별적인 음의 흐름으로 지각되는 현상

10 형태주의 심리학 법칙 중 하나로, 서로 가까이 있는 것들을 함께 묶어서 지각한다는 법칙이다. 근접성의 법칙(law of nearness)이라고도 한다.

서—모든 가능한 정보를 받는다고 추정해도 사실은 그렇지 않다.

어떤 사람들은 다중양식(multimodality)이라는 특별히 매혹적인 개인적 세계에서 산다. 이러한 현상을 '공동 감각'이라는 의미인 공감각(synesthesia)[11]이라고 부른다 (Cytowic, 1993). 극소수의 사람들은—Cytowic은 25,000명 중의 한 명이라고 함—색청(color hearing), 형태 미각(shape tasting), 주간의 색채적 요일, 또는 다른 감각적 혼합을 경험한다. 공감각을 가진 사람들은 청감각이 얼굴에서 몇 인치 떨어진 투명 스크린에의 투영과 같은 시각적 경험을 촉발하는 것을 경험한다. 더욱이 어떤 특정 소리에 의해 촉발된 시각적 경험은 피하거나 방지하거나 바꿀 수 없는, 즉 불수의적이다. 음정(tone)들은 선율 전체가 시각적 배열로 움직이는 색채들로 환기될 수 있다. 중세의 작곡가 Hildegard von Bingen은 아마도 오늘날 연구자들이 부분적으로 강력한 편두통을 일으켰으리라고 믿는 공감각을 갖고 있었을 것이며, 그녀는 소리의 '환영(vision)'을 색칠했다. 음악가들 중에서 좀 더 잘 알려진 공감각을 가진 사람들로는 Alexander Scriabin, Nikolai Rimsky-Korsakov 그리고 Olivier Messiaen이 있다. Scriabin은 특정 음고들과 색채들을 연관시켜 색광(colored light)의 배열로 조절되는 건반 파트를 포함한 '프로메테우스: 불의 시(Prometheus :Poem of Fire)'라는 작품을 썼다. 공감각을 갖고 있는 사람들은 안정적이고(동일한 자극, 동일한 반응), 실제로 기억할 수 있으며, 감정적으로 훈련될 수 있는 이러한 교차양상 현상(cross-modal phenomena)[12]을 경험한다. 불행하게도 그것들은 상당히 특이해서 공감각 경험자들에 의한 일치하는 두 개의 묘사는 없을 것이다. 공감각적 작곡가들은 따라서 그들의 '환영'에 의해 영감을 받을 수 있지만 공감각적으로 의도했거나 말거나 간에 청중들은 그렇지 않으므로 불행히도 작곡가의 경험을 나눌 수는 없다.

반면에 교차양상 유추 또는 대응은 대부분의 사람들이 나누는 경험이다. 예를 들어 높은 음정은 낮은 음정보다 좀 더 밝은 색조로 경험되는 경우가 많으며, 음악이 환기시

---

11 본래 시각·청각·미각·후각·촉각 등 감각인상(感覺印象)의 종류(모달리티)와, 그 원인이 되는 물리적 자극(시각에서의 가시광선, 청각에서의 음파) 사이에는 1대 1의 대응이 있는데, 때로는 이 원칙에 반하여 음파가 귀에 자극될 때 소리를 들을 뿐 아니라 색상을 느끼는 수가 있다. 이것을 색청(色聽)이라고 하는데, 이때 색상이 변하면 들리는 소리의 음정도 변한다. 그 밖에 후각과 함께 색상을 느끼거나, 글씨를 보고 냄새를 느낄 때도 있다. 이와 같은 감각의 모달리티의 경계를 넘어선 감각현상이 공감각이다.

12 시각과 청각, 시각과 촉각 등 서로 다른 감각 양상에 걸쳐서 발생하는 경우에 사용한다. 눈으로 보는 단어와 귀로 듣는 단어의 내용이 서로 간섭하여 판단에 영향을 준다면, 이는 교차양상 상호작용이다.

킬 수 있는 비유적 연상을 언급하자면, 소리는 무거운, 날카로운, 또는 둥근 것으로 분류될 수 있다. 이러한 형태의 연상들은 작곡가들이나 교사들이 음악적 의미를 전달할 때 생산적으로 사용될 수 있다(제10장 참조). Cytowic(1993)은 우리 두뇌가 모두 공감각적이지만 진정한 선천적 공감각 경험자들만이 그러한 일반적으로 숨겨진 처리과정을 공유하는 것이 허용된다고 주장했다.

인지적 경험과 기술로서의 경청

적극적인 감상자가 되기 위한 학습과정을 이해하기 위해, 당신은 미국 인디언이나 아프리카 피그미족의 민속 음악을 듣는 것을 시도하여 초보자의 귀에는 의미가 부족한 것을 경험하거나, 또는 5성부 형태의 모든 성부를 따라가려고 시도할 수 있다. 첫 번째 예가 문화적 적응의 효과를 보여주는 반면 후자는, 그들 문화의 음악을 분석적으로 듣는 것을 가능하게 하는 어느 정도의 공식적 교육을 의미한다.

연구자들은 여전히 우리가 음악에 어떻게 주의를 할애하는지 알아내고자 한다. 우리는 진폭(음량)에 의해서, 선율과 화성에 의해서(Dowling, 1999), 우리를 함께 끌어들이는 리듬적 특징들에 의해서(Jones & Yee, 1993), 또는 우리가 음악과 함께하려는 무엇인가에 의해서 이끌리는가? 춤을 추고자 할 때보다는 휴식을 취하고자 할 때 우리는 음악의 특정 관점에 주의를 기울이기 때문에 그것은 후자일 가능성이 있다(제12장 참조). 우리가 나중에 보게 되겠지만 관심은 음악의 속성에 의해 끌릴 뿐만이 아니라 의식적으로 주의를 둘 수도 있다.

분석적으로 경청하기

우리 사회의 어떤 사람들은 연주자, 작곡가, 지휘자, 음악 비평가, 또는 음향기술자로서 전문적인 역할에 필요한 수준의 특별한 경청기술을 훈련해 왔다. 그 결과 그들은 음악을 총체적인(일상적인) 것과 분석적인 것으로 경청하는 두 가지의 서로 다른 방법을 습득한다. 그들이 분석적으로 경청할 때, 그것은 그들의 관심을 음악의 특정 관점에 겨냥하여 모호한 음악적 자극은 좀 더 현실적인 것이 된다(Brennan & Stevens, 2002). 예를 들어, 옥타브 착각(octave illusion)은 대부분의 청자들에게 소리가 두 귀 사이에 높은 음과 낮은 음이 번갈아(높은 오른쪽, 낮은 왼쪽, 높은 오른쪽, 낮은 왼쪽……) 교체

되는 것처럼 들리며, 마치 스피커(헤드폰)가 뒤바뀐 것처럼 높은 음을 수신하는 귀는 그대로 유지된다. 그러나 파이프 오르간 연주자나 훈련된 음악가들은 덜 훈련된 사람들보다 옥타브 착각에 속지 않을 가능성이 높다. 음악가들과는 달리 비음악가들은 그것에 특별히 주의를 기울이지 않는 때에는 어떤 노래와 그것의 반주부 간의 조성의 충돌을 놓칠 수 있다(Wolpert, 2000). 분석적 경청과 일상적 경청 간의 차이를 보여주는 많은 예가 있다.

그러나 음악가들과 비음악가들 모두 그들이 갖고 있는 청각능력에 대해 불분명한 추정을 한다. 예를 들어, 음악이론가들은 훈련을 받은 음악가들조차 큰 규모의 음악 작품(소나타)이 흔치 않은 조성, 즉 으뜸화음(Tonic) 대신에 딸림화음(dominant)으로 종료되는 것을 들을 수 없다든지, 또는 C 장조는 '화려한,' '명확한' 또는 '빈틈없는'과 같은 조성 분위기 연관성의 존재에 대한 지각적 증거가 확실하지 않다는 것을 알게 될 때 놀랄 수 있다(Powell & Dibben, 2005). 반면에 훈련되지 않은 청자들은 진행 중인 음악 작품을 그들이 분할하는 것과 전문가들이 하는 방법(Deliège & El Ahmadi, 1990)이 상당히 유사하다는 것이나, 또는 평균적인 청자들이 음높이나 템포를 재생할 때 놀랍게도 정확하다(Halpern, 1992)는 것을 실험들이 보여줬다는 것을 알게 되면 기뻐할 것이다. 우리는 음악적 소리를 다루는 이전 경험들을 갖고 있기 때문에 음악을 경청하는 것은 분명히 우리 모두가 어느 정도 지배하는 활동이다.

사전 지식은 개인이 경험을 형성하도록 하거나, 또는 음악철학가 Moyer가 "현재의 패턴이 어떻게 계속될 것이며 어떻게 종료하게 될지에 대한 추측(느낌)"(Meyer, 2001, p. 346)의 의미인 함의(implication)라고 부르는 것을 가능하게 한다. 가령 음악적 예측은 선율의 함의에 의해 형성된다. 그러한 예측을 위반하는 음악적 농담(musical joke)들을 생각해 보라(음악 예제 11.1 참조). 언어의 처리과정과 유사하게 사람들은 음악적 프레이즈가 그것의 함의에 의해 인식되는가 아닌가를 감지할 수 있으며, 그 결과 신경 활동이 가능한 불일치를 나타낸다. 그러므로 악기를 연주하지 않는 사람일지라도 콘서트에서 틀린 음정을 들을 수 있으며, 그것은 그들이 무엇이 연주되어야 하는지에 대한 개념을 갖고 있다는 것을 의미한다. 사실, 그러한 예측은 상당히 강력해서 '필수적'이 되며 사람들은 그것이 형성되는 것을 피할 수 없다(Repp, 1998a). 우리는 두뇌가 습관적 자극에 대한 반응으로 변화를 겪는다는 것을(제4장 참조) 음악활동의 맥락에서 이미 언급을 했었으며, 여기에서 우리는 음악 경청과 연관하여 다시 한 번 더 말할 수 있

음악 예제 11.1 엉뚱한 효과를 끌어내기 위해 미국 국가의 첫 프레이즈의 끝을 딸림화음(dominant) 대신에 으뜸화음(tonic)으로 변경하는 것(메모 : 마지막 C 화음 전에 E 플랫을 가진 단 3으뜸화음은 좀 더 재미있다.)

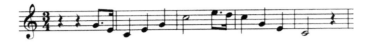

겠다. 예측의 근원이며 계속 진행 중인 자극의 구조적 속성들인 장기기억의 상호작용은 개별적 음정(intervals)의 수준에서부터 음악 작품 전체의 대규모 구조에 이르기까지, 음악적 구조의 다양한 레벨에서 음악적 인식이 발생하도록 한다.

인지과정의 낮은 단계에서조차 유발 두뇌 속성에서 음악가들과 비음악가들 사이의 차이가 발견되었다(Koelsch, Schroger, & Tervaniemi, 1999). 따라서 비음악가와 비교해서 음악가들의 음악가들의 조기의 광범위한 훈련은 주의를 하기 이전의 자극의 처리까지도 가능하도록 두뇌를 변화시킬 수 있을 것이다. 왜냐하면 그들의 두뇌는 음악으로서 의미를 가진 분할과 분석이 될 수 있는 청각적 자료를 항상 찾기 때문에 숙련된 음악가들은 그들의 주변을 비음악가들과는 다르게 듣는다는 것을 의미한다.

비교 문화적 관점 : 아프리카 타악기 연주자와 3박자

음악을 정확하게 지각하고 인지하는 과정은 사실 실음악증(amusia/음치) 맥락에서의 예와 같이 그것이 우리의 관심을 분명하게 끌지 않는 한 우리가 가끔은 무시하는, 정확한 재생을 위한 근거를 제공한다. 전문 음악가들조차 가장 유용한 심적 표상을 항상 소유하지는 않는다. Kopiez, Langner, 그리고 Steinhagen(1999; http://musicweb.hmt-hannover.de/ghana에서 음악 예제 참조)은 리듬의 간문화적(intercultural) 연구를 위해 가나의 타악기 연주 대가와 유럽(독일)의 드럼 연주자들을 대상으로 두 실험을 실행했다. 첫 번째 실험에서 12명의 아프리카 타악기 연주 대가들은 유럽의 연주자들이 연주한 여섯 개의 유럽 리듬들의 연주를 평가했다. 그 연주들은 다양한 레벨(상, 중, 하)로 연주의 질이 선택되었으며 유럽의 음악가들에 의해 이미 평가가 되었다. 평가자들 모두에게 비슷하게 친숙한 리듬들만이 양쪽 대가들에 의해 최상이라는 체계적인 합의가 이루어졌다. 아프리카의 타악기 연주자들에게 덜 친숙한 리듬이 포함되었을 때 합의는 낮았다.

두 번째 실험에서 가나의 타악기 연주자들은 테이프에 녹음된 모델을 따라 연주하면서 학습하도록 요청되었다. 몇 번의 반복 후, 그 모델은 중지되고 타악기 연주자들끼리의 수행은 계속되었다. 기록된 연주의 데이터는 가나의 타악기 연주자들이 일반적으로 강세가 아닌 박에 악센트를 주는 것을 통한 특유의 오프비트 구조를 사용했다는 것을 나타냈다. 특별한 어려움은 흔치 않은 4마디 리듬과 3 + 2 + 2(볼레로 리들) 박자 시퀀스의 연주에서 경험되었다.

이 실험들은 리듬 연주의 평가에 있어서 타이밍과 다이내믹을 고려한 규칙성의 공동표준을 나타내는 지각적 보편성의 존재 증거를 제공한다. 동시에 그들은 리듬의 생산에 있어서 문화 특유 차이들을 보여준다. 리듬은 그 또는 그녀가 정확하게 다시 연주할 수 있도록 하는 것만 기존의 연주 가능 카테고리에 일치된다. 3박자 리듬이 존재하지 않는 문화에서는 모든 지각되는 리듬이 2박자 구조에서 소화된다. 따라서 전문성에서 사전 지식은 새로운 재료(부정적 전이)의 학습을 저해할 수도 있다.

음악가들은 덜 교육된 대상들에 비해 디매틱 머티어리얼(thematic material)[13]에 대한 보다 우수한 음악적 기억과 인식을 보여주는데 그것은 아마도 그들이 일반인들에 비해 음악적 구조에 대한 표상을 훨씬 더 정확하고 유효하게 개발하기 때문일 것이다. 그러나 음악이 완전하게 구성되지 못하거나 발췌 부분이 몇 초를 넘을 때 전문가들의 수행은 인상적이지는 않다는 것을 깨닫는 것이 위안이 된다는 것을 음악도들은 발견할 수 있을 것이다(Cook, 1987, 제6장, 그림 6.2 참조). Ayari와 McAdams(2003)의 연구에서 다양한 음악적 교양의 수준을 가진 유럽과 아라비아의 청자들은 아라비아의 즉흥음악을 대하고 음악적 아이디어와 분할을 식별하도록 요청되었다. 세부적 분석은 유럽의 전문적 감상자들이 "다른 문화의 낯선 음악적 구조와 만났다. 모두가 전문적 음악가 또는 음악학자였음에도 불구하고 구조화된 방식에서 그들은 무엇을 정신적으로 인식하거나 묘사할 수 없는지를 설명할 수 없었던 것으로 보였다."(p. 191)라는 것을 드러냈다. 이것은 전문가들이 좀 더 복잡한 표상을 개발한다 할지라도 이러한 표상은 음악의 특정한 유형에 고유하며 그들이 음악적 특징을 말로 묘사할 수(나타낼 수) 있는 능력과 연결된다는 것을 나타낸다(제5장, '표현적 규칙' 참조)

다른 장(제1, 4장, 5장, 6장, 10장)에서 분명해졌어야 하듯이, 청각적 표상은 음악을 배우고 기억하며 비교할 수 있도록 한다. 그러나 음악적 표상은 '머릿속의 음악'의 경우와 같이 두뇌가 부지불식 간에 그것을 생산해낼 때 우리에게 문제가 될 수 있다. 사실 두뇌는 외적 정보에 상당히 의존적이어서 환청으로 고통받는 환자들의 경우와 같이 별도의 입력 없이도 그 자체의 어떤 것을 생성할 것이다(Raghuram, Keshavan, &

---

13 하나의 악곡을 구성하는 모든 주제적 소재를 말한다. 그중에는 확정된 주제와 함께 주제만큼 확립되지 않은 소재도 포함된다.

Channabasavanna, 1980). 실제로 존재하는 소리가 없이 음악을 상상할 때(음악교육자들이 가끔은 '오디에이팅'이라는 용어를 적용하는) 연관되는 두뇌만 영역이 실제로 음악을 경험할 때 사용되는 영역과 유사하다는 것을 우리가 알지만(Halpern, 2003), 여전히 그러한 현상의 지속과 병인에 관한, 해답이 나오지 않은 의문점들이 많이 있다.

음악평론가와 심사위원

특별한 음악적 기술이 음악평론가나 심사위원에게 요구된다. 놀랍게도 어떤 연구들은 주어진 연주에 대해 여러 심사위원이 합의를 하지 않거나 동일한 연주에 대해 동일한 평가자가 두 번의 평가를 했지만 그 평가가 서로 다른, 심사위원들에 대한 신뢰성 부족을 발견한다(Williamon, 1999 참조). 곡해석의 적절성이나 연주 테크닉 평가에 대한 불일치의 가능성 외에도 사람들은 심사위원들이 그들의 평가를 위한 근거기준에 의견을 같이할 것을 희망할 것이다. 합의의 부족은 두 개의 기초 메커니즘으로 설명될 수 있다. 하나는 우리의 주의집중의 표류와 관련되며(Jones & Yee, 1993), 두 번째는 대립되는 음악적 또는 비음악적 정보의 방해와 관련된다(Williamon, 1999; Lehmann & Davidson, 2002, p. 555, 제9장 참조).

당신이 흠잡을 데 없는 연주 녹음을 듣는다고 상상해 보라. 처음에 들을 때(즉, 관현악법을 따르거나 작곡자를 알아내려고 함)에는 두 번째 들을 때(CD 책자를 보고, 연주자가 당신의 동급생이 아니고 높이 평가되는 전문가라는 것을 알아차림)와는 다른 관점에 집중을 할 것이다. 대조와 같은 맥락효과들, 연주자의 신체적 매력, 성별이나 인종, 배경 정보, 또는 피로감과 같은 심사위원 내에서의 요소들은 평가에 있어서의 체계적 변화를 만들 수 있다. 이러한 설명이 환상을 깨겠지만, 내재된 비신뢰성에 대응하는 길이 있다.

심사위원과 지도교사에 대한 연구는 사전에 평가기준에 합의를 하거나 심사위원을 교육하는 것이 도움이 될 수 있을 것이라고 주장한다. 일반적 상식과는 달리, 위대한 음악가들이 반드시 좋은 심사위원이 되지는 않는다(Fiske, 1979). 게다가 특히, 심사하는 것을 교육받았을 때, 복수 또는 상세 측정 규모(즉, '암부슈어'[14], '프레이징', '곡해석')보다는 보편적 평가('전체적 인상' 평가척도)가 등급 구분에 좀 더 합의를 가능하게

---

14 암부슈어(embouchure) : 관악기 연주 때 입술을 대는 법

할 것이다(Wapnick & Ekholm, 1997). 부분적 이유로는 개인이 특히 교육적 상황에서 비음악적 영향과 평가자들로부터 완전하게 자유로울 수 없기 때문에 연주 등급을 매기는 것과 음악평론은 결코 '진정으로 객관적'일 수는 없지만 그럼에도 불구하고 공정함을 유지하도록 해야 한다.

자기학습 : 음악 감상 반복에 있어서의 자기기만

약 4~6분가량의 짧은 관현악곡(예 : 그리그의 Symphonic Dances, Op. 64)을 감상한다. 감상을 하는 동안 자신이 세계적으로 유명한 오케스트라가 연주하는 환상적인 연주회에 앉아 있다고 상상한다. 완전히 다른 것을 하면서 7분간(또는 좀 더 길게) 휴식시간을 갖는다. 그런 다음 다시 동일한 음반을 들으면서 이번에는 그런대로 괜찮은 아마추어나 학생 오케스트라의 연주를 듣는다고 생각한다.

동일한 작품을 반복적으로 들으면서 당신은 뭔가 다른 것을 듣는다는 인상을 변함없이 갖게 될 것이다. 이것은 특히 당신이 친숙하지 않은 음악을 들을 때 진실이다. 반복적인 감상에서 주의가 음악의 완전하게 동일한 것에 주어지지 않는다는 사실은 차치하고 연주자에 관련된 참고 정보는 평가를 하거나 평석에 영향을 주는 것에 결코 실패하지 않는다(Duerksen, 1972). 우리들 중의 한 사람(AL)은 동일한 음반이 두 번 들려졌다는 것을 몰랐던 고급수준의 음악도들을 대상으로 수업 중에 이 실험을 여러 차례 성공적으로 수행하였다. 보고되는 것은 항상 속임을 당한 학생들 쪽에서의 믿을 수 없다는 (그리고 결국은 즐거운) 반응이었다.

귀에서 마음으로: 감정적 과정으로서의 감상

정서적 내용과 분위기-조절 효과에 있어서의 음악의 즐거움은 감상자들이 주로 추구하는 것이다. 여러 가지 중에서 그들은 음악으로 감동받고, 연상되고, 신체적으로 그리고 심미적으로 자극받기를 원한다(제12장 참조). 복잡한 반응의 이러한 형태를 조사하기 위한 방법은 청자들에게 그들의 경험에 대해 묻거나 그들의 감상이나 구매습관을 관찰하는 것이다. 좀 더 최근에는 인지신경과학자들이 음악의 효과를 판단하기 위해 심장박동, 피부전도, 또는 두뇌활동과 같은 생리적 매개변수들을 측정했다. 그러한 매개변수들이 항상 경험의 강도와 신뢰할 만한 연관성을 갖고 있지는 않으며 경험의 질과는 더욱 적게 관련되지만, 이러한 척도들은 음악 감상에 대한 우리의 이해를 보충한다(Scherer & Zentner, 2001 참조).

음악의 기본적 특성

부분적으로는 비음악적 경험(즉, 제스처, 얼굴 표정, 발화)과 음악적 자극 간의 어떤 연관성이 있을 수 있기 때문에 음악은 표현할 수 있고, 또는 좀 더 낮게는 청자들이 음악의 특정 감정들을 식별할 수 있다(제5장 참조). 강하고 높은 스펙트럼 요소들을 가진 빠른 음악은 다른 음향적 단서들을 가진 음악과는 다른 감정들을 야기한다. 또한 인지과정은 음악에 대한 상당한 문화 보편적 반응으로 이어지는 것이 관련되는데, 예를 들면 장조는 '행복함'과, 단조는 '슬픔'과 연관된다. 가장 기본적 단계에서, 연구자들은 하나의 관점으로서 쾌락적 기분 또는 유인가(Valence, 誘引價)[15]를 사용한 것과 또 다른 관점에서의 활동성(활동적-나른한)을 사용한 2차원 모형을 이끌어냈다(Schubert, 2003). 일찍이 1930년대 초 Kate Hevner는 일련의 형용사들을 사용하여 음악을 묘사하도록 요청하는 것을 통해 음악적 범위의 영역을 조사했다. Schubert(2003)의 최근의 업적은 앞에서 언급한 두 가지 차원을 망라하는 9그룹에 포함되는 46단어들의 리스트를 만든 것이다(그림 11.2 참조).

음악적 구조와 우리의 학습된 연상 및 행동의 복잡한 효과들의 좋은 예는 영화에서의 음악이다. 여기에서 인식은, 감정의 층을 더하고 시각적 내러티브(묘사)를 명확하게 하는 음악에 의해 영향을 받는다. 예를 들면, 영화에서 두 사람이 이별의 입맞춤을 하고 있을 때 음악은 그 이별이 영원한지 아니면 일시적인 이별일 뿐인지, 또는 위험이 닥치고 있는지에 대해 이야기해 줄 수 있을 것이다. 유사한 방법으로, 사운드트랙은 그것이 코미디인지 드라마인지 또는 다른 어떤 것인지에 대한 영화 장르의 정보를 준다. 흥미롭게도 관객들은 청각적 채널을 통한 이러한 교묘한 조작을 알아채지 못하며 그들의 생각이 시각적 자극의 덕분이라고까지 생각할 수 있을 것이다(Cohen, 2001 참조). 우리가 음악을 사용하거나 우리에게 영향을 주기 위해 음악이 사용된 좀 더 많은 예들이 있다(제12장 참조).

음악적 선호

음악적 선호에 대한 관심은 마케팅과 미디어 기업에서 가장 일반적이지만 음악교육자

---

15 어떤 사물이나 현상이 지니고 있는 심리적 매력 또는 심리적으로 끄는 힘의 정도. 이는 부정적일 수도 있고 긍정적일 수도 있다.

그룹	관점을 설명하는 형용사
A	밝은, 쾌활한, 행복한, 기쁜
B	유머러스한, 즐거운, 명랑한, 장난기 있는
C	잔잔한, 섬세한, 우아한, 조용한, 편안한, 평화로운, 위로하는, 부드러운, 고요한
D	몽환적인, 감상적인
E	비극적인, 그리운
F	어두운, 우울한, 암울한, 우수에 찬, 애절한, 슬픈, 침통한
G	무거운, 장엄한, 성스러운, 진지한, 영적인, 격렬한
H	극적인, 신나는, 고무하는, 정열적인, 자극적인, 상승하는, 의기양양한
I	불안한, 분노한, 초조한, 긴장된

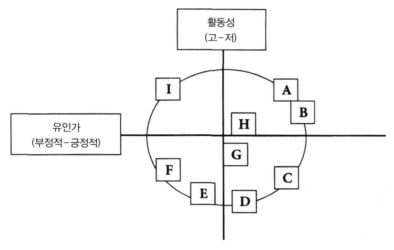

그림 11.2 Schubert(2003)의 연구에서 나타난 형용사 집단(상단 표). 두 개의 직교 차원으로서 활동성과 유인가를 체계적인 원으로 정립할 수 있다(하단 모형).

들 역시 그들의 학생들이 어떤 특정 유형의 음악을 얼마나 그리고 왜 듣는지에 관심을 갖고 있다. 18세기에 선교사 Joseph Amiot는 음악 선호에 대한 문서화된 최초의 연구에 착수했다. 그는 그 당시에 유행하던 Jean-Phillippe Rameau의 하프시코드 음악을 그것을 좋아하지 않았던 중국인 그룹에게 들려주고는 정서적 반응이 없다는 것을 경험했다. 오늘날 유럽의 음악은 중국에서 광범위하게 대중화되었으며 많은 전문 피아니스트들이 배출되었다.

초기 현대 연구는 실험실에서 엄격하게 수행되었지만 좀 더 최근의 연구들은 자연스러운 환경에서 수행된다(Miller, 1992; Hargreaves & North, 1997; Gembris, 2002).

가장 일반적인 발견은 온건한 정도의 각성은 가장 좋아하는 것을 끌어내는 반면 지나치게 높거나 낮은 각성은 낮은 정도의 선호로 이어진다는 것이다. 이것은 뒤집힌 U 모양의 기능에 의해 도표로 나타낼 수 있다(그림 8.1 참조). 낯설거나 지나치게 친숙한 음악은 우리를 긍정적인 방법으로 각성시키지 않으며 오히려 지나친 자극이나 지루함을 만든다. 어떤 음악에 대한 반복적 노출을 통해 그것에 대한 우리의 친숙도는 증가하며 우리의 선호 또한 그러하다. 라디오 방송국은 이러한 현상을 새롭고 유망한 노래들을 추천하기 위해 사용한다. 음악교사들은 레슨에서 특정 스타일의 클래식 음악을 주기적으로 추가하는 것을 통해 이 효과를 활용할 수 있을 것이다. 최적의 각성수준에 도달하기 위해서는 복잡한 음악일수록 더 많은 노출이 요구된다는 것을 주목한다. 음악에 친숙해지는 것은 그 음악의 콘텐츠를 정확하게 예측할 수 있도록 하는 표상을 형성하는 능력을 요구한다. 불행하게도 사전에 가치를 두지 않은 음악에의 단순한 노출은 자동적인 증가로 이어지지 않으며 그 음악에 대해 더 나은 이해를 가능하게 하는 정보가 더 제공되지 않는 한 선호는 오히려 감소한다. 지나친 노출은 또한 부정적 효과를 가져올 수 있다. 우리가 좋아하는 음악과는 달리 우리가 자주 듣게 되지만 노출을 피할 수 없는 어떤 음악은 우리의 신경을 자극할 수 있다(예 : 휴대전화 벨소리). 우리가 좋아하는 음악에 대한 노출이 포화지점에 도달할 때, 우리는 그것이 다시 신선함을 얻을 수 있을 때까지 듣는 것을 멈출 수 있다. 선행된 설명은 상대적으로 포괄적이며 어떤 음악 스타일에도 적용할 수 있을 것이다.

각성 곡선의 중요한 중간(최적의) 수준에 도달하는 것은 (1) 이전의 각성, (2) 소리의 세기와 빠르기, (3) 좀 더 객관적인 구조적 특징들, (4) 감상 환경을 위한 음악의 적절함(제12장 참조), 그리고 (5) 특이 요인들, 즉 감상자의 개성 및 전기(biography)와 같은 몇 가지의 요소들로 인해 조정된다. 분노와 같은 이전의 높은 각성은 부드러운 음악의 선택으로 각성을 감소시키고자 할 것이다. 그러나 높은 각성을 유지하고자 할 때, 즉 누군가가 화가 난 채로 있고자 하거나 파티에 있을 때에는 좀 더 자극적인 음악을 선택할 가능성이 높다. 앞에서의 예들이 의미하듯이, 소리의 크기와 빠르기는 각성을 조절한다. 예를 들어 교통 혼잡이나 악천후에 운전하는 경우 우리는 라디오를 낮추거나 야단스럽지 않은 음악을 선택한다거나 또는 라디오를 끄는 것을 통해 직관적으로 그러한 자극을 피한다. 이러한 모든 것들은 음악처리과정이 인지적 자원을 요구한다고 할 수 있으며 그것이 다른 과정에 의해 이미 점유되어 있을 때 우리는 인지적 부하를 줄여 각성을 감소시킬 필요가 있다. 각성의 최적 수준은 또한 소리의 크기와 빠르기에 상호작용하는 다른 음악적 특성에도 의존한다.

모든 사람은 음악을 감상할 때 강한 생리적 경험을 한두 번씩은 경험한다. 등골이 오싹해지거나 머리끝이 서는 것(일명 입모, pilo-errection), 눈물, 속 울렁거림, 웃음은 우리가 음악에 대해 '오싹하게' 또는 '전율을 느끼도록' 깊이 감동을 받았을 때 일어날 수 있는 반응의 몇 가지일 뿐이다. Sloboda(1992)는 감상자의 그러한 오싹함을 음악적 구조와 관련지어 앞에서 언급한 반응들을 증진할 수 있는 10가지 음악적 도구에 대한 리스트를 만들었다(아래의 리스트 참조, p. 258, '음악적 감정과 두뇌' 참조).

1. 5도에서 1도의 화성 하행 순회
2. 선율적 앞꾸밈음(appoggiatura)
3. 선율적 또는 화성적 시퀀스
4. 이명 동음(Enharmonic) 전환
5. 종지로 향한 화성적 또는 선율적 가속
6. 마지막 종지의 지연
7. 새로운 또는 준비되지 않은 화성
8. 급작스러운 다이내믹이나 구조적 변화
9. 반복되는 당김음(syncopation)
10. 성부 도입에서 준비된 것보다 현저하게 앞서는 현상

이러한 음악적 도구들의 동시 발생, 특히 음악적 흐름 안에서의 변화(예상하지 못한)의 정도는 감정적 강도의 기분 좋게 경험되는 고조감들을 만든다. 예를 들어 낮고 부드러운 오르간 소리의 배경에 대응하여 하행 선율로 들어가는 깨끗한 소프라노의 소리가 감상자들에게 효과가 있기 위해서는 몇 초의 시간이 필요할 것이다. 음악의 효과가 시간을 지나면서 누적되고 (음악이 중요한 오싹함의 유도 순간으로 차츰 다가가면서) 특유의 1~3초 정도 시간 지연(time lag)이 연관되기 때문에 오싹함에 대한 연구는 어렵다. 더욱이 음악은 North와 Hargreaves(1997)가 '적합성'이라고 부르는 상황과 어느 정도 부합이 되어야 한다. 그들은 결혼식에서는 가장 강력한 효과를 갖지만 다른 경우(어떤 사람이 행진곡을 듣는 동안 결혼식을 생각하게 되는 경우를 제외한)에서는 그

렇지 못한 Felix Mendelssohn-Bartholdy의 '결혼 행진곡'을 예로 제시한다. 좀 더 원형적 음악, 즉 상황과 가장 부합되는 음악은 사람이 좀 더 감정적 반응을 하도록 하는 것에서 발견된다(운동선수들은 가끔 자신들의 국가를 부른 후에 눈물을 닦곤 한다.). 오싹함이 배경음악에서 발생되는 경향은 없다.

마지막으로 언급할 것은 사람이다. 어떤 음악에서 복잡하거나 친숙한, 또는 자극적이거나 그 외의 감정을 경험하는 것은 청자의 그것에 대한 과거의 노출뿐만이 아니라 연령과 성별에 연관된다. 예를 들어, 사람의 일생에서 어떤 사건과 연관된 삽화적 기억과 연관되는 작품들은 거의 즉각적으로 쉽게 인식되며 강한 감정을 일으킬 것이다. 이것은 어떤 작품을 어떤 사람은 좋아하지만 다른 사람은 그렇지 않은 것, 그리고 다른 문화의 사람들 또는 문화 집단은 서로 다른 유형의 음악을 선호하는 것에 대한 타당한 이유를 제공한다. 어떤 연구자들은 감정을 걷잡을 수 없는 인생의 2기(그리고 20대 초기에 들어서는)에 주어지는 음악이 정체성 형성, 기분 조절, 그리고 성인기로의 전이를 돕는 데에 중요하다는 의견을 내놓았다. 그 결과 노령자조차 젊은 시절의 음악을 들을 때 긍정적인 반응을 하며 그 현상은 노령자들을 위한 음악치료에 도움이 될 수 있다. 어린이들은 빠른 음악을 좋아하는 경향이 있으며 청소년들보다 다양한 유형의 음악에 대해 관대하게 귀를 기울이는 것으로 보인다(LeBlanc, 1981). 마지막으로 많은 연구에서 소년, 소녀들은 그들의 정체성(이 경우 특이성)을 형성하는 데에 도움이 되는 그들의 음악적 선호를 고려할 때 차이를 나타낸다는 것이 발견되었다(Mueller, 2002; Gembris, 2002).

음악적 감정과 두뇌

음악을 좋아하는 것과 연관되어 계속되는 질문은 "무엇이 우리로 하여금 음악을 듣도록 하는가?"이다. 간단한 답변은 음악을 감상하는 것은 우리가 초콜릿을 먹거나 사랑을 나눌 때와 유사한 반응을 끌어낸다(Blood & Zatorre, 2001)는 것이며 "우리의 인지적 용량과 사회적이고 환경적인 상호작용의 진화와 발달에서 나타나는 인간 생물학"(Cross, 1999, p. 12)의 일부분이라는 것이다. 만족감 체계와 연관된 두뇌 순환은 신경전달물질인 도파민(dopamine)과 같은 내인적 물질을 방출하도록 자극한다. 그러한 시스템은 생존을 위해 중요한 행동들을 강화하는 자율보상 시스템(autonomic reward system)을 형성하기 때문에 필수적이다. 연구자들과 철학자들은 왜 음악이 인류의 생존을 위해 덜 필수적이라고 여겨짐에도 불구하고 그러한 반응을 야기하는지에 대해 궁금해한다. 음악은 또한 혐오감과 두려움의 신호를 주는 중추신경구조의 생리적 활동을 감소시킨다. 따라서 음악에 대한 그러한 신체적 반응은 복잡하지만 음악이 어디에서나 긍정적인 가치를 갖는 이유가 될 수 있는, 일반적으로 긍정적인 효과들을 유도한다.

슬프게 그리고 행복하게 들리는 음악은 뇌량(corpus callosum)을 둘러싼 복잡한 영역인 대뇌변연계[16]와 두 뇌반구가 포함된 우리의 두뇌에서 유사한 방법으로 공명되며 그것은 우리의 감정처리과정을 책임진다(Kreutz, Russ, Bongard, & Lanfermann, 2003). 두뇌는 고차 대뇌피질 처리과정이 없어도 기본적 감정을 인식할 수 있을 것이다(Peretz, 2003). 우반구는 좌반구보다 음악적 감정의 인지 중재에 좀 더 강하게 연관된다는 증거들이 증가되고 있다. 평가와 선호 판단을 위해 요구되는 인식과 결정과정은 분명히 전두피질의 활동을 요구한다. 음악적 효과의 미스터리를 풀기 위한 더 많은 연구가 필요할 것이다.

어떤 사람이 다른 사람에 비해 음악을 좀 더 강하게 경험하는 것은 타당하다(이어지는 하위 절 참조). 여러 연구에서 음악가들은 음악에 대한 고조된 인식과 감정을 보고했다(Lehmann, 1997). 이러한 민감성이 유전적으로 결정된 것인지 또는 음악 작품에서 추출할 수 있는 잠재적 '즐거움'을 위한 교육과 이어지는 좀 더 나은 이해의 결과인지 우리는 알지 못한다. 앞에서 논의한 것과 같이 성 특이성의 영향도 존재한다. 일반적으로 음악에 대해 좀 더 아는 것이 감정적 반응을 손상시키는 것으로 보이지는 않는다. 사실 친숙하지 않은 음악(비서양 음악)에서의 구조적 단서들은 그 문화에 속하지 않은 사람들에게는 의미가 없기 때문에 표현을 추출해내기는 불가능하다(제5장 참조).

음악이 연주를 멈출 때

우리는 청각장애인들이 전혀 듣지 못할 것이라고 생각할 수 있겠지만, 언제, 왜, 어느 영역에서 그들이 청각을 잃었는지에 따라 잔존청력을 갖고 있기도 한다(Yost, 2000, 제16장 참조). 물론 잔존청력은 다양한 주파수 대역에서 주파수 왜곡 또는 감쇠를 일으킨

---

16 척추동물의 전뇌에서 대뇌신피질에 대해 구피질, 원피질 및 신피질과의 중간부를 포함하는 부위, 변연계는 개체 유지, 종족 보존에 필요한 기본적 생명현상의 중추로 정동, 욕구, 본능, 자율신경계기능을 발현하여 통제한다. 자기보존에 불가결한 섭식행동, 공포감, 노여움, 정동행동이나 성행동, 생식행동의 발현, 통제에 관여한다.

다는 점에서 일반 청력과는 현저하게 다르다. 음악을 여전히 즐길 수 있는지의 여부는 개인적 또는 그녀나 그의 관심에 의존적이겠지만 신경해부학적으로 음악은 종종 여전히 지각될 수 있다. 청각장애가 있는 사람은, 청각장애인들의 청각피질을 자극할 수 있는 시각적 자극들이 진동 감각을 재구성할 수 있고(Shibata et al., 2001) 그 결과 청각장애가 있는 이들이 음악을 즐기고 그 활동에 참여할 수 있기 때문에 음악에 동반되는 시각적 신호들에 좀 더 의존하기 시작한다(Calabrese & Olivetti-Belardinelli, 1997). 그들은 타악기 연주자 Evelyn Glennie와 같은 음악가나 댄서가 될 수도 있으며 베토벤과 같이 음악적으로 창조적인 활동을 계속할 수 있다. 따라서 완벽하지 못한 청력으로도 감상이 가능하다.

말을 하고 이해하는 것에 문제가 있는 사람들(언어장애자, aphasics)이 있듯이 불행하게도 온전한 청력에도 불구하고 음악을 즐기지 못하는 사람들도 있다. 이러한 현상을 실음악(amusia)이라고 부르는데 100명 중 4명가량이 정상적 언어능력, 기억력, 그리고 지적 능력에도 불구하고 음악을 이해하는 데에 어려움을 겪는다(Peretz, 2003, 음악적 재능의 맥락에서의 추가적 논의를 위해서는 이 책의 제2장 참조). 어떤 사람들은 정상적으로 태어났지만 질병이나 사고로 인해 실음악증을 갖게 되지만 다른 이들은 청각장애를 갖고 태어난다(선천적 실음악증, congenital amusia). 이전에는 실음악증에 대한 이해가 부상이나 뇌졸중 환자에서 유래했다. 좌반구의 손상은 대부분 언어 문제와 신체 오른편 움직임의 장애를 가져오며 우반구의 손상은 신체 왼편의 움직임 장애와 음악 관련 작업에 어떤 영향을 준다. 오늘날 실음악증에 대한 연구는 연구실에서 통제된 조건하에서 수행된다. 대부분의 환자들은 음높이의 관점 — 즉, 그들은 음정을 식별하거나 다시 소리 낼 수 없다 — 에서 주된 결함을 보여주지만 타이밍의 문제점(arrythmia)을 보이기도 한다. 연구자들은 미세 음높이(그리고 리듬) 지각을 위한 불완전 순회의 결함으로 본다. Peretz(2003)는 또한, 지각적 문제가 있고 선율이 친숙한지 아닌지를 분류하는 것이 불가능한 사람이 여전히 선율이 슬픈지 행복한지를 말할 수 있는 사례연구를 보고했다. 보고된 사례연구들이 과잉정보를 제공할지라도 그 현상은 여전히 확실하게 설명되어야 한다. 음악처리과정이 모듈적 여러 개의 개별 단위로 되어 있어서 학생들이 몇 개씩 선택할 수 있고 상호 연결된 네트워크에서 두뇌를 통해 분산된다는 것은 놀랍지 않다.

▮ 학습문제

1. 사람들이 어떻게 다른 음악에 비해 한 음악을 선호하게 되는지, 그리고 그들의 음악적 취향이 시간을 거쳐 변화할 수 있는지를 설명한다. 50년대의 로큰롤 세대를 예로 들어 설명한다.
2. 어떤 음악에 대한 청자들의 이해와 선호에 있어서 음악적으로 내재적(구조적)이며 음악 외적인 요소들의 기여에 대해 논의한다.
3. 연주를 평가할 때 음악평론가들이나 심사위원들(특히 비공개 경연에서)이 대면하는 문제점들은 무엇인가?

▮ 더 읽을거리

Juslin, P. N., & Sloboda, J. A. (2001). *Music and Emotion: Theory and Research.* 제15장부터 제19장에서 감상에 대한 관점을 다룬다.

Duetsch, D. (Ed.). (1999). *The Psychology of Music.* 몇 개의 장은 기본적 음악의 지각에 대한 특별한 관점들을 다룬다.

Hodges, D. A. (Ed.) (1996). *Handbook of music psychology.* 몇 개의 장은 음악의 지각과 고차 처리과정을 다룬다.

Gembris, H. (2002). The development of musical abilities. In R. Colwell & C. Richardson (Eds.). *The New Handbook of Research on Music Teaching and Learning* (pp. 487-508). 전생애적 발달에 있어서의 음악의 선호.

12

음악 사용자

음악에 대한 작품 중심적 접근과 인물 중심적 접근

베토벤의 피아노 소나타라는 동일한 작품에 연관되는 세 상황을 고려해 보자. 첫 번째 상황에서, 음악 애호가는 시내의 연주홀에 앉기 위해 상당한 액수의 금액을 지불하고 (상당한 거리를 여행하고) 세계적인 명성의 피아니스트가 그 작품을 연주하는 것을 듣는다. 두 번째 상황에서, 부모는 교외의 학교 강당에 앉아 딸이 첫 공연으로 동일한 작품을 연주하는 것을 듣는다. 세 번째 상황에서, 택시기사는 이 작품이 들어 있는 CD를 자동차 오디오에 넣고 손님을 찾아 도심부를 돌아다니면서 배경음악으로 듣는다. 사람들이 음악을 듣는 관점에서 이 세 가지의 음악적 경험들은 얼마나 유사한가?

음악적 경험에 대해 생각하는 방법 중의 하나는 클래식 전통에서 다소 지나치게 강조된, 일명 '작품 중심적' 접근이다. 쉽게 말해서, 이 접근은 작곡(간혹 인쇄되거나 악보에 그려진 것으로 식별되는)이 그 자체로 주체적이고 순수한 대상으로서 그 안에 존재하며, 어떤 특정 연주나 그것이 들릴 수 있는 어떤 특정한 맥락에서는 분리되는 것을 받아들인다. 전통적인 음악학은 실제 연주에서의 명시적 참고가 거의 없이 음악 구조와 콘텐츠를 분석하는 악보 분석과 같은 활동의 장려를 통해 이러한 사고 방법을 지지해왔다. 이러한 관점은 같은 작품이 각각의 경우에 들린, 즉 세 가지 상황이 공유하는 유사성에 초점을 둘 것이다. 소나타는 특정 구조, 심미적 특성과 맥락, 그리고 일련의 분위기 전이를 갖고 있다. 합쳐서 이것들 모두는 청자의 상황, 동기, 배경과는 무관하게 모든 청자를 위한 경험의 본성과 의미를 결정하는 핵심이다.

음악에 대한 전혀 다른 사고방식을 우리는 '인물 중심적' 접근이라고 부를 수 있을 것이다. 이러한 접근은 순수한 음악 같은 것은 없다고 주장할 수 있을 것이다. 모든 음악적 대상이나 현상은 사회적 맥락에서 고려되며 그들의 추정과 배후사정, 그리고 동기와 함께 사람의 행동이 관련된다. 따라서 음악적 대상이나 현상은 작곡가, 연주자, 그리고 감상자가 포함된 모두를 위한 풍부한 사회적 의미와 목적을 갖는다. 그것이 어떤 사람을 위한 목적을 만족시키거나 어떤 것을 위해 사용되지 않는 한 음악은 발생하지 않는다. 이 관점은 음악 행위를 둘러싼 다양한 환경, 사회적 구성, 그리고 목적으로부터 발생하는 세 상황에서의 특이성에 초점을 둘 수 있을 것이다. 그러한 시각에서 세 상황이 공유하는 바는 거의 없을 것이다. 첫 번째 상황에서, 청자는 테크닉의 완벽함에도 불구하고 그 전에 들었던 것보다 덜 만족스러우며 시간과 비용의 가치가 있었던가를 의심하게 하는, 연주에 대한 실망감을 경험할 수 있다. 두 번째 상황에서, 연주는 모든 종류의 기술적이며 표현적인 결함이 있을 수 있었음에도 불구하고 부모는 자신들의 딸이 성취한 것에 대해 자랑스러워하며 감격의 눈물을 흘린다. 세 번째 상황에서, 듣고 있는 음악의 작품명조차 모를 수 있는 택시기사는 스트레스가 쌓이는 도시를 돌아다니는 동안 그를 진정시키는 경향이 있다거나 어떤 승객은 그것을 좋아한다는 것만을 느낄 수 있을 것이다.

음악에 대해 생각하는 두 방법 모두 유효하며 음악과 그 중요성에 대한 중요한 통찰력을 얻을 수 있다. 그러나 작품 중심적 접근은 20세기 대부분 음악교육 세계에서 지배적이었으며 사람들이 음악을 생각하는 방법에 상당히 심오한 방법으로 영향을 미쳤다. 그것은 전통적 미학, 철학, 그리고 음악학을 형성했다(Dahlhaus, 1991). 특히 작품 중심적 접근은 시간과 문화를 초월하는 가치 있는 레퍼토리(네 사람의 이름을 들면, 바흐, 모차르트, 베토벤, 브람스와 같은 유명 작곡가들의 걸작들이 포함된 캐논)가 있다고 주장하는 학파와 연관된다. 그러한 작품들은 가치가 그 자체에 있는 '전무후무한 걸작들'이다. 만일 이것이 진실이라면 그러한 작품들에 대한 연구나 연주를 위한 더 이상의 정당성은 필요가 없다. 이러한 작품들의 수준 높은 연주를 제공하기 위한 엘리트 음악가들의 훈련과 발전을 지원하기 위한 비용지출의 정당성은 필요하지 않다. 그 작품

자체가 투자 자원을 정당화하며 시간과 장소를 불문한 그러한 자원들을 항상 정당화할 것이다.

　매일 표명되는 성명처럼 강력하게 이것을 듣지는 않겠지만, 클래식 음악세계의 많은 사람이 이렇게 생각한다는 것을 우리는 경험한다. 결과적으로 어떤 교육 환경에서는 상당히 안정된 철학이 만연한다. 클래식 레퍼토리의 상당히 제한된 주요 작품들을 연주하는 심포니 오케스트라와 클래식 독주자들이 항상 있을 것이며, 언제든 연주할 수 있는 연주장이 있고 연주를 듣고자 비용을 지출할 청중이 있고, 전통적인 교향악단과 독주자의 자리를 차지하고자 하는 음악가들을 위한 최고의 훈련을 제공하는 교육기관의 일자리가 있다는 것을 짐작하게 한다.

자기학습 : 일상의 음악일지

어제 당신이 한 모든 일을 돌이켜 생각해 본다. 음악이 발생했다고 기억할 수 있는 가능한 한 많은 경우(당신이 직접 연주에 참여한 것뿐만이 아니라 당신 주변 환경의 음악도 포함해서)들로 리스트를 작성하여 간단한 일지를 쓴다. 또는 특별한 날의 일지를 쓴다.

　만일 당신이 음악과 연관된 환경에서 일한다면(음악대학), 음악이 발생했던 환경 이외의 시간들에 대해 특별히 숙고한다. 각각의 경우에 대해, 당신이 어디에 있었는지, 무엇을 하고 있었는지, 누구와 함께 있었는지, 음악은 어떤 것이었는지(기억할 수 있는 어떤 것이든), 그리고 만일 어떤 것이라도 있었다면 당신에게 어떤 효과가 있었는지를 쓴다.

　이제 그 리스트를 다시 보면서 당신이 음악적 경험을 통해 어떤 선택의 여지가 있었던 경우들을 식별한다. 각각의 경우에 대해 왜 당신은 그 선택을 했는지, 그리고 당신의 마음속의 의도가 무엇이었든지 간에 그 음악이 그것을 충족시키는 데에 도움이 되었는지를 쓴다.

　마지막으로 다른 사람들의 리스트와 비교해 본다. 얼마나 많은 다른 형태의 음악적 경험을 식별할 수 있는가? 얼마나 많은 다양한 목적들이 음악으로 충족되었는가? 음악이 동반되지 않은 깨어 있는 시간은 얼마나 되는가? 이것은 당신에게 일상생활에서의 음악의 역할에 대해 무엇을 말해 주는가?

　이 장에서는 음악에 대한 인물 중심적 접근에 대해 한층 자세히 분석한다. 작품 중심적 접근이 가치가 없다고 생각해서는 아니다. 그와는 반대로 우리가 여러 곳에서 주장했듯이 특정 작품들에 대한 심화된 이해는 유효한 음악성의 핵심이다. 그러나 인물 중심적 관점을 다루는 것은 우리의 음악활동에 대해 생각하고 접근하는 방식을 확장하고 질적 수준을 높이는 유용한 방법이 될 수 있다. 또한 이러한 접근은 현대의 음악학

(Cook, 1998), 민족음악학(Small, 1998), 그리고 모든 수준의 음악교육연구에서 점차 일반화되고 있다. 그것은 또한 지난 수십 년간의 클래식 콘서트 청중과 클래식 음악 녹음[영국의 음반산업(BPI), 2003]의 계속적인 감소의 결과로, 연주자들과 그들을 양성하는 교육기관에서 점차적으로 강조되고 있다.

우리는 이러한 이슈들을 클래식 음악(우리 모두가 교육되고 활동을 하는 전통인)의 관점에서 조사하지만 우리가 논의하는 이슈들의 함축적 의미는 전문 분야가 무엇이든 모든 장르의 연주자들을 위한 것이다. 사실 클래식과 비클래식 음악 간의 지나치게 완고한 장벽의 와해는 현대의 음악적 삶의 가장 고무되는 조짐들 중의 하나이다.

문화적 요구에 부합하기 위한 음악기술의 발달

많은 사람들이 음악을 사용하기 때문에 주된 음악적 형식들이 나타나며, 음악적 형식은 문화적 기능을 갖고 있다. 음악가들에게 권장되고 발전시켜야 하는 기술은 전적으로 음악적 전문성에 대한 사회적 가치와 요구조건으로서의 기능이다(제1장 참조). 사회는 기술발달에 제약을 만들며, 문화가 음악기술들을 어떻게 만들어내는가를 보는 좋은 방법은 세계의 특정 지역들의 음악 연주 역사를 되돌아보고 중요한 변화들에 주목하는 것이다. 18~19세기에는 글라스 하모니카(glass harmonica)[1] 명연주자들이 있었으며 지금은 사라진 이 악기를 위해 유명한 작곡가들(그들 중에는 모차르트, 베를리오즈, 베버가 포함됨)이 음악을 작곡했다. 오늘날 음악도들은 벤자민 프랭클린이 개발한 이 악기에 대해 들어볼 수 있는 행운이 있다. 오늘날 우리에게는 겨우 반세기 전에 개발된 전자기타를 연주하는 명연주자들이 있다.

다양한 기술은 필요의 증감에 따라 발전하고 쇠퇴한다. 뛰어난 글라스 하모니카 연주자가 될 잠재력이 있는 사람들은 현재에 비해 19세기에는 덜 일반적이었다. 사회는 변화하는 필요와 유행에 따라 기술을 제도화하며 음악가들은 그들의 기술적 프로필을 맞춰서 변화시킨다. 이러한 맥락에서 클래식 연주의 특정 기술들은 '타고난 것'일 수 없다는 것이 다시 한 번 분명해진다. 유전자들이 수십 년, 그리고 수세기로 측정되는 기간 동안 오고 가는 기술을 선택할 가능성은 없다.

---

1 회전식 유리그릇에 각각 다른 양의 물을 담아 조음(調音)한 악기

특정 음악 전통(클래식 전통과 같은)에 몰두할 때, 그것의 목적에 대한 의문이 의식적으로 자주 고려되지는 않는다. 클래식 교육을 받은 음악가들이나 세계의 다른 어떤 예술 음악 전통에서 교육을 받은 음악가들은 큰 그림을 보지 못하고 그들의 일상에서 무엇을 하는지의 세부적인 것들에 집중하기 쉽다. 큰 그림은 클래식 레퍼토리 전체가 세계적 음악 경제의 5%에 미치지 못하는, 즉 판매된 20장의 CD 중에 한 장이 클래식이라는 것을 보여준다(BPI, 2003, 표 12.1 참조).

독자들에게 폭넓은 시각을 제공하기 위해 우리는 두 중요한 의문점을 조사했다. 첫째, 다른 시간과 공간의 사람들을 충족시킬 수 있었던 음악의 용도와 기능의 광범위한 형태는 무엇인가? 둘째, 음악이 발생하는 상황은 얼마나 다양한가? 좀 더 구체적으로, 존재하는 음악문화의 영역에서의 클래식 음악문화는 얼마나 일반적인가? 이 장은 현대 연주자들의 교육과 경력생활에 대한 발견의 함의로 결론짓는다. 이러한 문제들을 검토하면서, 우리는 심리학, 구체적으로 문화론적 연구, 인류학, 그리고 사회학에 더해서 다른 분야에 접근한다.

표 12.1 2000년에서 2002년 사이의 음악 장르에 따른 음반 판매

장르	2000(%)	2002(%)	장르	2000(%)	2002(%)
팝	32.4	30.3	재즈	1.0	2.0
락	25.9	31.0	레게	0.9	0.7
댄스	13.3	9.5	월드	0.6	0.4
리듬 앤 블루스	8.5	7.4	아동	0.5	0.3
중도적	4.6	6.1	뉴에이지	0.5	0.1
클래식	4.0	3.5	블루스	0.4	0.3
힙합/랩	3.9	5.1	언어	0.2	0.1
컨츄리	1.7	1.5	기타	0.5	0.3
포크	1.1	1.4	전체	100	100

출처 : Sales by type of music, 2002," from *British Phonographic Industries: Market Information*, 204, p. 2. Copyright 2003 by The British Phongraphic Industry.

음악의 용도와 기능

이 장을 시작하며 설명했던 세 '비네트'[2]와 같은 다양한 종류의 음악적 경험들은 관련된 사람들을 위한 다양한 용도와 기능을 반영한다. 현대 음악 연구에서 이러한 기능들을 분류하고 이해하려는 시도를 위한 자극은 원래 인류학에서 비롯되었다. 음악과 연관된 인류학의 분야는 일반적으로 민족음악학(Myers, 1992)으로 가끔은 비교음악학으로 알려져 있다(Nettle & Bohlman, 1991). 사회학자들 역시 음악과 기능의 의문점들을 다룬다(Adorno, 1976).

20세기의 대부분, 서양의 민족음악학자들은 그들 자신의 것이 아닌, 이따금 덜 산업화된 음악문화에 관심을 집중했다. Barz와 Cooley(1997) 그리고 Merriam(1964)과 같은 저자들은 이러한 연구들로부터의 음악 증거들의 주요한 기능들을 체계적으로 목록화하는 것을 시도했다. 예를 들어 Gregory(1997)는 전통음악(자장가, 놀이음악, 노동요, 춤곡, 제례음악과 축전음악, 투쟁음악 등을 포함)의 14개 기능을 목록화하였다. 이러한 기능들이 일반적으로 갖고 있는 대부분은 본질적으로 참여적이고 사회적이라는 것이며 공동활동에서 사람들을 함께 엮어준다. 많은 상황에서 음악은 그 상황에 존재하는 사람에 의해 소유된다(어머니가 아기에게 자장가를 불러주거나 밭일을 하는 여성들이 노동가를 부르는 것). 내의 몇몇에게 전문 음악가로서의 자격을 부여할 수 있겠지만 존재하는 모든 사람들은 실질적으로 구경꾼으로 남지 않고, 모두 음악에 참여할 수 있다. 이것은 음악적 참여자(연주자, 음향기술자, 제공자)와 본질적으로 비참여적인 음악 관중(감상자 또는 청중)을 명백하고 엄격하게 구분 짓는 21세기 산업사회에서의 상황과는 상당히 다르다. 참여적 문화는 사실, 세계의 역사에서 보편적인 것이다. 서양의 클래식 전통에서조차 150년 전에는 지금보다 더 참여적이었을 것이며 부분적인 이유로는 연주된 음악이 그 시대의 음악이었기 때문이다.

음악의 사회적 · 문화적 기능

세계의 많은 음악적 상황이 모든 사람들이 무엇인가를 함께 합동으로 또는 화합하여, 하는 것과 연관되었기 때문에 집단의 정체성과 집단 결속의 표현은 음악의 기본적 기능으로 나타난다. 예를 들어 Magowan(1994)은 호주 북부 지역의 원주민들이 무리의

---

2 특정한 사람 · 상황 등을 분명히 보여주는 짧막한 글

정체성을 나타내기 위해 노래를 어떻게 사용하는지를 설명했다. 어떤 노래들은 특정 무리에 속해 있는 사람들만 부를 수 있으며, 이러한 노래는 조상의 법이 어떻게 특정 지역에 특정한 무리의 권리를 주는지를 자주 묘사한다. 서양 사회에서 모든 종류의 집단은 필수적인 '신분 표출'로서 음악을 사용한다. 이러한 범위는 축구 후원회(관중석에서 경기가 진행되는 동안 상대방 팀에 대응하는 정체성의 표현으로서 자신들의 '응원가'를 부르고 그와 동시에 그들 자신의 노래로 경기장을 지배하려 하는, Kopiez & Brink, 1998)부터 폭주족(그들의 문화적 정체성의 핵심적 표현이 되는 특정한 장르의 음악을 사용하여 빠르고 극히 위험한 오토바이 타기를 위한 정신 상태로 유도하기 위한, Willis, 1978)에까지 이른다. 음악은 또한 민족주체성도 나타낸다(Folkestad, 2002). 예를 들어 2001년 9월 11일, 테러리스트들의 공격 직후 미국에서는 '성조기여, 영원하라'와 같은 애국적인 노래의 방송이 상당히 증가했을 뿐만 아니라 Enya의 노래 'Only Time'은 국상(國喪)의 표명이 되었다. 음악은 위협을 받은 민족적 집단들이 흡수나 억압에 대항하여 자신의 정체성을 주장하기 위해 사용될 수도 있다. 냉전기간 동안 에스토니아에서 노동정치(Soviet rule)에 대항하는 정치적 저항에 초점을 둔 것으로 에스토니아의 합창음악을 사용한 것이 좋은 예이다.

정체성과 관련하여 현대 산업사회의 한 현상은 특별한 언급을 받을 정도로 너무 만연하다. 이것이 젊음의 정체성에 대한 성명으로서 청소년들이 공공연하게 음악적 선택과 취향을 나타내는 역할을 하는 방법이다(Mueller, 2002). 음악에 대한 개인적 선택에 관한 진술들은 개성, 믿음, 그리고 행동을 가리킨다. 특성화된 음악적 하위문화들이 많이 있지만 음악은 두 개의 상당히 중요한 집단으로 나누어질 수 있다는 것을 연구는 보여준다. 한 집단은 청소년들 대부분이 좋아하는 팝, 댄스, 인디와 같은 장르이다. 또 다른 집단은 클래식, 재즈, 그리고 헤비메탈과 같이 대다수들이 마찬가지로 싫어하는 장르이다. Tarrant, Hargreaves 그리고 North(2001)에 의하면, 팝이나 댄스음악을 좋아하는 사람은 클래식이나 재즈음악을 좋아하는 사람들보다 좀 더 '젊은이들의 문제에 접근하고, 함께 어울리기가 좀 더 쉬우며, 좀 더 유행에 따르고, 좀 더 재미있다'고 청소년들은 믿는다. 유사한 연구결과들은 청소년이 성인들을 그들의 음악적 취향에 근거하여 심각하게 속단한다고 주장한다. 이 경우 소수의 음악적 취향을 가진 청소년들이, 그들을 좋아해 주고 동료 집단에 속하고자 하는 바람이 너무 강력하여, 가끔은 자신의 취향을 숨길 것이라는 것에 놀라지 않아야 한다(Finnäs, 1989).

여기서 언급한 것과 같은 음악의 사회적 사용들을 통해서 자체의 기능적 힘을 가진 유대가 형성될 수 있다. 중요한 인물이나 집단, 또는 사건과 연관된 음악은 정서적 관계를 가진 개인적인 회상을 불러낼 수 있다. 그것은 이따금 기억이나 향수를 불러일으키는 요소가 있다(John Booth Davies는 이를 'Darling, they're playing our tune' 효과라고 적절하게 부름). 음악의 개인적 의미에 대한 우편설문조사의 91개의 자유로운 서술 응답에 대한 연구에서 50%의 응답자들은 과거의 가치 있는 사건을 상기시켜 주는 것으로 음악을 사용한다는 것을 자연스럽게 언급했다(Sloboda & O'Neil, 2001, 표 12.2 참조). 이것이 단연코 가장 자주 인용되는 기능이었다. 사람들이 이러한 방법으로 음악을 사용할 때는 대부분의 경우 혼자이지만, 여전히 그 기능은 절대적으로 사회적이다. 그것은 관계 또는 개인이 외적으로 가는 사회적 상황을 가리킨다.

표 12.2 음악을 선택하는 다양한 기능과 활동을 보고하는 대량 관찰 응답자의 비율

기능	
가치 있는 과거 사건의 상기	50
영적 체험	6
시각적 이미지를 불러일으킴	2
욱신거림/소름 돋음/전율	10
즐거움/기쁨의 원천	6
좋은 기분을 조장하기 위해	16
눈시울이 뜨거워짐/카타르시스/해방감	14
흥분	2
동기부여	2
편안함의 원천/힐링	4
차분함/진정된/스트레스의 이완	8
분위기 향상	8
현재의 분위기에 맞추기 위해	6

출처 : "Emotions in Everyday Listening to Music" by J. A. Sloboda and S. A. O'Neill, 2001. In P. N. Juslin & J. A. Sloboda (Eds.), *Music and Emotion: Theory and Research*, pp. 420. Copyright Oxford University Press, 2001.

음악적 상황에서 사회적 의미가 그들의 길을 찾는 또 다른 방법은 프레스티지(고급) 효과이다. 단순히 특정 작품의 연주자나 작곡가의 명성에 대해 무언가를 언급하는 것은 사람들이 그것을 높게 평가하고 음악활동을 준비하는 데에 대한 정도에 영향을 미칠 수 있다. 예컨대 Weick, Gilfillian, 그리고 Keith(1973)는 현명하게 조절된 연구에서, 리허설을 앞두고 배부된 연주 자료에 작품의 작곡가('진지한' 또는 '진지하지 않은' 재즈 작곡가로서)가 설명된 것에 따라 재즈 오케스트라의 멤버들은 동일한 작품을 다소간 높거나 낮게 평가하며, 그것을 익히는 데 좀 더 또는 덜 노력하고, 좀 더 잘 또는 상대적으로 덜 한 수준의 연주를 했다는 것을 보여줬다. 또 다른 연구에서 10대들은 클래식, 뉴에이지, 그리고 재즈 작품에 대해 작곡가가 남성인가 여성인가에 따라 예술적 가치를 평가했다(North, Colley, & Hargreaves, 2003). 저자들은 재즈 발췌에서 특별한 성별 고정관념을 발견했다. 남성들은 동일한 발췌곡이 남성에 의한 것보다 여성의 것이라고 했을 때 예술적 가치를 낮게 평가했다. 여성 청자들은 예술적이고 기술적인 관점에서 남성에 의한 것보다는 여성에 의한 작곡들로 여겨지는 것들을 높게 평가했다. 모든 음악문화에는 사회적으로 형성된 가치의 위계가 있다. 예를 들어 클래식 음악에서는 바흐의 동시대인인 다작 작곡가 텔레만보다는 바흐가 더 나은 작곡가라는 일반적인 합의가 있다(Farnsworth, 1969).

모든 음악문화에서의 소속 자격은 일반적으로 합의에 부합되는 판단과 구분을 만드는 것을 수반한다. 그러나 가치 기준은 다양한 문화에서 서로 다르며 그것들은 문화 안에서 시간이 지남에 따라 변화할 수 있다. 예를 들어 Cook(1998)은 베토벤 숭배('클래식 음악문화에서 핵심이 되는' 것으로 그가 설명한)가 최근에 어떻게 증가된 공격을 받게 되었는지를 설명했다. 베토벤의 출중함에 대한 '해체이론'의 가장 중요한 근원 중의 하나는 페미니스트 이론을 통해 음악학에 가져온 이해에 근거한다(McClary, 1991). 이러한 관점에서 베토벤의 음악은 남성적이고 공격적이며 지배적이라고 특징지어진다. 일찍이 1882년에 George Grove 경은(분명한 동의를 얻은) "베토벤이 당신에게 그의 뜻에 따라 머리를 숙이고 따를 것을 강제하는 강하고 격렬하며 무자비한 강압"에 대해 말했다. 현대의 산업화 사회에서, 남녀평등의 가치는 증가하고 있는(그리고 종종 법률 속에 간직되어 있음) 반면 남성 우위는 가정 폭력과 성적 학대와 같은 원치 않는 결과와 관련된다. 그러한 문화적 관점에서 '베토벤 숭배'에 대한 분명하게 긍정적인 시각을 받아들이는 것 — 최소한 이론적 단계에서 — 이 어렵다는 것을 발견하는 이들이 있다.

음악(또는 다른 어느 문화의 음악적 산물)에 박식하게 관여할 수 있는 능력과 다양한 사항의 상대적 가치에 관해 박식한 토론에 참여할 수 있는 것은 그 자체로 사회적 지위의 중요한 표시가 된다. '문화자본(cultural capital)'이라고 불리는 것(Bourdieu, 1979)을 소유하는 것은 그 분야에서 '전문가(connoisseur)'로서 인정되는 사람이 될 수 있게 한다(Frith, 1996). 대단한 연주기술을 갖고 있지 않음에도 불구하고 많은 사람들이 특정 장르나 음악 스타일에서 전문가가 된다. 이따금 감식안(connoisseurship) 또는 '팬덤(fandom)'은 매우 특이한 형식을 취한다(예 : 특정 작곡가의 모든 작품, 또는 특정 가수의 모든 음반을 알거나 소유하는 것, Mueller, 2002). 이러한 종류의 상세하고 상당히 분명한 지식을 습득하는 것은 특히 연주자에게는 본질적으로 하나의 기술이다. 연주자들이 그들이 선택한 스타일과 장르에서 전문가가 되지 않는 한 그들은 독자적인 미학적 판단을 수행할 수 없으며, 단순히 다른 사람의 문화적 판단을 '재가열'하게 될 것이다. 게다가 그러한 연주자들은 대다수의 청중보다도 못한 음악적 판단기술을 갖고 있을 수 있다! 젊은 연주자들은 경쟁에 대한 거대한 압박을 받기 때문에 문화적이고 역사적인 문제의 간과는 이해할 수 있지만 장기적으로 볼 때 자멸적일 수 있다.

한 영역에 있는 특정 음악가 집단은 '정통한' 또는 역사적으로 해박한 연주 실제와 학식을 고려하여 그들 자신을 다른 음악가들과 구분할 수 있다. 20세기 중반 이후 바로크 음악의 지지자들은 중요한 미학적 관점의 정통성을 만들었지만, 정통성의 관념은 음악 연주의 모든 형태에 적용될 수 있다. 록이나 대중음악에서 정통성은 연주 전통보다는 연주자가 얼마나 진실하고 신뢰할 수 있게 보이는가와 좀 더 연관되는 것을 주목한다. 성숙되고 자주적인 음악적 판단은 정통성에 대한 다양한 접근의 영역에서의 경험을 통해서만이 만들어질 수 있다.

음악의 개별적 기능

여기에서 설명되는 기능은 세계의 많은 문화와 역사를 통한 반향과 울림을 갖고 있다. 그러나 음악이 재생의 소형화와 녹음을 통한 행위로부터 분리될 수 있는 산업사회에서 새롭고 강화된 기능들이 출현해 왔다. 음악은 본래 의도되었던 상황과는 많이 다르게 사용될 수 있으며 개인 혼자서 음악의 매우 다양한 범위에 관여할 수 있다. 휴대하기 쉬운 MP3 플레이어나 라디오는 우리가 어디에 있건, 무엇을 하건 간에 음악을 들을 수 있도록 해준다. 그것은 실제로 개인이 어떤 음악을 들을지를 선택하는 것은 버튼을 누르거나 노래의 선택, 또는 웹을 스캔하는 것을 통해 언제든 가능하다. 우리가 기초적인 기술을 가질 때 우리는 음악 소비에 있어서 다른 사람들과 연관될 필요가 없다. 우리는 혼자일 수 있고, 자족적이며 자기 본위적일 수 있다.

여러 조사연구는 이제 개인들이 일상을 관리하고 향상시키기 위한 개인적 자원으로 음악을 어떻게 사용하는지에 대해 묘사하기 시작하고 있다(Behne, 1997; De Nora, 2000; Sloboda & O'Neill, 2001). 이 연구에서 매우 중요한 두 가지 보편적 결론이 나타난다. 첫째, 일상에서의 음악은 일반적으로 '배경'으로 사용된다. 녹음된 음악이 플레이되겠지만 대개의 경우 사용자는 음악을 들을 뿐만 아니라 무언가 다른 일을 하고 있을 것이다. 음악이 동반되는 활동들은 다양하여 기사일(요리, 청소), 공부, 여행, 그리고 사회적 만남들이 포함된다. 이것은 연주홀에서 사람들에게 기대되는 집중된 고요한 관심이 현대의 일상적 음악 감상에서는 거의 존재하지 않는다는 것을 의미한다. 어쨌든 그들이 음악을 인식한다면 이러한 상황들에서의 사람들은 '작은 정보(snippets)'를 위해 음악에 집중하는 것이다. 그러나 그들은 선율이나 구조에 어떤 세심한 주의를 기울이기보다는 음악의 전체적 소리 풍경과 분위기로부터 좀 더 이익을 얻는다(제11장 참조). 연구에서의 두 번째 중요한 결론은 이러한 방법으로의 음악 감상이 사람들에게 여전히 가치가 있다는 것이다. 이것은 거의 예외 없이 그들의 기분과 그들이 처해 있는 상황을 관리하거나 즐기는 능력을 향상시킨다. 분위기 개선은 사람들이 어떤 음악을 언제 들을지의 높은 수준의 선택을 할 수 있을 경우에서 최대가 된다.

음악을 거의 모든 삶의 맥락에서 들을 수 있지만 지금까지의 연구결과는 여행이 음악 감상을 동반할 가능성이 가장 높은 활동이라는 것을 보여준다(Sloboda, O'Neill, & Ivaldi, 2001). 산업화 사회에서 사람들은 상당한 시간을 차, 버스, 기차, 그리고 비행기에서 보낸다. 이러한 모든 맥락에서, 녹음된 음악은 단순히 시간을 보내기 위해 사용되지만 여행 동안 요구되는 기분과 에너지의 전이를 보조하기 위해 매우 자주 의도적으로 선택된다. 이것을 가끔은 '분위기 조성'이라고 부른다. 예를 들어, 어떤 사람이 직장으로 운전해서 갈 때는 업무와 에너지를 얻기 위해 낙관적이고 활기찬 음악을 들을 것이다. 동일한 사람이 고된 하루 일과를 끝내고 집으로 운전해서 돌아오는 길에는 업무 스트레스를 푸는 데 도움이 되고 가정에서의 편안한 저녁을 준비하기 위한 달콤하고 위로가 되는 음악을 선택할 것이다. 점차적으로 자동차는 다른 사람들이 듣는 것을 고려할 필요 없이 자신이 원하는 시간에 자신이 선택한 음악을 들을 수 있는 21세기의 콘서트홀이 되어 가고 있다(Obald, 2000).

삶의 어떤 시점에서 음악은 단순히 일상의 기분이나 감정을 돕는 데 사용될 수 있을 뿐만 아니라 생명을 위협하거나 삶에 변화를 야기하는 상황에서도 보조가 될 수 있는 자원으로서 사용될 수 있다. 예를 들어 음악은 상실이나 상처와 연관되어, 카타르시스적 눈물을 끌어내는 것을 도울 수 있다. 카타르시스적 감정은 부정적인 느낌을 풀어주고 제거하는 것이다. 음악은 희망이 없는 상황으로 여겨지는 일에 희망을 더할 수도 있을 것이다. 연구는 많은 사람이 그들에게 음악이 '인생의 변화'에 영향을 미쳤던 일을 회상할 수 있을 것이라고 주장한다(Gabrielsson, 2001). 특히 흥미로운 것은 이러한 경험의 많은 것들이 음악을 홀로 들을 때 발생한다는 것이다. 음악은 마치 친구나 편안함의 역할을 하며 어떤 경우에는 실제 사람보다 선호되는 것 같다. 사람들이 있는 데에서의 감정의 표현, 특히 취약함이나 고통의 감정 표현은 산업화 사회의 많은 사람들에게 어려움이 있는 것으로 보인다. 예를 들어, Sloboda's(1999)의 설문 조사의 한 응답자는 다음과 같이 썼다.

> 나는 기분이 안 좋을 때 음악을 들으며 내가 할 수 있는 한도까지 기분이 가라앉도록 한 다음에 운다. 깊은 곳에서부터 눈물이 솟구쳐 운다. 나는 자기 연민을 허락하고 나의 몸으로부터 모든 우울함을 몰아낸다. 그런 다음 눈물을 닦고 세수를 하고 머리를 손질하고 새로이 화장을 하고 다시 세상으로 돌아간다(p. 367).

사실 사생활과 자율권을 위한 현대의 경향은 사회적 상황에서의 음악이 집단의 화합과 정체성을 나누기보다는 무질서와 분쟁의 근원이 된다. 연구는 다양한 취향을 갖고 있는 사람들이 음향적 환경의 통제권에 대한 분쟁을 하듯이 가정이 음악적 분쟁의 장소가 되는 경우가 간혹 있다는 것을 보여준다. 10대들이 그 또는 그녀의 침실에서 록 음악을 크게 틀어 놓아서 나머지 가족들을 짜증나게 하는 것이 세대 간 가정불화의 상투적 고정관념이 되었다. Sloboda(1999)의 연구에서 또 다른 예는, 한 여성 응답자가 말한 "자동차는 다른 사람들을 짜증나지 않게 하면서 원하는 만큼 큰 소리로 음악을 들을 수 있는 유일한 장소다."라는 답변이다. 자율권과 통제권에 대한 욕구는 사람들의 음악에 대한 반응이 왜 그렇게 서로 다른지를 설명하는 데에 도움이 된다.

이제 산업화 사회에서 상점이나 레스토랑, 술집과 호텔, 이동수단과 작업장이 포함되는 다수의 공공장소들에서 음악(대부분의 경우 이미 녹음된)은 그 길을 찾았다. 그러한 음악을 제공하기 위해 영리회사가 지출하는 상당한 액수의 금액은 그것을 구입하는 회사와 조직을 위해 중요한 기능을 하고 있다고 믿게 한다는 것을 의미한다. 몇몇 음악적 혜택에 대해 말하면, 음악은 작업현장에서 작업 생산성을 증가시키고, 상점들의 구매를 높이며, 의료수술에서 심미적 요구를 감소시키며 교실에서 친사회성과 수행능력을 향상시킨다(Hallam, 2000; Hargreaves & North, 1997, 제11장 참조).

가끔은 모차르트 효과라고 불리는 음악의 전이 효과에 대한 최근의 논의들은, 사람들이 음악을 사용하며 음악의 힘을 믿고자 한다는 것을 보여준다. 지성에 대한 음악 효과의 분명한 실험적 증거는 미약하고 가능한 효과들은 각성, 기분, 그리고 동기부여에 의해 선택적인 이유가 되지만(Husain, Thompson, & Schellenberg, 2002), 많은 영역에서 음악이 사람의 행동에 긍정적 효과를 미친다는 것은 의심할 여지가 없다(Gruhn & Rauscher, 2002).

이러한 주장들의 정확성을 평가하고자 하거나 이러한 효과들이 어떻게 초래되는지를 이해하고자 하기보다는 작곡가와 연주자가 그들의 음악이 사용되는 방법에 대해 전혀 가담하지 않는다는 것을 주시하는 것이 적절하다. 사실 그들은 아마도 그들의 활동이 그들에게 부여된 상업적 이득의 기능을 충족시키는 것이라고는 결코 상상하지 않았을 것이다. 이것은 연주자(또는 작곡가)가 어디에서 그리고 언제 음악이 연주될 것인지를 결정하고 어떻게 경험되고 사용될 것인지의 조절에 상당 부분 영향력을 끼쳤던 최근까지의 세계의 음악문화와는 상당히 다른 상황이다.

더욱이 이따금 '기성음악(상점들이나 다른 공개적 장소에서 발견되는 것과 같은 canned music)'[3]이라고 부르는 음악을 듣게 되는 사람들은 그러한 음악의 의도된 효과들에 대한 단순히 수동적인 '희생자들'이 아니다. 그 대신 이러한 연구들에서의 정보원들에 의해 제공된 설명이 제시하는 바는, 음악을 프로그램하는 사람은 음악이 직접적으로 구매결정을 용이하게 하는지 또는 소비자를 위한 식별감각을 제공하는 어떤 이미지를 투사시키는지 여부의 자원으로서 음악을 사용하는 것에 의도적 결정을 한다는 것을 보여준다. 예를 들어, 레스토랑에서의 음악에 대한 반응은 음악이 그 방의 분위기나 스타일에 어울리는지(시끄러운 록 음악은 일식 레스토랑보다는 햄버거 식당에 좀 더 어울린다고 생각함) 사람이 얼마나 일관되게 판단하는가와 같은 요소들에 의존할 것이

---

3 기존의 레코드나 카세트 테이프를 이용하여 미리 녹음시켜 두었다가 사용하는 배경음악, 또는 레코드 음악 자체를 가리키는 속칭

다. 개인적 필요와 특성들 역시 일조한다. 어떤 연구의 한 응답자가 보고하기를, 그녀는 레스토랑이나 술집에서 대화 중의 어색한 침묵을 커버하고 근처의 사람들이 그녀의 말을 우연히 듣지 못하도록 하는 데에 대한 음악의 가치를 인정한다. 다소 청력에 문제가 있는 다른 응답자는 같은 맥락에서 음악이 대화를 좀 더 어렵게 하기 때문에 음악을 좋아하지 않았다. 노령의 남성인 세 번째 응답자는 상점에서의 음악에 대해 불평을 한 다음 상점에서 '좋은' 음악이 조용하게 들리는 것(예 : 그가 사는 동네 서점에서의 모차르트 음악)은 괜찮다고 자신의 의견을 한정했다. 그것은 단지 '나쁜' 음악, 즉, 팝음악이 시끄럽게 (그의 취향이 아닌) 들리는 것을 반대하는 것이었다.

이러한 발견들로부터 우리가 가져오고자 하는 결론은, 제공되는 것과 요구되는 것 간의 때때로의 부조화에도 불구하고 공공장소에서의 음악은 사회적 혜택만큼 자주는 아니며, 사람들은 이러한 혜택을 극대화하기 위해 그들의 환경과 상호작용하는 복잡하고 개인적으로 구체적인 방법을 찾는다. 음악의 거의 모든 개별적 기능들에 대해 좀 더 고려할 것은 음악을 만들어내는 음악가들은 이러한 기능을 이끌어내거나 조정하는 데에 역할을 전혀 하지 않는다는 것이다. 그들은 그들의 '최종 사용자들'로부터 적당한 거리를 두었고 그래서 다른 시간과 장소에서 음악가들을 특징지었던 사회적 민감성과 조절력을 잃었을 수 있다.

음악 연주에 있어서의 문화적 차이

앞에서 우리는 음악이 청자를 만족시키는 광범위하게 다양한 기능을 어느 정도 강조했다. 이러한 기능의 많은 부분은 연주자들과 청중들이 서로 간에 물리적으로 존재하는 전통적인 '콘서트' 상황과는 분리되어 발생한다(제9장 참조). 그렇지만 사람들은 여전히 콘서트에 간다. 라이브 음악은 상황과 장소의 다양함 속에서 여전히 존재한다. 연주자들은 그러한 상황들에서 그 결과에 매우 중요하고 직접적인 영향력을 갖는다. 그러므로 그러한 라이브 공연이 갖는 청중을 위한 좀 더 구체적인 기능과 참여 연주자들이 그러한 기능을 충족시키는 연주를 하는 것을 이해하는 것은 여전히 중요하다.

심포니홀과 리사이틀홀에서의 클래식 문화는 과거와 현재에서, 다른 상황들에서 발생하는 것과는 상당히 다른, 음악이 어떻게 만들어지는지에 대한 확실한 추정을 하게 한다. 클래식 콘서트 상황을 다른 음악적 상황과 비교하는 것은 다른 문화적 상황에 완전히 대응하는 연주자들의 가능성을 제한할 수 있는 근원적 클래식 음악문화에 대한 어떤 추정에 명확한 초점을 제공한다.

여기에서 우리는 Cook(1998)과 Frith(1996), 그리고 특별히 Small(1998)의 업적을 광범위하게 설명함으로써 여섯 가지의 차이를 식별한다. 각각의 하위 절은 클래식 연주 맥락의 중요한 특징을 포함하고 다른 문화들(이 책에서 비교 문화적 관점을 제공했던 것과 유사하게)로부터의 대조적 예제를 제공한다.

연주자와 청자의 구분되는 역할

클래식 콘서트에서는 연주자와 청중이 다른 문으로 입장한다. 그들은 일반적으로 서로 간의 상호작용을 하지 못하게 된다(물리적이고 심리적 장벽에 의해). 일반적으로 연주자들이 모든 소리를 생산하며, 청자는 주의를 기울이고 감상을 한다. 연주자와 청자는 또한 경제적으로도 분리되어 있다. 대체로 청자는 음악을 듣기 위해 지불을 하고 연주자는 돈을 받는다.

다른 많은 연주 상황에서 연주자와 청자 간의 경계는 심지어 그 지점이 존재하지 않는 것처럼, 그 경계가 훨씬 모호하다. 록 콘서트에서 청중의 활동과 움직임(스웨잉, 웨이빙, 손뼉치기)은 연주 자체의 필수적인 부분이 될 수도 있다. 다른 상황(가라오케, 동호회 클럽)에서는 어떤 사람이든 청중석에서 나와 잠시 동안 연주자 지점을 차지할 수 있을 것이다. 어떤 상황(가스펠 예배, 전통적 또는 종족 예식들)에서는 모든 사람이 연주자로서의 역할을 수행하기 위해 존재한다.

연주자

클래식 콘서트에서 연주될 아이템들과 그들이 연주할 순서는 연주자(또는 콘서트 매니저)에 의해 오랜 시간을 앞두고(어떤 경우는 몇 해를 앞두고) 미리 결정된다. 이것은 리허설뿐만이 아니라 무대, 프로그램 노트, 그리고 다른 테크닉적 이슈들의 준비가 요구되기 때문에 필수적인 것으로 여겨진다. 다른 맥락에서 청자들은 무엇이 연주될 것인가에 중요한 역할을 할 수 있다. 예를 들어 바의 피아니스트는 손님이 요청하는 음악을 연주할 것으로 기대된다. 사실 바의 피아니스트가 특정 고객이 좋아하는 모든 음악을 모른다면 오랫동안 고용될 수 없을 것이다. 유사한 주장은 유고슬라비아 서사 가수들을 위해 만들어질 수 있다(제6장의 비교 문화적 관점 참조).

전통적인 청자

클래식 콘서트 참석자들은 청중의 역할로서 상당한 자제력이 요구된다. 대화는 금지되며 기침조차 적대적 주의를 끌 수 있다. 움직임은 금지된다(오직 응급상황에서만 청중석을 떠날 수 있다고 여겨진다.). 얼굴 표정조차 줄이는 경향이 있다. 일반적인 클래식 콘서트에서 참여자들을 찍는 로빙 카메라는 경험이 없는 관찰자들에게 청중이 정신이 딴 데 팔렸거나 또는 깊이 진정됐다고 보일 수 있을 것이다. 최소한 한 번에 한 시간 정도의 기간 동안 불평 없이 유지되어야 하는 그러한 부동성은 클래식 콘서트 청중에 대한 일반적인 기대이다. 의식에 완전히 익숙하지 않은 젊은 청자들은 그것을 콘서트에 완전히 길들여진 행동으로 볼 수 있다.

좀 더 많은 음악 연주 상황에서 청자들은 상당히 자유롭다. 마음대로 말을 하고(대화, 댄스 또는 따라 노래하기), 자유롭게 움직이며, 또는 연주 부분에 참석할 수도 있다. 이것은 디스코에서 대규모 팝 페스티발에 이르기까지 거의 모든 현대 산업화 사회의 대중음악 연주에서 사실일 것이다. 클래식 콘서트에 처음으로 참석하는 대부분의 사람들은, 그러므로 클래식 콘서트홀에서 그들에게 요구되는 엄격함에 대해 잘 준비되어 있지 않을 가능성이 있다. 이것은 아마도 클래식 음악을 즐길 역량을 갖추고 있지 않은 많은 사람에게 클래식이 환영받거나 매력적으로 여겨지지 않는 하나의 이유가 될 것이다. 그들은 그저 지나치게 불편하고 통제된다고 느낀다. 음향기구 설치와 같은 새로운 학제간(interdisciplinary) 예술 형태는 음악을 만드는 사람들과 청자들 간의 상호작용을 증가시켜, 청자들의 소외감과 같은 느낌을 극복할 수 있도록 한다.

클래식 연주를 위한 '이상적인' 상황과 부대 상황

전 세계의 클래식 음악 장소들은 클래식 음악의 수용을 위한 이상적인 환경에 대해 역사적으로 성장하고 사회적으로 형성된 합의를 반영하는 본질적 '동일성'을 갖추고 있다. 콘서트 공연장은 일반적으로 그 어떤 방해로부터 공간적이고 음향적으로 분리되어 있고 그래서 무대 위의 중요한 음악활동을 방해할 가능성은 없다. 좌석과 공간 구성은 안락함을 최대화하고 모든 사람이 가장 비슷하게 시각적이고 음악적 경험을 할 수 있도록 디자인되어 있다. 가능한 한 모든 것은 무대 위에서 벌어지는 연주에 집중되도록 되어 있다. 객석의 조명은 어둑하며 단상의 모든 선들은 감추어져서 장식은 거의 없으며 안락하다. 콘서트홀이 대성당이나 큰 교회당과 유사한 경향이 있는 것은 우연한 것이 아니다. 왜냐하면 청자들과 연주자들이 '위대함'의 특성을 제공하는 음악 안에서 소중히 간직하는 영적인 가치들을 생각하기 위해 그들의 일상 모습을 뒤로할 수 있는, '신성한' 공간을 창조하고자 하는 강한 느낌이 있기 때문이다. 인상적인 외관을 갖춘 심포니홀의 외부 모습도 역시 외부 세상에 이러한 가치를 나타낸다. 그것은 처음 오는 사람들에게조차 벽 안에서 일어나는 것이 웅대하고 중요하지만 '일상적'이지 않다는 것을 나타낸다.

오늘날 많은 연주 음악은 클래식 콘서트홀과 더 이상 강력하게 대조될 수 없는 조건들에서 일어난다. 아마도 이것의 가장 분명한 예들은 순회 음악가들 또는 '거리의 악사들'일 것이다. 이러한 음악가들은 주변 환경이나 주의를 방해하는 것들과는 상관없이 청중이 있는 어디에서든 연주를 한다. 만일 그들이 사람들이 존경심을 갖고 그들 주변에 조용히 앉기를 기다린다면 그들은 결코 연주를 시작할 수 없을 것이다! 많은 전통적인 문화 조건에서 연주 음악은 그것이 동반되는 활동에 적합한 조건에서 발생한다. 중요한 것은 음악적 맥락을 형성하는 비음악적 활동에 적합한 상황이다. 이것은 모든 문화에서 음악을 비공식적으로 사용하는 데에서 매우 일관적이다. 우리 자신의 문화에서 아마도 가장 일반적일 음악적 행위를 고려해 보라. '생일 축하합니다'를 함께 부를 경우 중요한 것은 모든 손님이 생일을 맞은 이를 축하하는 데에 참여한다는 것이다. 그 상황이나 그 맥락에서 조금이라도 중요한 다른 것은 없다. 이 관점에서 음악 연주는 가능한 최고의 순간을 기다리기보다는 '그 순간을 잡는 것'이다. 좀 더 공식적 맥락의 다른 것은 중요한 행사에서 팡파르를 울리는 것과 같은 것이다. 중요한 것은 특정 장소와 시간에서의 음악 발생의 상징성이다(Adorno, 1976).

장소의 중요성과 함께, 사용되는 악기의 중요성이 있다. 콘서트 무대 위에서 발견되는 대부분의 음향 악기들은 세 개의 중요한 특징을 갖는다. (1) 세심한 관리가 필요하다. (2) 값비싸다. 어떤 경우는 생명보험보다 높은 액수의 보험이 되어 있다. (3) 연주를 잘하기 위한 오랜 기간 동안의 학습이 요구된다. 이러한 모든 요소들은 클래식 음악이 발생하고 학습되는 특별하지만 보호되기까지 하는 환경을 설명한다(이것은 록과 재즈 음악에도 적용됨).

악기가 전혀 사용되지 않았던 성공적인 음악문화가 존재했었다는 것이 클래식 교육을 받은 음악가들을 놀라게 할 수 있을 것이다. 스리랑카의 Vedda, 보텔토바고의 Yami, 남아메리카의 Fuegians, 그리고 태즈메이니아와 같은 다른 문화에서는 모든 음악이 댄스, 노래, 그리고 바닥이나 서로의 신체 부위를 치거나 구르는 것에 의한 타격 소리를 통해 소리를 만들 수 있는 일명 코르포폰(corpophones) 방법에 의해 연주된다 (Kartomi, 1991). 이러한 문화는 연주를 위한 인공물에 '투자'를 하지 않았다. 이따금 악기가 사람의 목소리보다 중요하지 않다는 사실이 대부분의 대중적이고 민속적 음악 문화에서는 분명하게 나타난다. 악기들은 단순한 기능적 성질을 가질 수도 있다(즉, 오페라 음악을 연주하는 이탈리아 유랑 악단의 관악기들).

작곡가의 의도에 대한 기술적 완벽성과 충실함

만일 우리가 콘서트를 위해 심포니홀에 도착했을 때 기대하는 무언가가 있다면 그것은 잘 준비된 연주자이다. 클래식 콘서트에서 그것은 최소한, 그들이 정확한 음정을 확신을 갖고 조화롭게 연주하는 것이다. 인토네이션과 타이밍은 정확해야 한다. 우리는 또한 곡해석이 정당하고 잘 표출되기를 기대한다. 이러한 기대는 클래식 사업이 요구하는 높은 수준의 훈련과 지도교사, 코치, 그리고 지휘자의 훌륭함에 의한 가치를 반영한다(제4장, 9장 참조). 이러한 관점에서 클래식 음악 연주자들에 대한 우리의 기대는 현대의 산업화 문화 안에서의 다양한 전문가들(의사, 변호사, 비행기 조종사, 식품 생산자들과 같은)에 대한 것과 매우 유사하다. 이러한 모든 경우에서, 합의에 의해 도달되고 수준 높은 지식이 신뢰할 수 있게 적용되는 것을 확신하도록 디자인된 기대되는 표준이 있다.

반대로 어떤 음악문화에서는 기술적 우월함보다 '천재성'과 '즉흥성'에 가치를 두는 경향이 있다. 그러한 문화에서 지나치게 높은 '학력'은 약점으로 고려될 수 있으며 공식적 교육보다는 실제 경험(이따금은 고통과 역경의 경험들)에 근거하는 '정통성'에 장애가 되는 것으로 여겨질 수 있다. 그래서 완전한 '독학' 신화와 '악보를 못 보는' 록 음악가들을 열렬하게 영속시킨 신화도 있다. 현대의 민속음악과 대중음악의 어떤 부류들은 이러한 정통성의 한 표시로서 다소 거칠고 '원초적'이기까지 한 산물을 선호한다. 지나치게 테크닉적으로 다듬어진 연주는 소비지상주의적 가치관에 지나치게 관련된, 의심스러운 것으로 본다.

클래식 연주자를 위한 함축적 의미

이 장은 사람들이 음악에 관여하고 사용하는 다양한 방법을 보여줬다. 그것은 개인들이 어떤 음악과 어떻게 상호작용할지에 대해 계속 증가하는 선택을 하는 현대의 산업화 사회에서 증가하는 다양성을 광범위하게 다룬다. 해설자들은 현대문화의 세분화(fragmentation)에 대해 '포스트모던' 시대의 상징이라고 말한다. 우리들 중의 많은 이들은 이제 하나의 선택이 출중할 것이 없는 경쟁적 문화 선택의 변화하는 상황을 경험한다(이 논의에 대한 상세한 설명은 Sloboda, 2001 참조).

20세기의 중반기 동안 많은 사람들은 서양의 클래식 음악이 탁월한 문화적 기준점으로서 다른 음악이 보강하거나 대항하여 반응할 수 있었다고 가정하는 것이 가능했었다. 그 관점에서 클래식 음악과 클래식 교육을 교육적 삶의 중심에 두는 것 역시 상당히 당연했었다. 우리는 많은 비서양 음악문화들이 변화(서양화되는)되거나 사라지는 것을 받아들이기조차 했다. 우리들 중에 학교, 대학교, 음악학교, 그리고 정부기관의 상위직에 있으며 영향력이 있는 사람들은 안정적인 개념을 양성했고 이것은 음악가들을 후원하고 교육하는 교육기관의 조직과 구조에 반영된다. 그러나 우리는 이제 우리의 음악 세계에서 직면하고, 우리의 추정과 기술들은 우리가 교육하는 사람들이나 그들이 유치해야 할 사람들에게 이바지하는 데에 점차적으로 실패할 것이다.

현대의 청중들은 '순수한' 클래식을 구입하는 데에 망설임이 없는가? 그들은 저녁시간 내내 콘서트홀에 움직이지 않고 앉아 있기를 원하지 않을 수 있다. 우리는 그들이 음악에 관여하는 다양한 방법에 맞추기 위해 콘서트 경험을 변화시킬 필요가 있다. 이 것은 클래식 음악가들이 그들 자신과 청중들 사이에 세웠던 많은 장벽을 해체하는 것을 의미할 수 있다. 이제 곧 청중들과 어떻게 대화를 하는지를 알고 그들을 웃게 하며 질문을 허용하고 그들이 제공받은 경험이라고 발견할 수 있는 것의 가치를 설명할 수 있는 사람이 성공적인 클래식 연주가가 되게 될까? 우리는 많은 클래식 연주자들이 대중적인, 민속적인, 또는 재즈 음악가들이 술집, 거리, 또는 공동체 회관에서 보여주는 태도와 기술로부터 많은 것을 배울 수 있을 것이라고 느낀다. 코미디언은 끊임없이 청중의 반응을 스캔하고 조정한다. 그들은 공연 사이나 공연 후 대기실에 숨지 않는다. 그들은 사람들이 있는 곳으로 나가서 청중과 상호작용을 하고 그들에게 참여의 기회를 제공하고 피드백과 의견을 찾는다.

음악 연주가들은 이제 전자적으로 가능한 수천의 훌륭한 CD 녹음 및 음악 클립과 경쟁하고 있다는 것을 분명하게 깨달아야 한다. 청중이 그들의 시간과 비용을 라이브 연주에 참석하기 위해 쓸 수 있도록 설득하기 위해서는, 연주자들은 라이브 연주를 어떻게 특별하게 만들 것인지 그리고 모든 청자가 그 또는 그녀의 가정에서 안락하게 경험할 수 있는 단순한 기본적 경험을 재생산하는 것(제9장 참조)보다는 훨씬 더 매력적인 무엇인가를 들을 수 있도록 하는 데에 좀 더 고심할 필요가 있을 것이다.

끝맺음으로, 이 책의 세 저자인 우리는 클래식 음악의 열정적인 추종자들이다. 이 열정은 이 책을 쓰도록 한 동기의 핵심이다. 우리는 클래식 음악이 살아남고 번영하기를 원한다. 이것을 확실히 하기 위해서 클래식 교육을 받은 음악가들은, 세계 음악 역사에서 많은 음악가들이 다른 시간과 장소에서 당연시 여겼던 역할들의 오직 적은 부분만이 가능한 우리가 특이하고 지나치게 전문화된 유형의 음악가로 보일 수 있다는 것을 깨닫고 이에 대한 행동을 취해야 한다고 우리는 믿는다. 요구가 변하는 동안, 사람들이 음악으로부터 무엇을 원하는지에 대해 좀 더 인식하는 것은 우리의 기술로 정직한 생활을 위한 수입이 가능한 음악가로서의 우리의 생존의 핵심이 될 수 있을 것이다. 현재 우리는 콘서트홀 매니저, 녹음 회사, 그리고 음악 시장에서 청자들과 상호작용을 하는 사업을 떠나야 하는 위험에 있을 수 있다. 그리고 그것은 우리들과 청자 모두에게 장기간의 재앙이 될 수 있다.

문화적 변화에 대응하는 것이 클래식 연주의 전통적 가치를 버리는 것을 의미하지는 않는다. 그것은 아마도 레퍼토리의 선택에서 좀 더 현명하고 도발적인 것을 의미할 것이다. 오늘날조차 매력적인 틈새 청중들에게 가능한 아주 흥미롭고 덜 탐험된 거리들이 있다. 단순히 전통적인 콘서트홀 내부에 숨을 것이 아니라 우리의 음악을 어디에서 연주할지에 대해 창의적으로 생각해야 한다는 것을 의미한다. 무엇보다도 그것은 청중들과의 의미 있고 상호 간의 접촉을 만들 수 있는 새로운 방법을 끊임없이 찾는 것을 의미한다. 우리는 가치의 흐름을 우리의 예술을 통해 관객에 부여하는 대개는 일방적인 우리의 뿌리 깊은 믿음을 포기해야 할 것이다. 흐름은 양방향이며 청중은 우리가 하는 것에 관여하고, 우리에 대한 그들의 관심과 몰두, 그리고 창의적 반응으로 우리에게 동등한 가치를 부여하는 것이 현실이다.

▌ 학습문제

1. 음악에 대한 작업 중심적, 인물 중심적 접근들에 대해 비교한다. 연구 발견들은 어떤 방법으로 구분짓는 것을 뒷받침하는가?

2. 음악의 다양한 기능에 대한 일상의 관찰을 지지하는 것은 어떤 연구 증거가 있는가?

3. 현대 청중의 역량과 동기에 대해 우리는 무엇을 아는가? 이것은 클래식 교육을 받은 연주자에게 어떤 함축적 의미를 지닐 수 있는가?

▌ 더 읽을거리

Hargreaves, D. J., & North, A. C. (Eds.). (1997). *The Social Psychology of Music.* 음악 감상자와 연주가에게 영향을 미치는 사회적 요소에 대한 연구의 우수한 개요서.

다음은 클래식과 다른 음악문화 간의 상이점을 강조한 중요한 저서들이다.

Small, C. (1998). *Musicking: The Meanings of Performing and Listening.*

Green, L. (2002). *How Popular Musicians Learn: A Way Ahead for Music Education.*

Frith, S. (1996). *Performing Rites: On the Value of Popular Music.*

참고문헌

Adachi, M., & Trehub, S. E. (1998). Childrens' expression of emotion in song. *Psychology of Music, 26,* 133–153.

Adorno, T. W. (1976). *Introduction to the sociology of music* (E. B. Ashton, Trans.). New York: Seabury Press. (Original work published 1962)

Aiello, R., & Williamon, A. (2002). Memory. In R. Parncutt & G. E. McPherson (Eds.), *The science and psychology of music performance: Creative strategies for teaching and learning* (pp. 167–182). Oxford, UK: Oxford University Press.

Allsup, R. E. (2003). Mutual learning and democratic action in instrumental music education. *Journal of Research in Music Education, 51,* 24–37.

Altenmüller, E., & Gruhn, W. (2002). Brain mechanisms. In R. Parncutt & G. McPherson (Eds.), *The science and psychology of music performance: Creative strategies for teaching and learning* (pp. 63–82). Oxford, UK: Oxford University Press.

Altenmüller, E. O. (2003). How many music centres are in the brain? In I. Peretz & R. J. Zatorre (Eds.), *The cognitive neuroscience of music* (pp. 346–365). Oxford, UK: Oxford University Press.

American Psychological Association. (2002). Ethical principles of psychologists and code of conduct (effective date June 1, 2003). Retrieved August 1, 2006 from http://www.apa.org/ethics/code2002.html

American Psychological Association. (2001). *Publication manual of the American Psychological Association* (5th ed.). Washington, DC: Author.

Ashley, R. (2004). *All his yesterdays: Expressive vocal techniques in Paul McCartney's recordings.* Unpublished manuscript.

Askenfelt, A. (1986). Measurement of bow motion and bow force in violin playing. *Journal of the Acoustical Society of America, 80,* 1007–1015.

Asmus, E. P. (1986). Student beliefs about the causes of success and failure in music: A study of achievement motivation. *Journal of Research in Music Education, 34,* 262–278.

Auer, L. (1980). *Violin playing as I teach it.* New York: Dover. (Original work published 1921)

Austin, J. R. (1991). Competitive and non-competitive goal structures: An analysis of motivation and achievement among elementary band students. *Psychology of Music, 19,* 142–158.

Austin, J. R., & Vispoel, W. P. (1992). Motivation after failure in school music performance classes: The facilitative effects of strategy attributions. *Bulletin of the Council for Research in Music Education, 111*, 1–23.

Austin, J. R., & Vispoel, W. P. (1998). How American adolescents interpret success and failure in classroom music: Relationships among attributional beliefs, self-concept and achievement. *Psychology of Music, 26*, 26–45.

Axelrod, H. R. (Ed.). (1976). *Heifetz*. Neptune City, NJ: Paganiniana.

Ayari, M., & McAdams, S. (2003). Aural analysis of Arabic improvised instrumental music (Taqsîm). *Music Perception, 21*, 159–216.

Baddeley, A. D. (1986). *Working memory*. Oxford, UK: Oxford Clarendon Press.

Bahle, J. (1982). *Der musikalische Schaffensprozeß: Psychologie der schöpferischen Erlebnis- und Antriebsformen.*[Generative processes in music: Psychology of creative experience and motivation]. Konstanz, Germany: Paul Christiani. (Original work published 1947)

Bakan, M. (1994). Lessons from a world: Balinese applied music instruction and the teaching of western "art" music. *College Music Symposium, 33/34*, 1–22.

Bamberger, J. (1991). *The mind behind the musical ear*. Cambridge, MA: Harvard University Press.

Bandura, A. (1986). *Social foundations of thought and action: A social cognitive theory*. Englewood Cliffs, NJ: Prentice-Hall.

Bandura, A. (1991). Self-efficacy conception of anxiety. In R. Schwarzer & R. A. Wicklund (Eds.), *Anxiety and self-focused attention* (pp. 89–110). New York: Routledge.

Barry, N. (1990). The effects of different practice techniques upon technical accuracy and musicality in student instrumental music performance. *Research Perspectives in Music Education, 44*(1), 4–8.

Barry, N., & Hallam, S. (2001). Practice. In R. Parncutt & G. E. McPherson (Eds.), *The science and psychology of music performance: Creative strategies for teaching and learning* (pp. 151–166). Oxford, UK: Oxford University Press.

Barry, N. H., & McArthur, V. H. (1994). Teaching practice strategies in the music studio: A survey of applied music teachers. *Psychology of Music, 22*, 44–55.

Barten, S. S. (1998). Speaking of music: The use of motor-affective metaphors in music instruction. *Journal of Aesthetic Education, 32*(2), 89–97.

Barz, G. F., & Cooley, T. J. (Eds.). (1997). *Shadows in the field: New perspectives for fieldwork in ethnomusicology*. Oxford, UK: Oxford University Press.

Bastien, D. T., & Hostager, T. J. (1988). Jazz as a process of organizational innovation. *Communication Research, 15*, 582–602.

Bean, K. L. (1938). An experimental approach to the reading of music. *Psychological Monographs, 50*, 1–80.

Behne, K. E. (1997). The development of "Musikerleben" in adolescence: How and why young people listen to music. In I. Deliège & J. A. Sloboda (Eds.), *Perception and cognition of music* (pp. 143–160). Hove, UK: Psychology Press.

Beilock, S. L., Bertenthal, B. I., McCoy, A. M., & Carr, T. H. (2004). Haste does not always make waste: Expertise, direction of attention, and speed versus accuracy in performing sensorimotor skills. *Psychonomic Bulletin and Review, 11*, 373–379.

Berg, M. H. (2000). Thinking for yourself: The social construction of chamber music experience. In R. R. Rideout & S. J. Paul (Eds.), *On the sociology of music education: II. Papers from the Music Education Symposium at the University of Oklahoma* (pp. 91–112). Amherst, MA: University of Massachusetts.

Berliner, P. (1994). *Thinking in jazz*. Chicago, Chicago University Press.

Berz, W. L. (1995). Working memory in music: A theoretical model. *Music Perception, 12*, 353–364.

Besson, M., & Schön, D. (2003). Comparison between language and music. In I. Peretz & R. J. Zatorre (Eds.), *The cognitive neuroscience of music* (pp. 269–293). Oxford, UK: Oxford University Press.

Blacking, J. (1973). *How musical is man?* London: Faber & Faber.

Blake, D. T., Byl, N. N., Cheung, S., Bedenbaugh, P., Nagarajan, S., Lamb, M., et al. (2003). Sensory representation abnormalities that parallel focal hand dystonia in a primate model. *Somatosensory and Motor Research, 19*(4), 347–357.

Blood, A. J., & Zatorre, R. J. (2001). Intensely pleasurable responses to music correlate with activity in brain regions implicated in reward and emotion. *Proceedings of the National Academy of Sciences of the USA, 98*(20), 11818–11823.

Bloom, B. S. (1985). Generalizations about talent development. In B. S. Bloom (Ed.), *Developing talent in young people* (pp. 507–549). New York: Ballantine.

Blum, D. (1998). *Quintet: Five journeys toward musical fulfillment*. Ithaca, NY: Cornell University Press.

Bohlman, P. V. (2002). *World music: A very short introduction*. Oxford, UK: Oxford University Press.

Bourdieu, P. (1979). *Distinction: A social critique of the judgement of taste*. London: Routledge.

Boyd, J. (1992). *Musicians in tune: Seventy-five contemporary musicians discuss the creative process*. New York: Simon & Schuster.

Brandfonbrener, A., & Lederman, R. (2002). Performing arts medicine. In R. Colwell & C. Richardson (Eds.), *The new handbook of research on music teaching and learning* (pp. 1009–1022). New York: Oxford University Press.

Brandfonbrener, A. G., & Kjelland, J. M. (2002). Music medicine. In R. Parncutt & G. E. McPherson (Eds.), *The science and psychology of music performance: Creative strategies for teaching and learning* (pp. 83–96). New York: Oxford University Press.

Bregman, A. (1990). *Auditory scene analysis: The perceptual organization of sound*. Cambridge, MA: MIT Press.

Breig, W. (1997). Composition as arrangement and adaptation. In J. Butt (Ed.), *The Cambridge companion to Bach* (pp. 154–170). Cambridge, UK: Cambridge University Press.

Brennan, D., & Stevens, C. (2002). Specialist musical training and the octave illusion: Analytical listening and veridical perception by pipe organists. *Acta Psychologica, 109*, 301–314.

British Phonographic Industries. (2003, April). Sales by type of music, 2002. *BPI Market Information, 204*, 1–4.

Broadbent, P. (1996). *Charlie Christian*. Newcastle, UK: Ashley Mark.

Burland, K., & Davidson, J. W. (2002). Training the talented. *Music Education*

Research, 4(1), 121–140.

Burns, E. M., & Ward, W. D. (1978). Categorical perception: Phenomenon or epiphenomenon: Evidence from experiments in the perception of melodic musical intervals. *Journal of the Acoustical Society of America, 63*, 456–468.

Busoni, F. (1983). *Von der Macht der Töne: Ausgewählte Schriften* [The power of sound: Selected writings]. Leipzig: Reclam.

Butler, D. (1992). *The musician's guide to perception and cognition.* New York: Schirmer Books.

Byo, J. L. (1990). Recognition of intensity contrasts in the gestures of beginning conductors. *Journal of Research in Music Education, 38*, 157–163.

Byo, J. L., & Sheldon, D. A. (2000). The effect of singing while listening on undergraduate music majors' ability to detect pitch and rhythm errors. *Journal of Band Research, 36*(1), 26–46.

Calabrese, I., & Olivetti-Belardinelli, M. (1997). Musical abilities in deaf children: Assessment, development and training. In A. Gabrielsson (Ed.), *Third Triennial ESCOM Conference: Proceedings* (pp. 87–90). Uppsala, Sweden: University of Uppsala.

Campbell, P. S. (1991). *Lessons from the world: A cross-cultural guide to music teaching and learning.* New York: Schirmer.

Cavitt, M. E. (2003). A descriptive analysis of error correction in instrumental music rehearsals. *Journal of Research in Music Education, 51*, 218–230.

Ceci, S. J. (1990). *On intelligence—more or less: Bio-ecological treatise on intellectual development.* Englewood Cliffs, NJ: Prentice-Hall.

Chaffin, R., Imreh, G., & Crawford, M. (2002). *Practicing perfection: Memory and piano performance.* Mahwah, NJ: Erlbaum.

Chaffin, R., & Lemieux, A. F. (2004). General perspectives on achieving musical excellence. In A. Williamon (Ed.), *Musical excellence: Strategies and techniques to enhance performance* (pp. 19–40). Oxford, UK: Oxford University Press.

Charness, N., Krampe, R. T., & Mayr, U. (1996). The role of practice and coaching in entrepreneurial skill domains. In K. A. Ericsson (Ed.), *The road to excellence* (pp. 51–80). Mahwah, NJ: Erlbaum.

Chesky, K., Kondraske, G., Henoch, M., Hipple, J., & Rubin, B. (2002). Musicians' health. In R. Colwell & C. Richardson (Eds.), *The new handbook of research on music teaching and learning* (pp. 1023–1039). New York: Oxford University Press.

Clarke, E. F. (2004). Empirical methods in the study of performance. In E. F. Clarke & N. Cook (Eds.), *Empirical musicology* (pp. 77–102). Oxford, UK: Oxford University Press.

Clarke, E. F., & Baker-Short, C. (1987). The imitation of perceived rubato: A preliminary study. *Psychology of Music, 15*, 58–75.

Clarke, E. F., & Davidson, J. W. (1998). The body in performance. In W. Thomas (Ed.), *Composition-performance-reception* (pp. 74–92). Aldershot, UK: Ashgate.

Clayton, A. M. H. (1985). *Coordination between players in musical performance.* Unpublished doctoral dissertation, University of Edinburgh.

Cohen, A. (2001). Music as a source of emotion in film. In P. N. Juslin & J. A. Sloboda (Eds.), *Music and emotion: Theory and research* (pp. 249–272). Oxford, UK: Oxford University Press.

Colley, A., Banton, L., Down, J., & Pither, A. (1992). An expert-novice comparison in musical composition. *Psychology of Music, 20*, 124–137.

Colwell, R. (Ed.). (1992). *Handbook of research on music teaching and learning.* New York: Schirmer.

Colwell, R., & Richardson, C. (Eds.). (2002). *The new handbook of research on music teaching and learning.* New York: Oxford University Press.

Connolly, C., & Williamon, A. (2004). Mental skills training. In A. Williamon (Ed.), *Musical excellence* (pp. 221–245). New York: Oxford University Press.

Cook, N. (1987). The perception of large-scale tonal closure. *Music Perception, 5*(2), 197–205.

Cook, N. (1998). *Music: A very short introduction.* Oxford, UK: Oxford University Press.

Coon, H., & Carey, G. (1989). Genetic and environmental determinants of musical ability in twins. *Behavior Genetics, 19*, 183–193.

Cooper, C. L., & Wills, G. I. D. (1989). Popular musicians under pressure. *Psychology of Music, 17*, 22–36.

Cox, W. J., & Kenardy, J. (1993). Performance anxiety, social phobia, and setting effects in instrumental music students. *Journal of Anxiety Disorders, 7*, 49–60.

Craske, M. G., & Craig, K. (1984). Musical performance anxiety: The three-systems model and self-efficacy theory. *Behavioral Research Therapy, 22*, 267–280.

Cross, I. (1999). Is music the most important thing we ever did? Music, development, and evolution. In S. W. Yi (Ed.), *Music, mind and science* (pp. 10–39). Seoul, Korea: Seoul National University Press.

Csikszentmihalyi, M. (1993). *Flow: The psychology of optimal experience.* New York: Harper Collins.

Cytowic, R. E. (1993). *The man who tasted shapes.* New York: Putnam.

Dahlhaus, C. (1991). *The idea of absolute music* (R. Lustig, Trans.). Chicago: Chicago University Press.

Davidson, J. W. (1993). Visual perception of performance manner in the movements of solo musicians. *Psychology of Music, 21*, 103–113.

Davidson, J. W. (1997). The social in music performance. In D. J. Hargreaves & A. C. North (Eds.), *The social psychology of music* (pp. 209–228). Oxford, UK: Oxford University Press.

Davidson, J. W. (Ed.). (2004). *The music practitioner: Research for the music performer, teacher and listener.* Aldershot, UK: Ashgate.

Davidson, J. W., & Coimbra, D. D. C. (2001). Investigating performance evaluation by assessors of singers in a music college setting. *Musicae Scientiae, 5*(1), 33–53.

Davidson, J. W., & Correia, J. S. (2002). Body movement. In R. Parncutt & G. E. McPherson (Eds.), *The science and psychology of music performance: Creative strategies for teaching and learning* (pp. 237–250). New York: Oxford University Press.

Davidson, J. W., & Good, J. M. M. (2002). Social and musical co-ordination between members of a string quartet: An exploratory study. *Psychology of Music, 30*, 186–201.

Davidson, J. W., Howe, M. J. A., Moore, D. G., & Sloboda, J. A. (1996). The role of parental influences in the development of musical ability. *British Journal of Developmental Psychology, 14*, 399–412.

Davidson, J. W., Sloboda, J. A., & Howe, M. J. A. (1996). The role of parents and teachers in the success and failure of instrumental learners. *Bulletin of the Council for Research in Music Education, 127*, 40–44.

Davidson, J. W., Sloboda, J. A., Moore, D. G., & Howe, M. J. A. (1998). Characteristics of music teachers and the progress of young instrumentalists. *Journal of Research in Music Education 46*, 141–160.

Davidson, L. (1989). Observing a yang ch'in lesson: Learning by modeling and metaphor. *Journal of Aesthetic Education, 23*(1), 85–99.

Davidson, L., McKernon, P., & Gardner, H. (1981). The acquisition of song: A developmental approach. In K. Dean (Ed.), *Documentary report of the Ann Arbor Symposium.* (pp. 301–315). Reston, VA: Music Educators National Conference.

Davidson, L., & Scripp, L. (1988) Young children's musical representations: Windows on musical cognition. In J. A. Sloboda (Ed.), *Generative processes in music: The psychology of performance, improvisation, and composition* (pp. 195–230). New York: Oxford University Press.

Davidson, L., & Scripp, L. (1992). Surveying the coordinates of cognitive skills in music. In R. Colwell (Ed.), *Handbook of research on music teaching and learning* (pp. 392–413). New York: Schirmer.

Deliège, I., & El Ahmadi, A. (1990). Mechanisms of cue extraction in music groupings: A study of perception of Sequenza IV for solo viola by Luciano Berio. *Psychology of Music, 18*, 18–44.

Deliège, I., & Sloboda, J. A. (Eds.). (1996). *Musical beginnings: Origins and development of musical competence.* Oxford, UK: Oxford University Press.

De Nora, T. (2000). *Music in everyday life.* New York: Cambridge University Press.

Densmore, F. (1926). *The American Indians and their music.* New York: Woman's Press.

Deutsch, D. (1995). *Musical illusions and paradoxes* [CD]. La Jolla, CA: Philomel Records.

Deutsch, D. (1999) (Ed.). *The psychology of music.* New York: Academic Press.

Dickey, M. R. (1991). A review of research on modeling in music teaching and learning. *Bulletin of the Council for Research in Music Education, 113*, 27–40.

Dowling, W. J. (1999). Development of music perception and cognition. In D. Deutsch (Ed.), *Psychology of music* (2nd ed., pp. 603–625). New York: Academic Press.

Driskell, J. E., Copper, C., & Moran, A. (1994). Does mental practice enhance performance? *Journal of Applied Psychology, 79*, 481–492.

Duerksen, G. L. (1972). Some effects of expectation on evaluation of recorded musical performances. *Journal of Research in Music Education, 20*, 268–272.

Duke, R. A. (1999). Teacher and student behavior in Suzuki string lessons: Results from the International Research Symposium on Talent Education. *Journal of Research in Music Education, 47*, 293–307.

Duke, R. A. (2000). Measures of instructional effectiveness in music research. *Bulletin of the Council for Research in Music Education, 143*, 1–48.

Duke, R. A., & Henninger, J. C. (2002). Effects of verbal corrections on student attitude and performance. *Journal of Research in Music Education, 46*, 482–495.

Duke, R. A., Prickett, C. A., & Jellison, J. A. (1998). Empirical description of the pace of musical instruction. *Journal of Research in Music Education, 46*, 265–280.

Eagle, D. S. (1997). *Voices of native America*. Liberty, UT: Eagle's View.

Eccles, J., Wigfield, A., Harold, R. D., & Blumenfeld, P. (1993). Age and gender differences in children's self and task perceptions during elementary school. *Child Development, 64*, 830–847.

Elbert, T., Pantev, C., Weinbruch, C., Rockstroh, B., & Taub, E. (1995). Increased cortical representation of the fingers of the left hand in string players. *Science, 270*, 305–307.

Elder, D. (1982). *Pianists at play: Interviews, master lessons, and technical regimes*. Evanston, IL: Instrumentalist Company.

Epstein, H. (1987). *Music talks: Conversations with musicians*. New York: Penguin Books.

Ericsson, K. A. (2004). Deliberate practice and the acquisition and maintenance of expert performance in medicine and related domains. *Academic Medicine, 79*(10 Suppl), 70–81.

Ericsson, K. A., & Chase, W. G. (1982). Exceptional memory. *American Scientist, 70*, 607–615.

Ericsson, K. A., & Kintsch, W. (1995). Long-term working memory. *Psychological Review, 102*(2), 211–245.

Ericsson, K. A., Krampe, R. T., & Tesch-Römer, C. (1993). The role of deliberate practice in the acquisition of expert performance. *Psychological Review, 100*, 363–406.

Ericsson, K. A., & Lehmann, A. C. (1997) Expert and exceptional performance: evidence of maximal adaptation to task constraints. *Annual Review of Psychology, 47*, 273–305.

Ericsson, K. A., & Lehmann, A. C. (1999). Expertise. In M. A. Runco & S. R. Pritzker (Eds.), *Encyclopedia of creativity* (Vol. 1, pp. 695–707). New York: Academic Press.

Ericsson, K. A., & Smith, J. (1991). Prospects and limits in the empirical study of expertise. In K. A. Ericsson & J. Smith (Eds.), *Toward a general theory of expertise: Prospects and limits* (pp. 1–38). Cambridge, UK: Cambridge University. Press.

Eysenck, H. J. (1995). *Genius: The natural history of creativity*. Cambridge, UK: Cambridge University Press.

Farnsworth, P. R. (1969). *The social psychology of music*. Ames, IA: Iowa State University Press.

Finnäs, L. (1989). A comparison between young people's privately and publicly expressed musical preferences. *Psychology of Music, 17*, 132–145.

Finney, E. M., Fine, I., & Dobkins, K. R. (2001). Visual stimuli activate auditory cortex in the deaf. *Nature Neuroscience, 4*, 1171–1173.

Fishbein, M., Middlestadt, S. E., Ottati, V., Strauss, S., & Ellis, A. (1988). Medical problems among ICSOM musicians: Overview of a national survey. *Medical Problems of Performing Artists, 3*, 1–8.

Fiske, H. (1979). Musical performance evaluation ability: Toward a model of specificity. *Bulletin of the Council for Research in Music Education, 59*, 27–31.

Fitts, P. M., & Posner, M. I. (1967). *Human performance.* Belmont, CA: Brooks & Cole.

Fiz, J. A., Aguilar, J., Carreras, A., Teixido, A., Haro, M., Rodenstein, D., et al. (1993). Maximum respiratory pressures in trumpet players. *Chest, 104*, 1203–1204.

Folkestad, G. (2002). National identity and music. In R. Macdonald, D. J. Hargreaves, & D. Miell (Eds.), *Musical identities* (pp. 151–162). Oxford, UK: Oxford University Press.

Ford, L., & Davidson, J. W. (2003). An investigation of members' roles in wind quintets. *Psychology of Music, 31*, 53–74.

Fowler, W. (1990). Early stimulation and the development of verbal talents. In M. J. A. Howe (Ed.), *Encouraging the development of exceptional skills and talents* (pp. 179–210). Leicester, UK: BPS Books.

Fredrickson, W. E. (1992). Research on eye contact with implications for the conductor: A review of literature. *Update: Applications of Research in Music Education, 11*(1), 25–31.

Friberg, A., & Sundberg, J. (1987). How to terminate a phrase: An analysis by synthesis experiment on a perceptual aspect of music performance. In A. Gabrielsson (Ed.), *Action and perception in rhythm and music* (Publication No. 55, pp. 49–55). Stockholm: Royal Swedish Academy of Music.

Frith, S. (1996). *Performing rites: On the value of popular music.* Oxford, UK: Oxford University Press.

Gabrielsson, A. (2001). Emotions in strong experiences to music. In P. N. Juslin & J. A. Sloboda (Eds.), *Music and emotion: Theory and research* (pp. 435–452). Oxford, UK: Oxford University Press.

Gardner, H. (1973). Children's sensitivity to musical styles. *Merrill-Palmer Quarterly of Behavioral Development, 19*, 67–77.

Gardner, H. (1997). *Extraordinary minds.* New York: Basic Books.

Gembris, H. (2002). The development of musical abilities. In R. Colwell & C. Richardson (Eds.), *The new handbook of research on music teaching and learning* (pp. 487–508). New York: Oxford University Press.

Gerard, C., & Rosenfeld, M. (1995). Pratique musicale et régulations temporelles [Musical expertise and temporal regulation]. *L'Annee Psychologique, 95*, 571–591.

Gieseking, W., & Leimer, K. (1972). *Piano technique.* New York: Dover. (Original work published 1932)

Gillespie, W., & Myors, B. (2000). Personality of rock musicians. *Psychology of Music, 28*, 154–165.

Ginsborg, J. (2004). Strategies for memorising music. In A. Williamon (Ed.), *Enhancing musical performance* (pp. 123–142). Oxford, UK: Oxford University Press.

Goodman, E. (2002). Ensemble performance. In J. Rink (Ed.), *Musical performance: A guide to understanding* (pp. 153–167). Cambridge, UK: Cambridge

University Press.

Goolsby, T. W. (1994). Profiles of processing: Eye movements during sightreading. *Music Perception, 12*, 97–123.

Goolsby, T. W. (1996). Time use in instrumental rehearsals: A comparison of experienced, novice, and student teachers. *Journal of Research in Music Education, 44*, 286–303.

Goolsby, T. W. (1997). Verbal instruction in instrumental rehearsals: A comparison of three career levels and preservice teachers. *Journal of Research in Music Education, 45*, 21–40.

Goolsby, T. W. (1999). A comparison of expert and novice music teachers' preparing identical band compositions: An operational replication. *Journal of Research in Music Education, 47*, 174–187.

Gordon, E. E. (1967). *A three-year longitudinal predictive validity study of the musical aptitude profile.* Iowa City: University of Iowa Press.

Gordon, E. E. (1979). *Primary measures of music audiation.* Chicago: GIA.

Gordon, E. E.(1987). *The nature, description, measurement and evaluation of music aptitudes.* Chicago: GIA.

Green, B., & Gallwey, W. T. (1986). *The inner game of music.* New York: Doubleday.

Green, L. (1997). *Music, gender, education.* Cambridge, UK: Cambridge University Press.

Green, L. (2002). *How popular musicians learn: A way ahead for music education.* Aldershot, UK: Ashgate.

Gregory, A. (1997). The roles of music in society: the ethnomusicological perspective. In D. J. Hargreaves & A. C. North (Eds.), *The social psychology of music* (pp. 123–140). Oxford, UK: Oxford University Press.

Grove, G. (1882). *Dictionary of music and musicians* (1st ed.). London: Macmillan.

Gruhn, W., & Rauscher, F. H. (2002), The neurobiology of music cognition and learning. In R. Colwell & C. Richardson (Eds.), *The new handbook of research on music teaching and learning* (pp. 445–460). Oxford, UK: Oxford University Press.

Gruson, L. M. (1988). Rehearsal skill and musical competence: Does practice make perfect? In J. A. Sloboda (Ed.), *Generative processes in music: The psychology of performance, improvisation and composition* (pp. 91–112). New York: Oxford University Press.

Hallam, S. (1995). Professional musicians' approaches to the learning and interpretation of music. *Psychology of Music, 23*, 111–128.

Hallam, S. (1997). Approaches to instrumental music practice of experts and novices. In H. Jørgensen & A. C. Lehmann (Eds.), *Does practice make perfect? Current theory and research on instrumental music practice* (pp. 89–107). Oslo, Norway: Norges musikkhøgskole.

Hallam, S. (1998a). *Instrumental teaching: A practical guide to better teaching and learning.* Oxford, UK: Heinemann Educational.

Hallam, S. (1998b). The predictors of achievement and dropout in instrumental tuition. *Psychology of Music, 26*, 116–132.

Hallam, S. (2000). The power of music. Retrieved January 6, 2004, from http://www.prs.co.uk/DocsRepository/4205/The%20Power%20of%20Music%20

Report.pdf.

Halpern, A. (1992). Musical aspects of auditory imagery. In D. Reisberg (Ed.), *Auditory imagery* (pp. 1–28). Hillsdale, NJ: Erlbaum.

Halpern, A. (2003). Cerebral substrates of musical imagery. In I. Peretz & R. Zatorre (Eds.), *The cognitive neuroscience of music* (pp. 217–230). Oxford, UK: Oxford University Press.

Halpern, A. R., & Bower, G. H. (1982). Musical expertise and melodic structure in memory for musical notation. *American Journal of Psychology, 95*, 31–50.

Hamann, D. L. (1982). An assessment of anxiety in instrumental and vocal performers. *Journal of Research in Music Education, 30*, 77–90.

Hamann, D. L., & Sobaje, M. (1983). Anxiety and the college musician: A study of performance conditions and subject variables. *Psychology of Music, 11*, 37–50.

Handel, S. (1993). *Listening: An introduction to the perception of auditory events.* Cambridge, MA: MIT Press.

Hargreaves, D., Cork, C., & Setton, T. (1991). Cognitive strategies in jazz improvisation: An exploratory study. *Canadian Journal of Research in Music Education, 33*, 47–54.

Hargreaves, D. J. (1986). *The developmental psychology of music.* London: Cambridge University Press.

Hargreaves, D. J., & North, A. C. (Eds.). (1997). *The social psychology of music.* Oxford, UK: Oxford University Press.

Hassler, M. (1992). Creative musical behavior and sex hormones: Musical talent and spatial ability in the two sexes. *Psychoneuroendocrinology, 17*, 55–70.

Hayes, J. R. (1989). *The complete problem solver* (2nd ed.). Hillsdale, NJ: Erlbaum.

Helmlinger, A. (2005). *Mémoire et jeu d'ensemble. La mémorisation du répertoire dans les steelbands de Trinidad et Tobago* [Memory and ensemble performance. Memorization of repertoire in the steel bands of Trinidad and Tobago]. Unpublished doctoral dissertation, Université Paris X Nanterre, Paris, France.

Hendel, C. (1995). Behavioral characteristics and instructional patterns of selected music teachers. *Journal of Research in Music Education, 43*, 182–203.

Hepper, P. G. (1991). An examination of fetal learning before and after birth. *Irish Journal of Psychology, 12*, 95–107.

Hickey, M. (2002). Creativity research in music, visual art, theater, and dance. In R. Colwell & C. Richardson (Eds.), *The new handbook of research on music teaching and learning* (pp. 398–415). Oxford, UK: Oxford University Press.

Hodges, D. A. (Ed.) (1996). *Handbook of music psychology* (2nd ed). San Antonio: IMR Press.

Houtsma, A. J., Durlach, N. I., & Horowitz, D. M. (1987). Comparative learning of pitch and loudness identification. *Journal of the Acoustical Society of America, 81*, 129–132.

Howe , M. J. A. (1990). *The origins of exceptional abilities* . Oxford: Blackwell.

Howe, M. J. A., Davidson, J. W., Moore, D. G., & Sloboda, J. A. (1995). Are there early childhood signs of musical ability? *Psychology of Music, 23*, 162–176.

Howe, M. J. A., & Sloboda, J. A. (1991). Young musicians' accounts of significant influences in their early lives: 1. The family and the musical background.

British Journal of Music Education, 8(1), 39–52.

Huron, D. (1999). *Methodology. The new empiricism: systematic musicology in a postmodern age.* (1999 Ernest Bloch lectures, University of California, Berkeley, #3). Retrieved August 1, 2006 from www.musiccog.ohio-state.edu/Music220/Bloch.lectures/3.Methodology.html.

Husain, G., Thompson, W. F., & Schellenberg, E. G (2002). Effects of musical tempo and mode on arousal, mood, and spatial abilities. *Music Perception, 20,* 151–171.

Jacobson, R. (1974). *Reverberations: Interviews with the world's leading musicians.* New York: Morrow.

Johnson-Laird, P. N. (2002). How jazz musicians improvise. *Music Perception, 19,* 415–442.

Jones, M. R., & Yee, W. (1993). Attending to auditory events: The role of temporal organization. In S. McAdams & E. Bigand (Eds.), *Thinking in sound* (pp. 69–112). Oxford, UK: Clarendon.

Jørgensen, H. (1997). Time for practising? In H. Jørgensen & A. C. Lehmann (Eds.), *Does practice make perfect?* (pp. 123–140). Oslo, Norway: Norges musikkhøgskole.

Jørgensen, H. (2004). Strategies for individual practice. In A. Williamon (Ed.), *Musical excellence* (pp. 85–104). Oxford, UK: Oxford University Press.

Jusczyk, P. W., & Krumhansl, C. L. (1993). Pitch and rhythmic patterns affecting infants' sensitivity to musical phrase structure. *Journal of Experimental Psychology: Human Perception and Performance, 19,* 627–640.

Juslin, P. N. (1997a). Emotional communication in music performance: A functionalist perspective and some data. *Music Perception, 14,* 383–418.

Juslin, P. N. (1997b). Perceived emotional expression in synthesized performances of a short melody: Capturing the listener's judgement policy. *Musicae Scientiae, 1,* 225–256.

Juslin, P. N., Friberg, A., & Bresin, R. (2002). Toward a computational model of expression in music performance: The GERM model. *Musicae* Scientiae Special Issue 2001–2002, 63–122.

Juslin, P. N., & Laukka, P. (2000). Improving emotional communication in music performance through cognitive feedback. *Musicae Scientiae, 4,* 151–183.

Juslin, P. N., & Laukka, P. (2003). Communication of emotion in vocal expression and music performance: Different channels, same code? *Psychological Bulletin, 129,* 770–814.

Juslin, P. N., & Sloboda, J. A. (Eds.). (2001). *Music and emotion: Theory and research.* New York: Oxford University Press.

Juslin, P. N., Friberg, A., Schoonderwaldt, E., & Karlsson, J. (2004). Feedback learning of musical expressivity. In A. Williamon (Ed.), *Musical excellence* (pp. 247–270). New York: Oxford University Press.

Kalmus, H., & Fry, D. B. (1980). On tune deafness (dysmelodia): Frequency, development, genetics and musical background. *Annals of Human Genetics, 43,* 369–382.

Kartomi, M. (1991) *On concepts and classifications of musical instruments.* Chicago: University of Chicago Press.

Kaspersen, M., & Götestam, K. G. (2002). A survey of performance anxiety among Norwegian music students. *European Journal of Psychiatry, 16*, 69–80.

Keele, S., Pokorny, R., Corcos, D., & Ivry, R. (1985). Do perception and motor production share a common timing mechanism? *Acta Psychologica, 60*, 173–193.

Keller, P. E. (2001). Attentional resource allocation in musical ensemble performance. *Psychology of Music, 29*, 20–38.

Kenny, B. J., & Gellrich, M. (2001). Improvisation. In R. Parncutt & G. E. McPherson (Eds.), *The science and psychology of music performance: Creative strategies for teaching and learning* (pp. 117–134). Oxford, UK: Oxford University Press.

Kemp, A. E. (1996). *The musical temperament: Psychology and personality of musicians.* New York: Oxford University Press.

Kemp, A. E., & Mills, J. (2002). Musical potential. In R. Parncutt & G. E. McPherson (Eds.), *The science and psychology of music performance: Creative strategies for teaching and learning* (pp. 3–16). Oxford, UK: Oxford University Press.

Kendall, R. A., & Carterette, E. C. (1990). The communication of musical expression. *Music Perception, 8*, 129–164.

Kendrick, M. J., Craig, K. D., Lawson, D. M., & Davidson, P. O. (1982). Cognitive and behavioral therapy for musical performance anxiety. *Journal of Consulting and Clinical Psychology, 50*, 353–362.

Kessen, W., Levine, J., & Wendrich, K. (1979). The imitation of pitch in infants. *Infant Behavior and Development, 2*, 93–99.

Kingsbury, H. (1988). *Music, talent, and performance: A conservatory cultural system.* Philadelphia: Temple University Press.

Kinsler, V., & Carpenter, R. H. (1995). Saccadic eye movements while reading music. *Vision Research, 35*, 1447–1458.

Koelsch, S., Schroger, E., & Tervaniemi, M. (1999). Superior pre-attentive auditory processing in musicians. *Neuroreport, 26*, 1309–1313.

Kohn, A. (1993). *Punished by rewards.* New York: Houghton Mifflin.

Komlos, J., & Baur, M. A. (2004). From the tallest to (one of) the fattest: The enigmatic fate of the American population in the 20th century. *Journal of Economics and Human Biology, 2*, 57–74.

Konrad, U. (1992). *Mozarts Schaffensweise* [Mozart's method of composing]. Göttingen, Germany: Vandenhoek & Ruprecht.

Kopiez, R. (2002). Making music and making sense through music. In R. Colwell & C. Richardson (Eds.), *The new handbook of research on music teaching and learning* (pp. 522–541). Oxford, UK: Oxford University Press.

Kopiez, R., & Brink, G. (1998). *Fussball-Fangesange. Eine Fanomelogie* [Soccer fan chants: A fanomenology]. Würzburg, Germany: Königshausen.

Kopiez, R., Langner, J., & Steinhagen, P. (1999). Afrikanische Trommler (Ghana) bewerten und spielen europäische Rhythmen [Cross-cultural study of the evaluation and performance of rhythm]. *Musicae Scientiae, 3*, 139–160.

Krampe, R. T., & Ericsson, K. A. (1996). Maintaining excellence: Deliberate practice and elite performance in young and older pianists. *Journal of Experimental Psychology: General, 125*, 331–359.

Kratus, J. (1989). A time analysis of the compositional processes used by children ages 7 to 11. *Journal of Research in Music Education, 37*, 5–20.

Kratus, J. (1991). Growing with improvisation. *Music Educators Journal, 78*(4), 35–40.

Kratus, J. (1993). A developmental study of children's interpretation of emotion in music. *Psychology of Music, 21*, 3–19.

Kreutz, G., Russ, M., Bongard, S., & Lanfermann, H. (2003). Zerebrale Korrelate des Musikhörens. Eine fMRT-Studie zur Wirkung, fröhlicher', und trauriger' klassischer Musik. [Cerebral correlates of music listening: A fMRI-study regarding the effect of happy and sad classical music]. *Nervenheilkunde, 6*, 51–56.

Lamont, A. (1995). Review of Swanwick, K., *Musical knowledge: Intuition, analysis and music education. European Society for the Cognitive Sciences of Music Newsletter, 7* (April), 9–11.

Langner, J., Kopiez, R., Stoffel, C., & Wilz, M. (2000). Realtime analysis of dynamic shaping. In C. Woods, G. Luck, F. Brochard, F. Seddon, & J. Sloboda, (Eds.) *Proceedings of the Sixth International Conference on Music Perception and Cognition.* Staffordshire, UK: Keele University.

LeBlanc, A. (1981). Effects of style, tempo, and performing medium on children's music preference. *Journal of Research in Music Education, 29*, 143–156.

LeBlanc, A., Jin, Y. C., Obert, M., & Siivola, C. (1997). Effect of audience on music performance anxiety. *Journal of Research in Music Education, 45*, 480–486.

Lecanuet, J. P. (1996). Prenatal auditory development. In I. Deliège & J. A. Sloboda (Eds.), *Musical beginnings: Origins and development of musical competence* (pp. 3–36). Oxford, UK: Oxford University Press.

Lehman, H. C. (1953). *Age and achievement.* Princeton, NJ: Princeton University Press.

Lehmann, A. C. (1996). The acquisition of expertise in music: Efficiency of deliberate practice as a moderating variable in accounting for sub-expert performance. In I. Deliège & J. A. Sloboda (Eds.), *Perception and cognition of music* (pp. 165–191). Hove, UK: Psychology Press.

Lehmann, A. C. (1997). Affective response to everyday life events and music listening. *Psychology of Music, 25*, 84–90.

Lehmann, A. C. (2002). Effort and enjoyment in deliberate practice. In I. M. Hanken, S. G. Nielsen, & M. Nerland (Eds.), *Research in and for music education: Festschrift for Harald Jørgensen* (pp. 153–166). Oslo: Norwegian Academy of Music.

Lehmann, A. C., & Davidson, J. W. (2002). Taking an acquired skills perspective on music performance. In R. Colwell & C. Richardson (Eds.), *The new handbook of research on music teaching and learning* (pp. 542–560). New York: Oxford University Press.

Lehmann, A. C., & Ericsson, K. A. (1996). Performance without preparation: Structure and acquisition of expert sight-reading and accompanying performance. *Psychomusicology, 15*, 1–29.

Lehmann, A. C., & Ericsson, K. A. (1997a). Expert pianists' mental representations: Evidence from successful adaptation to unexpected performance demands. In

A. Gabrielsson (Ed.), *Proceedings of the Third Triennial-ESCOM Conference* (pp. 165–169). Uppsala, Sweden: Uppsala University.

Lehmann, A. C., & Ericsson, K. A. (1997b). Research on expert performance and deliberate practice: Implications for the education of amateur musicians and music students. *Psychomusicology, 16*, 40–58.

Lehmann, A. C., & Ericsson, K. A. (1998a). The historical development of domains of expertise: Performance standards and innovations in music. In A. Steptoe (Ed.), *Genius and the mind: Studies of creativity and temperament in the historical record* (pp. 64–97). Oxford, UK: Oxford University Press.

Lehmann, A. C., & Ericsson, K. A. (1998b). Preparation of a public piano performance: The relation between practice and performance. *Musicae Scientiae, 2*, 69–94.

Lehmann, A. C., & McArthur, V. (2002). Sight-reading. In R. Parncutt & G. E. McPherson (Eds.), *The science and psychology of music performance: Creative strategies for teaching and learning* (pp. 135–150). Oxford, UK: Oxford University Press.

Lehmann, A. C., & Papousek, S. (2003). Self-reported performance goals predict actual practice behavior among adult piano beginners. In R. Kopiez, A. Lehmann, I. Wolther, & C. Wolf (Eds.), *Proceedings of the Fifth Triennial ESCOM Conference* [CD-ROM] (pp. 389–392). Hannover, Germany: University of Music and Drama.

Lehrer, P. M. (1987). A review of approaches to the management of tension and stage fright in music performance. *Journal of Research in Music Education, 35*, 143–152.

Lehrer, P. M., Goldman, N. S., & Strommen, E. F. (1990). A principal components assessment of performance anxiety among musicians. *Medical Problems of Performing Artists, 5*, 12–18.

Levitin, D. J. (1994). Absolute memory for musical pitch: Evidence from the production of learned melodies. *Perception and Psychophysics, 56*, 414–423.

Lim, V., & Altenmüller, E. (2003). Musicians' cramp: Instrumental and gender differences. *Medical Problems of Performing Artists, 18*, 21–27.

Lindström, E., Juslin, P. N., Bresin, R., & Williamon, A. (2003). "Expressivity comes from within your soul": A questionnaire study of music students' perspectives on expressivity. *Research Studies in Music Education, 20*, 23–47.

Linzenkirchner, P., & Eger-Harsch, G. (1995). *Gute Noten mit kritischen Anmerkungen [Documentation of national music youth competition 1984 to 1993].* Bonn, Germany: Deutscher Musikrat.

Lively, S. E., Logan, J. S., & Pisoni, D. B. (1993). Training Japanese listeners to identify English /r/ and /l/: II. The role of phonetic environment and talker variability in learning new perceptual categories. *Journal of the Acoustical Society of America, 94*, 1242–1255.

Lord, A. B., Mitchell, S., & Nagy, G. (2000). *The singer of tales* (2nd. ed.). Cambridge, MA: Harvard University Press.

MacDonald, R., Hargreaves, D., & Miell, D. (Eds.). (2002). *Musical identities.* London: Oxford University Press.

Mach, E. (1980). *Great pianists speak for themselves.* New York: Dodd, Mead.

Madsen, C. K., & Duke. R. A. (1985). Perception of approval/disapproval in music. *Bulletin of the Council for Research in Music Education, 85*, 119–130.

Maehr, M. L., Pintrich, P. R., & Linnenbrink, E. A. (2002). Motivation and achievement. In R. Colwell & C. Richardson (Eds.), *The new handbook of research on music teaching and learning* (pp. 348–372). New York: Oxford University Press.

Magowan, F. (1994). "The land is our märr (essence), it stays forever": The yothuyindi relationship in Australian Aboriginal traditional and popular music. In M. Stokes (Ed.), *Ethnicity, identity, and music: The musical construction of place* (pp. 135–155). Oxford, UK: Berg.

Marrin, T., & Picard, R. (1998, September). The conductor's jacket: A testbed for research on gestural and affective expression. Paper presented at the Twelfth Colloquium for Musical Informatics, Gorizia, Italy.

Marsalis, W. (1995a, November). We all need time in the woodshed. *Our Children, 21*(2), 28–29.

Marsalis, W. (1995b). *Tackling the monster* [Video]. New York: Sony Classical.

Matthay, T. (1926). *On memorizing and playing from memory and on the laws of practice generally*. Oxford: Oxford University Press.

McAdams, S., & Bigand, E. (Eds.). (1993). *Thinking in sound*. Oxford, UK: Clarendon.

McClary, S. (1991). *Feminine endings: Music, gender, and sexuality*. Minneapolis: Minnesota University Press.

McCormick, J., & McPherson, G. (2003). The role of self-efficacy in a musical performance examination: An exploratory structural equation analysis. *Psychology of Music, 31*(1), 37–51.

McPherson, G. E. (1995). The assessment of musical performance: Development and validation of five new measures. *Psychology of Music, 23*, 142–161.

McPherson, G. E. (2000). Commitment and practice: Key ingredients for achievement during the early stages of learning a musical instrument. *Bulletin of the Council for Research in Music Education, 147*, 122–127.

McPherson, G. E., & Davidson, J. W. (2002). Musical practice: Mother and child interactions during the first year of learning an instrument. *Music Education Research, 4*, 141–156.

McPherson, G. E., & Gabrielsson, A. (2002). From sound to sign. In R. Parncutt & G. E. McPherson (Eds.), *The science and psychology of music performance: Creative strategies for teaching and learning* (pp. 99–116). Oxford, UK: Oxford University Press.

McPherson, G. E., & Renwick, J. M. (2001). A longitudinal study of self-regulation in children's musical practice. *Music Education Research, 3*, 169–186.

McPherson, G. E., & Zimmerman, B. J. (2002). Self-regulation of musical learning: A social cognitive perspective. In R. Colwell & C. Richardson (Eds.), *The new handbook of research on music teaching and learning* (pp. 327–347). New York: Oxford University Press.

Mendelssohn-Bartholdy, P., & Mendelssohn-Bartholdy, C. (Eds.) (1882). *Briefe aus den Jahren 1830 bis 1847 von Felix Mendelssohn-Bartholdy [F. M.-B.'s letters from the years 1830 to 1847], II*. Leipzig: Mendelssohn.

Merriam, A. P. (1964). *The anthropology of music*. Chicago: Northwestern University Press.

Messenger, J. (1958). Esthetic talent. *Basic College Quarterly, 4*, 20–24.

Meyer, L. B. (2001). Music and emotion: Distinctions and uncertainties. In P. N. Juslin, & J. A. Sloboda (Eds.), *Music and emotion: Theory and research* (pp. 341–360). Oxford, UK: Oxford University Press.

Miller, J. L., & Eimas, P. D. (Eds.). (1995). *Handbook of perception and cognition: Vol. 11. Speech, language and communication* (2nd ed.). New York: Academic Press.

Miller, L. K. (1989). *Musical savants: Exceptional skill in the mentally retarded*. Hillsdale, NJ: Erlbaum.

Miller, R. F. (1992). Affective response. In R. Colwell (Ed.), *Handbook of research in music teaching and learning* (pp. 414–424). New York: Schirmer.

Mishra, J. (2002). Context-dependent memory: Implications for musical performance. *Update: Applications of Research in Music Education, 20*(2), 27–31.

Monson, I. (1996). *Saying something: Jazz improvisation and interaction*. Chicago: Chicago University Press.

Moore, D. G., Burland, K., & Davidson, J. W. (2003). The social context of musical success: A developmental account. *British Journal of Psychology, 94*, 529–549.

Mor, S., Day, H. I., Flett, G. L., & Hewitt, P. L. (1995). Perfectionism, control, and components of performance anxiety in professional artists. *Cognitive Therapy and Research, 19*, 207–225.

Motte-Haber, H. (1995). Der einkomponierte Hörer [The built-in listener]. In H. Motte-Haber & R. Kopiez (Eds.), *Der Hörer als Interpret* [The listener as interpreter] (pp. 35–42). Frankfurt, Germany: Lang.

Mueller, R. (2002). Perspectives from sociology of music. In R. Colwell & C. Richardson (Eds.), *The new handbook of research in music teaching and learning* (pp. 584–603). New York: Oxford University Press.

Münte, T. F., Altenmüller, E., & Jäncke, L. (2002). The musician's brain as a model of neuroplasticity. *Nature Reviews: Neuroscience, 3*, 473–478.

Münzer, S., Berti, S., & Pechmann, T. (2002). Encoding timbre, speech, and tones: Musicians vs. non-musicians. *Psychologische Beiträge, 44*, 187–202.

Murningham, J. K., & Conlon, D. E. (1991, June). The dynamics of intense work groups: A study of British string quartets. *Administrative Science Quarterly*, 165–186.

Myers, H. (Ed.). (1992). *Ethnomusicology: An introduction*. London: Macmillan.

Nager, W., Kohlmetz, C., Altenmüller, E., Rodriguez-Fornells, A., & Münte, T. (2003). The fate of sounds in conductors" brains: An ERP study. *Cognitive Brain Research, 17*, 83–93.

Nettl, B., & Bohlman, P. V. (1991). *Comparative musicology and anthropology of music: Essays on the history of ethnomusicology* (pp. 293–317). Chicago: University of Chicago Press.

Nettl, B., Capwell, C., Bohlman, P., Wong, I., & Turino, T. (1992). *Excursions in world music*. Englewood Cliffs, NJ: Prentice-Hall.

Neuhaus, H. (1967). *Die Kunst des Klavierspiels*. Cologne, Germany: Gerig.

Nielsen, S. G. (1999). Learning strategies in instrumental music practice. *British Journal of Music Education, 16*, 275–291.

North, A. C., Colley, A. M., & Hargreaves, D. J. (2003). Adolescents' perceptions of the music of male and female composers. *Psychology of Music, 31*, 139–154.

North, A. C., & Hargreaves, D. J. (1997a). Experimental aesthetics and everyday music listening. In D. J. Hargreaves & A. C. North (Eds.), *The social psychology of music* (pp. 84–106). Oxford, UK: Oxford University Press.

North, A. C., & Hargreaves, D. J. (1997b). The effect of physical attractiveness on the responses to pop music performers and their music. *Empirical Studies of the Arts, 15*(1), 75–89.

Nubé, J. (1991). Beta-blockers: Effects on performing musicians. *Medical Problems of Performing Artists, 6*, 61–68.

Nubé, J. (1994). Time-series analyses of the effects of propranolol on pianistic performance. *Medical Problems of Performing Artists, 9*, 77–88.

Oblad, C. (2000). On using music: About the car as a concert hall. In C. Woods, G. Luck, R. Brochard, F. Seddon, & J. A. Sloboda (Eds.), *Proceedings of the Sixth International Conference on Music Perception and Cognition* [CD-ROM]. Keele, Staffordshire, UK: Keele University Psychology Department.

O'Neill, S. A. (1997). The role of practice in children's early musical performance achievement. In H. Jørgensen & A. C. Lehmann (Eds.), *Does practice make perfect? Current theory and research on instrumental music practice* (pp. 53–70). Oslo, Norway: Norges musikkhøgskole.

O'Neill, S. (1999). Flow theory and the development of musical performance skills. *Bulletin of the Council for Research in Music Education, 141*, 129–134.

O'Neill, S. A., & McPherson, G. E. (2002). Motivation. In R. Parncutt & G. E. McPherson (Eds.), *The science and psychology of music performance: Creative strategies for teaching and learning* (pp. 31–46). New York: Oxford University Press.

O'Neill, S. A., & Sloboda, J. A. (1997). The effects of failure on children's ability to perform a musical test. *Psychology of Music, 25*, 18–34.

Palmer, C. (1992). The role of interpretive preferences in music performance. In M. R. Jones & S. Holleran (Eds.), *Cognitive bases of musical communication* (pp. 249–262). Washington, DC: American Psychological Association.

Palmer, C. (1997). Music performance. *Annual Review of Psychology, 48*, 115–138.

Palmer, C., & Meyer, R. K. (2000). Conceptual and motor learning in music performance. *Psychological Science, 11*, 63–68.

Palmer, C., & van de Sande, C. (1995). Range of planning in music performance. *Journal of Experimental Psychology: Human Perception and Performance, 21*, 947–962.

Pantev, C., Engelien, A., Candia, V., & Elbert, T. (2003). Representational cortex in musicians. In I. Peretz & R. Zatorre (Eds.), *The cognitive neuroscience of music* (pp. 383–395). Oxford, UK: Oxford University Press.

Papousek, M. (1996). Intuitive parenting: A hidden source of musical stimulation in infancy. In I. Deliège & J. A. Sloboda (Eds.), *Musical beginnings* (pp. 88–114). Oxford, UK: Oxford University Press.

Parncutt, R., & Levitin, D. (2000). Absolute pitch. In S. Sadie (Ed.), *The new Grove dictionary of music and musicians.* London: Macmillan.

Parncutt, R., & McPherson, G. E. (Eds.). (2001). *The science and psychology of music performance: Creative strategies for teaching and learning.* New York: Oxford University Press.

Pembrook, R., & Craig, C. (2002). Teaching as a profession: Two variations on a theme. In R. Colwell & C. Richardson (Eds.), *The new handbook of research on music teaching and learning* (pp. 786–817). New York: Oxford University Press.

Peretz, I. (2003). Brain specialization for music: New evidence from congenital amusia. In I. Peretz & R. J. Zatorre (Eds.), *The cognitive neuroscience of music* (pp. 192–203). Oxford, UK: Oxford University Press.

Peretz, I., & Hyde, K. (2003). What is specific to music processing? Insights from congenital amusia. *Trends in Cognitive Science, 7,* 362–367.

Peretz, I., & Zatorre, R. (Eds.). (2003). *The cognitive neuroscience of music.* Oxford, UK: Oxford University Press.

Persson, R. (1996). Brilliant performers as teachers: A case study of commonsense teaching in a conservatoire setting. *International Journal of Music Education, 28,* 25–36.

Persson, R. S. (2001). The subjective world of the performer. In P. N. Juslin & J. A. Sloboda (Eds.), *Music and emotion: Theory and research* (pp. 275–289). New York: Oxford University Press.

Piaget, J. (1958). *The child's construction of reality.* London: Routledge.

Poggi, I. (2002). The lexicon of the conductor's face. In P. McKevitt, S. O. Nualláin, & C. Mulvihill (Eds.), *Language, vision and music: Selected papers from the Eighth International Workshop on the Cognitive Science of Natural Language Processing, Galway, Ireland, 1999* (pp. 271–284). Amsterdam: Benjamins.

Pollard-Gott, L. (1983). Emergence of thematic concepts in repeated listening to music. *Cognitive Psychology, 15,* 66–94.

Powell, J., & Dibben, N. (2005). Key-mood association: A self-perpetuating myth. *Musicae Scientiae, 9,* 289–312.

Pressing, J. (1984). Cognitive processes in improvisation. In W. R. Crozier & A. J. Chapman (Eds.), *Cognitive processes in the perception of art* (pp. 345–363). Amsterdam: Elsevier.

Pressing, J. (1998). Psychological constraints on improvisational expertise and communication. In B. Nettl & M. Russell (Eds.), *In the course of performance* (pp. 47–68). Chicago: University of Chicago Press.

Price, H. E. (1992). Sequential patterns of music instruction and learning to use them. *Journal of Research in Music Education, 40,* 14–29.

Price, H. E., & Byo, J. L. (2002). Rehearsing and conducting. In R. Parncutt & G. E. McPherson (Eds.), *The science and psychology of music performance: Creative strategies for teaching and learning* (pp. 335–351). New York: Oxford University Press.

Proctor, W., & Dutta, A. (1995). *Skill acquisition and human performance.* Thousand Oaks, CA: Sage.

Raeburn, S. (2000). Psychological issues and treatment strategies in popular musicians: A review: Part 2. *Medical Problems of Performing Artists, 15*(10), 6–17.

Raffman, D. (1993). *Language, music, and mind*. Cambridge, MA: The MIT Press.

Raghuram, R., Keshavan, M. D., & Channabasavanna, S. (1980). Musical hallucinations in a deaf middle-aged patient. *Journal of Clinical Psychiatry, 41*(10), 357.

Ramsey, G. P. (2000). The muze 'n the hood: Musical practice and film in the age of hip hop. *Institute for Studies in American Music Newsletter, 29*(2). Retrieved August 1, 2006 from http://depthome.brooklyn.cuny.edu/isam/ramsey.html .

Rasch, R. A. (1981). Julius Bahle's psychology of musical creation. In N. H. Frijda & A. D. de Groot (Eds.), *Otto Selz: His contribution to psychology* (pp. 164–191). Den Haag, Netherlands: Mouton.

Rasch, R. A. (1988). Timing and synchronization in ensemble performance. In J. A. Sloboda (Ed.), *Generative processes in music: The psychology of performance, improvisation, and composition* (pp. 70–90). New York: Oxford University Press.

Rauscher, F. H., & Hinton, S. C. (2003). Type of music training selectively influences perceptual processing. In R. Kopiez, A. Lehmann, I. Wolther, & C. Wolf (Eds.), *Proceedings of the Fifth Triennial Conference of the European Society for the Cognitive Sciences of Music*. Hannover, Germany: University of Music and Drama.

Rayner, K., & Pollatsek, A. (1989). *The psychology of reading*. Hillsdale, NJ: Erlbaum.

Reid, A. (1997). The meaning of music and the understanding of teaching and learning in the instrumental lesson. In A. Gabrielsson (Ed.), *Proceedings of the Third Triennial ESCOM Conference* (pp. 200–205). Uppsala, Sweden: European Society for the Cognitive Sciences of Music.

Reid, A. (2001). Variation in the ways that instrumental and vocal students experience music learning. *Music Education Research, 3*, 25–40.

Renwick, J. M., & McPherson, G. E. (2002). Interest and choice: Student-selected repertoire and its effect on practising behavior. *British Journal of Music Education, 19*, 173–188.

Repp, B. (1998a). Obligatory "expectations" of expressive timing induced by perception of musical structure. *Psychological Research, 61*, 33–43.

Repp, B. H. (1990). Patterns of expressive timing in performances of a Beethoven minuet by nineteen famous pianists. *Journal of the Acoustical Society of America, 88*, 622–641.

Repp, B. H. (1992). Diversity and commonality in music performance: An analysis of timing microstructure in Schumann's "Träumerei." *Journal of the Acoustical Society of America, 92*, 2546–2568.

Repp, B. H. (1996). The art of inaccuracy: Why pianists' errors are difficult to hear. *Music Perception, 14*, 161–184.

Repp, B. H. (1997). The aesthetic quality of a quantitatively average music performance: Two preliminary experiments. *Music Perception, 14*, 419–444.

Repp, B. H. (1998b). The detectability of local deviations from a typical expressive timing pattern. *Music Perception. 15*, 265–289.

Rogoff, B. (2003). *The cultural nature of human development*. Oxford, UK: Oxford University Press.

Roland, D. (1994). How professional performers manage performance anxiety. *Research Studies in Music Education, 2*, 25–35.

Rosenbrock, A. (2002). The composition process in pop and rock music bands. In M. Britta & M. Melen (Eds.), *Proceedings of the ESCOM 10th Anniversary Conference on Musical Creativity* [CD-ROM]. Liège, Belgium: Université de Liège.

Rosenshine, B., Froehlich, H., & Fakhouri, I. (2002). Systematic instruction. In R. Colwell & C. Richardson (Eds.), *The new handbook of research on music teaching and learning* (pp. 299–314). New York: Oxford University Press.

Runfola, M., & Swanwick, K. (2002). Developmental characteristics of music learners. In R. Colwell & C. Richardson (Eds.), *The new handbook of research on music teaching and learning* (pp. 373–397). New York: Oxford University Press.

Sachs, H. (1982). *Virtuoso*. London: Thames & Hudson.

Sadie, S. (Ed.). (2001). *The new Grove dictionary of music and musicians* (2nd ed., Vols. 1–29). London: Macmillan.

Saffran, J. R. (2003). Absolute pitch in infancy and adulthood: the role of tonal structure. *Developmental Science, 6*, 37–45.

Sataloff, R. T., Brandfonbrener, A. G., & Lederman, R. J. (1998). *Performing arts medicine* (2nd ed.). San Diego, CA: Singular.

Scherer, K. R., & Zentner, M. R. (2001). Emotional effects of music: Production rules. In P. N. Juslin & J. A. Sloboda (Eds.), *Music and emotion: Theory and research* (pp. 361–392). Oxford, UK: Oxford University Press.

Schubert, E. (2003). Update of the Hevner adjective checklist. *Perceptual and Motor Skills, 96*, 1117–1122.

Scupin, R. (1999). *Cultural anthropology* (4th ed.). New York: Prentice-Hall.

Seashore, C. E. (1967). *Psychology of music*. New York: Dover. (Original work published 1938)

Seashore, C. E., Lewis, D., & Saetvit, J. G. (1960). *Seashore measures of musical talents* (Rev. ed.). New York: Psychological Corporation of New York.

Segovia, A. (1976). *Andrés Segovia: An autobiography of the years 1893–1920* (W. F. O'Brien, Trans.). New York: Macmillan.

Sergeant, D. (1969). Experimental investigations of absolute pitch. *Journal of Research in Music Education, 17*, 135–143.

Shaffer, L. H. (1984). Timing in solo and duet piano performances. *Quarterly Journal of Experimental Psychology, 36*, 577–595.

Shibata, D. K., Kwok, E., Zhong, J., Shrier, D., & Numaguchi, Y. (2001). Functional MR imaging of vision in the deaf. *Academic Radiology, 8*(7), 598–604.

Shoup, D. (1995). Survey of performance-related problems among high school and junior high school musicians. *Medical Problems of Performing Artists, 10*, 100–105.

Simon, H. A., & Chase, W. G. (1973). Skill in chess. *American Scientist, 61*, 394–403.

Simonton, D. K. (1984). *Genius, creativity and leadership*. Cambridge, MA: Harvard University Press.

Simonton, D. K. (1997). Products, persons, and periods: Historiometric analyses of compositional creativity. In D. Hargreaves & A. North (Eds.), *The social psychology of music* (pp. 107–122). Oxford, UK: Oxford University Press.

Simonton, D. K. (1999). *Origins of genius: Darwinian perspectives on creativity.*

New York: Oxford University Press.

Singer, R. N., Hausenblas, H. A., & Janelle, C. (Eds.). (2001). *Handbook of sports psychology.* New York: Wiley.

Sloboda, J. A. (1978). The psychology of music reading. *Psychology of Music, 6*(2), 3–20.

Sloboda, J. A. (1983). The communication of musical metre in piano performance. *Quarterly Journal of Experimental Psychology, 35,* 377–396.

Sloboda, J. A. (1985a). Expressive skill in two pianists: Style and effectiveness in music performance. *Canadian Journal of Psychology, 39,* 273–293.

Sloboda, J. A. (1985b). *The musical mind: The cognitive psychology of music.* Oxford, UK: Oxford University Press.

Sloboda, J. A. (1990). Music as language. In F. R. Wilson & F. L. Roehmann (Eds.), *Music and child development: The biology of music making* (pp. 28–43). St. Louis, MO: MMB Music.

Sloboda, J. A. (1992). Empirical studies of emotional response to music. In M. Riess-Jones & S. Holleran (Eds.), *Cognitive bases of musical communication* (pp. 33–46). Washington, DC: American Psychological Association.

Sloboda, J. A. (1996). The acquisition of musical performance expertise: Deconstructing the "talent" account of individual differences in musical expressivity. In K. A. Ericsson (Ed.), *The road to excellence* (pp 107–126). Mahwah, NJ: Erlbaum.

Sloboda,. J. A. (1999). Everyday uses of music listening: A preliminary study. In S. W. Yi (Ed.), *Music, mind and science* (pp. 354–369). Seoul, Korea: Seoul National University Press.

Sloboda, J. A. (2001). Emotion, functionality, and the everyday experience of music: Where does music education fit? *Music Education Research, 3,* 243–253.

Sloboda, J. A., Davidson, J. W., Howe, M. J. A., & Moore, D. G. (1996). The role of practice in the development of expert musical performance. *British Journal of Psychology, 87,* 287–309.

Sloboda, J. A., Gayford, C., & Minnassian, C. (2003). Assisting advanced musicians to enhance their expressivity: An intervention study. In R. Kopiez, A. C. Lehmann, I. Wolther, & C. Wolf (Eds.), *Proceedings of the Fifth Triennial ESCOM Conference* (p. 92) [CD-ROM]. Hannover, Germany: University of Music and Drama.

Sloboda, J. A., Hermelin, B., & O'Connor, N. (1985). An exceptional musical memory. *Music Perception. 3,* 155–170.

Sloboda, J. A., & Howe, M. J. A. (1991). Biographical precursors of musical excellence: An interview study. *Psychology of Music, 19,* 3–21.

Sloboda, J. A., & Lehmann, A. C. (2001). Performance correlates of perceived emotionality in different interpretations of a Chopin piano prelude. *Music Perception, 19,* 87–120.

Sloboda, J. A., & O'Neill, S. A. (2001). Emotions in everyday listening to music. In P. N. Juslin & J. A. Sloboda (Eds.), *Music and emotion: Theory and research* (pp. 415–429). Oxford, UK: Oxford University Press.

Sloboda, J. A., O'Neill, S. A., & Ivaldi, A. (2001). Functions of music in everyday life: An exploratory study using the Experience Sampling Methodology. *Musi-*

cae Scientiae, 5, 9–32.

Sloboda, J. A., & Parker, D. H. (1985). Immediate recall of melodies. In P. Howell, I. Cross, & R. West (Eds.), *Musical structure and cognition* (pp. 143–167). London: Academic Press.

Small, C. (1998). *Musicking: The meanings of performing and listening.* Hanover, NH: Wesleyan University Press.

Snitkin, H. S. (1997). *Practicing for young musicians: You are your own teacher.* Niantic, CT: HMS.

Sosniak, L. (1985). Learning to be a concert pianist. In B. S. Bloom (Ed.), *Developing talent in young people* (pp. 19–67). New York: Ballantine.

Spahn, C., Strukely, S., & Lehmann, A. (2004). Health conditions, attitudes toward study, and attitudes toward health at the beginning of university study: Music students in comparison with other student populations. *Medical Problems of Performing Musicians, 19,* 26–33.

Steptoe, A., & Fidler, H. (1987). Stage fright in orchestral musicians: A study of cognitive and behavioral strategies in performance anxiety. *British Journal of Psychology, 78,* 241–249.

Sternbach, D. J. (1995). Musicians: A neglected working population in crisis. In S. L. Sauter & L. R. Murphy (Eds.), *Organizational risk factors for job stress* (pp. 283–302). Washington, DC: American Psychological Association.

Sternberg, R. J. (Ed.). (1999). *Handbook of creativity.* Cambridge, UK: Cambridge University Press.

Sudnow, D. (1993). *Ways of the hand: The organisation of improvised conduct.* London: Routledge.

Swanwick, K. (1991) Further research on the musical developmental sequence. *Psychology of Music, 19,* 22–32.

Swanwick, K., & Tillman, J. (1986). The sequence of musical development. *British Journal of Music Education, 3,* 305–339.

Sweeney, G. A., & Horan, J. J. (1982). Separate and combined effects of cue-controlled relaxation and cognitive restructuring in the treatment of musical performance anxiety. *Journal of Counseling Psychology, 29,* 486–497.

Tait, M. (1992). Teaching strategies and styles. In R. Colwell (Ed.), *Handbook of research on music teaching and learning* (pp. 525–534). New York: Schirmer.

Tarrant, M., Hargreaves, D. J., & North, A. C. (2001). Social categorization, self-esteem, and the estimated musical preferences of male adolescents. *Journal of Social Psychology, 141,* 565–581.

Thompson, S., & Lehmann, A. C. (2004). Strategies for sight-reading and improvising music. In A. Williamon (Ed.), *Musical excellence* (pp. 143–159). Oxford, UK: Oxford University Press.

Trainor, L. J., & Trehub, S. E. (1993). What mediates infants' and adults' superior processing of the major over the augmented triad? *Music Perception, 11,* 185–196.

Trehub, S. (2003). Musical predispositions in infancy: An update. In I. Peretz & R. Zatorre (Eds.), *The cognitive neuroscience of music* (pp. 3–20). Oxford, UK: Oxford University Press.

Trehub, S. E., & Trainor, L. J. (1993). Listening strategies in infancy: The roots of music and language development. In S. McAdams & E. Bigand (Eds.), *Thinking in sound* (pp. 278–327). Oxford, UK: Clarendon.

Upitis, R. (1987). Children's understanding of rhythm. *Psychomusicology, 7,* 41–60.

Valentine, E. (2004). Alexander technique. In A. Williamon (Ed.), *Musical excellence* (pp. 179–195). New York: Oxford University Press.

Van Kemanade, J. F., Van Son, M. J., & Van Heesch, N. C. (1995). Performance anxiety among professional musicians in symphonic orchestras: A self-report study. *Psychological Reports, 77,* 555–562.

Vetter, I. (1998). Musik aus dem Jenseits: Der Fall Rosemary Brown und seine soziokulturellen und psychologischen Bedingungen [The case of Rosemary Brown, its sociocultural and psychological context]. In R. Kopiez, B. Barthelmes, & H. Gembris (Eds.), *Musikwissenschaft zwischen Kunst, Ästhetik und Experiment* (pp. 619–633). Würzburg: Königshausen & Neumann.

Walsh, G., Altenmüller, E., & Jabusch, H. C. (2006). Synchronization of contrary finger movements in pipers, woodwind players, violinists, pianists, accordionists and non-musicians (unpublished manuscript).

Wan, C. Y., & Huon, G. F. (2005). Performance degradation under pressure in music: An examination of attentional processes. *Psychology of Music, 33,* 155–172.

Wanderley, M. M. (2002). Quantitative analysis of non-obvious performer gestures. In I. Wachsmuth & T. Sowa (Eds.), *Gesture and sign language in human-computer interaction: Revised papers* (pp. 241–253). Berlin, Germany: Springer.

Wapnick, J., Darrow, A. A., Kovacs, J., & Dalrymple, L. (1997). Effects of physical attractiveness on evaluation of vocal performance. *Journal of Research in Music Education, 45,* 470–479.

Wapnick, J., & Ekholm, E. (1997). Expert consensus in solo voice performance evaluation. *Journal of Voice, 11,* 429–436.

Wapnick, J., Kovacs Mazza, J., & Darrow, A. A. (1998). Effects of performer attractiveness, stage behavior, and dress on violin performance evaluation. *Journal of Research in Music Education, 46,* 510–521.

Wapnick, J., Kovacs Mazza, J., & Darrow, A. A. (2000). Effects of performer attractiveness, stage behavior, and dress on evaluation of children's piano performance. *Journal of Research in Music Education, 48,* 323–336.

Ward, W. D. (1999). Absolute pitch. In D. Deutsch (Ed.), *Psychology of music* (2nd ed., pp. 265–298). New York: Academic Press.

Waters, A. J., Underwood, G., & Findlay, J. M. (1997). Studying expertise in music reading: Use of a pattern-matching paradigm. *Perception and Psychophysics, 59,* 477–488.

Webster, P. (1992). Research on creative thinking in music: The assessment literature. In R. Colwell (Ed.), *Handbook of research on music teaching and learning* (pp. 266–280). New York: Schirmer.

Weick, K. E., Gilfillian, D. P., & Keith, T. A. (1973). The effect of composer credibility on orchestra performance. *Sociometry, 36,* 435–462.

Weisberg, D. (Ed.). (1992). *Auditory imagery.* Hillsdale, NJ: Erlbaum.

Weisberg, R. W. (1999). Creativity and knowledge. In R. J. Sternberg (Ed.), *Hand-*

book of creativity (pp. 226–250). Cambridge, UK: Cambridge University Press.

Wesner, R. B., Noyes, R., & Davis, T. L. (1990). The occurrence of performance anxiety among musicians. *Journal of Affective Disorders, 18*, 177–185.

West, R. (2004). Drugs and musical performance. In A. Williamon (Ed.), *Musical excellence: Strategies and techniques to enhance performance* (pp. 271–290). Oxford, UK: Oxford University Press.

Wigfield, A., O'Neill, S. A., & Eccles, J. S. (1999, April). *Children's achievement values in different domains: Developmental and cultural differences*. Paper presented at the biennial meeting of the Society for Research in Child Development, Albuquerque, NM.

Williamon, A. (1999). The value of performing from memory. *Psychology of Music, 27*, 84–95.

Williamon, A. (Ed.). (2004). *Musical excellence: Strategies and techniques to enhance performance*. Oxford, UK: Oxford University Press.

Williamon, A., & Davidson, J. W. (2002). Exploring co-performer communication. *Musicae Scientiae, 6*, 53–72.

Williamon, A., & Valentine, E. (2000). Quantity and quality of musical practice as predictors of performance quality. *British Journal of Psychology, 91*, 353–376.

Willis, P. (1978). *Profane culture*. London: Routledge.

Wilson, G. D. (1997). Performance anxiety. In D. J. Hargreaves & A. C. North (Eds.), *The social psychology of music* (pp. 229–245). New York: Oxford University Press.

Wilson, G. D. (2002). *Psychology for performing artists: Butterflies and bouquets*. London: Whurr.

Wilson, G. D., & Roland, D. (2002). Performance anxiety. In R. Parncutt & G. E. McPherson (Eds.), *The science and psychology of music performance: Creative strategies for teaching and learning* (pp. 47–61). New York: Oxford University Press.

Wing, A. M., & Kristofferson, A. B. (1973). The timing of interresponse intervals. *Perception and Psychophysics, 13*, 455–460.

Winner, E. (1996). *Gifted children: Myths and realities*. New York: Basic Books.

Wolpert, R. (2000). Attention to music in a nondirected music listening task: Musicians vs. nonmusicians. *Music Perception, 18*, 225–230.

Woody, R. H. (1999). The relationship between advanced musicians' explicit planning and their expressive performance of dynamic variations in an aural modelling task. *Journal of Research in Music Education, 47*, 331–342.

Woody, R. H. (2000). Learning expressivity in music performance: An exploratory study. *Research Studies in Music Education, 14*, 14–23.

Woody, R. H. (2002). The relationship between musicians' expectations and their perception of expressive features in an aural model. *Research Studies in Music Education, 18*, 53–61.

Woody, R. H. (2003). Explaining expressive performance: Component cognitive skills in an aural modelling task. *Journal of Research in Music Education, 51*, 51–63.

Yarbrough, C. (2002). Sequencing musical tasks: The teaching artistry of Robert

Shaw. *Update: Applications of Research in Music Education, 21*, 6–11.

Yost, W. A. (2000). *Fundamentals of hearing*. San Diego, CA: Academic Press.

Young, V., Burwell, K., & Pickup, D. (2003). Areas of study and teaching strategies in instrumental teaching: A case study research project. *Music Education Research, 5*, 139–155.

찾아보기

지은이

Andres C. Lehmann은 독일, Würzburg에 있는 Hochschuler für Musik의 (체계)음악학 교수이다.

John A. Sloboda는 Keele University의 심리학 교수이다. 그는 영국 과학진흥협회(British Association for the Advancement of Science)의 심리학부와 총무부 회장이며 음악인지학회의 Europe Society의 회장이기도 하다.

Robert H. Woody는 University of Nebraska–Lincoln School of Music의 음악교육학 부교수이다.

옮긴이

고선미

이화여자대학교 음악대학 성악과를 졸업하고 미국 오하이오 주립대학교에서 음악석사(MM) 및 박사(DMA) 학위를 받았다. Margaret Speaks Scholarship Award, NATS Competition, NATSAA Competition에서 입상했으며 KBS 열린 음악회 및 국내외의 다양한 연주 경력을 갖고 있다. 오하이오 주립대학교 음악대학 성악과, 이화여대 음악대학 성악과 및 동대학원, 중앙대학교 음악대학 성악과 및 동대학원 강사를 거쳐 현재 대구교육대학교 음악교육과 교수로 재직 중이다. WIM(Women In Music) 음악감독, 한국음악교육학회 이사, 한국르네상스 학술연구원 이사, IAWM(International Alliance for Women in Music) 회원이며 대표적 논문으로는 「발성조절에 있어서의 피드백의 특성 및 역할 연구: I, II」, 「성악 교수법의 시대적 변화 고찰」, 「성악 연주 불안증 대응 전략 고찰」 등이 있으며 저서로는 『효과적인 합창발성 연습법』, 역서로는 『음악교육심리학』이 있다.